BASES BÍBLICAS DE LA ÉTICA

Edición actualizada
y ampliada

BASES BÍBLICAS
DE LA
ÉTICA

Edición actualizada
y ampliada

JAMES E. GILES

EDITORIAL MUNDO HISPANO

EDITORIAL MUNDO HISPANO

7000 Alabama Street, El Paso, TX 79904, EE. UU. de A.

www.editorialmundohispano.org

Nuestra pasión: Comunicar el mensaje de Jesucristo y facilitar la formación de discípulos por medios impresos y electrónicos.

Diseño de la cubierta: Carlos Santiesteban, Jr.

Primera edición: 1994
Decimanovena edición: 2017

Clasificación Decimal Dewey: 241.2

Temas: 1. Ética cristiana
2. Biblia

ISBN: 978-0-311-46142-4
E.M.H. Art. No. 46142

2 M 1 17

Impreso en Colombia
Printed in Colombia

CONTENIDO

Capítulo 9

LA ETICA PERSONAL

Capítulo 12

LA ETICA DE LAS RESPONSABILIDADES CIVICAS

(2) Dios se encarga de los que no deben nacer

Capítulo 14

PROBLEMAS DE CONTROVERSIA

PREFACIO

Han pasado casi treinta años desde que escribí la primera edición de **Bases bíblicas de la ética**. Durante estos años el mundo ha cambiado. Los avances en las ciencias sociales y los campos de la medicina y la biología hacen necesarias consideraciones que anteriormente no nos concernían en la ética cristiana. Los cambios en las esferas económicas y políticas nos hacen enfocar de nuevo las aplicaciones de los principios bíblicos en estas esferas. Está de moda en muchos círculos la Nueva Moralidad, que no acepta las normas bíblicas como la base de autoridad. Para seguir siendo pertinente tenemos que tomar en cuenta estos cambios y buscar cómo aplicar los principios éticos de la Biblia a las condiciones y los problemas que han resultado de estos cambios.

Hay facetas del estudio que no han cambiado. Seguimos insistiendo en que las bases bíblicas de la ética son producto de la revelación divina y suministradas a nosotros por medio de la Biblia, la palabra divina inspirada, que sirve de autoridad para guiarnos en nuestras decisiones espirituales, éticas y morales. En los últimos años muchos han confiado en el humanismo secular para dar las pautas de los valores y los deberes. Otros han abrazado el relativismo para ofrecer laxitud con relación a las decisiones en el campo de lo bueno o lo malo. Otros consideran que la situación especial de cada persona requiere que seamos más dispuestos a desplazar los absolutos con indicadores para informarnos pero no para ser absolutos, que resultan en mayor libertad para cada uno para interpretar lo que es el amor en cada circunstancia.

Como consecuencia, estamos en medio de una tempestad en un mar donde las nubes han opacado la costa y tampoco el faro se distingue. Tampoco funciona el radar para advertirnos de los peligros que nos amenazan. Por eso, estamos en peligro de naufragar en el sentido moral. Los niños no saben la diferencia entre lo bueno y lo malo debido al hecho que se han desarrollado en un ambiente donde los valores morales no se enseñan, porque dicen que hay que dejar al niño en libertad para descubrir y desarrollar sus propios valores. Padres de familia, profesores de colegios y representantes de la autoridad han adoptado la filosofía de dejar en libertad al niño y no tratar de influir en la formación de sus valores morales. Por eso, estamos presenciando la violencia en escalas nunca vistas anteriormente, el aumento del número de adolescentes que están activos sexualmente, experimentación con estilos de vida homosexual y bisexual, aumento en número de señoritas en estado de embarazo que no saben si deben buscar un aborto provocado o dar a luz un niño que nunca tendrá papá en el sentido normal, aumento de drogadictos, enfermedades mortales y contagiosas como el SIDA, aumento en crímenes en todas partes y deshonestidad en el trabajo, los negocios y el gobierno. Todo se debe a la falta de reconocer que Dios nos ha dado normas para nuestro comportamiento, y nos ha dado la responsabilidad de seguir estas normas y enseñarlas a los hijos desde la niñez.

Bases bíblicas de la ética es un esfuerzo para llamarnos al retorno de los valores morales y espirituales que se nos presentan en las varias divisiones de la Biblia. Allí hay mandamientos, preceptos y ejemplos que sirven para darnos orientación con relación a todas las decisiones morales que tenemos que tomar. El enfoque del libro es buscar los principios que nos son pertinentes hoy en día, sin caer en un legalismo autoritario que despierta rechazo de parte de la mayoría. Subrayamos la necesidad de la experiencia religiosa del nuevo nacimiento para así formar las bases para orientarnos en las decisiones morales y espirituales que tenemos que tomar.

La primera parte de la obra es un resumen ligero del contenido ético y social de la Biblia, en una presentación lógica y sencilla, sin muchas referencias técnicas ni críticas, para así ofrecer al estudiante las enseñanzas fundamentales en forma clara. Seguimos las divisiones mayores del Antiguo y Nuevo Testamentos en esta presentación. Se resumen las enseñanzas del Antiguo Testamento para enfocar más las enseñanzas de Jesús y los demás escritores del Nuevo Testamento.

La segunda parte está dedicada a un estudio temático de los varios problemas que surgen en la vida diaria. Tiene que ver con la aplicación de las enseñanzas éticas en la vida en forma personal y también en las relaciones sociales con las varias instituciones de la sociedad. A veces se repite el énfasis bíblico de la primera parte, pero se añade un resumen ligero de las decisiones hechas por cristianos en el curso de la historia cristiana. Pensamos que una consideración de la manera en que otros han tratado los problemas morales nos da una orientación para establecer nuestras convicciones hoy en día.

Hay muchos campos en que no encontramos un versículo con mandamiento ni prohibitorio ni afirmativo relacionado con problemas contemporáneos. A la vez muchos casos de la antigüedad tienen valor histórico principalmente para nosotros. En estos casos buscamos los principios que se pueden establecer de las enseñanzas bíblicas y tratamos de aplicarlos a las circunstancias especiales hoy en día. Hay casos donde tenemos que aconsejar a la persona que conside los principios, ore al Señor, busque la dirección del Espíritu Santo, y con osadía tome la decisión que parezca mejor según las circunstancias especiales que le rodean.

Siempre son válidos los principios de la sumisión al Dios sobe-rano que nos ama y nos ofrece la redención de los pecados por medio de la fe en Cristo, la santidad de la vida y el respeto por la verdad y la propiedad. Con estas bases tenemos los recursos para considerar todos los factores relacionados con un problema especí-fico y las posibles alternativas para tomar una decisión.

La primera edición del libro ha gozado de una aceptación gene-ral de parte de los estudiantes y profesores en seminarios, colegios e institutos, tanto como de pastores y laicos que quieren hacer un estudio serio de la ética. Esperamos que esta nueva edición sea una herramienta para la generación actual y las futuras.

Todas las citas bíblicas son de la versión Reina-Valera Actuali-zada de la Santa Biblia, publicada por la Casa Bautista de Publica-ciones en El Paso, Texas. Los números elevados después de las pa-labras en hebreo y griego indican los números elaborados por James Strong (1822-94), erudito estadounidense que compiló una de las concordancias más completas en inglés.

La bibliografía contiene referencias en español e inglés de libros tanto como artículos de revistas contemporáneas. Hemos intenta-do incluir referencias que han adquirido cierta autoridad y respeto durante muchos años, tanto como referencias contemporáneas que tratan problemas de hoy en día.

Reconocemos que muchas personas han contribuido a la vida de uno por medio de su ejemplo y sus enseñanzas. Al finado doctor T. B. Maston, profesor de Ética Cristiana en el Seminario Teológico Bautista del Sudoeste en Fort Worth, Texas, EE. UU. de A., durante cuarenta años, expreso mi gratitud por sus enseñanzas y su estí-mulo mientras estudiaba y durante mi carrera de profesor. Mu-chos colegas a través de los años me han animado en mi vida per-sonal y profesional. Varias generaciones de mis estudiantes me han enseñado mucho durante los años, y me han ayudado para cambiar mi presentación en algunos casos y aclarar las ideas en otras partes del libro. A mi esposa y mis hijos, quienes me han acompañado y estimulado en el camino, vaya mi gratitud especial.

Si la edición presente continua sirviendo de guía para los que buscan orientación con relación a las bases bíblicas de la ética, estaré agradecido. A Dios sea la gloria.

James E. Giles

El Paso, Texas
9 de diciembre de 1993

1

PANORAMA DE LA ETICA

I. DEFINICIONES

Un entendimiento adecuado de la ética tiene que tomar en cuenta esta disciplina y otras que tienen una relación muy íntima con la ética. Por eso, principiamos con la definición de la ética cristiana y su relación con la ética en otras disciplinas. También es necesario entender qué significa la sociedad, la cultura y la religión.

1. La palabra "ética" viene del griego, *ethos*, que significa costumbres o prácticas que son aprobadas por un grupo específico, al cual llamamos cultura. La ética es la ciencia de la moral. Busca determinar los valores y establecer las normas para regular el comportamiento de los seres humanos en una sociedad. Por eso, se llama una ciencia normativa, en contraste con las ciencias más descriptivas, tales como las matemáticas, la biología y la física. Estas ciencias exactas luchan incansablemente para descubrir la verdad, pero no participan en determinar la moral del uso de sus descubrimientos. En cambio, la ética se dedica a influir en la sociedad sobre el uso de los avances científicos, para asegurarse que sean fuerzas positivas y no negativas para la humanidad y para el medio ambiente.

Las normas éticas se desarrollan como consecuencia de prácticas que llegan a ser la norma durante largo tiempo. En algunos casos se puede demorar siglos para la formación de una norma y en otros casos es fruto de poco tiempo. En algunos casos entra en juego legislación humana de la nación donde uno es ciudadano, y en otros casos la revelación divina establece las normas de comportamiento. Por eso, la autoridad es un factor de importancia. ¿Con qué autoridad establece la persona o el grupo las normas de comportamiento? ¿De dónde se deriva su autoridad? ¿Cómo se ejerce? ¿Quién determina el castigo por la violación de las normas? Todas estas preguntas tienen importancia en el campo de la ética, y se tratarán en forma más detallada posteriormente.

Por cierto hay una variedad de opiniones sobre las normas éticas que deben regir el comportamiento humano. Y estas normas éticas responden a los valores materiales, morales y espirituales que la nación o el grupo ha adoptado.

Tomemos el caso del aborto provocado para ilustrar la complejidad del proceso de establecer lo bueno o lo malo de un acto. En algunas naciones la ley permite el aborto. En algunos casos se establece que se permite el aborto dentro de los primeros tres meses de embarazo, pero otras naciones permiten el aborto durante todo el embarazo. Hay otras naciones que prohiben el aborto bajo cualquier circunstancia. La variedad de leyes refleja: (1) El nivel de apreciación de la santidad de la vida humana; (2) cuándo principia la vida humana; (3) la convicción con relación al grado de vida humana relativa que hay en el cigoto, el feto y la criatura que está por nacer; (4) la seriedad del problema de la explosión demográfica; y (5) la sensibilidad de la nación con relación a las posibles soluciones a tal problema.

También está en juego la convicción de la nación con referencia al control de la concepción, los métodos disponibles para controlar la concepción y el nivel de educación y aceptación del pueblo o la cultura en cuanto al uso de tales métodos. En algunas culturas las circunstancias físicas no se prestan para el empleo de los métodos anticonceptivos más sofisticados que son de uso común en otros países. En algunos países, como la India y la China, el aborto legal es un modo aceptable para controlar la explosión demográfica, mientras que en otros países el aborto por este motivo sería un delito.

Para complicar más la situación, habría mucha variedad en la opinión de cada uno de los ciudadanos en una nación sobre cada faceta del problema del aborto. ¿Quién determina las leyes? ¿Hasta qué punto entran en juego las apreciaciones morales y espirituales que guardan los ciudadanos de una nación, una cultura, o una sociedad? En algunas religiones que predominan en ciertos países el aborto no sería considerado como problema moral. Si en una nación predomina el humanismo en contraste con el cristianismo evangélico, probablemente sus leyes van a reflejar una mayor libertad para que el ser humano utilice la razón humana para tomar la decisión en cuanto al aborto. Pero para el cristiano evangélico entra en juego el sentido de la santidad de la vida humana, derivado a lo menos en parte de la imagen divina con que Dios creó al ser humano. Y su convicción con relación al comienzo de la vida, si es desde el momento de la concepción, o si es a los noventa días para el varón y ciento veinte días para la mujer, como creía Agustín, o si es cuando el niño nace y comienza a respirar, como creen algunos, es crítico en la moral del aborto.

En un artículo que apareció recientemente en *AD 2000 Global Monitor* (Año 2000, Informe mundial), se informa que en Bombay, India, el aborto es legal. Se está practicando el análisis del líquido amniótico en las mujeres embarazadas para determinar el sexo del feto. Si es mujer, entonces algunos abortan el feto, como medio de controlar la población. En un estudio de una clínica a fines de la década de 1980, de 8.000 abortos legales practicados, 7.999 eran del sexo femenino.[1] Esta practica resulta de varios factores. Refleja el prejuicio social en contra de la mujer en la India, el sistema de dote, que puede acabar con los recursos acumulados durante varios años, la legalidad del aborto, y la posibilidad de amniosíntesis (punción del amnios para examinar el líquido amniótico) en los últimos años para determinar el sexo del feto.

2. La sociedad se define como la agrupación de personas con características étnicas, o con raíces culturales en común en una nación. La religión común puede ser un factor en las agrupaciones sociales en cualquier país. En los varios países que han experimentado la inmigración durante varias décadas puede haber grupos que se unen por lazos comunes, tales como su origen geográfico, los lazos étnicos o raciales y su religión. Las personas que tienen algo en común forman una sociedad, y en algunos casos excluyen a cualquier persona que no sea de sus características. Estos grupos sociales pueden tener sus prácticas, que se basan en factores religiosos, sociales, o culturales, las cuales difieren de la mayoría de los ciudadanos en el país. Ejemplos de tales prácticas abarcan el modo de vestirse, su uso o no de medios modernos (tales como la electricidad en sus casas), los ritos o ceremonias de entrada en la pubertad, su participación o no en los asuntos políticos, inclusive el servicio militar, y la utilización o no de medios modernos de tratamiento médico.

Podemos juzgar que cierta práctica es inmoral o moral, de acuerdo con nuestras convicciones personales. Estas convicciones pueden ser el fruto de estudios minuciosos de libros sagrados, tales como la Biblia, el Libro del Mormón, el Corán o las Vedas. O pueden ser la consecuencia de obedecer los mandamientos de los ancianos en la sociedad, cuya autoridad nadie se atreve a cuestionar. Las normas de la sociedad o del grupo social tienen mucho poder para controlar el comportamiento.

3. La cultura se define de varias maneras. Algunos enfocan la literatura y las artes para decir que su grupo tiene cierta cultura. La cultura grecorromana ejerció influencias muy fuertes sobre varios países en los campos del idioma, el comercio, la arquitectura,

---

[1] *AD 2000 Global Monitor*, No. 33, julio de 1993, p. 1.

los deportes y la religión. Varios países han sentido la influencia
fuerte de las culturas romana, griega, judía, latina, anglosajona,
oriental, y/u otra en sus leyes, artes, religión y prácticas morales.
En esta obra utilizaremos la palabra cultura para referirnos al conjunto de todas estas influencias sobre una nación o una sociedad
dentro de la nación.

4. La religión tiene un papel importante en la formación de las
normas éticas y morales de una nación o de un pueblo. Reconocemos el cristianismo como una religión basada en la revelación divina, y por eso Dios es la fuente de autoridad en todo lo que tiene
que ver con las creencias y el comportamiento del ser humano.
Dios se ha revelado a los seres humanos, y nos ha dado valores
morales y espirituales que determinan nuestras creencias y nuestro
comportamiento.

Desde los tiempos antiguos ha habido rivalidad entre las religiones. En tiempos veterotestamentarios había conflicto entre los
seguidores de Jehovah y los de Moloc, Quemós, Dagón, Baal,
Astarte y los dioses de Egipto.[2] Cada nación vecina a los israelitas
tenía sus dioses y sus prácticas que se derivaban de sus creencias
religiosas. La ética cristiana reconoce sus raíces en la revelación
antiguotestamentaria del Dios de Abraham, de Isaac, Jacob y los
otros personajes de tiempos pasados. Vamos a analizar más detalladamente las prácticas de los seres humanos en base a sus creencias religiosas.

Lo que uno cree en cuanto a Dios, el mundo, la vida de la
humanidad y la inmortalidad va a ejercer influencia en su filosofía
de vida, su sistema de valores y su comportamiento. Esto, en
breve, es el tema de este libro.

II. SISTEMAS ETICOS

Para poder entender mejor la disciplina que se llama "ética cristiana", vamos a presentar un panorama breve de la ética. Hay
varias maneras de sistematizar la ética, pero hemos escogido seguir
la división tradicional que se estudia en cualquier libro. Esta
división tradicional divide la ética en dos sistemas generales: la
ética teleológica y la ética deontológica, o la ética de deberes.

1. Sistemas teleológicos

La palabra "teleológica" se compone de dos palabras griegas:
Télos, que significa "fin" y *lógos*, que significa "doctrina". Así tiene
que ver con los sistemas de ética que hacen énfasis en los fines o las
metas de la vida.

---

[2] Explicaciones de estas religiones se pueden conseguir en la *Enciclopedia de la Biblia*, 5 tomos. Barcelona: Ediciones Garriga, 1963.

(1) La felicidad. Principiemos con Aristóteles y su declaración que el fin de fines es la felicidad. El ser humano debe portarse de tal manera que resulte la felicidad para uno mismo y también para los demás. Por eso, las virtudes en este sistema son la bondad, la benevolencia, la lealtad, el coraje, la generosidad, la fidelidad y toda otra cualidad que trae la felicidad, en contraste con el odio, la agresión, el conflicto, el robo, la violencia y las otras prácticas que producen tristeza en la vida.

La búsqueda de la felicidad llevó a Aristóteles y otros a decidir que el medio entre los extremos era el campo donde mayor felicidad se experimentaba. Por eso, hay referencias al "medio dorado" en los escritos de los filósofos griegos. Ciertamente experimentamos la validez de este principio en muchos de nuestros tratos en la vida moderna.

(2) El epicureísmo, nombrado por su fundador Epicuro de Atenas (342-270 a. de J.C.), es un sistema que busca el placer sin dolor. Una expresión común del epicureísmo es la declaración: "Comed, bebed y alegraos, porque mañana moriremos." Pero el epicureísmo puro pensaba más bien en el placer de largo alcance, algo que se logra en forma paulatina alimentando las facetas estéticas e intelectuales de la vida, y no una satisfacción carnal temporal. Sentían que el placer de largo alcance no era alimentar el aspecto sensual en la vida; más bien era por medio del desarrollo de la tranquilidad, la libertad de las preocupaciones, el control de los apetitos físicos y una mente cultivada. Por eso, animan el cultivo de los placeres más altos, que no conllevan agonía y culpabilidad.

(3) El hedonismo, o sea, la búsqueda del placer, es un sistema filosófico relacionado con el epicureísmo. El placer es lo que busca la persona que sale de su casa temprano en la mañana, trabaja intensamente durante el día, y llega a la casa de noche cansado pero con un sentido de placer porque por medio de su trabajo ha adquirido la seguridad que le permite a él y a su familia vivir sin mayores preocupaciones por sus necesidades básicas. Con el tiempo un filósofo inglés llamado Jeremy Bentham (1748-1833) elaboró una serie de maneras de medir el placer, enfocando su intensidad, su duración, su seguridad, su proximidad (inmediato o remoto), su fertilidad (capacidad de producir otros placeres) y su pureza, sin mezcla de dolor.

(4) El utilitarismo. Con el andar del tiempo se perfeccionaron los sistemas que medían la felicidad para llegar a la conclusión que la mayor satisfacción radicaba en lograr el mayor placer para el mayor número de personas. Esto se llamó utilitarismo. Es la base filosófica para muchas de las decisiones hoy en día en el campo de la biomedicina. Hace unos años en Seattle, Washington, había un problema grande porque muchas personas tenían necesidad de diálisis renal y no había máquinas suficientes para atender a todos. Decidieron formar el "Comité Seattle", cuya responsabilidad sería la de decidir cuáles de las personas recibirían la diálisis, y cuáles serían condenadas a una muerte repentina. Surgió tanta controversia que al fin los ciudadanos decidieron que aportarían dinero suficiente para suministrar el tratamiento a toda persona que necesitaba diálisis.

(5) **La autorrealización.** El sentido de satisfacción con uno mismo por un entendimiento maduro de quién es, cuáles son sus dones y por qué está aquí en el mundo, y la capacidad de lograr tal satisfacción en forma constante es la autorrealización. Abraham Maslow hace unos años desarrolló su jerarquía de necesidades básicas, y hacía de la autorrealización la meta final después de haber satisfecho necesidades más bajas, tales como la seguridad física y las necesidades sociales. Según Maslow, uno no podía buscar satisfacción en las esferas avanzadas hasta no satisfacer las necesidades en los niveles más bajos. Pero hay personas que dudan de este concepto. La experiencia humana ilustra que muchas personas sienten satisfacción y autorrealización en el proceso de satisfacer las necesidades más bajas. De modo que parece que es un proceso paulatino, y que uno puede lograr esta satisfacción mientras está buscando las necesidades más elementales.

(6) **El reino de Dios.** En la fe cristiana hay varios elementos que se podrían interpretar como teleológicos. Cuando Cristo dijo: "Sed pues, vosotros perfectos, como vuestro Padre que está en los cielos es perfecto" (Mat. 5:48), estaba señalando una meta para la vida. Representa un desafío constante para el cristiano.

Otra meta que Cristo nos dio dice: "Más bien, buscad primeramente el reino de Dios y su justicia, y todas estas cosas os serán añadidas" (Mat. 6:33). El concepto del reino de Dios despierta en el cristiano el anhelo de servir a Dios, de esforzarse para engrandecer su reino, y de esparcir el mensaje del evangelio a toda criatura. Es un desafío constante y alcanzable, y representa la mayor felicidad para la persona que se dedica a esta meta.

(7) **La inmortalidad.** Muchas personas actúan en forma ética para asegurarse la inmortalidad, porque se les ha enseñado que el cielo debe ganarse por medio de las buenas obras. Hay personas cristianas que viven vidas ejemplares desde el punto de vista moral porque temen la condenación después de la muerte. Pero la Biblia enseña que podemos tener la seguridad de la vida eterna sola-

mente por medio de la fe en Cristo, y que es una decisión que hay que tomar solamente en el momento que uno se da cuenta de su necesidad.

Hay religiones que creen en la reencarnación, o sea, que uno vive una serie de vidas, una tras otra. Cuando uno se muere, es reencarnado en otra forma para otra vida aquí en la tierra. El hinduismo cree en el *karma*, o sea, que la existencia que experimenta el ser humano en esta vida es consecuencia del comportamiento en una existencia anterior, y lo que se hace ahora determinará la condición de uno en la vida futura.

Este concepto no es bíblico, porque la Biblia nos dice que hay una vida futura en la eternidad. La preparación para la vida eterna viene por medio de una relación personal con Cristo por medio de la fe. En este sentido la ética cristiana tiene el elemento teleológico.

2. La ética deontológica

En la ética deontológica el énfasis está sobre el deber y el medio que uno sigue para lograr los fines que tiene en su comportamiento. *Deon* en griego quiere decir "deber". En la ética cristiana hay deberes que debemos cumplir con nosotros mismos, con Dios y con el prójimo. Vamos a considerar algunos ejemplos de la ética deontológica.

(1) La ética de Kant (1724-1804). Emanuel Kant, alemán con vínculos controversiales con la iglesia cristiana luterana, promulgó un sistema de ética que ilustra muy bien la ética deontológica, o la ética de deberes. Fundó sus conceptos en la razón humana, y la capacidad del ser humano para tomar las decisiones más sabias, al considerar todas las alternativas.

Kant desarrolló su concepto de dos imperativos: el hipotético y el categórico. El imperativo hipotético, como el nombre indica, señala lo que la persona debe hacer basada en una situación teórica, y con el fin de cumplir con el deber bajo esa circunstancia. Ilustraciones de los imperativos hipotéticos son los deberes que deben seguir las personas que están en profesiones específicas, tales como la arquitectura, los cuales son obligatorios únicamente para las personas que se dedican a esa profesión. El énfasis está en los medios para hacer lo correcto, basados en la razón moral.

En cambio, el imperativo categórico enfoca el fin que se busca. Kant tenía tres pruebas para un imperativo categórico: **a.** La prueba del elemento *universal*, o sea, si conviene que todo ser humano siguiera esa norma. **b.** La prueba de la *necesidad*, que implica que es un imperativo imprescindible para el bien de uno. Por ejemplo, cuando una persona está enferma de gravedad en el hospital, se considera que los médicos harán todo lo posible para atender al paciente y salvarle la vida, sin considerar los costos. **c.** La prueba

de la *validez.* La validez se determina por el fin que se busca para
los seres humanos. Por ejemplo, hay límites para la velocidad con
que pueden andar los vehículos y obrar dentro de la ley. La
validez de la ley se establece por medio de la consideración de varios factores: La densidad de la población, la proximidad a instituciones tales como hospitales y escuelas, donde hay personas que
pueden estar en mayor peligro por velocidades excesivas. La
velocidad legal en las autopistas que conducen de una ciudad a la
otra es más alta que la de una zona escolar en la ciudad. Lo importante es obedecer la ley para proteger a la humanidad.

El sistema de Kant es bastante complejo y extenso. Las personas
interesadas en estudiar más a fondo pueden buscar sus obras: *La
crítica de la razón pura* y *La crítica de la razón práctica.* Reconocemos
que Kant hizo una contribución significativa al campo de la moral.
Muchos consideran que sus normas son compatibles con las de la
ética cristiana, aunque Kant rechazó las bases metafísicas de la
religión. White opina que las enseñanzas de Kant contribuyen a
una secularización de la ética, porque no tomó en cuenta suficientemente las bases bíblicas y el papel del Espíritu Santo para guiar a
uno en la toma de decisiones morales.[3] Sin embargo, reconocemos
que hay validez en la consideración de los imperativos categóricos,
y la sociedad viviría en mejores condiciones si siguiesen estas normas que vivir sin norma alguna.

(2) **La ética de los valores morales.** En los últimos años ha
surgido un concepto moral secular en muchos medios donde se
hace énfasis en permitir que la persona desarrolle sus propias convicciones en base a una consideración de los hechos, todas las
opciones y una libertad personal para tomar la decisión. Según
este punto de vista, los padres, maestros y otras personas de significado como tutores de la moral, no tienen derecho de imponer
una convicción, ni de prohibir cualquier comportamiento. El
tomar la decisión es prerrogativa de la persona, que actúa libre-
mente después de considerar los efectos de cierto comportamiento
sobre sí mismo y sobre la sociedad.

Este concepto va en contra de la ética cristiana, porque creemos
que Dios nos ha dado normas para guiarnos en las convicciones
morales y las decisiones en cuanto a nuestro comportamiento.
Algunas de estas normas vienen en forma de prohibiciones, porque
Dios sabe las consecuencias funestas de algunos actos que el ser
humano puede cometer. Dejar al ser humano con la responsabilidad de tomar decisiones éticas, sin considerar las normas que Dios
nos ha dado por medio de la Biblia y la presencia del Espíritu

---

[3] R. E. O. White, *Christian Ethics* (Atlanta: John Knox Press, 1981), p.
240.

Santo, es como encargarle a un constructor que construya un edificio sin el beneficio de los estudios de los arquitectos y los ingenieros. Los resultados serán desastrosos, porque para construir bien se necesitan los planos bien elaborados de parte del arquitecto y los cálculos precisos de los ingenieros.

Ultimamente los efectos de la práctica de determinar valores sin mandatos o principios se están manifestando en varias maneras. William Kirkpatrick ha escrito un libro titulado *Why Johnny Can't Tell Right from Wrong* (Por qué Juanito no puede distinguir entre lo bueno y lo malo), y juzga que el problema radica en no haber hecho énfasis en la formación del carácter en los programas de educación en las últimas décadas. Las consecuencias se manifiestan en la deshonestidad, la irresponsabilidad, la violencia y la inmoralidad sexual que caracteriza la cultura juvenil hoy en día.

(3) Los deberes en la ética cristiana. La ética cristiana tiene elementos deontológicos, porque muchas de las enseñanzas enfocan los deberes del ser humano hacia sí mismo y hacia los demás. Hay normas para guiarnos porque son para nuestro propio beneficio y para el bien de los demás. Varios de los Diez Mandamientos son de esta naturaleza. La obediencia a estos mandamientos sirven para hacernos personas más saludables, más equilibradas y más respetuosas hacia los demás. El clamor por la justicia social de parte de los profetas tenía el fin de beneficiar a toda la comunidad.

Jesús dio la norma que tal vez mejor ilustra la ética del deber: "Así que, todo lo que queráis que los hombres hagan por vosotros, así también haced por ellos, porque esto es la Ley y los Profetas" (Mat. 7:12). Si la humanidad siguiera esta norma, acabaríamos con la gran mayoría de los males que aquejan a la humanidad.

Pablo dio su lista de los frutos del Espíritu (Gál. 5:22), y el amor encabeza esa lista. En 1 Corintios 13 Pablo elabora sobre el amor, sus cualidades, sus logros y sus resultados en la persona y en la sociedad. Este es otro caso de la ética deontológica.

Tal vez no debemos invertir demasiado tiempo en tratar de distinguir la ética teleológica de la deontológica, porque en la ética cristiana hay elementos de las dos. A la vez es difícil decir en forma categórica que cierto acto enfoca el fin o el deber, sin preocuparse por el fin. En último análisis se podría argumentar que todo comportamiento tiene su fin, o inmediato o remoto.

III. LA BASE TEOLOGICA DE LA ETICA CRISTIANA

En el comienzo la ética era una rama de la filosofía, que se consideraba la madre de las ciencias. La ética se llamaba deontología, y con el tiempo se dividía en: **1.** La jurisprudencia, o sea, los deberes demandados por la ley; y **2.** la ética, o sea, los deberes no demandados por la ley.

También la ética se divide en varias ramas, y una de ellas es la ética cristiana, la que nos concierne más en la presente obra. Ya hemos tocado algunos de los sistemas éticos que tienen sus raíces en la filosofía, o sea, la ética filosófica. Además, cada disciplina y profesión tiene su sistema ético para guiar a los que practican esa profesión. Por ejemplo, los médicos tienen su código de ética para guiarles en la práctica de su profesión. Es así con los negocios y la política.

Lo que distingue a la ética cristiana de otras expresiones de la ética profesional es su base de autoridad, que se deriva de la revelación especial. Los demás sistemas éticos, incluyendo la ética filosófica, elaboran normas de conducta que son productos del raciocinio humano, y representan la mejor racionalización con relación a las circunstancias o al problema con que tratan. Aunque el cristiano tiene raciocinio y debe utilizarlo hasta lo máximo, su autoridad final está en una fuente ajena a y superior al ser humano.

1. La revelación

Hablamos de la revelación general, que abarca la manera en que Dios se manifiesta en la naturaleza y en la historia. Pero Dios se ha manifestado en forma especial en la persona de Jesucristo, su Hijo, que vino al mundo para salvar a la humanidad de su pecado y para mostrarle la manera de vivir. La Biblia es el registro tangible de esa revelación. Por medio de la Biblia podemos ver cómo Dios ha estado presente y activo en los asuntos del mundo desde la creación, y sus actos de amor para hacer posible la redención de la humanidad. A la vez, la Biblia contiene muchos mandamientos, normas y ejemplos de acciones éticas para ayudar al ser humano a saber lo que Dios espera de la humanidad.

La Biblia fue escrita por hombres divinamente inspirados y es el registro de la revelación que Dios hace de sí mismo al hombre. Es un perfecto tesoro de instrucción divina. Su autor es Dios, su fin es la salvación, y su asunto es la verdad sin ninguna mezcla de error. Revela los principios por los cuales Dios nos juzga; y por tanto es y será hasta el fin del mundo, el verdadero centro de la unión cristiana, y la norma suprema por la cual toda conducta humana, credos y opiniones religiosos deben ser juzgados. El criterio por el cual la Biblia ha de ser interpretada es Cristo Jesús.[4]

La Biblia habla claramente con referencia a muchas facetas del comportamiento humano. Pero hay campos donde no hay ni mandamiento positivo ni prohibición específica con relación a un acto

---

[4] *Fe y Mensaje Bautistas*. El Paso: Casa Bautista de Publicaciones, 1975.

determinado. En estos casos buscamos los principios en la Biblia, y seguimos estos principios en forma consecuente. Puesto que la Biblia fue escrita hace miles de años, y habla de problemas concernientes a gente nómada de un sector desértico del mundo, algunos preguntan: ¿Qué tiene la Biblia para decirnos hoy cuando vivimos en una edad avanzada en el aspecto tecnológico y en culturas principalmente urbanas? Nuestra contestación es que la Biblia tiene mucho que decirnos. Nos dedicamos a la búsqueda en la Biblia de las normas que nos pueden guiar hoy en día.

2. La naturaleza de Dios

Puesto que las normas éticas vienen de Dios, nos conviene entender la naturaleza del Dios que se nos revela. Dios es eterno, ser supremo, creador del universo y Señor de todo lo que ha creado. Es un ser espiritual pero también es una persona. Algunas marcas esenciales de la personalidad son la inteligencia, su capacidad de desear y tener comunión con los seres humanos y su conciencia moral. Nos desafía en Levítico 19:2: "Sed santos, porque yo, Jehovah vuestro Dios, soy santo." En este mandamiento vemos que la base de nuestro comportamiento es el Dios que nos ha creado y su autoridad sobre nosotros. El mandamiento no permite discusión de parte de los seres humanos. No dice que podemos vivir como quisiéramos, violando las normas éticas de la Biblia; dice que debemos aceptar como nuestro ideal el Dios Santo.

Dios ha actuado para revelarse a la humanidad, y para mostrar los ideales perfectos que se puede imitar. La Biblia contiene la historia de su relación con la humanidad, y su trato especial con la nación que él escogió, Israel. En esta historia podemos sacar mucho para nuestro provecho, porque la naturaleza humana es igual hoy como era en días antiguos. Dios ha tenido como propósito principal el redimir a la humanidad del pecado y señalar el camino que nos permite vivir la vida más feliz, de más sentido de satisfacción y de más beneficio para los demás.

En el curso del estudio veremos más en detalle la naturaleza de Dios, incluyendo sus atributos de rectitud, santidad y amor, los cuales tienen mucho que ver con las normas para nuestro comportamiento.

3. La humanidad

La Biblia nos habla de la naturaleza del ser humano. Nos dice que somos creados a la imagen de Dios, que tenemos libertad para ejercer nuestra propia voluntad, rebelarnos en contra de Dios y sus normas, o someternos en obediencia a sus mandamientos. En contraste con el punto de vista darwiniano, que el ser humano es producto de la evolución natural de las formas de vida más primitivas;

en contraste con el marxismo, que dice que el ser humano es nada más que lo que come, o sea es material sin naturaleza espiritual; en contraste con el existencialismo ateo, que dice que la vida no tiene sentido y que el ser humano es preso en un drama que no tiene salida; en contraste con algunos conceptos psicológicos, que dicen que el ser humano es una masa de impulsos primitivos dominados por el inconsciente, sobre el cual no tenemos control; el punto de vista cristiano es que el ser humano es la expresión más alta de la naturaleza de Dios en la creación y que Dios lo ha creado con el fin de gozarse en una comunión íntima con él. Si el ser humano une sus fuerzas con las de Dios, puede crear instrumentos para enriquecerse a sí mismo y a toda faceta de la creación.

El pecado es la rebelión de parte de los seres humanos en contra de los ideales de Dios. La lucha constante del ser humano es contra las fuerzas del mal, bajo la dirección de Satanás, lo que representa el desafío constante de la humanidad. Pero Dios nos ha provisto un Salvador, Cristo Jesús, quien murió en la cruz para salvarnos. Por medio de la fe en Cristo podemos gozar de la vida eterna y recibir los recursos espirituales para equiparnos para pelear esta batalla contra el mal.

4. La escatología

Vivimos en este mundo como peregrinos, porque sabemos que nos espera una existencia eterna después de esta vida. En la eternidad habrá dos posibilidades: el cielo y el infierno. Los que creen en Cristo van al cielo para disfrutar de las bendiciones espirituales que Dios nos tiene preparadas allí. Los que rechazan a Cristo irán al infierno, donde habrá angustia y sufrimiento eterno. Un aspecto de la motivación para recibir a Cristo y vivir la buena vida es asegurarnos de esta herencia en el cielo y evitar el sufrimiento del infierno. Una ética cristiana adecuada va a hacer hincapié en el elemento escatológico de nuestra fe.

IV. LAS FUENTES DE AUTORIDAD EN LA ETICA CRISTIANA

Ya hemos mencionado que la ética cristiana se caracteriza por estar basada en la revelación de Dios, y esta verdad es lo que distingue la ética cristiana de los otros sistemas de ética. Por eso, decimos que la ética cristiana es ética teológica, en contraste con los sistemas antropológicos, donde la capacidad del ser humano es primordial en determinar lo bueno o lo malo de un acto. Esta diferencia es fundamental en nuestra consideración. Si el hombre tiene las capacidades mentales y emocionales para decidir si un acto es correcto, o si el criterio para decidir lo bueno o lo malo de un acto es el grado de placer, felicidad o satisfacción personal que brinda al individuo, entonces echa a un lado todo lo que nos enseña la Biblia con relación a nuestro deber de amar a Dios y al prójimo como el mayor de los mandamientos. Al decir que Dios es la fuente de autoridad, tenemos que dar un paso más para aclarar lo que queremos decir. Esta sección tiene el fin de elaborar sobre este punto.

1. La Biblia como fuente de autoridad ética

Dios nos ha dado en la Biblia un registro tangible de su revelación para la humanidad. La Biblia contiene sesenta y seis libros, escritos por unos 40 autores durante un período de unos 1.500 años. La Biblia contiene una variedad de literatura, incluyendo la narración de la historia, el drama, la poesía, la biografía, las epístolas y la apocalíptica. No podemos interpretar en la misma manera todas las clases de literatura. Algunas han sido escritas para crear una actitud emotiva, y no para seguirse en forma literal. Dios ha mediado su revelación en la Biblia, libro sagrado inspirado divinamente, el cual nos habla en formas de prohibiciones, mandamientos positivos y nos da ejemplos para seguir por medio de la elaboración de las experiencias de otros con Dios.[5] En algunos casos la Biblia contiene el registro del comportamiento de los seres humanos, pero esto no representa ideales que debamos buscar y repetir. A veces la Biblia narra detalles de comportamiento malo, sin condenarlo, y algunos toman este hecho para justificar tales actos en el día de hoy. Ejemplos de esto serían la esclavitud y la poligamia en el Antiguo Testamento. Pero debemos recordar que la Biblia presenta la vida tal como es y era, sin intentar cubrir las faltas de los seres humanos.

Este libro tiene el propósito de analizar la Biblia en forma detallada, para buscar la pertinencia de los pasajes para nuestro día. Estaremos haciendo comentarios sobre detalles en el curso de nuestro estudio.

2. El papel de la razón humana en la autoridad ética

No estamos echando a un lado la razón humana cuando decimos que nuestra autoridad en la ética está en Dios y su revelación. Más bien consideramos que Dios nos ha dado la capacidad de la razón, y debemos utilizarla hasta lo máximo para ayudarnos en tomar decisiones éticas. La razón humana se utiliza en dos áreas cuando estamos trabajando en el campo de la ética. Primero, es esta capacidad la que nos permite estudiar la Biblia, las condiciones históricas de los días en que los varios libros fueron escritos, y buscar su sentido para aquel día y la aplicación del principio vá-

---

[5] Ver *La Autoridad de la Biblia en el Día Actual*. Buenos Aires: Editorial La Aurora, 1953.

lido para nosotros hoy en día. Esta tarea es desafiante, y demanda la erudición seria en todas las disciplinas relacionadas con la teología bíblica y contemporánea.

En segundo lugar, nos obliga a estudiar a fondo todos los descubrimientos en el campo de la ciencia, especialmente los que tienen aplicación al cuerpo humano y la salud, para ver cómo estos avances pueden ser compatibles con la revelación divina y la buena mayordomía del cuerpo humano.

Por consiguiente, estamos llamados a ser buenos estudiantes de la Biblia y su revelación para los que vivían en la época cuando fue escrita la parte particular que está bajo consideración, y a la vez tenemos que estar sincronizados con los periódicos, la televisión y los otros medios que nos comunican los descubrimientos de último momento en campos como la bioquímica, la física, la ecología y toda otra área que pueda tener pertinencia.

3. El papel del Espíritu Santo en las decisiones éticas

Habrá casos cuando uno puede analizar en forma minuciosa el mensaje bíblico para buscar la revelación divina, y a la vez considerar todo lo que nos enseñan los avances científicos de nuestro día, pero todavía no tiene una convicción clara del paso que ha de seguir frente a un dilema especial. Por ejemplo, tomemos el caso de un joven que está en la sección de cuidados intensivos en el hospital, inconsciente durante varios días como consecuencia de un accidente automovilístico, y los médicos dicen que su cerebro ha dejado de funcionar; es un vegetal. Los médicos quieren desconectar las máquinas que están haciendo funcionar los órganos vitales del cuerpo. Pero el padre es cristiano, y considera que tal acto sería asesinato. Argumenta que Dios da la vida y que Dios quitará la vida en su momento. Pregunta al pastor qué debe hacer frente a la recomendación de los médicos. Este es un caso cuando el pastor y el padre de familia tienen que buscar la dirección del Espíritu Santo para guiarles en la decisión. En tiempos bíblicos no tenían hospitales con equipos sofisticados que pueden hacer funcionar los órganos vitales por tiempos indefinidos, como hoy en día.

Ejemplos abundan de casos difíciles hoy, tales como la cuestión de concebir bebés en probetas para parejas que tienen dificultades para concebir, el uso de pruebas para determinar si el feto tiene enfermedades congénitas que imposibilitarán una vida de calidad si llega a nacer el infante, y la eutanasia para personas de edad avanzada que tienen enfermedades incurables y que expresan el deseo de morir. Cuando la Biblia no habla de casos de esta índole, tenemos que buscar los principios generales que sí tienen validez, y ayudar a la persona a utilizar su razón humana bajo la dirección del Espíritu Santo para tomar la decisión más sabia.

4. El papel de la conciencia en las decisiones éticas

Con frecuencia se escucha la declaración: "Deje que su conciencia sea su guía." Sin duda la conciencia puede ayudarnos a tomar la decisión correcta, pero tenemos que desarrollar la conciencia para sensibilizarla sobre lo bueno o lo malo. Por ejemplo, uno ha escuchado testimonios de personas que han sido mentirosas, ladronas, asesinas y otras formas de pecado. Pero escuchan el evangelio en la cárcel, por radio o por alguna otra forma, y se convierten. Inmediatamente se arrepienten de sus pecados, reciben a Cristo y reciben el perdón por los pecados cometidos. Con el tiempo desarrollan una conciencia sensible, y se conforman a la imagen de Cristo, de tal manera que uno no puede concebir que esa persona haya tenido un comportamiento tan distinto en el pasado. Un ejemplo de tal transformación es Charles Colson, que pasó unos meses en la cárcel como consecuencia de su complicidad con otros en el escándalo de Watergate en la década de 1970 en los Estados Unidos de América. Ahora Charles Colson es autor y anda rogando a las iglesias y a los cristianos que sean levadura en forma más dinámica en la cultura actual. La conciencia iluminada por las enseñanzas de la Biblia correctamente interpretadas y la compañía del Espíritu Santo se pueden seguir sin peligro. Pero la conciencia de una persona inconversa o de un cristiano inmaduro no tiene la textura moral y espiritual para ser autoritativa en la toma de decisiones morales.

5. La intuición en las decisiones éticas

Tendemos a dejar a un lado el lugar de la intuición en las decisiones éticas, pensando que no tiene bases ni teológicas ni racionales para guiarnos. Pero debemos recordar que la intuición ha sido una de varias herramientas que el ser humano ha tenido disponible para tomar las decisiones desde el día de Tomás de Aquino. El tenía las cuatro virtudes de la templanza, el coraje, la prudencia y la justicia que adaptó de Platón, y añadió las virtudes teológicas de la fe, la esperanza y el amor. Pero también añadió las virtudes intelectuales de la sabiduría, la ciencia y la intuición, que pueden captar lo correcto en forma instantánea.[6] Podemos justificar el papel de la intuición, fuera del contexto católico romano de Aquino, y concluir que a veces tenemos ese "sexto sentido" que alguna decisión es la correcta o que algún curso de acción es el correcto, pero sin poder explicar en forma racional la base de tal convicción.

---

6 R. E. O. White, *op. cit.*, p. 131.

6. La iglesia como fuente de autoridad ética

Para muchos la declaración de la iglesia representa la norma ética que han de seguir. Esto es cierto en la Iglesia Católica Romana, que ha estado evaluando de nuevo sus enseñanzas en varios campos de la ética en los últimos años. Desde el Concilio Vaticano II ha habido mucha convulsión en la Iglesia Católica Romana sobre la moral del uso de métodos artificiales anticonceptivos, del celibato del clero, y el Papa ha hecho declaraciones que amarran a dicha iglesia a la posición tradicional. De modo que la declaración de la Iglesia Católica es autoritativa para los católicos que quieren permanecer en la gracia de esa Iglesia. *Veritatis Splendor*, publicada en 1993, afirma la autoridad eclesiástica en estas áreas y desanima el desacuerdo de parte de los líderes en la Iglesia Católica.[7]

Las declaraciones eclesiales no tienen tanta autoridad entre las iglesias protestantes o evangélicas; sin embargo podemos afirmar que la posición oficial de determinada iglesia sí representa una guía para los adeptos en el proceso de la toma de decisiones. En los últimos años se ha debatido en las reuniones denominacionales de varios grupos protestantes si las personas homosexuales deben ser ordenadas al sagrado ministerio. Esto representa un intento de expresar un punto de vista en favor o en contra de tal comportamiento, lo que abarca el campo de la ética. Cada vez que se reúnen los grupos denominacionales para sus convenciones, congresos, o sesiones de negocios, se escuchan multitudes de resoluciones que tienen que ver con cuestiones éticas. Se abarcan relaciones del gobierno civil con las iglesias y posibles áreas de intervención en el principio de separación, asuntos relacionados con la rectitud cívica y cuestiones de la moral personal. Todo esto indica que el mundo escucha la autoridad de la iglesia y de otros grupos religiosos, y que la opinión pública se forma paulatinamente por medio de tales declaraciones.

7. La tradición como autoridad moral

Por cierto, la Iglesia Católica Romana declara que la tradición es una de las fuentes de autoridad en el campo de la moral. Pero, ¿los evangélicos apelamos a la tradición para guiarnos en nuestras decisiones? Creo que tenemos que contestar la pregunta en forma afirmativa. Algunas normas morales se han formado como consecuencia de la tradición, sin haber bases bíblicas firmes para orientarnos. Un caso sería el uso de la disciplina eclesiástica en algunos países por comportamiento malo, según el parecer de los adeptos

---

[7] Richard P. McBrien, "Teaching the Truth", *Christian Century*; 20 de octubre de 1993, p. 1004.

en la iglesia. Esto se veía en épocas anteriores más que en la actualidad. En su afán de mantener puro el cuerpo de Cristo, expulsaron a miembros que violaban las normas de conducta participando en actividades cuestionables en los negocios o en la recreación. Citaban pasajes bíblicos que contienen principios amplios, tales como "que presentéis vuestros cuerpos como sacrificio vivo, santo y agradable a Dios" (Rom. 12:1), para legislar sobre actos inaceptables para los cristianos. La tradición dictaba que era malo fumar, tomar bebidas alcohólicas, presenciar películas en las salas públicas, ir a la playa o a las piscinas en traje de baño y bailar, e impusieron disciplina sobre aquellos miembros que descubrían participando en tales actividades. Cada denominación tenía su lista de "actividades prohibidas", que variaban según los factores geográficos, el nivel socioeconómico de los miembros, etc.

Sin embargo, la tradición nos guía hasta hoy día en muchos de los campos de la vida eclesial. Pero la tradición evoluciona con el tiempo. Anteriormente la esposa del pastor tenía un papel muy bien definido en la iglesia donde su esposo servía, y la tradición dictaba que tenía que adaptarse a ese molde. Pero hoy en día hay más libertad para la esposa del pastor en seguir su propia profesión si es profesional, y está en mucha más libertad en cuanto a la participación en las actividades de la iglesia. Aunque no estamos hablando de comportamiento ético según nuestro parecer, algunos consideraban como un factor moral si la esposa del pastor estaba presente en cada culto, enseñaba una clase los domingos por la mañana y trabajaba con un grupo el domingo por la noche.

V. POSIBLES CLASIFICACIONES DE LA ETICA CRISTIANA

Para entender mejor el campo de la ética cristiana, vamos a considerar posibles clasificaciones de la ética cristiana, enfocando especialmente la manera en que interpretan las normas de comportamiento. En esta clasificación veremos algunas de las escuelas distintas de teología y ética.

1. Absolutismo y/o legalismo

Hay personas que toman las declaraciones bíblicas, sean preceptos, prohibiciones o principios, y establecen leyes rígidas para regir el comportamiento de los seres humanos. Ha habido gente con esta inclinación desde los tiempos bíblicos. Los fariseos representan el grupo más conocido en los días de Jesús de los que tomaban las leyes de Moisés e imponían un comportamiento legalista a la gente. Interpretaban las leyes relacionadas con la observancia del sábado de tal manera que el sábado era una carga pesada en vez de un día de descanso, porque uno no podía participar en actividades de benevolencia, tales como sanar a los enfermos, levantar una oveja caída en un precipicio, o caminar con amigos y familiares más de cierto número de pasos.

En el día de Pablo estaban los legalistas que querían imponer sus normas sobre los gentiles que aceptaban a Cristo, insistiendo en que tenían que ser circuncidados según la ley. También había otros que fueron al extremo de prohibir el comer carne de animales que había sido sacrificada a los ídolos de parte de los paganos en las ciudades donde Pablo predicaba el evangelio y establecía iglesias (1 Cor. 8:1-13). Así que con el tiempo había mucho legalismo con relación a los días sagrados y las prácticas, los cuales llegaron a representar cargas pesadas para llevar.

Todavía tenemos a los legalistas entre nosotros, y ellos quieren dictar el comportamiento aceptable e inaceptable para los demás. Otros quieren elaborar los detalles minuciosos de las creencias e imponer cierta interpretación teológica sobre todos. A veces su legalismo no permite la libertad de actuar según la propia conciencia iluminada por la revelación bíblica y el Espíritu Santo. Un caso específico podría ser una pareja que está luchando con problemas en la genética que darían una prole con ciertas enfermedades congénitas, y están considerando pasos como la inseminación artificial para evitar tal posibilidad. Algunos dirían en forma categórica que eso es pecado, mientras otros dirían que la pareja debe tener la libertad de tomar su decisión sin represión de parte de otros.

2. Literalismo

Hay personas que intentan cumplir literalmente con las prohibiciones que están en la Biblia e imponen normas de comportamiento sobre personas hoy en día en base a esas prohibiciones. Por ejemplo, los Adventistas del Séptimo Día insisten en observar el día sábado, porque así fue en el principio. Ellos también insisten en abstenerse de comer carne de ciertos animales porque consideran que son inmundos, según las declaraciones de Levítico 11.

Otra ilustración del mismo punto de vista sería la interpretación de las enseñanzas de Pablo con relación a la vestimenta de las mujeres y su comportamiento en las iglesias. Algunos insisten en que las mujeres no deben enseñar a hombres en la iglesia, porque deben estar en sumisión al esposo. Otros prohíben a las mujeres el maquillarse, llevar aretes y otras joyas, etc.

Consideramos que debemos interpretar estos pasajes dentro del contexto histórico en que fueron escritos, y reconocer que había buenas bases para las prohibiciones en tiempos bíblicos, pero puesto que las costumbres han cambiado en el modo de sacrificar y cocinar las carnes y en el comportamiento de las mujeres, no estamos obligados a obedecer en forma literal estos mandamientos.

3. Situacionismo o circunstancialismo

Desde la década de 1960 está de moda hablar de la Nueva Moralidad. Joseph Fletcher publicó su libro *Situation Ethics* en 1966,[8] y el libro gozó de una aceptación inmediata en masa de las personas que habían estado en rebeldía en contra de las normas de los padres, de las iglesias y la sociedad en general, porque les daba licencia para violar algunas de las prohibiciones bíblicas y tradicionales, diciendo que la situación dictaba tal comportamiento.

Según Fletcher, hay solamente una norma que tiene validez para guiarnos en tomar las decisiones, y esa es la norma del amor. Por eso, muchos pecados han sido cometidos en las últimas décadas en nombre del amor. No estamos cuestionando la validez del amor como norma para guiarnos en tomar decisiones morales, pero no creemos que el amor anule todo otro mandamiento bíblico. Reconocemos que Jesús elogió el amor como la síntesis de toda la Ley y los Profetas (Mat. 22:37-40), pero no creemos que Cristo estaba diciendo que está bien matar, robar y cometer adulterio cuando la situación así lo justifique, según el parecer del sujeto que está considerando tal acto. Fletcher da ilustraciones en que, según él, serían permitidos tales actos.[9]

Sin duda la situación debe entrar en juego como un factor en consideración cuando uno está frente a una decisión moral que es complicada. Pero las enseñanzas bíblicas, la razón humana y la dirección del Espíritu Santo deben entrar en juego antes de dar consideración seria a la situación. Si la situación fuera la única norma para guiarnos, podríamos justificar cualquier acto con una racionalización larga de la situación especial que se nos presenta.

4. Relativismo

El relativismo toma las prohibiciones, las normas y los preceptos de la Biblia que tienen que ver con la ética y aplican a ellos el principio de relativismo para dar más laxitud al comportamiento de los seres humanos. Por ejemplo, toman las enseñanzas de Moisés en Deuteronomio 24:1-4 y Mateo 19:1-9 sobre el divorcio, y amplifican las razones para el divorcio para incluir otras razones que no son bíblicas. Argumentan que si Cristo estuviera presente en el día de hoy, cuando la situación social de la mujer da mucho más libertad que en su propio día, entonces seguramente él daría más bases para el divorcio.

---

[8] Posteriormente traducido al español bajo el título *La Etica de la Situación: La Nueva Moralidad*. Barcelona: Ediciones Ariel, 1970.

[9] *Ibíd.*, ver pp. 163-68.

Los neoortodoxos se conocen como los precursores de la aplicación del relativismo en la implementación de las normas éticas y morales de la Biblia. Karl Barth, Emil Brunner, Reinhold y Richard Niebuhr, John C. Bennett, James Gustafson, y varios otros de tiempos actuales practican el relativismo en la interpretación de los Diez Mandamientos, las enseñanzas éticas de Jesús y las enseñanzas de los demás escritores de la Biblia. Por cierto, hacen hincapié en la importancia de la justicia social y la intervención en asuntos relacionados con la aplicación de la ley, la legislación social, la política y la vida pública. Habrá ocasión para referirnos a algunas de sus declaraciones en el curso del estudio.

5. El método de buscar principios pertinentes

Este método es el enfoque de este libro cuando no hay enseñanzas directas que se aplican. Se toman las enseñanzas de la Biblia y se insiste que muchas son tan pertinentes para nosotros como las noticias del día. Pero también se reconoce que algunas de las prohibiciones y los mandamientos son anticuados y por eso no se deben aplicar hoy en día en forma literal. Sin embargo, estas leyes dan principios muy valiosos para nosotros que pueden darnos la orientación que nos hace falta en las decisiones diarias. Un ejemplo sería las instrucciones muy minuciosas para la persona que tenía lepra. Levítico 13 y 14 contiene detalles de las instrucciones para la persona que padecía la lepra, para su familia y la comunidad, y para el sacerdote. Pero tenemos que entender que el sacerdote estaba cumpliendo funciones que hoy en día corresponden a los médicos y no a los líderes religiosos. Y también tenemos que entender que hoy en día se sabe mucho más en cuanto a la enfermedad de la lepra, su causa, su grado de contagiosidad y su tratamiento. Lo que se hacía en aquel entonces en obediencia a las instrucciones de Dios no se debe hacer hoy en día porque hay medios más modernos y más eficaces de tratamiento.

Muchas de las leyes ceremoniales en el Antiguo Testamento tenían el intento de proteger a la comunidad del contagio de los microbios que podrían infectar a comunidades completas. Hoy en día todavía utilizan la cuarentena con este fin. Otras de las leyes tenían que ver con la higiene, y los principios son válidos para nosotros.

La santidad de la vida es uno de los principios fundamentales que se deriva de todos los mandamientos que tienen que ver con el asesinato, con intención o por accidente, con las heridas causadas por los seres humanos y/o los animales domésticos, y las ciudades de refugio establecidas por ley para los que habían matado por accidente, hasta que se pudieran establecer los motivos y determinar si fue por accidente o por intención.

El Nuevo Testamento tiene muchos principios que nos pueden guiar en tomar decisiones morales, sin tener que buscar un versículo preciso para cada acto que está prohibido. El propósito de este libro es señalar en detalle estos principios.

6. Existencialismo

Hay personas que insisten en interpretar el mensaje bíblico en la esfera de la ética y la moral en forma existencial. Esto quiere decir que en vez de buscar el sentido claro del pasaje bíblico y tratar de hacer una aplicación apropiada en la circunstancia específica, ellos insisten en no ser tan literalistas; más bien quieren buscar una actitud o emoción que responde al caso específico, y tratar de apreciar el valor moral de lo que se está presentando. No quieren prohibiciones; quieren tener la libertad para decidir sobre su comportamiento de acuerdo con su propio estado moral y emocional. Esta manera de interpretar las enseñanzas morales deja mucha laxitud para la persona, que puede justificar cualquier comportamiento en base al "momento existencial".

7. El método jerárquico de interpretar la ética cristiana

Norman Geisler escribió su libro: *Ethics: Alternatives and Issues* (La ética: alternativas y problemas) en 1971. En este libro Geisler establece unos grados de valores morales para guiar a la persona en tomar decisiones. Principia con la santidad de la vida humana y desarrolla su sistema en forma consecutiva desde allí. Por ejemplo, dice que el salvar muchas vidas es de más valor que salvar una sola vida, y que la preservación de la vida humana debe ser un factor más importante que la vida de un animal. El método abarca el aborto, porque dice que la vida actual es de mayor valor que la vida potencial. Aunque el libro no soluciona todos los problemas relacionados con la ética, sí ayuda a la persona para reconocer que cada uno tiene que establecer prioridades que tienen relevancia para sí.

8. Proporcionalismo

El proporcionalismo evalúa la situación y opta por el menor de los males en casos donde las alternativas no son un bien o un mal. En *Veritatis Splendor*, el papa Juan Pablo II critica el proporcionalismo en circunstancias que son ambiguas, tales como el embarazo que amenaza la vida de la madre.[10] Pero la realidad es que muchas veces somos forzados a tomar decisiones que violan o mandamientos directos o valores morales muy altos. Por ejemplo, cuando la

---

[10] Mc Brien, *op. cit.*, pp.1004-1005.

familia tiene que tomar la decisión de desconectar las máquinas
que mantienen con vida artificial a un ser querido que está muerto
clínicamente. El dolor que siente la familia es más intenso debido a
su convicción de la santidad de la vida.

VI. AREAS DE APLICACION DE LA ETICA CRISTIANA

Muchas de las enseñanzas éticas de la Biblia tienen aplicación
para el individuo, y otras tienen su aplicación para la sociedad en
general. Por eso, hablamos de la ética personal y de la ética social.
Esta división nos ayuda a reconocer que a veces la enseñanza tiene
que ser relacionada con el individuo y su vida personal o en comunidad con su familia, la iglesia u otro grupo con quien tiene relación estrecha.

Las enseñanzas que tienen relación con la sociedad pueden ser
tratadas en varias maneras. Hace años Alberto Knudson escribió
su *Etica Cristiana*, en la cual tomó la idea de Lutero de las "órdenes
de la creación", frase originada por Lutero para referirse a las varias relaciones que uno tiene en la sociedad. Estas órdenes abarcaban la esfera de la familia, la economía, la política y la sociedad.
Dentro de cada grupo están elaboradas las normas que han de
guiar a las personas como miembros de la familia, como gerentes o
trabajadores en compañías, y responsabilidades como ciudadanos
en la nación. Esta división es conveniente, porque ilustra nuestras
responsabilidades en las varias relaciones que tenemos en el
mundo.

La ética aplicada abarca nuestras relaciones con las demás personas en las múltiples relaciones y responsabilidades que tenemos.
Es el intento de aplicar los principios personales que hemos adoptado en los asuntos diarios del vivir. Según la profesión de uno,
puede guiarle en la lucha diaria con la honestidad en decir la verdad en cuanto a los productos que tiene para la venta, o puede
abarcar la honestidad en el uso de los componentes para los artículos que se producen, tales como las computadoras, los automóviles u otros aparatos. Puede abarcar la aplicación de los principios cristianos en relación con nuestro cónyuge y con los hijos en el
hogar. En este estudio vamos a dedicar varias páginas a la consideración de estas normas.

2

LA ETICA DEL ANTIGUO TESTAMENTO

INTRODUCCION

¿Para qué preocuparnos con el estudio de la ética del Antiguo Testamento, ya que esos libros fueron escritos hace miles de años? Alguien dirá: "La moral de las personas antiguotestamentarias es demasiado baja para nuestro día. En el Antiguo Testamento hay poligamia, trampería, venganza, deshonestidad, y se pinta un cuadro de un Dios que manda matar mujeres y niños en masa." Es cierto que todo esto se encontrará en las páginas del Antiguo Testamento, pero debemos recordar que no representan normas para la humanidad para toda época. La tarea nuestra es discernir del contenido del Antiguo Testamento los valores morales que son ejemplos para la humanidad en toda época, dejar a un lado lo que no representa ideales para seguir, y buscar la implementación de los valores que son compatibles con las enseñanzas del Nuevo Testamento y con nuestra época.

Uno de los valores principales del estudio de la ética del Antiguo Testamento es el poder reconocer los orígenes de las leyes actuales que gobiernan algunas naciones y trazar la historia de la moralidad.

También debemos tener interés en estudiar estas leyes antiguas y sacar de ellas los principios que todavía son pertinentes para nuestro día. Tal vez no nos llaman la atención los detalles de muchas leyes, tales como el establecimiento de las ciudades de refugio en Números 35, pero sí nos interesa saber que aquellas ciudades representaban un esfuerzo de los habitantes para establecer algún sistema de justicia en la niñez moral de la nación. Tampoco nos interesan mucho los detalles de los deberes de los amos hacia los esclavos y los derechos de éstos en Exodo 21, pero sí es de valor notar que existía una conciencia con relación a una actitud humanitaria y misericordiosa en los pasos primitivos de la humanidad.

Los Diez Mandamientos contienen un sumario de los deberes de los seres humanos en su relación con Dios y con el prójimo. En todos los pasos hacia la justicia que la jurisprudencia ha podido avanzar, no han superado estos diez principios. Las culturas más sencillas tanto como las más complejas todas han comenzado con estos principios sencillos para gobernarse y vivir en paz. Por eso, nos conviene considerar estos mandamientos.

Los profetas luchaban con problemas morales tan agudos que se inspiraron para condenar, con las declaraciones más duras, las injusticias en su día y apelar con las plegarias más elocuentes por la justicia individual y social que la humanidad haya leído en toda la literatura. Por eso, es importante detenernos para considerar su mensaje.

La poesía del Antiguo Testamento es rica en sus elogios de las virtudes que promueven la felicidad, la unidad y la paz, y a la vez condena las prácticas que impiden tales virtudes. Uno llora con Job mientras vive en carne propia todas las emociones de una persona que está atravesando el valle oscuro de una tragedia personal y familiar. Uno se emociona con el mensaje de los Cantares que relata los sentimientos de dos jóvenes enamorados que quieren expresar su afecto el uno para el otro. Por eso, nos conviene estudiar este mensaje y buscar su relevancia para nuestro día en que el cine y la televisión han abaratado el amor y el sexo.

Por eso, insistimos en que nos conviene pasar un tiempo excavando en el Antiguo Testamento para descubrir allí los tesoros que pueden enriquecer nuestra vida.

I. EL CARACTER ETICO DE DIOS

1. Su naturaleza

¿Cómo es el Dios a quien servimos? ¿Cuál es su naturaleza y cuáles son sus atributos morales? Se ha dicho que el ser humano tiende a asemejarse al Dios en quien cree y a quien sirve. Las primeras páginas de la Biblia nos hablan de un Dios creador, sustentador y que está en control de su creación. Se presenta con cualidades humanas, que llamamos antropomorfismos, porque habla de sus ojos y sus manos, como si tuviera todas las características de los seres humanos. También tiene las emociones; se refiere a su enojo, su celo, su bondad y su amor. Es activo en los asuntos relacionados con su creación y las actividades de los seres humanos. Anda en el huerto del Edén, preguntando a Adán después de haber cometido el pecado Adán y Eva: "¿Dónde estás tú?" Más tarde pregunta a Caín cuando se da cuenta que ha matado a su hermano: "¿Dónde está tu hermano Abel?", y "Qué has hecho?", al escuchar la evasiva de Caín en la pregunta: "¿Soy yo acaso el guarda de mi hermano?"

Estas declaraciones en las primeras páginas de la Biblia nos comunican que el Dios que nos ha creado tiene interés en nuestro modo de aceptar y utilizar la creación y la dádiva de la vida que nos ha brindado.

(1) La santidad de Dios. Una de las cualidades que más comunica el concepto moral es la santidad de Dios. La referencia más temprana a esta cualidad está en Levítico 19—25, donde hay un código de santidad para regular el comportamiento humano. Y el prefacio de ese código dice: "Sed santos, porque yo, Jehovah vuestro Dios, soy santo" (Lev. 19:2). Es muy difícil determinar el significado original de la palabra, pero tradicionalmente se creía que *qadosh* 6918 significaba una separación de las cosas dedicadas a Dios de las cosas comunes. En el principio no tenía significado moral, pero con el tiempo este concepto llegó a ser primordial.[1] No se sabe en qué tiempo la palabra adquiría un sentido moral, pero en Levítico 19 la idea es que el pueblo debe ser distinto y proyectar cualidades diferentes a los demás. Pero con el comienzo del estudio de la historia de la religión y la aplicación de los preceptos evolutivos a la religión, algunos eruditos comenzaron a dudar de la paternidad literaria del Pentateuco, y promovieron la idea que la santidad era ceremonial en la historia temprana de Israel y que el elemento moral se desarrolló en las etapas finales del desarrollo de la nación.

El autor no considera que sea necesario entrar en una discusión larga de este problema. Es suficiente declarar que el autor de esta obra cree que el Pentateuco es principalmente producto de la mano de Moisés, excepto unos pasajes tales como los que se refieren a los cananeos que estaban en la tierra y los que hablan de la muerte de Moisés, y que la palabra santidad llevaba el sentido moral desde el día de Moisés. Así, cuando Moisés desafía a los israelitas a ser santos, era una separación de las inmoralidades que caracterizaban a los vecinos en sus prácticas paganas. A la vez destaca esta cualidad de santidad que caracterizaba al Dios a quien servían. La palabra santidad se preservaba para referirse a los vasos que se utilizaban en la adoración en el templo en un comienzo, pero que no permitían su uso para cosas comunes. Había cierto temor y reverencia para las cosas santas.

(2) La justicia de Dios. La justicia de Dios quiere decir que él actúa de una manera correcta y justa en sus relaciones con el hombre. La palabra *mishpat* 4941, traducida justicia, lleva el concepto de

---

[1] Robert L. Cate, *Teología del Antiguo Testamento* (El Paso: Casa Bautista de Publicaciones, 1989), pp. 56, 57.

decreto o decisión legal y es una de las palabras más ricas en significado en el Antiguo Testamento. Llevaba el sentido de hacer lo
que se consideraba correcto de acuerdo con las circunstancias.[2]
Isaías 49:4 dice: "Por demás me he afanado; en vano y sin provecho he consumido mis fuerzas. Sin embargo, mi causa está con
Jehovah, y mi recompensa con mi Dios." La justicia que se esperaba de parte del hombre en relación con su prójimo se basaba en la
cualidad de justicia que caracterizaba a su Dios.

(3) La rectitud de Dios. La palabra *zadek* [6663] tiene el significado
de recto. Es palabra similar en sentido con *mishpat*, y lleva el significado de lo recto en sentido moral o legal. Génesis 18:25 dice:
"... El Juez de toda la tierra, ¿no ha de hacer lo que es justo?" Las
referencias relacionadas con Dios que se encuentran en Isaías 59:16,
19 también se refieren a la rectitud de Dios al recompensar a los
justos. Dios es recto en sus relaciones con las naciones. Amós, el
gran profeta del siglo VIII a. de J.C., hizo hincapié en la justicia, y
dijo que el Dios justo tendría misericordia sobre los que buscaban a
Jehovah y amaban el bien (Amós 5:14, 15).

El concepto de un Dios recto presentó un problema para los
hebreos, pues éstos dedujeron que los males y los sufrimientos son
castigos impuestos al ser humano por Dios debido al pecado. Sin
embargo, el Salmista se refiere al triunfo de los malos mientras
sufrían los rectos (Sal. 37; 94:3). Las experiencias de Job, en cambio,
dieron ocasión para que sus "amigos" interpretaran sus sufrimientos como resultado de sus pecados. El concepto correcto que se
obtiene de la Biblia es que el ser humano debe ejercer la paciencia y
ver que la justicia de Dios obre lentamente en el drama humano.
Los malos también recibirán su castigo, porque serán cortados
como la hierba (Sal. 37:2).

(4) La misericordia de Dios. En el Antiguo Testamento predominan las referencias a Dios como juez justo, y por eso se considera como ser severo en relación con el ser humano. Pero también se menciona la misericordia de Dios. En Génesis 24:27 dice:
"¡Bendito sea Jehovah, Dios de mi señor Abraham, que no apartó
de mi señor su misericordia y su verdad! En el camino Jehovah me
guió hacia la casa de los hermanos de mi señor." La palabra
hesed [2617] tiene el sentido de bondad, gracia, fidelidad y lealtad.

Moisés estaba en la montaña adorando a Dios y el pueblo hizo
el becerro de oro en el valle y comenzó a adorarlo. Moisés bajó de

---

[2] El lector puede estudiar el significado de estas palabras en hebreo
consultando *Diccionario de Hebreo Bíblico*, por Moisés Chávez. El Paso: Casa
Bautista de Publicaciones, 1992. Los números son los asignados por James
Strong en su concordancia.

la montaña y castigó al pueblo por su pecado. Posteriormente Jehovah pasó frente a Moisés y dijo: "¡Jehovah, Jehovah, Dios compasivo y clemente, lento para la ira y grande en misericordia y verdad...!" (Exo. 34:6).

La misericordia dé Dios se observa en su trato con la nación al establecerse ésta en la tierra prometida. Muchas veces la nación pecó contra Dios; pero Dios, por su misericordia, no la destruyó; más bien la llevó al punto de arrepentimiento para perdonarles sus pecados.

Los profetas asociaban sus mensajes de juicio con la misericordia. Isaías dice: "Por un breve momento te dejé, pero con gran compasión te recogeré. Al desbordarse mi ira, escondí de ti mi rostro por un momento; pero con misericordia eterna me compadeceré de ti, dice tu Redentor Jehovah" (Isa. 54:7, 8).

La misericordia de Dios es la base para pedir la misericordia en las relaciones entre los seres humanos. Cuando Miqueas da el sumario de los deberes de la humanidad, dice: "¡Oh hombre, él te ha declarado lo que es bueno! ¿Qué requiere de ti Jehovah? Solamente hacer justicia, amar misericordia y caminar humildemente con tu Dios" (Miq. 6:8). En Jeremías 3:12 se reafirma esta cualidad en Jehovah: "Vé y proclama estas palabras hacia el norte. Dirás: 'Vuelve, oh apóstata Israel, dice Jehovah. No haré caer mi ira sobre vosotros, porque soy misericordioso,' dice Jehovah."

El Salmista da voces a su concepto en las palabras: "Clemente y compasivo es Jehovah, lento para la ira y grande en misericordia" (Sal. 145:8).

(5) El amor de Dios. El amor de Dios es otra característica que se encuentra en el Antiguo Testamento. La palabra *ahabah* [160] comunica la ternura con que uno ama a otro. La profundidad de ese amor de Dios para Israel se explica en Oseas 11:4: "Con cuerdas humanas los atraje, con vínculos de amor. Fui para ellos como los que ponen un bebé contra sus mejillas, y me inclinaba hacia ellos para alimentarlos." La elección de Israel por encima de todas las otras naciones de parte de Dios se explicaba solamente como el amor. El Salmo 103:13 dice: "Como el padre se compadece de los hijos, así se compadece Jehovah de los que le temen."

Como mucha de la motivación en la ética cristiana tiene sus raíces en el amor, es maravilloso reconocer que nuestro Dios es Dios de amor y muestra su amor para la humanidad en su trato durante los siglos. La manifestación más grande de este amor la veremos cuando llegamos al mensaje del Nuevo Testamento.

2. El contraste de Dios con los dioses contemporáneos

(1) Los ídolos de la casa (terafines). ¿Era Abraham politeísta? Algunos afirman que sí, pero no lo podemos saber con seguridad.

John Bright declara: "Israel no negó la existencia teórica de otros
dioses, cuyas imágenes pudo ver por todas partes. Pero sí negó el
poder de estos dioses para realizar aquello que sus fines les pedían;
en definitiva negó la realidad de la fuerza atribuida a la imagen".[3]
Sabemos que Abraham vivía en Ur de los Caldeos y posteriormente emigró a Harán, donde sintió el llamado de Dios para dejar
su tierra y su parentela para ir a una tierra que Dios le iba a
mostrar. Génesis 12:7 dice que Jehovah se apareció a Abram: "... Y
él edificó allí un altar a Jehovah, quien se le había aparecido."
Sabemos que la gente en la tierra natal de Abraham era politeísta,
porque años más tarde cuando Labán va persiguiendo a Jacob y su
familia, Labán los alcanza y declara en su reclamo a Jacob por
haber salido secretamente: "Y ya que te ibas definitivamente porque tenías tanta nostalgia por la casa de tu padre, ¿por qué me has
robado mis dioses?" (Gén. 31:30).

No sabemos mucho de los dioses que Raquel había robado y
escondido en la montura de un camello, pero parece que estaban
conectados en alguna manera con la protección y la prosperidad de
la familia. Las Tabletas de Nuzi aclaran que solamente los hijos
(hombres) de Labán tenían el derecho de heredar la propiedad de
Labán, de modo que el acto de Raquel nos deja confusos. Es cierto
que los terafines paternales eran codiciados de parte de los descendientes por razones religiosas, pero también podrían tener algún
significado relacionado con la herencia.

Sabemos que los israelitas luchaban con los terafines en días de
los jueces (Jue. 17:5; 18:14, 17, 20). En 1 Samuel 19:13, 16 hay un
terafín del tamaño de un ser humano, en la casa de David y Mical.
En 1 Samuel 15:23 y 2 Reyes 23:24 se condenan los ídolos que estaban en las casas de los israelitas. Oseas 3:4, 5 habla de un tiempo
futuro cuando los ídolos domésticos (terafines) no serán tolerados.

(2) Los dioses de Egipto. Cuando Dios llamó a Moisés para ser
el libertador de los esclavos en Egipto, prometió estar con él. Moisés y Aarón tuvieron que competir con los sabios, los hechiceros,
los magos y los encantadores de Egipto, y posteriormente vemos
que las plagas tenían relación con los dioses de Egipto. El Nilo era
un río sagrado, y representaba la vida para el pueblo, puesto que
dependían de él para el transporte, la fecundidad de la tierra y los
asuntos domésticos. Adoraban al dios Hapi en la época de la inundación del río. Luego, Osiris llegó a ser el señor de la inundación.
El cocodrilo representaba otro dios que se identificaba con el río.[4]

---

[3] John Bright, *La Historia de Israel* (Bilbao: Desclee Brouwer, 1970), p.
158.

[4] T. O. Lambdin, "Nile", *Interpreter's Dictionary of the Bible*, III (Nueva
York: Abingdon Press, 1962), p. 550.

Junto con el río había adoración para el faraón con el dios que el faraón favorecía: Amen-hotep al dios Amón, Thut-mose al Thoth, y Ramsés a Ra.[5]

(3) Moloc. A Moloc, dios de los amonitas, se le adoraba por medio de sacrificios humanos y por la ofrenda de la víctima en holocausto (Lev. 18:21; 2 Rey. 23:10; Jer. 32:35). Es posible que los casos de sacrificios humanos de parte de los israelitas y el caso de Manasés se debían a las influencias de los amonitas (2 Rey. 21:6).

Había estatuas grandes del dios, sentado con los brazos extendidos. Preparaban un fuego entre las piernas cruzadas de Moloc. En el momento del sacrificio colocaban el cuerpo del ser humano entre los brazos extendidos, y las llamas del fuego ascendían para consumir el cuerpo de la víctima. Mientras tanto, todo el pueblo danzaba alrededor del ídolo en forma frenética.[6]

(4) Dagón. Parece que Dagón, dios de los filisteos, era el padre de Baal, pero era el dios adorado en un templo en Ras Shamra que era rival de Baal. La referencia a Dagón en 1 Samuel 5:4 no es muy clara, y algunos interpretaban que tenía la forma física de un pez con la cabeza humana, y se colgaba en la pared. El ídolo se cayó frente al arca de Jehovah, y la cabeza y las manos de Dagón estaban cortadas, quedando sólo el tronco. Algunos insisten que el texto es tan corrupto que es imposible determinar con exactitud cómo era.[7] Este caso ilustra la rivalidad que existía en Israel entre Dagón y el arca de Jehovah.

(5) Baal. El dios de los cananeos que más rivalizaba con los israelitas era Baal, y también Astarte, su consorte. Baal era el dios de la lluvia de invierno y la tempestad, que daba la fertilidad al suelo. Por eso atraía tanto al pueblo, porque querían garantizar una cosecha amplia. La adoración de Baal y Astarte incluía en su ceremonia actos sexuales y resaltaba la lujuria, y por eso era una tentación constante para la nación.

Los profetas luchaban constantemente con las tentaciones del pueblo de seguir a Baal. Elías desafió al pueblo a escoger entre Jehovah y Baal (1 Rey. 18:20-40). Oseas condenó la fornicación que cometían los habitantes en forma abierta y sin arrepentimiento (Ose. 4:11-16). En varias épocas parece que los israelitas asimilaron

---

[5] J. A. Wilson, "Pharaoh", *Ibíd*, p. 773.

[6] El lector puede encontrar explicaciones adecuadas de los dioses en *La Enciclopedia de la Biblia* y los varios artículos en *The Interpreter's Bible Dictionary*, 4 tomos, editado por George Arthur Buttrick, New York: Abingdon Press, 1962.

[7] J. Gray, *Interpreter's Dictionary of the Bible*, I, p. 756.

la adoración a Baal en sus actos de adoración a Jehovah (1 Rey. 16:32; 2 Rey. 18:4; Eze. 8:14).

El resumen de estos dioses contemporáneos con la historia de los israelitas nos indica que era una amenaza constante que el pueblo se alejara de Jehovah para adorar a los dioses de los vecinos y/o de absorber las prácticas de otras religiones en la adoración a Jehovah. Es interesante que las referencias a las otras religiones no mencionan cualidades morales ni exigen comportamiento ético de parte de los adoradores. Al contrario, la ceremonia de adoración abarcaba prácticas que la religión verdadera condena como inmoral.

3. El sentido ético en los nombres de Dios

El Antiguo Testamento presenta varios nombres para referirse al Dios único y verdadero. Los nombres que se usaban para referirse a Dios daban algunas indicaciones de su carácter. Para los judíos el nombre tenía un significado especial. A veces el nombre indicaba alguna cualidad especial de la persona o una condición especial bajo la cual nació. También representaba una esperanza especial que tenían con relación al papel de la persona. Set significa substitución, porque Set tomó el lugar de Abel. Abram significa multitudes. Jacob quiere decir suplantador, porque tomó el lugar que pertenecía a su hermano Esaú. El cambio de nombre tomó lugar por razones especiales. Sarai se cambió a Sara, que significa princesa. Jacob se cambió a Israel, que significa príncipe.

En el presente estudio vamos a tratar de entender la naturaleza de Dios, examinando el significado de los distintos nombres que se utilizaban para referirse a Dios.

(1) Elohim. *Elohim* [430] es la palabra en hebreo que se utiliza en los primeros capítulos de Génesis para referirse al Dios de la creación. El significado de la palabra es "poder" o "fuerza", y se utiliza 2.500 veces en el Antiguo Testamento. Representa el poder y el propósito de Dios de cumplir con lo que ha prometido. Es *Elohim* que actúa en Génesis, ve lo que ha creado, y lo pronuncia como "bueno" (Gen. 1:10, 12). El Salmista elogia a *Elohim*, como su refugio y castillo (Sal. 91:2). En estas referencias podemos confiar que estamos sirviendo a un Dios maravilloso. Cantamos el himno "Cuán grande es él", y en verdad es un himno que afirma el poder y la presencia de Dios en la creación y en las actividades diarias de los seres humanos.

(2) Jehovah. La palabra *Jehovah* es la más usada en el Antiguo Testamento para referirse a Dios, tanto independientemente como en combinación con otros nombres. Es difícil saber con toda seguridad de dónde viene la palabra. La opinión más aceptada es que viene del verbo hebreo *hayah* [1961], que significa "estar" o "llegar a ser", implicando existencia.[8] Las consonantes YHWH llegaron a simbolizar "Yahweh", que también se pronuncia "Jehovah".

Se debate la pronunciación de la palabra Jehovah, porque en el principio el hebreo consistía solamente de consonantes. Posteriormente se añadieron las vocales para facilitar la pronunciación. Para ese tiempo había tanta reverencia por la palabra que nadie se atrevía a pronunciarla. Al fin, le añadieron las vocales de la palabra *adonai* [136].

En el Antiguo Testamento se habla de Jehovah como recto y que exige la rectitud del ser humano en su comportamiento. Después del pecado de Adán y Eva, es *Jehovah* quien los saca del huerto de Edén. *Jehovah* es el que destruye al mundo corrompido por medio del diluvio (Gén. 7:17-23), y también el que hizo llover fuego sobre las ciudades de Sodoma y Gomorra (Gén. 19:13-24). *Jehovah* es celoso por su pueblo, lo ama, y se entristece cuando peca: "Entonces quitaron de en medio de ellos los dioses extraños y sirvieron a Jehovah. Y él no pudo soportar más la aflicción de Israel" (Jue. 10:16).

Mientras la palabra *Elohim* predomina en los primeros capítulos de Génesis, donde habla de la creación, la palabra *Jehovah* predomina en otras partes. Por ejemplo, en las instrucciones que se dan respecto al sacrificio de animales, la palabra *Jehovah* aparece 86 veces en los primeros siete capítulos del libro de Levítico, mientras que la palabra *Elohim* aparece una sola vez. Algunos explican esta desproporción diciendo que se debe a autores distintos de las diferentes partes del'Pentateuco. Otros explican que es otra faceta de la naturaleza de Dios y muestra su identificación con el hombre en el esfuerzo de hacer sacrificios y así mantener una relación íntima con Dios.

(3) Adonai. La palabra *adonai* [136] quiere decir "Señor". Este nombre tiene la traducción "Señor", implicando la obediencia absoluta que el ser humano debe rendir a Dios. Es el término que usaban los esclavos para referirse a sus amos. Así como el esclavo es propiedad exclusiva de su amo, y éste tiene la obligación de proteger y cuidar de aquél, el ser humano debe ver a Dios como su Señor, el dueño de su vida, y en esta misma relación puede tener la confianza de que Dios le protegerá, le cuidará y suplirá sus necesidades.

(4) El Shadai. Varios pasajes mencionan *El* [410] *Shadai* [7706], que se

---

[8] Moisés Chávez, *Diccionario de Hebreo Bíblico* (El Paso: Casa Bautista de Publicaciones, 1992), p. 151.

traduce "El Dios Todopoderoso" (Gén 35:11; ver Jos. 7:8; Isa. 6:8; 8:7). El énfasis está en la fuerza de Dios, y comunica que es suficiente para suplir todas las necesidades de los seres humanos. Es *El Shadai* quien demostró su poder para multiplicar los descendientes de Abraham y hacer de él una nación grande (Gén. 17:4). Es *El Shadai* quien se apareció a Jacob después de su viaje para escaparse de la ira de su hermano y que se le apareció cuando volvió de nuevo a Betel, diciendo: "Yo soy el Dios Todopoderoso. Sé fecundo y multiplícate. De ti procederán una nación y un conjunto de naciones; reyes saldrán de tus lomos" (Gén. 35:11).

Hay otros nombres y nombres compuestos para referirse a Dios en el Antiguo Testamento, pero estos nombres son suficientes para mostrarnos que el Dios del Antiguo Testamento se revelaba al pueblo con cualidades distintas en las épocas distintas de la historia del pueblo. Reflejan que Dios tiene poder, es Dios eterno y es el Señor que ama a su pueblo. Estas cualidades divinas nos inspiran y nos mueven a vivir de tal manera que podamos asemejarnos a él.

II. LA NATURALEZA MORAL DEL SER HUMANO

El carácter ético de Dios es un factor de suma importancia para determinar qué clase de comportamiento debe mostrar el ser humano. La naturaleza moral del ser humano es el factor que le sigue en importancia. Lo que creemos en cuanto al ser humano es importante. Los últimos cien años han experimentado una tremenda colisión de ideas antagónicas en cuanto a la humanidad. ¿Es el ser humano meramente lo que come, o representa algo espiritual además del elemento material? ¿Es inmortal, o muere y se descompone como algunos materialistas enseñan? Estas preguntas representan los debates que están en progreso en cuanto a la naturaleza del ser humano.

1. El ser humano creado a la imagen de Dios

La Biblia nos enseña que Dios creó a la humanidad: "Entonces dijo Dios: 'Hagamos al hombre a nuestra imagen, conforme a nuestra semejanza, y tenga dominio ...' " (Gén 1:26). Las palabras "imagen" y "semejanza" son importantes. En hebreo *tselem* [6754] se traduce "imagen" para implicar una "sombra" o "apariencia" de lo que era lo genuino. *Demuth* [1823] se traduce "imagen" o "semejanza". En el pasado los eruditos trataron de fabricar una distinción entre las dos palabras, haciendo que una tuviera significado espiritual y la otra el significado de la forma física del ser humano, pero una consideración más madura de la literatura semítica con el tiempo reconoció que es un ejemplo del paralelismo que caracterizaba mucha de la literatura hebrea. A ellos les gustabn elaborar el significado de sus ideas con sinónimos, símiles y metáforas.

"Entonces Jehovah Dios formó al hombre del polvo de la tierra. Sopló en su nariz aliento de vida, y el hombre llegó a ser un ser viviente" (Gén 2:7). La palabra importante en hebreo aquí es *nefesh* 5315, que tiene el significado de "aliento". También lleva el sentido de "alma" como el centro de los sentimientos, los deseos y la voluntad. Puesto que Dios le dio al ser humano la responsabilidad de dominio, reconocemos que el ser humano está en la cima de la creación de Dios, y tiene la responsabilidad de actuar de tal manera que sea buen mayordomo de lo que Dios le ha encomendado.

¿En qué consiste esta imagen? ¿Significa una similitud física, o más bien una espiritual? Varios eruditos han tratado de definir el significado de esta imagen, y han salido con cinco características: **(1)** El señorío sobre la naturaleza, **(2)** la perfección moral antes del pecado, **(3)** la capacidad de experimentar la comunión con Dios, **(4)** la personalidad y **(5)** la inmortalidad del ser humano. No queremos colocar una de las características encima de otra, porque cada una representa elementos de suma importancia.

Sabemos que algo pasó a la imagen de Dios al pecar Adán y Eva. ¿Desapareció por completo esa imagen? ¿O fue dañada en forma irreparable? La contestación es negativa a las dos preguntas. Aunque la imagen fue afectada por el pecado, no desapareció. De otra manera no habría base para responder a la revelación de Dios. Hay aspectos suficientes de la imagen de Dios en el ser humano para poder responder a la invitación de Dios y de establecer de nuevo la relación de padre/hijo. Esto pasa cuando el ser humano acepta a Cristo como Salvador personal.

2. La soberanía de Dios y la libertad de la humanidad

Una de las paradojas más difíciles para entender es cómo Dios puede ser soberano y a la vez darle al ser humano la libertad para tomar sus propias decisiones. Dos escuelas teológicas han surgido como consecuencia del énfasis en estos dos conceptos.

Juan Calvino (1509-1564) hizo énfasis en la soberanía de Dios, la predestinación del ser humano para la salvación o la perdición, y la dinámica para el elegido de ejercer la energía moral en mejorar la sociedad. En la predestinación había una fuerza moral, una confianza y una osadía para actuar para mejorar las condiciones. En Zurich, Calvino impuso leyes con relación a las horas en que las cantinas podían estar abiertas, y legislaba la moral en las esferas cívicas, comerciales y políticas. En verdad, hizo de Zurich la "ciudad de Dios".[9]

---

[9] Ver C. H. Irwin, *Juan Calvino*. Madrid: Sociedad de Publicaciones Religiosas, sin fecha, y Juan Calvino, *Instituciones*.

Vemos en Calvino el ejemplo de una soberanía de Dios que resulta en la agresividad humana para implementar los ideales de Dios para la sociedad. Los hipercalvinistas tomaron la doctrina de la soberanía de Dios e insistieron que todo está predeterminado por Dios y que el ser humano no tiene el poder de cambiar lo que Dios ha decidido. Esta herejía apagó el fervor evangelístico por dos siglos, hasta cuando Guillermo Carey estaba dispuesto para cuestionar los conceptos fatalistas de los que decían que el ser humano no podía hacer nada para cambiar lo que Dios ha determinado con relación al destino de la humanidad.

La otra escuela teológica surgió en Holanda e hizo énfasis en el libre albedrío del ser humano y su responsabilidad por escoger pecar. Su precursor era Jacobo Arminio (1560-1609), que pasó su vida en polémica con los calvinistas de esa región. Insistió en que el ser humano personalmente es más responsable por sus acciones y tiene la libertad para tomar decisiones.

El arminianismo se alió con las tendencias más liberales e hizo su impacto en Inglaterra sobre Juan Wesley y los metodistas, y posteriormente con las ideas de Pelagio sobre la naturaleza de la humanidad como más positiva en vez del énfasis en la depravación total. Jonatán Edwards atacó fuertemente la libertad humana en su *Freedom of the Will* (Libertad de la voluntad). El y otros montaron una oposición al arminianismo por su énfasis sobre el predominio del elemento racional en el ser humano, su disminución de la seriedad del pecado, su indiferencia al énfasis en la importancia de la piedad para el cristiano y por la flojedad de la moral.

No nos identificamos ni con los calvinistas ni con los arminianos en este debate, pero insistimos en que hay validez en los dos puntos de vista. Aunque Dios es soberano, presenta un mensaje que invita a toda persona a Cristo, y deja en libertad a todo ser humano para tomar la decisión. El cristiano tiene que depender de Dios y no de sus propios esfuerzos para extender el evangelio, pero a la vez tiene que trabajar con energía como si todo dependiera de él.

III. LA RELACION ENTRE LA RELIGION Y LA ETICA EN EL ANTIGUO TESTAMENTO

Hay personas que no perciben ninguna relación entre su experiencia religiosa y cómo esa experiencia afecta su comportamiento diario. Tienen su vida dividida en varios compartimientos, y no hay ni comunicación ni influencia entre los mismos. El cristianismo insiste en que la experiencia religiosa resulta en una transformación del comportamiento personal y la conciencia social de la persona, porque comienza a preocuparse por otros en el mundo. Lo que uno experimenta en el acto de adoración tiene que ejercer una influencia en su estilo personal de vida, en su actitud hacia su familia, en las relaciones en el trabajo y en toda otra relación.

1. La relación explicada

La fe de los personajes antiguotestamentarios tenía relación con su comportamiento. Ya hemos visto que el Dios de ellos tenía cualidades morales y esperaba moralidad de sus fieles. Es cierto que la conciencia del ser humano se ha ido desarrollando durante el curso de la historia. Esto se ve con relación a la actitud hacia los esclavos, el respeto creciente por la mujer, la actitud vengativa que progresa a una actitud de gracia y perdón, el respeto por la vida y la propiedad, y la actitud hacia el hogar y los hijos.

Los cambios se deben a una apreciación creciente de la naturaleza de Dios, la madurez que resulta de las experiencias de sufrimiento que producían fe, templanza y paciencia, los contactos con naciones paganas y falta de respeto por la vida humana, y otros ejemplos de su moral tan baja y de la revelación progresiva.

2. La relación ilustrada

Hay varias ilustraciones que podemos mencionar para ayudarnos a entender que la experiencia religiosa produce una vida moral más alta.

(1) El caso de Adán y Caín. La Biblia nos dice que Adán y Eva andaban con Dios en el Edén antes del pecado. Pero después de haber desobedecido a Dios, ellos se escondieron de él. La primera pregunta de la Biblia es: "¿Dónde estás tú?" (Gén. 3:9). Esta pregunta implica que había acontecido una separación entre Dios y la primera pareja, debido al pecado que habían cometido. Esto ilustra el hecho de que siempre que desobedecemos las instrucciones de Dios sentimos la culpabilidad y queremos escondernos de él.

Cuando Caín mató a su hermano Abel, Dios apareció para hacerle la pregunta: "¿Dónde está tu hermano Abel?" (Gén. 4:9). Y la contestación evasiva de Caín ilustra su deseo de deshacerse de la responsabilidad por su acto. Es interesante que el primer asesinato ocurrió pronto después de un acto de adoración en el cual los dos trajeron su ofrenda a Jehovah. ¿Qué relación había entre la experiencia religiosa de la adoración y el pecado del asesino? La actitud de Dios implica que él desaprobaba su comportamiento y el choque que resulta de tratar de adorar y a la vez cometer pecado.

(2) El orden de los Diez Mandamientos. Los primeros cuatro mandamientos tienen que ver con nuestra relación con Dios. Abarcan la unidad de Dios y su característica única, su naturaleza espiritual y la imposibilidad de hacer alguna semejanza a él, la santidad del nombre de Dios y la necesidad de guardar reverencia por el mismo, y la santidad del día que Dios ha establecido como día de descanso y adoración al Dios verdadero. Al observar estos cuatro mandamientos podemos sentirnos aceptos delante de Dios.

Los otros mandamientos tienen que ver con nuestras relaciones horizontales, con el cónyuge, con el prójimo, con la propiedad del prójimo, con el buen nombre del prójimo y con las posesiones potenciales. Esto ilustra que tenemos una experiencia vertical con Dios en la adoración, y que esta experiencia da fruto en controlar nuestras relaciones horizontales con los demás.

(3) La visión de Dios y el servicio al prójimo. Hay varias ilustraciones del Antiguo Testamento que muestran que una experiencia religiosa de ver a Dios, escuchar la voz de Dios y conversar con Dios resulta en una consagración más sincera para servir a Dios por medio de un servicio especial a personas necesitadas.

Así fue en el caso de Moisés. Moisés estaba en la tierra de Madián, apacentando las ovejas, contento con su esposa e hijos y su familia (Exo. 3:1-10). Pero un día allí en las montañas vio una zarza que estaba ardiendo, pero no se consumía. Como era algo extraordinario, se acercó para examinar más de cerca tal fenómeno. En ese momento se dio cuenta que era un caso muy especial; se trataba de la comunión con Dios. Se quitó las sandalias y escuchó la voz de Dios llamándolo para ir a Egipto para liberar a los esclavos de los egipcios. Queremos resaltar dos verdades en esta experiencia: La visión de Dios nos hace consagrarnos de nuevo a su servicio y esta visión resulta en aceptar una tarea que tiene que ver con el servicio a los necesitados entre los demás seres humanos.

Otra ilustración de la misma verdad se ve en el caso de Samuel. El joven ministraba en el Templo al lado de Elí, sumo sacerdote (1 Sam. 3:1-14). Cuando escuchó una voz en la noche, pensaba que Elí lo llamaba. Tres veces escuchó la voz, y respondió a Elí: "Heme aquí. ¿Para qué me has llamado?" Al fin Elí se dio cuenta que era Dios quien llamaba al joven. Instruyó a Samuel para responder a Dios. Y al escuchar el llamado otra vez, esta vez sí respondió al Señor, diciendo: "Habla, que tu siervo escucha."

El mensaje de Dios para Samuel incluía las noticias tristes del juicio sobre la casa de Elí y la comisión de Samuel para ser el líder espiritual entre el pueblo. Como consecuencia, "todo habitante de Israel... sabía que Samuel estaba acreditado como profeta de Jehovah" (1 Sam. 3:20). La visión de Dios en la medianoche resultó en la comisión para ser el profeta, juez y sacerdote para la nación.

Otra ilustración es la de Isaías 6. Había una gran crisis en Judá, porque el rey Uzías había muerto. Siempre que una nación pierde a su líder es tiempo de crisis. Era el momento para pedir la ayuda divina, y por eso Isaías subió al Templo para adorar. En el acto de

adorar vio las manifestaciones sobrenaturales de la presencia de
Dios, confesó su pecado y el de su pueblo, experimentó la limpieza
de los pecados y escuchó el llamado de Dios buscando a alguien
para cumplir con una misión. Cada uno de estos pasos representa
una experiencia religiosa para el joven profeta. Después de consagrarse al Señor, fue entonces cuando Jehovah le llamó para
cumplir con una misión: "¿A quién enviaré? ¿Y quién irá por nosotros?" (Isa. 6:8). Isaías se ofreció en las palabras que siempre nos
conmueven: "Heme aquí, envíame a mí" (Isa. 6:9).

Dios le explicó a Isaías la tarea que tenía por delante. Era la de
ser el vocero de Dios ante los reyes y el pueblo, para llamarles al
arrepentimiento y para seguir las leyes de Dios en vez de confiar
en sus propios esfuerzos o los de las naciones vecinas. Isaías
dedicó su vida para ser el profeta para su nación. Su experiencia
de la presencia de Dios y la consagración a él le dio una perspectiva espiritual para acudir a Dios en busca de ayuda en vez de confiar en los consejos de los seres humanos. Esto nos sirve de lección
hoy en día también.

(4) Requisitos para los que quieren servir a Dios. Dios le dijo a
Moisés que apartara a Aarón y su familia para ejercer las funciones
de preparar y hacer los sacrificios y representar al pueblo en presencia de Dios. Más tarde la tribu de Leví no participó en la repar-
tición de la tierra; pero el pueblo tenía la responsabilidad de proveer lo necesario para ellos por medio de sus sacrificios y ofrendas.

Posteriormente Dios estableció requisitos para los que tenían la
responsabilidad de ministrar las cosas sagradas. Levítico 21 y 22
contiene una lista larga de requisitos para los sacerdotes, que abarcaban sus propias características, las personas con quienes se casaban y el comportamiento de los hijos de los sacerdotes.

La verdad que se resalta aquí es que Dios requiere un comportamiento ético en las personas que profesan ser los líderes espirituales de entre el pueblo de Dios. En días de los profetas había
profetas falsos que vivían vidas malas, profetizaban lo que el
pueblo quería escuchar y proclamaban que Jehovah estaba en
medio de ellos, cuando en verdad él estaba enojado con ellos por
sus pecados (Jer. 5:31; 14:14; 27:14; 29:9; Miq. 2:6). Aunque había
casos de inmoralidad entre los representantes religiosos, como se
ve en los hijos de Elí (1 Sam. 2:12-17) y los sacerdotes y los profetas
(Jer. 23:9-36), la condenación de Dios por tal comportamiento afirma que Dios requiere que sus siervos sean lo más puros posibles y
de buen testimonio en la comunidad.

**(5) Pecados cometidos hacia el prójimo representan pecado
ante Dios.** Hay personas que piensan que pueden ser deshonestas
en los negocios, pero si asisten a los cultos y dan sus diezmos y

ofrendas, entonces creen estar en buenas condiciones ante Dios. Dios mira al ofrendante tanto como la ofrenda (Mat. 5:23, 24), y quiere que el ser humano sea sincero en su consagración a él tanto como correcto en sus tratos con los demás.

David cometió adulterio, que representaba pecado hacia Betsabé, contra Urías su esposo y contra los demás soldados en el ejército. Pero cuando el profeta Natán fue adonde David para hacerle ver su pecado, la respuesta de David fue: "He pecado contra Jehovah" (2 Sam. 12:13).

Cuando Jezabel mató a Nabot para quitarle la viña porque el rey Acab la codiciaba, el profeta Elías fue con el mensaje de juicio para Acab y Jezabel, y sus palabras señalan que su pecado en contra de Nabot también era pecado ante Dios: "Te he encontrado, porque te has vendido para hacer lo malo ante los ojos de Jehovah" (1 Rey. 21:20). El pecado que el ser humano comete en contra de otros, sean individuos o grupos enteros, es pecado ante los ojos de Dios. El sufrimiento que padecen muchos en el mundo se debe a la opresión de los ricos y muchos de esos ricos piensan que sus riquezas se deben a la bendición de Dios cuando en realidad Dios odia sus tratos injustos hacia los pobres.

IV. LA BUENA VIDA

En la ética se busca lo que los seres humanos consideran de mayor valor en la vida. Como vimos anteriormente, en los sistemas de ética teleológicos siempre había un fin que todos perseguían, sean la felicidad, el placer o la autorrealización. ¿Qué buscaban los personajes en los tiempos antiguotestamentarios? Otra manera de formular la pregunta sería: ¿En qué consistía la buena vida?

1. El gozar de la presencia de Dios siempre, o sea, la adoración

El ser humano está hecho para disfrutar de la comunión con Dios. Vemos que Caín y Abel trajeron los frutos del trabajo como ofrendas a Jehovah, indicando que fue un acto espontáneo en manifestación de su gratitud hacia Dios y reconociendo que sus energías y esfuerzos para producir venían de Dios (Gén. 4:3-5).

Vemos que los descendientes de Abraham participaban en la adoración, porque Jacob tomó la piedra que había servido de cabecera durante la noche y preparó un memorial en Betel, después de haber tenido un sueño dramático la primera noche cuando huía de su hermano Esaú (Gén. 28:10-22). Su voto representa el acto de consagración en su adoración: "Si Dios está conmigo y me guarda en este viaje que realizo, si me da pan para comer y vestido para vestir, y yo vuelvo en paz a la casa de mi padre, Jehovah será mi Dios. Esta piedra que he puesto como memorial será una casa de

Dios, y de todo lo que me des, sin falta apartaré el diezmo para ti" (Gén. 28:20-22).

No tenemos espacio para mencionar los muchos ejemplos de actos de adoración en el Antiguo Testamento. Basta decir que una cantidad grande del material en el Pentateuco tiene que ver con instrucciones para los varios sacrificios y las instrucciones para los sacerdotes, quienes ministraban en los actos de adoración. Es justo decir que la adoración representaba el anhelo más íntimo de los seres humanos para establecer comunión con su Creador y mantenerse en buenas relaciones con él.

Al ofrendar el animal para el sacrificio, el ofrendante estaba actuando en obediencia al mandato de Dios. Tenía que seguir las instrucciones específicas con relación al sacrificio, incluyendo un examen para verificar que el animal no tenía defectos. El humo y el olor que subía del altar representaban la comunión con Dios, y el sacerdote estaba presente para cumplir con sus funciones que facilitaban tal comunión. El resultado era la expiación de los pecados del pueblo. Posteriormente las fiestas del pueblo, incluyendo la Pascua y la de los Tabernáculos les ayudaban a recordar las grandes experiencias en la historia cuando Dios manifestaba su bondad y su protección.

Hemos mencionado anteriormente el hecho de que las visiones de Dios que experimentaban personajes destacados resultaban en la consagración para servir a Dios. Estos ejemplos sobresalientes de experiencias de Abraham, Jacob, Moisés, Samuel e Isaías no deben opacar las de personajes ordinarios que también disfrutaban de estas bendiciones. Una lectura de las prácticas religiosas del pueblo después de establecerse en la tierra prometida, con sus lugares altos que edificaron en varios lugares, su preocupación por el arca de Jehovah cuando fue capturada por los filisteos, y las luchas de los profetas en contra del sincretismo y otras formas de pecado, todo nos indica que era un pueblo religioso que tomaba en serio la necesidad de mantener una buena relación con Dios.

2. La obediencia a los mandatos de Dios

Otros dirían que la buena vida es el resultado de la obediencia a todo lo que Dios nos pide.

Tal vez el ejemplo sobresaliente de la obediencia en el Antiguo Testamento es el caso de Abraham. El vivía bien en Harán, porque estaba cerca de su familia. Dios lo había prosperado con bienes materiales y parece que experimentaba la buena vida, a pesar de no tener prole. Pero Dios le llamó para salir de su tierra, de su parentela y de la casa de su padre (Gén. 12:1). Podemos imaginarnos la sorpresa que sintieron los familiares de Abraham cuando él les comunicó su propósito. Podemos considerar los argumentos que presentaron para hacerle ver que debiera quedarse donde vivía. Pero Génesis 12:4 dice: "Abram se fue, como Jehovah le había dicho..." Es un ejemplo de la obediencia que debemos manifestar cuando escuchamos la voz de Dios.

El autor de Eclesiastés, después de haber probado todo otro camino para alcanzar la felicidad, llega a esta convicción: "La conclusión de todo el discurso oído es ésta: Teme a Dios y guarda sus mandamientos, pues esto es el todo del hombre" (Ecl. 12:13).

La obediencia representa más bien el deber, o sea, es ilustración de una ética deontológica, la cual requiere un esfuerzo constante de vivir cada día de acuerdo con los ideales que Dios nos da. Las páginas del Antiguo Testamento están llenas de experiencias de personas que aceptaban la vida como dádiva de Dios e intentaron vivirla hasta lo máximo en obediencia con lo que Dios nos manda, y por eso experimentaban la tranquilidad. Hay valor en poder aceptar la situación en que nos encontramos, con relación a nuestra salud, el lugar donde vivimos, el trabajo que tenemos de acuerdo con nuestros dones, y vivir cada día en forma natural en obediencia a las leyes y los mandatos que Dios nos ha dado en la Biblia. En contraste, muchas personas están inconformes y en rebeldía por algún problema de salud, por el lugar donde viven, y un sin fin de otras circunstancias que no pueden cambiar.

3. El cumplir con la voluntad de Dios

Si leemos el resto del pasaje relacionado con el llamado de Abraham, vemos que Dios da su promesa: "Yo haré de ti una gran nación. Te bendeciré y engrandeceré tu nombre, y serás bendición. Bendeciré a todos los que te bendigan, y a los que te maldigan maldeciré. Y en ti serán benditas todas las familias de la tierra" (Gén. 12:2, 3). Abraham, por medio de su obediencia, cumplió la voluntad de Dios y trajo grandes bendiciones a su familia, su nación y al mundo entero. Es así cuando cada persona se somete a la voluntad de Dios para su vida, porque Dios quiere hacer grandes cosas con nosotros y por medio de la utilización de nuestros talentos.

John Bright, en su libro *La Historia de Israel*, traza la historia de la redención del pueblo de Dios en el Antiguo Testamento, y dice que el concepto de la redención envuelve el mensaje total de la Biblia.[10] Traza la historia de los patriarcas desde la entrada de los hebreos en Canaán, a través de la monarquía en Israel, por la división de la nación en dos reinos, por la desintegración de Israel primero en 722 a. de J. C. y después de Judá en 586 a. de J.C., por el

---

[10] John Bright, *La Historia de Israel* (Bilbao: Edición Desclee de Brouwer, 1970), p. 102.

exilio en Babilonia y el retorno en la época de Esdras, hasta la llegada de Jesús y su anuncio que el reino de Dios había llegado. Dios sigue estableciendo su reino, desde el día de Pablo y los demás personajes del Nuevo Testamento, hasta todo el curso de la historia del cristianismo, y continuará hasta cuando será establecido por la intervención divina al fin del mundo. Aunque vivimos una vida normal aquí en la tierra de setenta, ochenta o noventa años, todavía somos una parte pequeña de un plan continuo. Pero cada persona pone su parte.

Para el hebreo el vivir con buena salud, el tener una prole numerosa y el vivir una vida larga era evidencia del favor de Dios con la persona y su familia. En cambio, las tragedias como las enfermedades, la pérdida de salud y/o bienes materiales, y la muerte temprana se consideraban como evidencias de pecado en la vida o que uno no era del agrado de Dios. El libro de Job fue escrito para contradecir este concepto que prevalecía y hacerles ver que no todo lo malo que nos pasa en la vida es consecuencia del pecado. Tendremos muchas experiencias parecidas a las de Job y otros personajes bíblicos, pero el llamado es de seguir adelante con la tarea que Dios nos ha encomendado.

La historia de las experiencias de los seres humanos, por medio del pacto que Dios hizo con Abraham, Isaac y Jacob, la entrega de los Diez Mandamientos y todo lo demás en la Ley, el sistema de los sacrificios elaborados en forma minuciosa en el libro de Levítico, las amonestaciones de los profetas durante las crisis distintas de la nación, la intervención de los sacerdotes para mantener el pueblo en relación con Dios y las apelaciones presentadas en la poesía del Antiguo Testamento, todo sirve para ayudarnos a saber que Dios tenía su plan y que lo estaba ejecutando en las experiencias de la humanidad que se relatan en las páginas del Antiguo Testamento.

V. LAS LIMITACIONES DE LA ETICA DEL ANTIGUO TESTAMENTO

Hay quienes critican las normas éticas del Antiguo Testamento, diciendo que tienen varias fallas. Vamos a considerar algunas de las críticas.

1. Una revelación incompleta

Aunque las normas éticas presentadas en el Antiguo Testamento son mucho más altas que las de las religiones contemporáneas, tenemos que reconocer que la revelación fue parcial, porque hay una revelación más completa en el Nuevo Testamento. Jesucristo es la revelación final de Dios, y hay que ir al Nuevo Testamento para captar sus enseñanzas allí. Sin embargo, hay mucho valor en estudiar el Antiguo Testamento, porque allí vemos muchas de las raíces de las enseñanzas que posteriormente florecen. El Antiguo Testamento contiene los cimientos y a veces la primera planta del edificio, pero en el Nuevo Testamento tenemos el segundo piso del edificio, el techo y los acabados.

En la revelación progresiva la capacidad del pueblo para recibir, digerir y practicar las normas es un factor para determinar hasta dónde lleva la revelación. Por ejemplo, Moisés dio legislación en cuanto al divorcio en Deuteronomio 24:1-4. Cuando los fariseos le preguntaron con referencia a este permiso de divorcio, Jesús dijo que era "ante vuestra dureza de corazón" que Dios permitió esta legislación (Mat. 19:8). Es decir, Dios tuvo que acomodarse al nivel de comprensión y comportamiento del pueblo para poder elevarles posteriormente a una actitud superior con relación al divorcio.

La revelación referente a las relaciones entre las clases distintas en el Antiguo Testamento es incompleta. Hay leyes para regular las prácticas con los esclavos, pero sabemos que Dios desaprueba la esclavitud. Sin embargo, dio normas que no representan los ideales más altos, pero sí representan un paso adelante en comparación con las circunstancias de los esclavos en otras naciones.

La legislación de "ojo por ojo" era medio paso adelante cuando analizamos las actitudes de venganza que practicaban los pueblos antes de esa legislación. Tendrían que pasar varios siglos antes de llegar el mandamiento de Jesús de "amad a vuestros enemigos". Dios tuvo que presentar ideales que pudieran ser alcanzados por el pueblo en un período primitivo de su desarrollo moral y espiritual. Estas normas llegarían a la perfección en el Nuevo Testamento con las enseñanzas de Jesús.

Esta característica incompleta de la revelación es fundamental en la educación. El maestro no puede enseñarle al escolar todo lo que va a necesitar de la matemática en los primeros años del colegio. Recibe la instrucción en forma paulatina, y cuando el niño ha aprendido bien una operación, pasan a los asuntos más complejos. La geometría y el cálculo son para etapas más avanzadas en el desarrollo mental de los niños.

2. Un favoritismo para los judíos

Otra limitación de la ética del Antiguo Testamento tiene que ver con la aplicación de los principios en forma relativa, según las circunstancias. Por ejemplo, había leyes que tenían que ver con la usura, o la cobranza de intereses por préstamos. "No cobrarás a tu hermano interés por el dinero, ni interés por la comida, ni interés por ninguna cosa de la que se suele cobrar interés. Al extraño podrás cobrar interés, pero a tu hermano no le cobrarás, para que Jehovah tu Dios te bendiga en todo lo que emprenda tu mano en la tierra a la cual entras para tomarla en posesión" (Deut. 23:19, 20).

La razón para esta legislación nos ayuda para entender mejor la distinción. En la antigüedad no solían vivir en base a préstamos, como nuestra sociedad en la actualidad. En aquel entonces uno pedía prestado dinero solamente cuando estaba en una crisis aguda. Claro, nadie quiere aprovecharse de su hermano en tales circunstancias. Por eso, uno daba para ayudar al hermano en vez de prestarle con intereses.

Otra ilustración tiene que ver con el esclavo que se escapaba de su amo. La legislación decía: "No entregarás a su amo el esclavo que acude a ti escapándose de su amo. Que viva contigo, en medio de ti, en el lugar que él escoja en una de tus ciudades, donde le vaya bien. No lo oprimas" (Deut. 23:15, 16). Nuestra norma hoy en día sería la de devolver al esclavo a su amo. Pero puesto que el esclavo era propiedad, seguramente el esclavo devuelto a su amo tendría que sufrir graves consecuencias y hasta sería muerto por su acción de escaparse.

Las diferencias en el trato con las mujeres muestra también la ética relativista. Las mujeres no gozaban de los mismos derechos y privilegios que los hombres; sin embargo, algunas llegaron a ejercer poder sobre los hombres (Jue. 4:4-9; 21:21; Exo. 38:8; Núm. 27:8, 9; 2 Crón. 34:22 ss.).

3. Un Dios inadecuado

Con frecuencia se critican algunas prácticas en tiempos antiguotestamentarios, cuestionando a Dios y al pueblo por sus actitudes y prácticas tan crudas. ¿Cómo puede un Dios de amor mandar sacrificar a un ser humano, endurecer el corazón del faraón, bendecir a hombres que tienen pecados en la vida y hacer sufrir a otros que son buenos y mandar exterminar a pueblos enteros?

Mucho se ha escrito con la intención de explicar o justificar estas prácticas y actitudes. Consideremos por un momento lo que se ha llamado las "dificultades morales" en el Antiguo Testamento.

(1) El mandato de sacrificar a Isaac. Génesis 22:1-13 nos relata que Dios le dijo a Abraham que llevara a su hijo, Isaac, al monte Moriah, y allí ofrecerlo en holocausto (v. 2) ¿Por qué manda Dios esto? ¿No contradice todo lo que Dios ha hecho hasta este punto al darles el hijo en forma milagrosa? Desde nuestra perspectiva esto sí es ilógico. Muchos han intentado explicar el porqué de este mandato. Algunos dicen que Abraham había hecho de su hijo Isaac un objeto de adoración. Podemos entender eso, porque muchos hoy en día tienen a sus hijos como ídolos. Otros dicen que Abraham estaba siendo influido por las prácticas de las naciones vecinas, como la adoración de Quemós y Moloc, que practicaban el sacrificio de los seres humanos. Otros dicen que Dios no tenía la

intención de exigir el sacrificio, simplemente quería probar la fe de
Abraham. Es cierto que el sacrificio no se llevó a cabo, pero todavía nos quedan unas inquietudes sobre el asunto que vamos a
tener que aclarar cuando lleguemos al cielo.

Posteriormente a esta experiencia de Abraham Dios manda al
pueblo que dedicaran el primogénito y las primicias de todos los
productos como muestra de su fe, sumisión y consagración a Dios.
"Conságrame todo primogénito; todo el que abre la matriz entre
los hijos de Israel, tanto de los hombres como de los animales, es
mío" (Exo. 13:2). Posteriormente, Jehovah dice: "He aquí, yo he
tomado a los levitas de entre los hijos de Israel en lugar de todo
primogénito que abre la matriz, de entre los hijos de Israel. Los levitas serán míos, porque mío es todo primogénito. El día en que
hice morir a todos los primogénitos en la tierra de Egipto, consagré
para mí a todos los primogénitos en Israel, así de hombres como de
animales. Míos serán. Yo, Jehovah" (Núm. 3:12, 13). Tal vez hay
una relación entre el concepto del sacrificio del primogénito Isaac y
la consagración del primogénito a Jehovah.

Por cierto, hay pasajes que son claros en afirmar que Dios repu-
dia los sacrificios de cualquier índole si no son acompañados con
una actitud de corazón sincera, y otros que condenan los sacrificios
humanos (2 Rey. 16: 2, 3; 17:17; 21:6; Amós 5:21-25; Ose. 6:6; Isa.
1:11-17, Miq. 6:7; 2 Rey. 23:10).

(2) Dios endurece el corazón del faraón. Se refiere a las referencias donde Dios dice: "Yo endureceré el corazón del faraón" o
"Jehovah endureció el corazón del faraón" (Exo. 4:21; 7:3; 11:10;
14:4). Las explicaciones son que Dios sabía que el faraón no iba a
querer dejar ir a los esclavos, porque su programa de construcción
de las pirámides dependía de las labores de los esclavos. La presencia de Dios le permitió saber de antemano la reacción del
faraón. Otras referencias dicen que el faraón endureció su propio
corazón (Exo. 7:14, 22; 8:15, 19, 32; 9:7, 34, 35).

También, el faraón reaccionó en forma humana a las plagas: en
el momento de sufrir él y su pueblo, prometió dejar salir a los
esclavos; pero cuando pasaron los efectos de las plagas, el faraón
no quiso cumplir con la promesa. Seguramente Dios hubiera estado contento si el faraón hubiera cedido a la petición de Moisés
desde el comienzo; la liberación del pueblo era su propósito al llamar a Moisés en el desierto de Madián. Los egipcios sufrían las
consecuencias de la terquedad del líder, lo cual también pasa mucho en nuestro mundo hoy.

(3) Dios manda aniquilar a los cananeos. Hay varias referencias donde Dios manda a Josué y sus generales que aniquilen por
completo a los cananeos al entrar en la tierra de Canaán (Jos. 6:17,

21; 8:29; 9:24; 10:20, 26, 28; Jue. 1:17, 25; 7:25; 8:21; 1 Sam. 15:33; 2
Rey. 9:24, 27, 33; 10:7, 11, 14, 23-27). El mandato era matar a hombres, mujeres, niños, ganado y toda otra posesión, para no quedar
con nada. La palabra *jerem* [2764] se utilizaba para referirse a las cosas destruidas en consagración a Dios. El castigo de no cumplir
con esta "anatema" era muy severo (1 Sam. 15: 8, 9, 33). Es difícil
para nosotros entender esta práctica, porque para nosotros parece
una crueldad excesiva, hasta bárbara.[11] Pero hay que entender que
la religión de los cananeos era el baalismo, que tenía capacidad de
corromper la adoración pura de Jehovah. Dios sabía que si no aca-
baban con los cananeos y sus prácticas religiosas, iba a ser mucha
tentación para los israelitas. Y así fue. A pesar de todo, no aniqui-
laron a todos los cananeos, y fue una lucha constante la atracción
de la religión de ellos. El libro de Oseas detalla el nivel tan bajo a
que llegó la nación en su prostitución de la adoración a Jehovah.

La época fue una de oscuridad. La matanza que aconteció en
Canaán se ha repetido miles de veces en la historia humana. Pro-
fesamos haber avanzado desde esa etapa. Pero el exterminio de los
judíos de parte de Hitler en Alemania, el exterminio de pueblos enteros en Vietnam y la matanza que está aconteciendo actualmente
en lo que era anteriormente Yugoslavia nos hace preguntar: ¿Es
cierto que hemos avanzado?

4. El carácter imperfecto de personajes líderes

El segundo grupo de dificultades morales tiene que ver con algunos de los personajes antiguotestamentarios quienes figuran como líderes en el pueblo y disfrutaban del favor de Dios, pero a pesar de eso, tenían cualidades cuestionables y/o prácticas peca-
minosas.

(1) La poligamia entre algunos de los líderes. En Génesis 16
vemos que Sarai animó a Abraham para tomar a Agar, su sierva
egipcia, para ver si concebía para darle prole a Abraham. Así
aconteció, pero inmediatamente surgieron problemas entre las dos
mujeres, como consecuencia de los celos de parte de Sarai (16:1-16).

También, vemos que Abraham mintió al faraón de Egipto en
cuanto a su esposa, Sarai, diciendo que era su hermana. Lo hizo
porque temía que el faraón le mataría para tomar a Sarai como su
mujer (Gén. 12:10-20). La verdad es que era media hermana, pero
condenamos el intento de Abraham de protegerse a sí mismo y entregar a su esposa al faraón por un tiempo para ganar el favor de
los egipcios.

---

[11] Ver F. F. Bruce, *Israel y las naciones* (Madrid: Editorial Literatura
Bíblica, 1979), p. 9.

Pero Dios afligió al faraón por causa de Sarai, de modo que él la devolvió a Abraham, dándole un regaño (Gén. 12:18, 19). Algunos justifican la actitud de Abraham, diciendo que tal proceder fue necesario para su propia preservación, y que el engaño era un juego común entre los beduinos de aquel entonces y hasta el día de hoy. Pero cuestionamos su actitud de estar listo para entregar a su esposa con el fin de lograr regalos y favores del faraón. Era pecado a los ojos de Dios.

El pecado de David es muy conocido. El consideró que cualquier mujer podría ser su esposa, puesto que era el rey y el general del ejército. Codició a Betsabé al verla en la azotea de una casa vecina, mandó traerla a su casa, tuvo relaciones sexuales con ella, después ella le reveló que estaba encinta con su hijo. David mandó traer a su esposo, Urías, para dormir con Betsabé y así cubrir su propio pecado. Pero Urías no quiso dormir con la esposa, puesto que era voto entre los soldados no dormir en la casa y tener relaciones sexuales con la esposa mientras sus compañeros estaban en peligro. De modo que David mandó orden con el mismo Urías al general, Joab, para colocar a Urías en el punto más peligroso y después retirarse, para asegurar su muerte. Así aconteció, y David tomó a Betsabé, viuda de Urías como su propia esposa (2 Sam. 11). Es interesante que todo este relato termina con las palabras: "Pero esto que David había hecho pareció malo a los ojos de Jehovah" (2 Sam. 11:27).

Salomón es conocido como gran rey y administrador, puesto que animó al pueblo para edificar el Templo durante su reinado. Creemos que escribió muchos de los Proverbios. Pero tal vez su mayor fama se debe a que "tuvo muchas esposas":

> Pero el rey Salomón amó, además de la hija del faraón, a muchas otras mujeres extranjeras: moabitas, amonitas, edomitas, sidonias y heteas; de los pueblos de los que Jehovah había dicho a los hijos de Israel: "No os unáis a ellos ni ellos se unan a vosotros, no sea que hagan desviar vuestros corazones tras sus dioses." A éstos Salomón se apegó con amor. Tuvo 700 mujeres reinas y 300 concubinas. Y sus mujeres hicieron que se desviara su corazón (1 Rey. 11:1-3).

Aunque la poligamia era una práctica muy común en aquel entonces, es evidente que Dios desaprueba tal práctica. Veremos que a fines de la historia antiguotestamentaria hay una apelación para ser fiel a la mujer de la juventud (Mal. 2:15).

(2) Manchas en el carácter moral de varios personajes. Algunos critican el nivel moral del Antiguo Testamento, citando los pecados que cometieron varios de los personajes que se destacan por la manera en que Dios les utilizó. Noé, varón justo y cabal, según Génesis 6:9, se embriagó después del diluvio y avergonzó a sus hijos (Gén. 9:20-25).

Ya mencionamos la mentira de Abraham dentro del contexto de la poligamia. Jacob, personaje prominente entre los patriarcas, engañó a su hermano, quitándole la primogenitura en esta manera (Gén. 27:19-46). Después engañó a su suegro, Labán, y se enriqueció en esta manera (Gén. 30:25-43). Se pregunta si Dios puede bendecir a personas que practican tales pecados con su prójimo.

Moisés fue instrumento de Dios para liberar a los israelitas de la esclavitud de los egipcios, pero vemos que temprano en su vida de joven adulto Moisés se enfureció porque vio el maltrato de un egipcio en contra de un esclavo, y lo mató (Exo. 2: 11-15). Por eso, tuvo que huir a Madián. ¿Es posible excusar el comportamiento de Moisés, diciendo que era defensa propia o una razón justificada su acto? Es paradójico que posteriormente este mismo Moisés es el instrumento humano por medio del cual Dios da el mandamiento: "No cometerás homicidio" (Exo. 20:13).

Otro caso es el de Rajab, mujer prostituta en Jericó, que protegió a los espías que mandó Josué para reconocer la tierra y Jericó. Por la protección que les brindaba Rajab, los espías le hicieron la promesa: "Nuestra vida sea por la vuestra, hasta la muerte, si tú no hablas de este asunto nuestro. Entonces, cuando Jehovah nos haya dado la tierra, mostraremos para contigo misericordia y verdad" (Jos. 2:14). Posteriormente Rajab es protegida, junto con su familia, cuando llegaron para conquistar la tierra (Jos. 6:17, 23, 25). En el Nuevo Testamento Rajab es mencionada como justificada por su fe (Heb. 11:31) y por sus obras (Stg. 2:25).

(3) Prácticas bárbaras de personajes antiguotestamentarios. Otro motivo para criticar la ética del Antiguo Testamento tiene que ver con las prácticas salvajes que se relatan. Está el caso de Jefté, quien hizo voto para sacrificar en holocausto a la primera persona que saliera de su casa si Jehovah le daba los hijos de Amón en batalla (Jue. 11:31-40). Grande fue su angustia cuando salió su hija única. El le explicó el voto que había hecho, y ella pidió dos meses para ir y llorar su virginidad. El padre se lo concedió. "Pasados los dos meses ella volvió a su padre, y él cumplió con ella el voto que había hecho" (Jue. 11:39). Algunos intérpretes tratan de explicar que el sacrificio fue a una virginidad perpetua, y que no fue un sacrificio de su vida.

Otro caso es cuando Ehud mató a Eglón, rey de Moab (Jue. 3:12-25). Tomó su puñal y lo enterró en el vientre de Eglón. Se escapó y cuando los siervos al fin abrieron la puerta, descubrieron que el rey estaba muerto.

Jael, mujer de Heber, salió para recibir a Sísara, y le animó para entrar en su tienda para dormir un rato. Mientras estaba dormido, tomó la estaca de la tienda y un mazo en la mano, y la clavó en las sienes de Sísara y lo mató. Cuando llegó Barac, persiguiendo a Sísara, Jael le invitó a su tienda para mostrarle el cadáver del que buscaba (Jue. 4:17-24).

Todos estos casos vienen de la época de los Jueces, que se llama el "período oscuro" de la historia de Israel. Ciertamente fue una época cuando la vida no valía mucho y cuando la gente era más sanguinaria que hoy en día.

Otro caso tiene que ver con la actitud vengativa hacia los enemigos de Israel. Abdías es llamado "himno de odio" porque refleja el odio hacia los edomitas, pueblo que no permitió que los israelitas pasaran por su tierra cuando salieron de Egipto para llegar a la Tierra Prometida. Posteriormente parece que se habían regocijado en los sufrimientos de Judá a manos de los enemigos (vv. 12, 13).

Los Salmos imprecatorios reflejan esta actitud vengativa hacia los enemigos. El Salmo 55:8-15 contiene peticiones a Dios para destruir al enemigo y que la muerte los sorprenda. El Salmo 137 repite la petición de destrucción sobre Edom: "¡Bienaventurado el que tome a tus pequeños y los estrelle contra la roca!" (Sal. 137:9).

El doctor Clyde T. Francisco,[12] da las siguientes explicaciones de estos Salmos: **a.** Estos hombres hiperbolizaron sus expresiones en contra de los enemigos, y no hubieran tratado así a éstos aun de haber sido posible. **b.** Los hebreos no podían distinguir entre el pecador y el pecado. Odiaban al pecador porque era enemigo del Santo o enemigo de Dios. **c.** Estos hebreos no tenían el concepto del amor que es característica del cristianismo. **d.** La ausencia de una creencia firme en la inmortalidad dejó la alternativa de ver la retribución en esta vida por el pecado cometido. En la revelación posterior vemos que la inmortalidad llegó a ser comprendida en una forma mucho más amplia, y por eso esta idea errónea fue corregida.

5. Los defectos de la ley moral en el Antiguo Testamento

Ya hemos mencionado las leyes relacionadas con el divorcio y la esclavitud como legislación que padecía de los ideales que posteriormente se presentan. Dijimos que era legislación permisiva, en vigencia por un período interino, hasta que el pueblo pudiera avanzar en su desarrollo moral para aceptar una norma más alta.

Nos queda hablar de "ojo por ojo, diente por diente". En varias ocasiones se establece esta norma en retribución por un crimen cometido (Exo. 21:24, 25; Lev. 24:20). En Exodo 21 se extiende la declaración para decir "vida por vida, ojo por ojo, diente por diente, mano por mano; pie por pie, quemadura por quemadura,

---

[12] Clyde T. Francisco, *Introducción al Antiguo Testamento* (El Paso: Casa Bautista de Publicaciones, 1964), pp. 290, 291.

herida por herida, golpe por golpe". Reconocemos esto como legislación inferior a los ideales que posteriormente se presentan, pero tenemos que reconocer que eran leyes para elevar el nivel de moralidad de esa época. Antes de esta legislación las personas vivían de acuerdo con la ley de la jungla, donde reinaba el principio: "El que es más fuerte controla." En esta sociedad uno podría perder sus miembros o facultades o hasta la vida por cualquier provocación, inclusive para divertir a los espectadores. Esta legislación en el día de Moisés tenía como propósito frenar prácticas de mayor seriedad.

¿Qué conclusiones podemos sacar de estos problemas, que se suelen llamar las "dificultades morales" en el Antiguo Testamento? Tenemos que admitir que el registro nos presenta inquietudes, porque es obvio que las normas éticas y las prácticas se contradecían. Hay que comprender la época en que vivían los personajes de que hemos hablado, y reconocer que el nivel moral era más bajo que el de hoy.

El principio de la revelación progresiva es la explicación más adecuada con relación a estos problemas. Pablo, comentando esta época en su sermón en Atenas, dijo: "... aunque antes Dios pasó por alto los tiempos de la ignorancia, en este tiempo manda a todos los hombres, en todos los lugares, que se arrepientan" (Hech. 17:30). El principio es igual con la manera en que tratamos a nuestros hijos. Cuando están creciendo, tenemos que enseñarles lo bueno y lo malo. Pueden cometer actos que consideramos delitos, pero hasta no recibir la enseñanza que es mala, no podemos requerir otro comportamiento. Con el tiempo ellos aprenden que es malo, y se dan cuenta que tienen que portarse de acuerdo con lo que se les ha enseñado.

Otra explicación que arroja luz sobre la moral de los individuos es el hecho que había épocas en el pasado cuando el enfoque de Dios era sobre la nación o la familia y no tanto en el individuo. El propósito de Dios en elegir a Abraham para ser el objeto de su pacto era traer bendiciones al mundo entero. Pero a veces Dios tuvo que actuar para preservar a la familia, la tribu y posteriormente la nación como motivo primordial, sin enfocar tanto al individuo. En el Nuevo Testamento vemos que Dios vuelve a concentrarse en el individuo, y llama a cada uno a una responsabilidad delante de él.

Hay mucho en las normas morales del Antiguo Testamento que objetamos, pero tenemos que reconocer que Dios siempre hizo lo máximo que el ser humano pudiera absorber con relación a su propósito final. Aunque algunas de la leyes eran imperfectas y nos impresionan como de cualidad primitiva, sin embargo servían para llevar a la nación y al individuo hacia los ideales que posteriormente se fijaron en forma más completa y clara. Tenemos que esperar un tiempo antes de experimentar la revelación superior y el ideal perfecto en Cristo Jesús.

CONCLUSION

La ética del Antiguo Testamento, a pesar de ser inferior a la del Nuevo, era mucho más alta que la de las otras naciones contemporáneas. El carácter ético de Dios brilla como una joya en medio de las piedras comunes al compararlo con los dioses paganos de la misma época. Resalta que Dios quiere que el ser humano viva en la forma más moral que sea posible.

El Antiguo Testamento relata la creación del ser humano con imagen divina, y destaca la dignidad del ser humano en relación con todo lo demás en la creación. Establece comunión con el ser humano, y lucha por mantener la posibilidad de una relación de lo divino a lo humano. Afirma el valor de la vida, y da preceptos para preservar la vida humana.

El Antiguo Testamento establece el valor supremo como el relacionarse con Dios en una comunión íntima en busca del engrandecimiento de su reino, que principia con el pacto que hizo entre él y Abraham, y se extiende para incluir potencialmente a todo ser humano. Al participar en y trabajar para extender ese reino, el ser humano realiza su mayor felicidad y sentido de cumplimiento.

Hay valor histórico en estudiar las normas de conducta y las leyes que regían sobre la familia de Dios desde el comienzo del tiempo. Apreciamos más nuestra época cristiana al recorrer la historia del terreno que otros han tenido que cruzar para llegar a donde estamos hoy.

El registro de la revelación de Dios en el Antiguo Testamento nos inspira porque repasa los esfuerzos entre Dios y el ser humano para entablar una relación agradable entre todos. Vamos a analizar más detalladamente este drama en las páginas que siguen.

3

PRINCIPIOS ETICOS EN LA LEGISLACION MOSAICA

INTRODUCCION

El Pentateuco, los primeros cinco libros de la Biblia, contiene mucho material que abarca principios, leyes, mandamientos y normas de conducta para la humanidad. Trata de los principios del universo, la creación de todo, el comienzo del pecado en la rebelión de Adán y Eva en contra de los mandamientos de Dios, el comienzo de las relaciones interpersonales, la lucha de los seres humanos el uno en contra del otro, y el intento de Dios de reglamentar el comportamiento humano para beneficiar a todos los demás.

Tradicionalmente estos cinco libros han sido atribuidos a Moisés como su autor humano, y vamos a aceptar este punto de vista en nuestro estudio de la ética en la legislación mosaica. El estudio nos impresiona con el esfuerzo de Dios de suministrar lo necesario para que el ser humano viva en buena armonía con Dios y con su prójimo.

I. ANTES QUE MOISES

1. La creación

El relato bíblico en el libro de Génesis nos dice que Dios creó los cielos y la tierra, y al resumir todo lo que había hecho, "... vio Dios que esto era bueno" (Gén. 1:25b). En un versículo subsiguiente donde se habla de la creación del hombre, dice: "Dios vio todo lo que había hecho, y he aquí que era muy bueno" (Gén. 1:31). Aunque no es posible insistir en una interpretación moral de la palabra "bueno", es posible ver en toda la creación que la motivación de Dios era para crear una circunstancia favorable para la comunión entre Dios y los seres humanos y las condiciones óptimas para la felicidad. La palabra en el hebreo significa algo agradable y placentero, y esto implica que Dios busca lo mejor para la humanidad. Los capítulos siguientes contienen el registro del drama humano en las experiencias de los seres humanos durante toda la historia.

El relato de la creación nos impresiona con el orden, la hermosura y la tranquilidad que caracterizaba la obra creadora de Dios. Vemos aquí un Dios moral y activo, que tiene blancos morales para la humanidad, para que pueda haber una comunión íntima entre él y la naturaleza y todo lo demás en la creación.

2. La caída

En Génesis 3 aparece el relato triste de la tentación por medio de la serpiente, instrumento de Satanás, que produjo la desobediencia de Adán y Eva, y consecuentemente de todos sus descendientes. Esto interrumpió la comunión con Dios. El resto de la Biblia es el relato del esfuerzo de Dios por rescatar a la humanidad de las consecuencias de su desobediencia y restaurarla a la comunión perfecta que originalmente había entre ellos. Aunque la palabra "caída" no aparece en la Biblia, la rebeldía en contra de las normas de Dios es un hecho obvio desde el día de la desobediencia de la primera pareja. Los teólogos han utilizado este término para explicar la condición de Adán y Eva después de su desobediencia y la condición de todo ser humano por su naturaleza. Hay una tendencia universal hacia el mal en todo ser humano y se expresa en una rebelión personal en contra de Dios y sus mandatos.

Los teólogos han discutido durante muchos siglos el problema de la transmisión del pecado de una generación a otra.[1] No es tan importante elaborar una teoría perfecta de la relación entre el pecado de Adán y el nuestro; una lectura somera de los periódicos nos convence que el pecado es una realidad oscura y que todos participamos en tal rebeldía en contra de los mandatos divinos. La depravación total es la condición común; todos somos culpables de la desobediencia. Esto no quiere decir que todos somos tan malos como es posible ni que no haya hombres que luchan por vivir bien en relación con Dios y el prójimo; simplemente comenta una condición real en la actualidad.

Otro tema que despierta interés es la "depravación total". ¿Quiere decir este término que todo ser humano es tan malo como pudiera ser? Creo que no. Más bien, quiere decir que tarde o temprano cada ser humano ha pecado en alguna forma, porque el egoísmo nos lleva a pensar en nosotros mismos en primer lugar.[2] Las explicaciones del comportamiento humano en las páginas del Antiguo Testamento nos convencen que todo ser humano, teniendo la libertad de escoger que tuvieron Adán y Eva, escogieron desobedecer.

---

[1] W. T. Conner, *Doctrina Cristiana* (El Paso: Casa Bautista de Publicaciones, 1962), p. 170.

[2] *Ibíd.*, p. 167.

3. El día de Noé

El libro de Génesis presenta el cuadro triste de las aciagas profundidades del corazón del ser humano antes del y durante el día de Noé. El odio entre los seres humanos se manifestó cuando Caín mató a Abel. Lo peor fue que no quiso reconocer su culpabilidad ante Dios, aun cuando la sangre de su hermano clamaba desde la tierra (Gén. 4:10). Así algunos han derramado la sangre de otros seres humanos durante toda la historia. Muchos critican el derramamiento de tanta sangre en las páginas del Antiguo Testamento, en la conquista de Canaán, en la práctica de aniquilar a todos los enemigos y las mujeres y niños al conquistarlos, y las prácticas tan sangrientas que son relatadas en varios pasajes. Pero estamos viviendo en una época en que cada día hay víctimas de los conflictos en Bosnia-Herzegovina, Liberia, Nigeria, Irlanda, Los Angeles y otros países y ciudades del mundo.

Más adelante, en Génesis 6:5 y 6, dice: "Jehovah vio que la maldad del hombre era mucha en la tierra, y que toda tendencia de los pensamientos de su corazón era de continuo sólo al mal. Entonces Jehovah lamentó haber hecho al hombre en la tierra, y le dolió en su corazón." Este es un comentario triste sobre la condición de los seres humanos antes del diluvio. Estaban completamente entregados a los vicios para saciar sus deseos carnales y del placer.

Viendo que el mal había crecido tanto en el mundo, Dios decidió que el único camino era el de condenar este mal por medio de un diluvio que destruyó a todo ser humano excepto a Noé y su familia (Gén. 6—8). Con esta familia Dios principió de nuevo el propósito de establecer un pueblo que iba a buscar una comunión constante y perfecta con Dios (Gen. 9:1-17).

II. DE NOE A MOISES

Hay una serie de eventos y asuntos que tienen significado moral y social en la época desde Noé hasta Moisés. Algunas de las experiencias son positivas y otras negativas. Tal vez vale la pena enumerarlas para resaltarlas mejor.

1. La generosidad y el deseo de mantener buenas relaciones humanas se manifiestan en el ejemplo de Abram al dejar escoger a Lot la tierra que éste quería (Gén. 13:1-18).

2. La destrucción de las ciudades de Sodoma y Gomorra por la maldad que existía en los habitantes de aquellas ciudades (Gén. 19).

3. La discordia en el hogar como fruto de la violación del ideal de monogamia de parte de Abram (Gén. 16:1-16; 21:9-21).

4. La alegría que resultaba del cumplimiento de la promesa de Dios a Abram y Sara en el nacimiento de Isaac (Gén. 21:1-8).

5. Las consecuencias del favoritismo de parte de los padres en la vida de Esaú y Jacob (Gén. 25:19-34; 27:1—28:9). El resultado de estos celos se cosecha en los años futuros por los dos hermanos. Jacob, que llega a ser muy astuto con otros, aprende que no puede manipular a Dios en la misma manera (Gén. 28:10-22; 35).

6. La falta de amor entre los hermanos de José y su venta a los hombres de una caravana de los ismaelitas ilustran el rencor que puede caracterizar a los miembros de algunas familias (Gén. 37:12-36).

7. La recompensa por ser fiel a las altas normas morales en el caso de José en casa de Potifar (Gén. 39:6—41:52).

8. La disposición de perdonar y la falta de venganza de parte de José representan cualidades difíciles de duplicar en el día de hoy (Gen. 45:1-28). Siendo José un joven de carácter, prosperó en Egipto, y llegó a una posición desde la cual pudo rescatar a su propia familia de la muerte que la perseguía más adelante.

En este período es interesante percatarse de que cuando las personas mantenían buenas relaciones con Dios y con sus prójimos, ello fue por su obediencia a las leyes morales y espirituales que respetaban. En cambio, resultaron muchos problemas interpersonales cuando no practicaban las leyes básicas desde el punto de vista moral y religioso.

III. LOS DIEZ MANDAMIENTOS

Los Diez Mandamientos representan la revelación moral y espiritual más alta que el ser humano había recibido hasta ese día. Representan la cima más alta en el Antiguo Testamento, y los que están dispuestos a escalar esta montaña pendiente pueden estar seguros que van a experimentar allí la presencia de Dios, y escucharán de nuevo la voz de Dios para inspirarles.

Dios dio los mandamientos a un pueblo comprometido con él desde el día en que salieron de Egipto para buscar la libertad: "Yo soy Jehovah tu Dios que te saqué de la tierra de Egipto, de la casa de esclavitud" (Exo. 20:2). En sentido espiritual ese pueblo todavía se está formando por la obediencia de los seres humanos a estos ideales. Aunque los años han traído enfoques distintos y problemas no abarcados por Moisés, todavía nos dan las bases para establecer principios que son pertinentes para nuestro día. Las personas que insisten en que no hay absolutos para los seres humanos que regulan la conducta humana necesitan mirar de nuevo estos Diez Mandamientos.

Al hacer referencia a los Diez Mandamientos tenemos que reconocer que hay varios términos que se utilizan para referirse a ellos. Las "diez palabras", las "palabras del pacto", las "dos tablas" y el "Decálogo" son algunos de estos términos. "Palabras del pacto" es la frase que aparece en Exodo 34:28 y Deuteronomio 4:13 y 10:4. Las "dos tablas" es el término usado haciendo referencia principalmente a las dos tablas en que fueron escritos los Diez Mandamientos. La palabra "Decálogo" fue usada primero por Clemente de Alejandría en el segundo siglo del cristianismo.

También se hace referencia a los Diez Mandamientos como el "testimonio" (Exo. 25:16), recalcando que testifican de los ideales de Dios para la humanidad. Los Diez Mandamientos representan el "pacto" (Exo. 34:28; Deut. 4:13; 9:9), resaltando la relación íntima entre el pacto del pueblo con su Dios.

La división de los Diez Mandamientos ha sido tema de diferencias de opinión entre los judíos, los cristianos evangélicos o protestantes y los católicos.[3] Los judíos dividen los Diez Mandamientos en dos grupos de cinco cada uno. Agustín los dividió en dos grupos de tres y siete. Combinó el primero y el segundo (según la división evangélica) en uno y dividió el décimo en dos que se relacionan con la codicia. Calvino y otros protestantes hicieron una división de cuatro, que se relacionan con los deberes hacia Dios, y seis, que tienen que ver con las relaciones entre los seres humanos. Aunque hay diferencias de opinión acerca de la manera de dividirlos, todos concuerdan que hablan de dos temas: la relación con Dios y las relaciones entre seres humanos.

No pretendemos profesar que el contenido de los Diez Mandamientos se originaron con la revelación a Moisés. La historia antigua nos confirma que siete de los Diez Mandamientos contienen prohibiciones que ya formaban una parte de la vida moral de los habitantes de Egipto y Babilonia, quienes consideraban que eran crímenes matar, cometer adulterio, hurtar y dar falso testimonio. El Código de Hamurabi, que data de 400 años antes de Moisés, contenía castigos estipulados para las personas que cometiesen tales crímenes.

Algunos opinan que los Diez Mandamientos se basaban en este Código antiguo y que no fueron revelados a Moisés en la manera sobrenatural según el relato en Exodo. Dicen que son producto de las experiencias humanas desde siglos antes que Moisés. Pero el hecho de la existencia de tales leyes no anula la veracidad de la revelación de Dios en el Sinaí.

Debemos recordar que los Diez Mandamientos son más que un conjunto de reglas para los hebreos de hace miles de años. Son más que leyes establecidas por los hombres; son mandamientos que tienen su origen en Dios y son para toda la humanidad. Henlee Barnette, profesor de ética cristiana por muchos años, dijo:

---

[3] Andrés Glaze, *Exodo: Comentario Bíblico Mundo Hispano* (El Paso: Casa Bautista de Publicaciones, 1993), p. 172.

"Las leyes de los Diez Mandamientos son valores eternos y universales, que son indispensables para el cumplimiento de los deberes
del individuo y la sociedad."[4]

1. El único Dios

El judaísmo principia los Diez Mandamientos con las palabras:
"Yo soy Jehovah tu Dios que te saqué de la tierra de Egipto, de la
casa de esclavitud" (Exo. 20:2), y después une el primero: "No ten-
drás otros dioses delante de mí" (Exo. 20:3) con el versículo siguiente, que consideramos el segundo. Consideramos estas palabras la introducción a todos los demás, y que el primer mandamiento prohíbe el politeísmo. El peregrinaje hacia el monoteísmo
es lento en el Antiguo Testamento. Es obvio que los israelitas tenían una lucha durante toda su historia hasta el exilio en Babilonia
para llegar a practicar el ideal de este primer mandamiento. Josué
llamó al pueblo a dejar los dioses que habían servido al otro lado
del Jordán (Jos. 24:14, 15). Deuteronomio 4:35 declara: "... Jehovah
es Dios y que no hay otro aparte de él." Esta misma verdad es
repetida en Isaías 45:5: "Yo soy Jehovah, y no hay otro. Aparte de
mí no hay Dios."

Al hacer esta declaración Dios estaba principiando con Israel
donde la nación se encontraba. Este mandamiento les ayudó para
posteriormente afirmar la verdad que no hay otro dios.[5] Aunque
vivían muchas experiencias de politeísmo y sincretismo con los
dioses Baal, Astarte, Moloc y Quemós, con el tiempo llegaron a
comprender que esto era malo (Jue. 10:6). Vemos que el propósito
del mandamiento era pedagógico, para hacerles ver que el ideal de
Dios era mucho más alto que lo que estaban viviendo.

¿Qué nos dice este mandamiento hoy? La prioridad del Señor
es tema todavía pertinente. Aunque muchas personas no se dan
cuenta, tienen sus dioses que ocupan un lugar privilegiado encima
del verdadero Dios. Honeycutt menciona cinco movimientos o
actitudes que amenazan la unicidad de Dios. Son individualismo,
nacionalismo, institucionalismo, materialismo y secularismo.[6] Creo
que tendríamos que calificar estos términos con la palabra "extremo" en la mayoría de los casos.

2. La idolatría

"No te harás imagen, ni ninguna semejanza de lo que esté arriba

---

[4] Henlee Barnette, *Introducing Christian Ethics* (Nashville: Broadman
Press, 1961), p. 19.

[5] John Bright, *La Historia de Israel* (Bilbao: Desclee de Brouwer, 1985),
pp. 156-161.

[6] Roy Honeycutt, *These Ten Words* (Nashville: Broadman Press, 1966),
pp. 24-26.

en el cielo, ni abajo en la tierra, ni en las aguas debajo de la tierra" (Exo. 20:4). Este mandamiento prohíbe la adoración de imágenes. Dios, un ser espiritual, demanda la pureza en la adoración. Es un ser espiritual y no puede ser reducido a un objeto hecho ni de madera, ni piedra, ni bronce ni oro. El hecho de dar el mandamiento indica que hay la tendencia o la tentación de formar imágenes e inclinarse delante de ellas. La práctica era muy común en el mundo antiguo. La gente insistía en que la imagen les facilitaba su adoración. Los egipcios tenían representaciones de sus dioses en la forma de varios animales. Baal era representado como un guerrero con un rayo como lanza. Astarte se representaba como una mujer desnuda parada sobre un león.

La fabricación del dios a una forma tangible en una imagen daba lugar a que el adorador tuviera mayor control sobre lo que estaba adorando. Podía expresar sus emociones en forma más abierta al objeto creado o fundido. Bajaba el dios más al nivel humano, donde podía ser controlado por el ser humano.

La enseñanza más fuerte de este mandamiento es que debemos adorar espiritualmente, y así evitamos la tentación de pensar que podemos manipular a Dios. Dios es libre y soberano, y el ser humano tiene que someterse a su soberanía.

Está de moda hablar de la tolerancia. Hasta hay muchos que dicen que las otras religiones son tan válidas como el cristianismo; simplemente que las diferentes religiones son resultado de la geografía; tuvieron su principio en otras partes del mundo. Otros dicen que no tenemos derecho de invitar a otros a rechazar su religión para abrazar la nuestra; más bien debemos respetar lo bueno de toda religión y buscar absorber esos elementos buenos en la nuestra. Pero este versículo afirma que Dios es uno, Dios es único, y su naturaleza es espiritual y no material. No permite la coexistencia de la creencia en el único Dios y Alá el Dios de Mahoma, ni Buda, el dios de la supresión de los deseos.

3. El nombre de Dios

"No tomarás en vano el nombre de Jehovah tu Dios, porque Jehovah no dará por inocente al que tome su nombre en vano" (Exo. 20:7). Este mandamiento afirma la importancia de la reverencia por Dios y su nombre, condenando así la insinceridad en la adoración, en los tribunales y en el uso de su nombre en forma profana (Lev. 19:12).

El nombre es significativo; y era importante en la antigüedad. Por eso, era necesario reverenciar el nombre de Jehovah. Conocemos que los judíos desarrollaron tanta reverencia por su nombre que dejaron de pronunciarlo y la pronunciación correcta se ha perdido. En contraste con esto hoy en día se escuchan a cada rato los

juramentos ligeros que se pronuncian con el nombre de Dios, ofen-
diendo a Dios y a los que creen en él con esta petulancia.

La palabra "en vano", en hebreo *shaw* 7723, quiere decir "vacío" o
"nada". Los usos de la palabra en el hebreo hacen hincapié en
estas características. Por ejemplo, el Salmo 127:1 dice: "Si Jehovah
no edifica la casa, en vano trabajan los que la edifican." La palabra
también lleva el sentido de falsedad o mentira, de modo que el
mandamiento prohíbe el uso del nombre de Jehovah para mentir o
para falsificar. Por eso, en los tribunales se jura por el nombre de
Dios para decir la verdad, toda la verdad y nada más que la verdad. Levítico 19:12 dice: "No juraréis falsamente por mi nombre,
profanando el nombre de tu Dios. Yo, Jehovah."

La aplicación de esta verdad para la época contemporánea abarca la profanidad que se pronuncia y se escucha, anexando el nombre de Dios para darle peso a tal declaración. Refleja el vacío espiritual y la filosofía de vida tan secular que la persona tiene.

Debemos utilizar los nombres de Dios en la adoración, para
alabarle y al dar testimonio de él delante de otros. El modo de
hablar de la persona refleja quién es y cuáles son sus valores. Por
eso, debemos proteger el nombre de Dios y advertir a otros que
están utilizando su nombre en vano que tal uso es ofensivo.

4. El día de reposo

"Acuérdate del día del sábado para santificarlo" (Exo. 20:8). El
significado básico de la palabra *shabbath* 7676 es "descanso". Dios
hizo el mundo en seis días, y descansó el séptimo día. Fue una
señal del pacto entre Dios y su pueblo (Exo. 20:11); llegó a ser el día
de acción de gracias por el rescate de la esclavitud en Egipto (Lev.
19:34; Deut. 5:15) y un recordatorio semanal de la Pascua. De
modo que para los hebreos fue día de descanso y de adoración.

Los judíos a través de los años elaboraron una serie de leyes que
gobernaban las actividades del sábado. Especificaron treinta y
nueve clases de trabajo que no se podían hacer el sábado. No se
podían llevar joyas, porque la persona podía ser tentada a quitarlas
para mostrarlas, y así estaría llevando una carga. No se podía cortar las legumbres para la ensalada, porque esto representaba trabajo. Estaba prohibido remover las cenizas del horno antes del sábado, porque así uno podría ser tentado a cocinar pan el día sábado,
lo cual representaría trabajo. Las personas podían caminar cierto
número de pasos el sábado, pero pasar de ese límite sería quebrantar el sábado. En esta forma hicieron del sábado un día de obser-
vancias legalistas y autoexámen constante, creando así un código
complicado y una carga pesada.

Durante los años se formaron una serie de reglas y leyes que
Jesús rechazó, diciendo que el sábado fue hecho para el hombre y

no el hombre para el sábado (Mar. 2:23-28). Jesús nos enseñó que era lícito hacer lo bueno en el día sábado. Pero Jesús no dio mandamientos ni reglas legales respecto a la observancia de este día.

El cristianismo cambió el día del sábado a domingo, el primer día de la semana, porque éste fue el día en que Jesús resucitó de la muerte. Ahora se llama el día del Señor. Es evidente al leer el Nuevo Testamento que los cristianos, para adorar, se congregaban en el primer día de la semana (Col. 2:16, 17; Heb. 10:1; Rom. 6:14, 15; Gál. 3:23-25; Hech. 20:7; 1 Cor. 16:1, 2; Apoc. 1:10).

Una de las maldades de nuestro día es la tendencia de secularizar el día del Señor. Los comerciantes consideran el domingo como uno de los mejores días, puesto que muchas parejas trabajan de lunes a viernes, y tienen el sábado y el domingo para hacer compras y participar en las actividades recreativas. Los centros de recreo promueven el día domingo como una oportunidad de salir de las ciudades con la familia y participar en actividades que cambian la rutina de la semana. Las iglesias sufren, porque muchos que anteriormente eran fieles en la asistencia se han alejado o su participación es marginal.

Necesitamos regresar a un respeto por el día del Señor como día de descanso y de adoración. Esto no quiere decir que todos tienen que quedarse en casa y evitar cualquier forma de recreo, pero sí quiere decir que debemos aprovechar el día para pasar un tiempo en la adoración pública, en la meditación y en la recuperación de nuestras energías para poder funcionar bien durante la semana que viene.

5. Honor a los padres

"Honra a tu padre y a tu madre, para que tus días se prolonguen sobre la tierra que Jehovah tu Dios te da" (Exo. 20:12). Este mandamiento se ha llamado el de la transición, porque de aquí en adelante el enfoque es sobre las responsabilidades de los seres humanos entre sí, mientras los primeros cuatro mandamientos tienen que ver con responsabilidades hacia Dios. Entre los hebreos, los padres se consideraban como representantes de Dios. Por eso, la reverencia y el honor eran necesarios. Esto muestra las relaciones muy cercanas entre las familias, que eran más importantes que la tribu o la nación en épocas primitivas. Después de nuestras responsabilidades hacia Dios, las que tienen que ver con los padres son las más importantes.

La palabra "honrar" (*kaved* [3513]) quiere decir "darle peso", con la idea de darles reverencia, honor y respeto. Quiere decir que consideramos que las palabras, los consejos y el ejemplo de los padres valen.[7] Kelley insiste en que el mandamiento se aplica a los hijos adultos en relación con sus padres ancianos y no se limita a los hijos pequeños. Por eso vigilamos el bienestar y los intereses de los padres, porque su presencia representa un valor especial para los hijos y los nietos. La relación entre padre e hijos entre los israelitas era mucho más estrecha, porque en la mayoría de los casos los hijos heredaban los bienes de los padres y continuaban los negocios de la ganadería, el comercio u otra profesión.

En tiempos antiguotestamentarios se consideraba un delito grave golpear o maldecir a los padres (Exo. 21:15, 17; Lev. 20:9) y había instrucciones especiales para los hijos rebeldes (Deut. 21:18 ss.).

Hay una promesa que acompaña este mandamiento: "para que tus días se prolonguen sobre la tierra." Entre los hebreos una larga vida era evidencia de la bendición de Dios sobre uno. Si uno disfrutaba de buena salud, hijos numerosos y largos días, podría sentirse bendecido por Dios. El libro de Job fue escrito para hacernos ver que esto no es siempre la verdad; más bien, hay gente consagrada a Dios que puede sufrir pérdidas de miembros de la familia, de la salud y pérdidas económicas, a pesar de su fidelidad a Dios.

Las implicaciones de este mandamiento son numerosas. Primera, debe haber unidad entre los miembros de la familia. Es triste ver la división, el rencor y hasta el odio entre miembros de algunas familias. Puede ser consecuencia de un malentendido, de un acto que otros consideran ilegal, o del esfuerzo de uno para aprovechar a otro miembro de la familia en un negocio. Algunos hermanos no se saludan, ni se han visto durante varios años, debido a una injusticia cometida, según la percepción de otros miembros del hogar. Casi siempre los padres están involucrados en alguna manera en estos asuntos. Pero dichosa es la familia cuyos padres son pacificadores, y que tienen el papel de persuadir a todos los demás para amarse y unirse en todo asunto.

Una parte de este honor es el cuidar a los padres en sus últimos años de vida. En algunas culturas los padres ancianos viven bajo el techo de uno de los hijos adultos, forman una parte integral de la familia y son las personas más respetadas, disfrutando de una posición de autoridad sobre los hijos adultos. Aunque esto no tiene que ser el patrón en toda cultura, debemos decir que es doloroso ver el abandono de algunos padres de parte de los hijos, y las condiciones infrahumanas en que algunos viven, cuando los hijos están bien acomodados. Muchos dejan que los padres vivan de la caridad del gobierno y carezcan de las mínimas atenciones de salud que los programas sociales puedan brindar.

---

[7] Page H. Kelley, *Exodo: Llamados a una Misión Redentora* (El Paso: Casa Bautista de Publicaciones, 1977), pp. 129, 130.

Hace años conocíamos a una señora en una iglesia que dependía de los demás miembros para sostenerla. Cada domingo pedía limosna para comprar su comida o medicina. Dependía de los miembros de la iglesia para regalarle la ropa para llevar o vender para conseguir unos centavos con que sobrevivir. Dormía en un cuarto del edificio de la iglesia, que permitía tal arreglo por su compasión. Al fin murió la señora. Le tocó al pastor llamar a su hija para avisarle de su muerte y hacer los arreglos para su entierro. Por medio de la conversación el pastor se dio cuenta que la hija vivía en condiciones bastante acomodadas, pero no le interesaba el sufrimiento que había aguantado su propia madre durante varios años. Jesús tenía palabras muy duras para las personas que buscaban un escape de su responsabilidad de cuidar de sus padres ancianos (Mar. 7:8-13).

Hay hogares para ancianos que se especializan en cuidar a los que ya no pueden vivir solos. No hay nada malo en buscar este recurso, siempre y cuando se vigile para que su atención sea de la calidad más alta y compasiva, y cuando los hijos se comprometen a visitar con frecuencia para asegurar a los padres ancianos de su amor e interés.

Es importante brindar el honor y respeto hacia los padres en cada época de la vida, desde la niñez, cuando la obediencia y el respeto se enfocan más, y hasta la ancianidad, cuando las fuerzas se han perdido y la memoria comienza a fallar. Los hijos deben expresar su amor y respeto mientras los padres pueden estar conscientes de tales gestos y no esperar hasta que ya no pueden estar conscientes o hasta después de la muerte. Las palabras efusivas de alabanza a los padres muertos no pueden ser apreciadas por ellos; sirven solamente a los que están vivos.

6. La santidad de la vida

"No cometerás homicidio" (Exo. 20:13). La vida es una dádiva de Dios. Si uno ha tenido el privilegio de presenciar el nacimiento de un animal o un bebé, se impresiona con el hecho que es un milagro. Hay algo misterioso y hasta divino en la forma en que una semilla brota, echa raíces y una hoja verde comienza a penetrar la superficie de la tierra. Crece hasta ser un árbol, o una planta que produce alimentos para sostener otras formas de vida.

Puesto que toda forma de vida es santa, no debe ser profanada por los seres humanos. La palabra en el hebreo (*ratshash* [7523]) quiere decir "matar con violencia" o "romper en pedazos".[8] Por eso, el mandamiento prohíbe el matar con violencia, o sea, el homicidio premeditado.

---

[8] Glaze, *op. cit.*, p. 181.

La vida humana es sagrada en forma muy especial, por cuanto el ser humano fue creado a la imagen de Dios. Esto quiere decir que el ser humano tiene personalidad, tiene inteligencia superior a la de los animales y tiene alma, lo cual distingue al ser humano de los animales. Todo esto quiere decir que el ser humano tiene una semejanza a Dios y es inmortal.

El mandamiento prohíbe el derramar la sangre de otro como acto premeditado de violencia. Otros mandamientos en el Antiguo Testamento dan el mandato de matar como forma de castigo: "El que derrame sangre de hombre, su sangre será derramada por hombre; porque a imagen de Dios él hizo al hombre" (Gén. 9:6). La pena de muerte era permitida por varias razones, incluyendo el golpear a los padres (Exo. 21:15), el quitar la vida de otro (Exo. 21:12), el maldecir a los padres (Exo. 21:17; Lev. 20:9), el secuestro (Exo. 21:16), el adulterio (Lev. 20:10), el sacrificio de seres humanos (Lev. 20:1, 2), el incesto (Lev. 20:11), la homosexualidad (Lev. 20:13), la bigamia (Lev. 20:14), la bestialidad (Lev. 20:15, 16), la brujería (Exo. 22:18 y Lev. 20:37), si una mujer embarazada es muerta, entonces el culpable del asesino debía de ser muerto (Exo. 21:22), y si el buey corneare a un hombre, causándole la muerte, y su dueño no hace nada para prevenir la repetición de tal acontecimiento, entonces el dueño del buey había de ser muerto si el buey vuelve a matar a otro ser humano. Posteriormente trataremos la pena de muerte y los factores positivos y negativos en cuanto a la aplicación de esta ley.

También es probable que este mandamiento no incluyó el matar en defensa propia, el matar como militar en la guerra y el suicidio. Durante muchos años la norma que seguían era la de "ojo por ojo, diente por diente..." (Exo. 21:24). Los hombres participaban en la guerra para defender su familia, tribu y nación, según la necesidad. Cuando el enemigo vino a pelear, todos los hombres se presentaron para defender su familia y sus bienes.

La guerra es un mal mucho más grave hoy en día, porque los medios para matar son masivos. El decir que el mandamiento no abarca la participación en la guerra ni justifica la guerra. Reconocemos que las guerras contemporáneas que pueden quitar la vida de centenares de personas civiles tanto como militares, es algo horrible. Pero a veces es el único camino a tomar. Cuando todo esfuerzo de conciliación ha fracasado, y cuando hay actos agresivos de parte de personas, entonces no nos queda ninguna otra alternativa sino la de pelear en la guerra.

Seis ciudades de refugio fueron establecidas, tres en Canaán y tres al otro lado del Jordán: "Estas seis ciudades servirán de refugio a los hijos de Israel, al forastero y al advenedizo que se encuentre entre ellos, para que huya allí cualquiera que accidentalmente hiera de muerte a otro" (Núm. 35:15). El establecimiento de estas ciudades refleja el esfuerzo de los ciudadanos para distinguir entre el matar en forma violenta e intencional con un accidente.

El suicidio es un problema más serio. Es cierto que el Antiguo Testamento contiene pocos casos de suicidio (Jue. 9:50-56; 1 Sam. 31:1-6; 2 Sam. 17:23; 1 Rey. 16:18). Ciertamente desanima el suicidio, porque reconoce que la vida es dádiva de Dios y que debemos atesorarla. Pero a la vez reconocemos que en algunos casos las cargas de la vida llegan a ser demasiadas para algunos, y optan por ese camino. Hay personas que pueden estar en circunstancias en que pierden el propósito para vivir y el sentido de gratitud por la dádiva de la vida.

Más adelante vamos a considerar las declaraciones de Jesús que tienen que ver con este mandamiento. Por ahora queremos afirmar que el significado fundamental de este mandamiento es el respeto por la vida humana.

7. La santidad del hogar

"No cometerás adulterio" (Exo. 20:14). Este mandamiento afirma la pureza y la permanencia del matrimonio. Presenta un ideal para todo ser humano en cualquier época. El hogar está en segundo lugar después de la vida. El adulterio es malo en varios respectos: está en contra del bien para el individuo, la familia, la sociedad, la nación, la raza, el universo y Dios. El adulterio es la invasión de la casa de otro, la violación de la unidad y privacidad de dos personas que se han comprometido con votos divinos de por vida, y la destrucción de los votos que unen a dos personas. Hace deteriorar el matrimonio, que es la institución fundamental y básica de la sociedad.

El adulterio en tiempos antiguotestamentarios consistía en el acto de tomar la esposa de otro hombre. No incluía relaciones con personas no casadas. En caso de la violación de una mujer comprometida con un joven, el castigo era la muerte (Deut. 22:22-25). En caso de la violación de una mujer no comprometida, no imponían la pena de muerte; más bien pagaban una multa al padre de la doncella. Esto refleja que la mujer se consideraba propiedad del padre hasta el matrimonio.

La ausencia de derechos para la mujer y de una consideración adecuada de ella como persona se debía a la posición social de la mujer en la antigüedad. La esposa se consideraba propiedad del esposo, y la legislación reflejaba este hecho. Deuteronomio 24:1-4, una legislación "permisiva", estipulaba los derechos del esposo y aclaraba la situación de la mujer en caso de ser divorciada por el esposo.

Puesto que el mandamiento insiste en que la violación de los votos matrimoniales es pecado en contra de Dios y de la persona violada, esto afirma la santidad del hogar y que el matrimonio es una institución divina. Protege a la esposa tanto como al esposo y prohíbe el acto que pueda minar la fidelidad de los esposos.

Una aplicación contemporánea de este mandamiento abarcaría toda actividad sexual premarital y de casados. Este mensaje se necesita hoy en día, porque predomina una actitud muy libre con relación a las actividades sexuales antes del matrimonio. Es cierto que el Antiguo Testamento condena el adulterio en Job 24:15; Salmo 50:18; Proverbios 6:32; 30:20; Isaías 57:3. Oseas lo menciona en 2:4; 3:1; 4:2, 13, 14; 7:4; Ezequiel en 16:32, 38; 23:37, 45; 23:43 utiliza la palabra. Jeremías utiliza el término en la forma más gráfica (Jer. 3:8; 5:7; 7:9; 9:1; 13:27; 23:10, 14; 29:23).

8. La santidad de la propiedad

"No robarás" (Exo. 20:15). Este mandamiento afirma el derecho de propiedad para los seres humanos. El deseo de poseer propiedad es algo muy ligado a la personalidad humana. Nos da cierto sentido de valor cuando tenemos posesiones personales. Los niños se alegran cuando se les compra un vestido nuevo o un par de zapatos. Los adolescentes sienten la necesidad de poseer ropa de cierta marca para sentirse identificados con su grupo en su colegio o en el grupo social en que circulan. Y los adultos miden su éxito en términos de su saldo en la cuenta bancaria, el auto o la moto que manejan, el sector urbano donde viven, el número de vacas, ovejas y/o caballos que tienen.

Esta tendencia tiene miles de años Es interesante que el Código de Hamurabi contiene mayormente leyes que tienen que ver con la propiedad. Se exigía pena de muerte en algunos casos de hurto de propiedad y se demandaba la restitución de treinta tantos en otros casos de propiedad robada. Los asirios cortaban la oreja, la nariz o los dedos del ladrón. Los mahometanos tenían castigos muy severos también, porque cortaban las manos del ladrón. Si continuaba robando, le cortaban los pies.

Solemos pensar en el ladrón que entra en la casa de noche, violando la puerta, y busca cosas de valor para llevarse, o el ladrón en la calle que agarra la cartera de una señora y se va corriendo. Pero hoy en día hay ladrones más sofisticados. Hay gerentes de compañías de inversión que han logrado robar millones con las operaciones de unas cuantas teclas en la computadora. Hay otros que logran establecer amistades con ancianos, viudas y viudos, y posteriormente les persuaden a darles sus bienes para hacer inversiones, y la secuela es la pérdida de sus bienes. Hay presidentes de universidades que han tomado los cheques mandados por personas que quieren hacer donaciones para la educación de la juventud, y los han depositado en cuentas bancarias privadas, estafando así esos dineros de la universidad.

Cada persona tiene múltiples oportunidades cada día para robar la propiedad de otros. Puede ser en hacer los informes de los ingresos, de los gastos cubiertos por la compañía o la empresa donde trabajamos, y con los informes de las horas trabajadas o los resultados de nuestros esfuerzos diariamente. Es pertinente recordar este mandamiento varias veces durante el día, para mantenernos honestos en nuestros negocios.

El mandamiento tiene relación con los sistemas económicos que compiten en el mundo hoy en día. El marxismo se basa en una filosofía materialista, diciendo que no hay valores espirituales. El hombre es lo que come, y la vida consiste en vivir las experiencias tangibles diariamente, sin pensar en una inmortalidad. A la vez, niega el derecho de propiedad privada, insistiendo en que todo es de todos y que los medios de producción deben pertenecer al estado. Hemos visto la desintegración del comunismo en los países de la Unión Soviética en la década de 1990, porque esta nación ha experimentado un colapso total en el sentido económico.

El capitalismo afirma el derecho de cada persona para trabajar, y así adquirir, poseer y valorar las cosas materiales. Insiste en que la competencia es positiva porque fomenta la superación y la sobrevivencia de las compañías más eficientes que pueden producir el artículo de mayor calidad en el precio más económico. Pero a la vez fomenta una actitud individualista, egoísta y competitiva. Aunque eleva el nivel de vida de los que viven bajo el capitalismo y la mayoría de los países donde prevalece el capitalismo como sistema económico tienen un nivel de vida alto con muchas comodidades, también se nota un espíritu materialista y un egoísmo marcado en muchos de los ciudadanos de esos países.

9. La santidad de la verdad

"No darás falso testimonio contra tu prójimo" (Exo. 20:16). Este mandamiento tuvo su aplicación más precisa en la antigüedad cuando una persona era llamada para testificar en los tribunales. Podría ser un testimonio que tenía que ver con propiedades que estaban en disputa, como la aclaración del dueño de animales, cuando dos o más personas insistían en que pertenecían a ellos. O podría ser el testimonio que tenía que ver con declaraciones hechas con relación a otras personas. O podría ser el testimonio de lo que uno veía cuando un crimen fue cometido.

El hecho de dar este mandamiento es evidencia de la existencia de la tendencia de aprovechar las circunstancias del vecino para hacerle mal por medio de la mentira en el testimonio. Y esta tendencia continúa hasta hoy en día. Cuántas vidas han sido arruinadas por el testimonio falso de personas que no valoraban el testimonio de otros. Se exige que uno testifique bajo juramento, pero muchos juran y después proceden a mentir para cubrir algún delito y de esta manera salvar a uno que es culpable o condenar a uno que es inocente.

Este mandamiento puede tener otra aplicación. Puede tener un significado más amplio, para prohibir la calumnia, la chismografía y las declaraciones ligeras que arrojan dudas sobre el carácter de otros. También, puede aplicarse a la práctica de guardar silencio cuando nuestro testimonio, protesta o defensa podría salvar a un inocente que está para perecer sin nuestro apoyo. Un preso en el campo de concentración en Dachau relata que cuando los nazis vinieron por los comunistas, no dijo nada porque no era comunista. Después, vinieron por los judíos, y guardaba silencio, porque no era judío. Posteriormente, vinieron por los católicos romanos, y no dijo nada, porque no era católico. Al fin, vinieron por él, y ya no había nadie que hablara en contra de tales actos.[9] El silencio puede llevar a la condenación de otros y puede resultar en nuestra propia condenación.

10. La codicia

"No codiciarás la casa de tu prójimo; no codiciarás la mujer de tu prójimo, ni su siervo, ni su sierva, ni su buey, ni su asno, ni cosa alguna que sea de tu prójimo" (Exo. 20:17). La palabra "codiciar" (*chamad* [2530]) tiene el significado de desear con ansia, como babear. Tiene que ver con los pensamientos y las actitudes y no tanto las acciones. Abarca también los motivos que uno tiene.

La codicia es un mal bastante común en nuestro día. Es pecado de los cristianos más consagrados y no solamente de los cristianos "carnales". La codicia es un mal que puede llevar a uno a matar, cometer adulterio o robarle a otro. Es la internalización de los demás mandamientos, porque este vicio puede crear las condiciones en que actuamos sobre nuestra codicia.

Así terminamos el estudio de los Diez Mandamientos. Puesto que forman la base de la moralidad del Antiguo Testamento, estaremos refiriéndonos con frecuencia a estos mandamientos. Representan los ideales más altos para regular el comportamiento de los seres humanos, y el resto del Antiguo Testamento es un comentario sobre estos ideales.

---

[9] David Van Biema, "For the Love of Kids", *Time*, 1 de noviembre de 1993, p. 51.

IV. LA LEY MOSAICA Y LAS RELACIONES SOCIALES

Durante décadas se suele dividir las leyes en el Antiguo Testamento en tres divisiones: la ley civil, la ley ceremonial y la ley moral.

La ley moral abarca los Diez Mandamientos y las normas presentadas para ayudar a los seres humanos a vivir en armonía y con propósito. Estas leyes y/o los principios que se derivan de ellas tienen validez para nosotros hoy en día.

La ley civil tenía que ver con el establecimiento de la justicia entre los seres humanos, y abarcaba detalles relacionados con los terrenos, las propiedades portátiles y las relaciones con vecinos y otras naciones.

La ley ceremonial abarca las que presentaban normas relacionadas con los actos de adoración. Podrían referirse a la preparación de los animales para los sacrificios, los preparativos para la participación en los actos de adoración en el tabernáculo y el templo, y las vestimentas y los actos de los sacerdotes y otros que dirigían la adoración. El sistema de sacrificios tenía su base en el concepto de que el hombre había pecado en contra de Dios. Este pecado le hacía inmundo para entrar en la presencia de Dios. Pero por medio de un sacrificio podía considerarse limpio y digno de entrar en la presencia de Dios (Lev. 4:1-5; 13:12-15; 16:1-34).

Algunas de las leyes ceremoniales servían para fines sociales. Por ejemplo, las leyes en cuanto a la observancia del sábado daban la oportunidad de visitar a otros y descansar del trabajo, así recuperando las fuerzas físicas y espirituales para la semana entrante (Exo. 23:12; 31:12-17; Deut. 5:14, 15).

El Antiguo Testamento no identifica las diferentes leyes como morales, civiles y ceremoniales, de modo que puede haber diferencia de opinión acerca de la clasificación de algunas. Aunque algunas no tienen aplicación literal a nosotros hoy en día, el principio que se presenta tiene validez. Tienen que ver con las relaciones con los esclavos, los pecados como ofensas y las leyes que regulaban la actitud y conducta hacia los animales, la propiedad y otros seres humanos. Muchas de las leyes tenían fines humanitarios, con el propósito de desarrollar un sentimiento de misericordia dentro del hombre hacia otras personas, los animales y la naturaleza.

1. La esclavitud (Exo. 21:1-11)

Aunque la época de la existencia de la esclavitud como fenómeno común ha pasado hoy, las enseñanzas en el Pentateuco presentan principios humanitarios que son válidos todavía. Hay varias enseñanzas importantes: (1) Después de siete años de servicio, el esclavo podría adquirir su libertad. (2) Si su dueño le daba esposa durante el tiempo de servicio, entonces su esposa e hijos pertenecían a su dueño. Por eso, el esclavo podría quedarse si quería, cumpliendo con el rito estipulado (Exo. 21:1-6). (3) Había condiciones especiales para la mujer vendida como esclava para servir a un señor (Exo. 21:7-11). Aunque las normas aquí presentadas nos parecen crueles, tenemos que reconocer que las normas elevaban las condiciones de los esclavos en general.

2. Ofensas en general (Exo. 21:12-36)

Hay una serie de circunstancias mencionadas que exigían pena de muerte. La ley de Moisés era bastante rígida en estipular la pena de muerte como retribución por actos tales como la maldición sobre los padres, el secuestro, el golpear a los padres, el asesinato, el herir a una mujer embarazada causándola la muerte, la homosexualidad, la bestialidad, y la muerte de seres humanos por animales que no se han controlado. El principio de "ojo por ojo" se aplicaba en estos casos (Exo. 21:24, 25).

3. Leyes de restitución (Exo. 22:1-31)

Otra faceta de la legislación de Moisés tenía que ver con la restitución de dinero o bienes por faltas cometidas o descuidos en las atenciones necesarias a las personas. Los detalles son muy interesantes y tienen interés para nosotros por su valor histórico y no tanto por la aplicación a circunstancias modernas. El fin de las leyes era establecer la justicia para todos los ciudadanos. Buscaba solucionar los problemas que surgen del robo de propiedad prestada, préstamos para las personas necesitadas sin cobrarles interés, la sofocación de rumores con relación a los vecinos y la devolución de propiedad que se encontraba. Se concluye que los líderes se ocupaban constantemente en tomar decisiones para lograr que la gente viviera en armonía.

Una prohibición interesante que ha levantado controversias en cuanto a su interpretación es: "No cocerás el cabrito en la leche de su madre" (Exo. 23:19; 34:26). Algunos interpretan esta prohibición en forma humanitaria, con el fin de estimular una actitud de misericordia hacia los animales y consecuentemente hacia los seres humanos. Otros piensan que se refiere a una práctica pagana que era parte de la adoración a dioses falsos. La prohibición era necesaria por las tendencias de absorber las prácticas paganas en la vida diaria. De todos modos, nos parece que la repetición del mandamiento indica una necesidad de dejar el paganismo y practicar actos humanitarios entre todos.

4. Leyes en cuanto al matrimonio y el divorcio

Las costumbres matrimoniales en el día de Moisés eran muy amplias y el pueblo cedía a las influencias de las naciones paganas alrededor de ellos. Existían las prácticas de la poligamia (Exo. 20:14, 17; Deut. 17:17), el concubinato (Gén. 16:1-16) , el comprar a la esposa, el tomar las mujeres conquistadas del enemigo en la batalla como esposas (Deut. 21:15-17) y el uso de esclavas como esposas (Deut. 21:10-14).

También había leyes muy amplias en cuanto al divorcio. Parece que las influencias de otras naciones eran tan fuertes que los israelitas llegaron a practicar el divorcio en forma ligera, lo cual amenazaba la estabilidad del hogar y de la nación. Por eso, tenemos en Deuteronomio 24:1-4 una legislación "permisiva" con relación al divorcio. Debemos reconocer que estas leyes no se establecieron para abrir la puerta para permitir el divorcio; más bien servían para frenar la práctica de divorciar ligeramente a la esposa, echándola de la casa sin darle documento. Esto resultaba en circunstancias desafortunadas para las mujeres, quienes no tenían muchas maneras para sostenerse en aquel entonces.

CONCLUSION

Un estudio detallado de las leyes éticas de la legislación de Moisés ocuparía un espacio mucho más extenso de lo que tenemos asignado para esta obra. Pero hemos hecho un resumen, y el estudio nos ayuda a concluir que la legislación de Moisés era mucho más avanzada que la de las naciones vecinas. Aunque había leyes de otras fuentes más antiguas, tales como el Código de Hamurabi, hay algo distintivo en la de Moisés, porque son dadas por revelación divina. Dios es el origen de la moralidad en el Antiguo Testamento, y sus ideales se transmitieron a los seres humanos en forma sobrenatural.

La legislación de Moisés tiene sus limitaciones desde nuestra perspectiva. La razón principal es que fue una legislación parcial, adecuada para el día en que fueron dadas, pero la revelación posterior en el Nuevo Testamento es necesaria para completar nuestro entendimiento del plan de Dios para la humanidad.

El mensaje de los profetas en el Antiguo Testamento contiene mucho material de naturaleza ética. En sus mensajes podemos captar las fallas de los seres humanos en sus esfuerzos de vivir de acuerdo con la ley de Dios, el esfuerzo de los profetas para despertar una culpabilidad por su rebeldía y desobediencia, y la afirmación de los ideales altos bajo los cuales Dios espera que vivamos. Ahora vamos a pasar a la consideración del mensaje profético y su relevancia para nosotros hoy.

4

EL ENFASIS ETICO DE LOS PROFETAS

INTRODUCCION

La legislación mosaica tenía el propósito de ser guía para la nación en su relación con Dios y con los vecinos. Cuando los israelitas llegaron a la tierra prometida, tomaron varios años para conquistarla. Durante la conquista, Josué y los otros dirigentes insistieron en que el pueblo debía seguir fielmente a Dios. Durante el período de los jueces, que se conoce como el período oscuro de la historia de los israelitas, el pueblo tuvo que pelear una lucha grande por seguir fielmente a Jehovah. Por un lado, los cananeos, con su religión de Baal, fueron para los israelitas una amenaza política y una tentación constante a la idolatría. Además, la nación estaba experimentando las dificultades normales de los primeros años del desarrollo nacional. Había amenazas de otras naciones y grupos paganos, y una lucha constante para sobrevivir en la tierra prometida.

El ciclo que se repitió varias veces en esta época fue el siguiente: **1.** Gozaban de paz, tranquilidad y prosperidad que resultaban de la obediencia y fidelidad hacia Dios. **2.** Seguía el pecado cometido por los individuos y la nación, en rebeldía a los ideales que Dios había establecido. **3.** El sufrimiento y el castigo de Dios se sentían en la nación y entre los individuos. A veces los sufrimientos duraban largo tiempo antes de ser persuadidos por Dios para que reconocieran su culpabilidad. **4.** Estos sufrimientos traían el arrepentimiento por el pecado. **5.** El perdón y la restauración a la relación con Dios y la alegría del pueblo completaba el ciclo. En el curso del libro de los Jueces se puede ver este ciclo varias veces.

Samuel es reconocido como el personaje destacado por su ministerio en este período de transición para la nación. El fue juez, sacerdote y profeta. A él se le veía como una persona que trataba de preservar el estado antiguo de la nación de Israel, sin tener rey. Pero todos los habitantes estaban pidiendo rey, y al fin Samuel se sujetó a los deseos de la mayoría.[1] Cuando nosotros vemos esto desde nuestro punto de vista, tenemos que admitir que era mejor tener rey para poder gobernar a la nación. Cuando el pueblo era nada más que varias tribus de nómadas, era posible gobernarlo por medio de varios jueces; pero para el avance y la unidad de la nación era necesario establecer un gobierno central.

I. EL MENSAJE PROFETICO

1. ¿Qué es la profecía?

Dios escogió usar el medio de la profecía para revelar su propósito al hombre en una época en la historia del pueblo de Israel. La profecía no fue un privilegio exclusivo de los israelitas, pero ella era de tal cualidad espiritual y significado permanente, que merece ser considerada como algo distintivo para el mundo hebreo-cristiano.

La profecía es una clase de literatura que se caracteriza por ser revelación de Dios que inspira al profeta para pronunciar ese mensaje con convicción fuerte.[2] Cuando uno lee las profecías en el Antiguo Testamento, le impresiona el hecho de que los profetas sintieron una compulsión por tratar de salvar una situación crítica en su pueblo. Las palabras que se usaron en el hebreo para designar "profeta" llevan este sentido. *Nabhi* [5030], el hebreo para la palabra más utilizada, pone el énfasis en el mensaje que quiere expresar el profeta.[3] Yates dice que los profetas fueron designados con otros nombres tales como: atalaya, hombre de Dios, siervo de Jehovah, mensajero de Dios, intérprete y hombre del Espíritu. De allí ha venido la idea de que la profecía es el mensaje que uno habla de parte de otro. La palabra *roeh* [7203] significa "ver" y lleva la idea de que el profeta ve cosas que el hombre ordinario no puede percibir. La palabra "profeta" en español viene del griego, combinando la palabra *pro* [4253], que significa "delante de", y *phemi* [5346], que quiere decir "yo hablo". Así la profecía es un mensaje que uno habla por otro. Los profetas sintieron que Dios les había llamado y que les estaba dando el mensaje que ellos pronunciaban.

La profecía contenía muchos elementos; entre ellos están la clarividencia, el éxtasis, el patriotismo, la predicción y el elemento moral. Muchos se interesan en el elemento de clarividencia en la pro-

---

[1] John Bright, *La Historia de Israel* (Bilbao: Desclee de Brouwer, 1970), p. 189.

[2] Tomás de la Fuente, *Claves de Interpretación Bíblica* (El Paso: Casa Bautista de Publicaciones, 1985), p. 145.

[3] Kyle M. Yates, *Los Profetas del Antiguo Testamento* (El Paso: Casa Bautista de Publicaciones, 1954), pp. 3, 4.

fecía, porque piensan que pueden adquirir una llave para descifrar el futuro en alguna manera especial, y que esto les dará una ventaja sobre otras personas. Otros se interesan en la predicción porque piensan que podrán saber acerca del futuro en una manera extraordinaria. Otros van por el camino del éxtasis, por intereses especiales en esa esfera. Para nosotros el enfoque principal de nuestra consideración tendrá que ver con los elementos de la predicción y la moral.

El elemento de la predicción tiene más que ver con el futuro inmediato y no con un futuro remoto o lejano. La mayoría del contenido de los mensajes de los varios profetas tenía que ver con los problemas que aquejaban a la misma nación de Judá o de Israel, y lo que estaba pasando con las naciones vecinas. Por eso, es importante estudiar la historia antigua de todas estas naciones para poder entender bien el significado de las profecías pronunciadas por cada uno de los profetas. La situación histórica variaba en el caso de cada profeta, porque vivían en épocas distintas y las condiciones de su mundo cambiaban rápidamente. Por ejemplo, muchas profecías predecían la destrucción de Israel y otras de Judá, acontecimientos realizados en 722 y 586 a. de J.C. respectivamente. Hay principios que todavía tienen pertinencia para nosotros hoy en día, y hay algunas profecías que están por cumplirse aún. Pero no debemos estudiar los libros proféticos con la idea que todo se relega al futuro, y que está aún por cumplirse.

El elemento moral nos llama la atención porque muchas de las profecías tenían que ver con condiciones de índole moral. Los profetas pueden ser considerados como los preservadores de los valores morales y religiosos para el pueblo. Sus mensajes fueron dirigidos al pueblo y a los dirigentes políticos y religiosos, y representan una plegaria para volver a los caminos que Dios les había señalado. Queremos examinar a fondo el elemento moral de este mensaje.

2. La base del mensaje profético

El mensaje profético se basa en principios teológicos y morales que los hombres habían recibido en las revelaciones anteriores de parte de Dios. Tales principios son: **(1)** que Dios es creador (Jer. 27:5; Isa. 40:12-24). **(2)** Que Dios es omnipotente y soberano sobre toda la creación (Jer. 23:23, 24; Amós 9:7; Isa. 43:1). **(3)** El ser humano es creación de Dios y tiene en su mano la responsabilidad de señorear sobre la tierra. Los profetas presentaron los principios del pacto y de la elección tales como habían sido recibidos por Abraham, Isaac, Jacob, José, y más adelante por Moisés. Jeremías tuvo la inspiración para pensar en un día futuro cuando habría un nuevo pacto, que sería interno y eterno, sin las limitaciones del pacto antiguo (Jer. 31:31-34). Los profetas hicieron hincapié en el

día de Jehovah, día de juicio, en el cual Jehovah iba a castigar a su
pueblo por su maldad, y a tratar de hacer una nación más pura y
más obediente a sus mandatos (Isa. 2:12; 13:6; Eze. 30:6; Joel 1:15;
Abd. 15; Sof. 1:7, 14). Los profetas vieron el día perfecto en el reino
mesiánico que vendría por medio del Mesías, el ungido divino, a
quien Dios iba a mandar (Isa. 9:6, 7).

Además del mensaje teológico para el pueblo, los profetas pronunciaron muchas palabras que tenían que ver con necesidades
morales. Ellos abogaban por los principios céntricos de la justicia,
el amor, la misericordia y la santidad. Un punto central en el mensaje de Amós es la demanda en pro de la justicia; Oseas, quien vivió a fines de la historia de Israel y vio el colapso de la ley y del
orden, hace hincapié en el amor; Isaías clama por la santidad; Jeremías y Ezequiel hablan de la responsabilidad personal; y Miqueas
hace un sumario de lo que es una religión ética en términos de "hacer justicia, amar misericordia y caminar humildemente con tu
Dios" (Miq. 6:8). El tema de los profetas es que el ceremonialismo
no es suficiente para que uno esté en buenas relaciones con Dios
(Amós 5:21-24).

II. LOS PROFETAS PRELITERARIOS

Durante los primeros años de tener rey sobre Israel el pueblo tenía muchas preocupaciones. Estos fueron años de guerra entre las
tribus y los enemigos, especialmente los filisteos. Varias veces
aparecen los profetas para dirigir la atención del rey o del pueblo a
su responsabilidad ante Dios. Un ejemplo de tal acción se percibe
en el caso del pecado de David y Betsabé, cuando Natán, profeta
de Dios, llegó para amonestar a David (2 Sam. 12).

Los autores de los libros históricos del Antiguo Testamento, que
hablan del reinado de los varios reyes, siempre dan su evaluación
del reinado de cada rey, diciendo: "e hizo lo bueno (o lo malo) ante
los ojos de Jehovah." Esto nos indica que había conciencia moral
en aquellas épocas.

Se llaman profetas preliterarios por el hecho de que no escribieron libros canónicos. Puede que escribieron, pero no tenemos
registro de sus profecías. Predomina su papel para declarar la voluntad de Dios para las personas con quienes tenían contacto. Tenían la osadía de encararse con los líderes políticos para declararles
su pecado o interpretarles la voluntad divina.

1. Samuel

Samuel se considera el primero de los profetas. Era un personaje que vivía en una época de transición, cuando el gobierno estaba
cambiando de una forma más flexible con jueces entre las varias
tribus a una monarquía. El pueblo estaba clamando por un rey,

puesto que Samuel ya envejecía, sus hijos no andaban en los caminos de su padre y las naciones vecinas todas tenían su rey (1 Sam. 8:5). Al fin, Samuel consultó el asunto con Jehovah, y recibió la siguiente respuesta: "Escucha la voz del pueblo en todo lo que te diga, porque no es a ti a quien han desechado. Es a mí a quien han desechado para que no reine sobre ellos... Ahora pues, escucha su voz, pero adviérteles solemnemente y declárales cuál será el proceder del rey que ha de reinar sobre ellos" (1 Sam. 8:7, 9).

Samuel estableció la escuela de los profetas, un grupo de jóvenes consagrados al estudio de los planes de Dios para el pueblo, y buscaba una consagración más completa a Dios. Este grupo llegó a representar el elemento moral en el pueblo, y trajo avivamientos en varias de las ciudades. El se consideraba vidente en los pasos primitivos del desarrollo de la profecía, y la gente solía llegar a él para averiguar asuntos que no eran claros para ellos (1 Sam. 9:9-21).

2. Natán

Natán es uno de los profetas preliterarios más famosos, por su papel en declarar a David su pecado con Betsabé (2 Sam. 12:1-15). Su participación en este drama indica el alto nivel moral del profeta y las normas que Dios esperaba de parte del pueblo. Natán no predecía el futuro, pero sí entendió el pasado inmediato y la seriedad del pecado que David había cometido.

3. Elías y Eliseo

Los profetas Elías y Eliseo son los dos que se destacan en el período preliterario de la profecía. Eran activos en proclamar la voluntad de Dios y en llamar a la nación a ser fieles a Dios. En el primer libro de Reyes vemos muchas actividades de Elías, el gran profeta contemporáneo del rey Acab y de su esposa Jezabel. Durante los veintidós años del reinado de Acab, Elías siempre estuvo presente para llamarle la atención respecto a sus pecados. Todos conocemos bien el relato de la competencia que hubo entre Elías y los profetas de Baal en el monte Carmelo. En realidad, esta fue una competencia entre Jehovah y Baal (1 Rey. 18). Elías le recuerda al pueblo la necesidad de tener presente el primer mandamiento.

También Elías aparece ante Acab para defender los derechos morales del pueblo común, específicamente en el caso de Nabot, porque el rey le había quitado la viña. Elías vino con el mensaje de condenación para Acab y también para su esposa Jezabel (1 Rey. 21:1-29).

Hay muy poco en el Antiguo Testamento relacionado con las actividades de Eliseo que tenga que ver con asuntos morales. La mayoría de los hechos son milagros que él hizo, manifestando por medio de ellos la presencia de Dios en él.

III. EL MUNDO DEL PROFETA

1. Condiciones económicas

Cuando hablamos de los profetas literarios, pensamos en el siglo VIII a. de J.C., porque este es el período en que más florecieron las grandes ideas de los profetas Isaías, Amós, Oseas y Miqueas. Este período se llama el "Siglo de oro" de la profecía. Para poder entender el mensaje de estos profetas es necesario analizar las condiciones de ese día.

(1) Desarrollo económico de la nación. Los hebreos fueron primero nómadas. Habían pasado siglos desde el día de Abraham, vagando de lugar en lugar con sus tiendas, sus ganados y sus posesiones en bienes que se podían trasladar de un lugar a otro de un momento a otro. Tal vida no permitía muchas acumulaciones de bienes permanentes, como casas o cosas inmovibles. Esta clase de vida se prestaba para una organización de tribus que consistía en el conjunto de un hombre, su familia y todos sus descendientes. Tenían las cosas materiales en común, y todos gozaban de la prosperidad o todos sufrían de hambre. Estas condiciones, naturalmente, producían gente rústica, independiente y muy fuerte.

Al entrar en la tierra prometida, los hebreos tuvieron un medio de vida más estable, esto es, la agricultura. Vieron también la necesidad de desarrollar más las capacidades agrícolas, porque ya no podían levantar las tiendas, como anteriormente, y pasar a un terreno más fértil cuando se acababa la comida. Vieron la necesidad de cuidar el suelo, de sembrar, cultivar, regar y esperar la cosecha. La lucha constante con los elementos de la naturaleza les enseñaba muchas lecciones nuevas. A la vez tendían a desarrollar ciertas virtudes, tales como la paciencia, la ambición, el esfuerzo personal, etc., que les caracterizó posteriormente. Entonces vino la desintegración de las tribus, más énfasis en la propiedad personal y los comienzos del comercio.

(2) Corrupción e injusticias. Como resultado de estos cambios, poco a poco aparecieron algunos males e injusticias. Los hombres buscaban la manera de enriquecerse, y resultaron los pecados de la avaricia, la codicia y el engaño. El día de los profetas se caracterizó por las injusticias entre los hombres. Una de las principales fue la desigualdad entre los hombres en cuanto a sus posesiones materiales. Los hombres más ricos y más capaces buscaban la oportunidad para aprovecharse de los menos favorecidos, quitándoles lo poco que tenían. Los profetas veían estas tendencias como pecados muy graves, y cada uno atacaba estas circunstancias.

Los profetas pronunciaron su mensaje en contra de tales injusticias.[4] Amós criticó a los negociantes que decían:

¿Cuándo pasará la luna nueva, para que vendamos el trigo; y el sábado, para que abramos los almacenes del trigo; para que reduzcamos el peso y aumentemos el precio, falsificando fraudulentamente las balanzas; para comprar a los pobres por dinero y a los necesitados por un par de zapatos; para que vendamos los desechos del trigo? (Amós 8:5, 6).

Oseas reflejó este mismo mensaje cuando dijo: "... porque no hay en la tierra verdad, ni lealtad, ni conocimiento de Dios. El perjurar, el engañar, el asesinar, el robar y el adulterar han irrumpido. Uno a otro se suceden los hechos de sangre" (Ose. 4:1b, 2). Robert Cate enfoca la importancia de la justicia y la misericordia en el mensaje de los profetas.[5]

Más de cien años después, Jeremías se refirió a la misma corrupción en las siguientes palabras: "... Desde el profeta hasta el sacerdote, todos obran con engaño y curan con superficialidad el quebranto de la hija de mi pueblo, diciendo: 'Paz, paz.' ¡Pero no hay paz!" (Jer. 8:10b, 11).

Los profetas citaron ejemplos específicos de los males que existían en su día. Es sorprendente cuántas de las injusticias todavía prevalecen hasta hoy. Hace unos meses apareció en un periódico la noticia triste de un campesino que había llegado a la ciudad con todas las ganancias del año en su bolsillo. Inmediatamente fue visto como presa fácil por los antisociales. Dos de éstos ganaron su confianza y le dijeron que sus billetes tenían que ser cambiados por otros para hacer compras en aquella ciudad. El hombre se dejó engañar y perdió todo lo que había acumulado en el curso de un año.

2. Condiciones políticas

(1) Epocas de crisis. La mayoría de los profetas vivió en una época de crisis doméstica e internacional. Muchos fueron contemporáneos del conflicto doméstico entre Judá e Israel. Este conflicto duró casi 300 años, hasta que Israel desapareció al ser conquistado por los asirios en 722 a. de J.C. Durante estos años había mucha corrupción política, falta de justicia de parte de los oficiales, y el abandono de una dependencia y confianza en Jehovah como Dios de la nación.[6]

---

[4] *Ibíd.*, p. 51.

[5] Robert L. Cate, *Introducción al Estudio del Antiguo Testamento* (El Paso: Casa Bautista de Publicaciones, 1990), p. 61.

[6] John Bright, *La Historia de Israel* (Bilbao: Desclee de Brouwer, 1970), pp. 269-277.

Las palabras de Amós (6:1-7) llaman a los oficiales políticos a reconocer que su propia comodidad y reposo no es la condición de todos los demás. Un ligero recorrido por la tierra de Palestina podía mostrar que la gran mayoría de la población estaba sufriendo como resultado de la corrupción política y de la ineptitud del gobierno. Estos dirigentes políticos vivían lujosamente, dormían en camas de marfil, pero no pensaban en la miseria de los que tenían que vivir en casas de barro y tenían que dormir en el suelo. Hasta comían los corderos de los rebaños, que representaba la carne más fina, en vez de comer los animales grandes, que ya habían servido como reproductores. Este análisis de Amós nos muestra que el gobierno de Israel en su día no era muy responsable.

Los países alrededor de Israel y de Judá influyeron mucho en la vida de esta nación. Muchas veces Judá trató de jugar a la "política de poder" para sobrevivir en medio de naciones más desarrolladas y más fuertes.[7] Pero los profetas trataron de convencerla de que mejor era confiar en Dios que en los egipcios o en los asirios. Isaías pronunció una endecha sobre su nación por esta confianza mal puesta, cuando dijo:

> ¡Ay de los que descienden a Egipto por ayuda! Buscan apoyo en los caballos; confían en los carros de guerra, por ser numerosos; y en los jinetes, por ser muy poderosos. Pero no miran al Santo de Israel, ni buscan a Jehovah. No obstante, él también es sabio y traerá el desastre; no retirará sus palabras. Se levantará contra la casa de los malhechores y contra la ayuda de los que obran iniquidad.
>
> Los egipcios son hombres, no dioses. Sus caballos son carne, no espíritu. De manera que cuando Jehovah extienda su mano, tropezará el que da la ayuda, y caerá el que la recibe. Todos ellos serán exterminados juntos (Isa. 31:1-3).

Es muy evidente por estos versículos que Isaías veía más posibilidad de ayuda en el poder infinito de Dios que en los caballos, jinetes y hombres de Egipto.

(2) Corrupción de oficiales. Los profetas tenían que enfrentarse a la corrupción política de parte de los dirigentes de la nación. La sociedad estaba enferma, pero no lo reconocía aún. Había mucha corrupción entre los jueces, que aceptaban cohecho para dar fallos en contra de los pobres. Amós y Miqueas hablan repetidamente de esto.[8] El dirigente de la nación muchas veces no era sincero en su adoración exclusiva al Dios único, Jehovah; sino que adoraba a los dioses falsos de Baal, y aun aceptaba los mandatos de los reyes de otras naciones como Babilonia, para poner imágenes en la tierra de

---

[7] Yates, *op. cit.*, p. 128.

[8] *Ibíd.*, p. 158.

los judíos. Uno de los reyes más malos fue Manasés, quien "edificó altares a todo el ejército de los cielos en los dos atrios de la casa de Jehovah. Hizo pasar por fuego a su hijo, practicó la magia y la adivinación, evocó a los muertos y practicó el espiritismo. Abundó en hacer lo malo ante los ojos de Jehovah, provocándole a ira" (2 Rey. 21:5, 6).

(3) Naciones extranjeras. Otro aspecto del mensaje profético en la esfera política tuvo que ver con las naciones extranjeras. Abdías, a quien algunos consideran como el primero de los profetas, habló en contra de los edomitas, quienes habían invadido la tierra de los israelitas y ahora habitaban en las hendiduras de las peñas, pensando que allí eran invulnerables (Abd. 3). Pero el profeta les sacudió con su "himno de odio" diciendo que Jehovah los iba a derribar (Abd. 4).[9]

Nahúm, lleno de prejuicio en contra de Asiria, el enemigo poderoso del norte, profetizó la destrucción de su gran capital Nínive (Nah. 1:15—3:19). La destrucción total de la ciudad se predecía en las palabras: "... Encenderé y reduciré a humo tus carros, y la espada devorará a tus leoncillos. Raeré tu presa de la tierra, y nunca más se volverá a escuchar la voz de tus mensajeros" (Nah. 2:13).

Isaías, el gran profeta a las naciones, dio mensajes a todas las naciones extranjeras, diciéndoles que la ira de Dios iba a caer sobre ellas también. En su libro habla de Asiria, que sería usada por Dios para traer juicio sobre Israel, pero que también sería destruida al fin (Isa. 10:5-34).

Babilonia fue también objeto de las predicciones de destrucción por parte de Isaías (Isa. 13:1-22). Su propio rey caería como una gran estrella de los cielos (Isa. 13:1-24). Algunos han interpretado este pasaje como una referencia a la caída de Satanás del cielo, pero la erudición responsable no ve a Satanás en este pasaje. Más bien, se refiere a la caída del gran rey Nabucodonosor.

Otras naciones y ciudades que serían destruidas según Isaías eran Filistea, Moab, Damasco, Etiopía, Egipto y Arabia (Isa. 14:28—22:25). Así podemos concluir que este profeta veía el fin de la historia para muchos de los poderes políticos de su día.

3. Condiciones religiosas

Los profetas siempre tenían que luchar en contra del sincretismo, o la tendencia de mezclar la adoración a Jehovah con otras religiones falsas. Yates dice: "La adivinación, la brujería, la superstición y la idolatría prevalecían en toda la tierra".[10] Jeremías

---

[9] *Ibíd.*, p. 243.

[10] *Ibíd.*, p. 160.

criticó al pueblo porque sacrificó a Baal en la casa de Jehovah (Jer. 7:9-10). Cada nación tenía sus dioses, y mientras Israel tenía relación con estas naciones, tenía también la tentación de absorber su religión como una parte natural de su influencia. El Antiguo Testamento contiene referencias a las influencias de los amorreos, los moabitas, los filisteos, los fenicios, los egipcios y los babilonios además de los cananeos. Los mismos hombres se postraron ante los dioses de Baal y Astarte y de Dagón, dios de los filisteos, y después se postraron delante de Jehovah.

(1) La lucha con Baal. La religión falsa que más amenazaba a los israelitas era el baalismo de Canaán. Siendo gente con pocas nociones en la agricultura, los israelitas aprendieron lo que podían de los cananeos. Naturalmente, estaban expuestos a la creencia de los cananeos en la fertilidad del suelo como algo que viene del dios de la naturaleza. Los cananeos solían ofrecer sacrificios humanos a Baal cuando venían las catástrofes, porque pensaban que su dios estaba enojado con ellos. En el fuego era sacrificado el primogénito, a veces del sacrificador mismo. De allí vino el término "pasar por fuego" (2 Rey. 16:3; 21:6).

Al leer el Antiguo Testamento uno se da cuenta que el baalismo llegó a ser una amenaza grande para los israelitas. Bright dice que mientras el hombre toma el carácter de los dioses que sirve, es de gran importancia quiénes son esos dioses. Si Israel hubiera abrazado a Baal, habría sido el fin de la nación.[11] Los profetas canónicos pasaron mucho tiempo tratando de convencer a los israelitas de que no debían mezclar los ritos y ceremonias del baalismo en la adoración a Jehovah. "El monoteísmo ético" era el tema que ocupó mucho del espacio de los escritos de los profetas. Es un término para recalcar el hecho de que Dios es uno y único, y que la obediencia a él implica que la vida moral del ser humano seguirá las normas morales que Dios ha establecido por medio de su Palabra. Esta lucha con Baal principió con los primeros profetas, cuando Elías comenzó su campaña (1 Rey. 18:20-40). Más adelante, Jehú usó de la violencia para matar a espada a todos los seguidores de Baal (2 Rey. 10:18-28). Pero toda esta violencia no logró acabar con la idolatría (2 Rey. 12:3).

(2) Insinceridad religiosa. Otro problema que acechaba mucho a los israelitas era la falta de sinceridad en las actividades religiosas. La religión de Israel tenía muchas cualidades que se prestaban para caer en el peligro de llegar a ser meras formalidades sin significado verdadero para los adoradores. Los sacrificios que

---

[11] John Bright, *The Kingdom of God* (Nueva York: Abingdon Press, 1953), p. 53.

constantemente estaban ofreciendo llegaron a ser nada más que una ceremonia. Las ofrendas que estrictamente tenían que dar tendían a producir legalismo. Parece que muchos pensaban que podían manipular a Dios por medio de estas actividades. Isaías ruega a su pueblo para que se arrepienta de esta insinceridad y que busque verdaderamente a Jehovah (Isa. 1:11-20). Miqueas señala el mismo problema al pedir que el pueblo adore con actitudes sinceras y no solamente actividades formales (Miq. 6:1-8).

No podemos pasar este punto sin señalar que este mismo mal es un peligro en toda religión. Cuanto más ceremonialismo hay en un sistema religioso, mayor será el peligro del legalismo. En nuestro medio hay mucha necesidad de las palabras de los profetas, quienes piden que el ser humano mantenga una relación personal con Dios como algo más importante que toda actividad externa.

(3) Corrupción entre dirigentes. Los libros proféticos hablan de dos clases de profetas: los verdaderos y los falsos. Miqueas se refiere a los falsos como los que hacen errar al pueblo de Jehovah (Miq. 3:5). Eran hombres identificados con los oficiales corrompidos y les apoyaban en sus fallos injustos, recibiendo cohecho de ellos para su sostenimiento.

No había huellas visibles para distinguir a los profetas verdaderos de los falsos, pero se pueden distinguir más por el contenido de su mensaje que por otros detalles. El mensaje del profeta falso tendía a defender las circunstancias de su día, junto con la corrupción de los oficiales, mientras que el mensaje del profeta verdadero solía ser uno de juicio y condenación por los males, y de esperanza cuando el pueblo se arrepentía y arreglaba los problemas. Predecían el juicio para los profetas falsos: "Por tanto, habrá para vosotros noche sin visión y oscuridad sin predicción. Se pondrá el sol sobre los profetas, y el día se oscurecerá sobre ellos" (Miq. 3:6).

Miqueas analiza la situación tan corrompida de su día, diciendo: "Sus jefes juzgan por soborno, sus sacerdotes enseñan sólo por paga y sus profetas predicen por dinero, y se apoyan en Jehovah diciendo: 'Acaso no está Jehovah entre nosotros? ¡No vendrá el mal sobre nosotros!' " (Miq. 3:11). Esta seguridad falsa en Dios trajo la destrucción de su nación, y en esto hay una enseñanza para el mundo de hoy.

Los sacerdotes tenían la responsabilidad de enseñar la Ley al pueblo, examinar los animales para ver si servían para el sacrificio y declarar entre las cosas inmundas y las santas (Lev. 10:10). Puesto que ellos se sostenían con los diezmos y las ofrendas del pueblo, no debían cobrar por sus servicios; pero parece que habían caído en la costumbre de cobrar, y muchos pobres, como Miqueas, no tenían con qué pagar estos servicios.

¿Qué pasa cuando el dirigente espiritual tiene la costumbre de cobrar por sus servicios religiosos? Es un síntoma de que hay motivos materialistas que están por encima de los motivos espirituales, y de pronto el pueblo común queda privado de los beneficios que puede devengar de tales experiencias.

CONCLUSION

Aunque los profetas vivieron siglos antes de Cristo, el mensaje profético tiene mucho que es pertinente en nuestro día. El predicador evangélico puede identificarse fácilmente con los profetas. Podemos encontrar en sus mensajes la inspiración para dirigirnos a la sociedad de la cual formamos parte, señalando el camino necesario para establecer una nación grande a los ojos de Dios, y a la vez tocando los males que pueden traer la destrucción moral y espiritual del pueblo.

El ministro verdadero y de valor hoy en día será profeta. Experimentará algo del mismo rechazo de Amós, Miqueas, Oseas e Isaías frente a los demás en una sociedad corrompida. Pero a la vez sentirá el efecto maravilloso del apoyo de Dios, porque está sirviendo a una causa mucho más duradera que la de los hombres. Pronunciará juicio sobre las injusticias que le rodean, y apelará al hombre para producir las virtudes de la justicia, la misericordia, el amor y la humildad. Luchará por dar al mundo los planos que se necesitan para reconstruir un mundo mejor para el ser humano. Proclamará el mensaje de esperanza para los que obedecen los mandamientos de Dios y buscan su ayuda en solucionar los problemas que nos rodean.

El ministerio profético debe caracterizar las actividades de los hombres de Dios en nuestro día.

5

LA ETICA EN LA POESIA DEL ANTIGUO TESTAMENTO

INTRODUCCION

¿Es posible dar enseñanzas éticas o morales por medio de la poesía? Contestamos esta pregunta con una afirmación entusiasta. En realidad algunos de los pasajes que crean más la disposición 'de vivir en buenas relaciones con Dios y con todos los seres humanos pertenecen a esta clase de literatura.

Hay mucha poesía en el Antiguo Testamento. Clyde T. Francisco dice que la literatura hebrea más antigua fue la poesía.[1] El Pentateuco, los libros históricos y la profecía contienen poemas, lo cual ilustra que durante toda la época se producía la poesía. Lo que más nos interesa en este capítulo es hacer un resumen breve de los libros poéticos y examinar el contenido ético de cada uno.

Es difícil establecer una fecha precisa y la paternidad literaria de cada uno de los libros poéticos. Las opiniones varían en cada caso específico. Podemos decir que los escritores se empeñaron en enfrentarse a los grandes problemas de su día. Buscaban las respuestas a algunas de las preguntas más escabrosas que han surgido para el ser humano. Trataron de presentar las verdades que eran una parte de su convicción, que era producida por sus experiencias variadas.

Estas verdades siempre se basaban en conceptos teológicos, tales como: **1.** Dios es creador y el que domina toda la naturaleza, animada e inanimada (Prov. 3:19 ss.; Job 9:4-10; Ecl. 3:11). **2.** Dios es omnisciente, justo, misericordioso, protector y guía (Prov. 3:6; 15:3; 16:11; Ecl. 7:13 ss.). **3.** Dios pide del ser humano la confianza, la reverencia, la paciencia, la rectitud, el servicio y la consagración de sus riquezas (Prov. 3:5-7; 11, 12; 9:10). Para interpretar correcta-

---

[1] C. T. Francisco, *Introducción al Antiguo Testamento* (El Paso: Casa Bautista de Publicaciones, 1964), p. 249.

mente la poesía del Antiguo Testamento, hay que tomar en cuenta la clase de poesía que es y los varios estilos literarios que utilizaban los escritores.[2]

En las páginas que siguen vamos a considerar los temas céntricos que tienen que ver con las enseñanzas éticas y morales que aparecen en los libros poéticos.

I. JOB: ¿PARA QUE SERVIR A DIOS?

"La paciencia de Job" es el modismo que utilizamos para referirnos a una persona que tiene una serie de experiencias trágicas, tales como la muerte de seres queridos, la pérdida de empleo, accidentes que dejan a uno lisiado y problemas de otras índoles. El libro de Job presenta en forma dramática la reacción de Job a las pruebas que le tocó experimentar. El esfuerzo de los filósofos por explicar el porqué del sufrimiento tiene en cuenta la contestación, por inadecuada que sea, en este libro.

Estrechamente relacionado con el problema está una pregunta más básica: "¿Por qué sirve el hombre a Dios?" El temor es lo que motiva a algunos a servir. Esta fue la crítica de Satanás y su explicación de la razón porqué Job servía a Dios (Job 1:9). Los acontecimientos del libro comprueban que el temor no fue la razón en el caso de Job. A la par de este motivo está el de que Job servía para recibir recompensa. Muchos hoy en día piensan en Dios no por lo que recibirán espiritualmente, sino porque creen que esto les traerá buena suerte en sus negocios.

Sin duda el sufrimiento hace que el ser humano examine profundamente sus motivos en servir. Barnette sugiere cuatro explicaciones del porqué del mal, usando el libro de Job.[3] **1.** El mal viene como una prueba del carácter del hombre (1:11, 12; 2:4-6). **2.** El mal es castigo por los pecados que el hombre ha cometido (4:7-9; 5:17-19; 9:22; 10:1-15; 12:5). **3.** El mal es una manera de advertirle al hombre que está vacilando en su servicio (33:14-30). **4.** El mal es un medio para alcanzar una relación más personal con Dios, y una comprensión de sí mismo de parte del hombre (42:5, 6).

Es muy difícil servir a Dios sin un motivo personal. **1.** Hay muchos que sirven por temor, porque piensan que si no lo hacen, puede ocurrirles algo trágico a ellos o a sus seres queridos. Muchas veces cuando pasa algo trágico, la primera pregunta que se hace es: "¿Qué mal he hecho para merecer tal castigo?" **2.** Otros

---

[2] Tomás de la Fuente, *Claves de Interpretación Bíblica* (El Paso: Casa Bautista de Publicaciones, 1985), pp. 137-143.

[3] Henlee Barnette, *Introducing Christian Ethics* (Nashville: Broadman Press, 1961), p. 36.

sirven porque han hecho un voto a Dios, y no quieren faltar en su parte del compromiso. Algunos padres, al darse cuenta que están esperando un niño, lo dedican a Dios y se consagran para criarlo para el servicio a Dios. **3.** Otros hacen cierto pacto con Dios, comprometiéndose con él en algo si él cumple con su parte del pacto. Para ellos es póliza de seguros para prevenir algo malo o dificultoso. **4.** Otros sirven a Dios con corazón sincero, convencidos que esta clase de vida es la que da mayor felicidad, tranquilidad y sentido de cumplimiento. Tal vez Job nos da el ejemplo extraordinario de un hombre que servía sin intereses personales.

En el capítulo 31 del libro de Job tenemos el modelo más alto de la moral en todo el Antiguo Testamento. Dicen que las normas sugeridas aquí son más avanzadas de lo que tenemos en los Diez Mandamientos. Job manifiesta que había alcanzado el nivel más alto de desarrollo que era posible en la época en que vivía. Se presentan las siguientes normas .

1. Vivir sin lujuria. "... ¿Cómo, pues, hubiera podido fijar la mirada en una virgen?" (31:1). En 1:9-11 extiende su declaración en una forma más llamativa. Afirma que la lujuria no era una parte de su vida. Había llegado a un nivel de madurez donde controlaba los pensamientos y las pasiones sexuales. ¿Cuántos hoy en día pueden afirmar esto?

2. Decir la verdad. "Si he andado con la vanidad y mi pie se ha apresurado al engaño, entonces que Dios me pese en la balanza de justicia, y conozca así mi integridad" (31:5, 6). Job está declarando que ha obedecido el noveno mandamiento, y que siempre ha dicho la verdad en dar testimonio ante los tribunales y en las relaciones diarias.

3. Job ha mostrado una actitud benévola hacia los esclavos. "Si he menospreciado el derecho de mi siervo o de mi sierva, cuando tuvieron litigio conmigo, ¿qué haré cuando Dios se levante? ¿Qué le responderé cuando me pida cuentas?" (31:13, 14). En relación con los sirvientes bajo su poder, había cumplido con lo esperado de un amo. Esto ilustra el concepto en aquel entonces que no había nada malo en tener esclavos, tema que cuestionamos hoy en día. Pero Job era producto de su época.

4. Job declara que ha estado libre de codicia. "Si puse al oro como objeto de mi confianza y al oro fino dije: 'Tú eres mi seguridad', si me he alegrado porque era grande mi riqueza o porque mi mano haya logrado tanto... esto también habría sido un delito digno de castigo; porque habría negado al Dios de lo alto" (31:24, 28).

5. Job declara que no ha participado en la idolatría. "Si he mirado al sol cuando resplandece y a la luna desplazándose en su esplendor, si en secreto fue seducido mi corazón y mi boca les envió un beso con la mano, esto también habría sido un delito digno de castigo; porque habría negado al Dios de lo alto" (31:26-28). Su declaración abarca las prácticas de adorar el sol como la fuente de la luz, el que era necesario para el crecimiento de las plantas y dar los frutos de la tierra.

6. Job insiste en que no ha tenido espíritu de venganza. "Si me he alegrado por el infortunio del que me aborrece, o me regocijé cuando le alcanzó el mal" (31:29); en un mundo donde la venganza era práctica muy común y en forma muy sangrienta, era un paso bastante alto para alcanzar.

Estas cualidades que menciona Job tienen relación con los Diez Mandamientos; pero van más allá que la ley de Moisés. Sin embargo, Job llega a reconocer que sí había pecado. Su pecado era su orgullo.[4] Tuvo que confesarlo y callarse delante de Dios (40:4, 5). Se arrepintió en polvo y ceniza (42:4-6).

El libro de Job es un libro interesante, y contiene las filosofías de los seres humanos en la antigüedad con relación al sufrimiento. El autor del libro permite que Job escuche los argumentos de sus amigos, quienes presentan los conceptos filosóficos contemporáneos en cuanto al dolor. Después, llama a los amigos para pedir perdón y ofrecer holocaustos por sus pecados. Al final, Dios vuelve a bendecir a Job con riquezas materiales y con más hijos. El libro termina con la declaración: "Y murió Job anciano y lleno de años" (42:17). La lección de este libro es que uno puede vivir encima de las filosofías predominantes que le rodean. Uno puede vivir una vida moral en medio de todos los que siguen otras normas.

II. LOS SALMOS: EL CARACTER DEL HOMBRE

El libro de los Salmos contiene poesías que se utilizaban como himnos en la adoración de Dios. Muchos de ellos fueron escritos para ciertas ocasiones especiales con relación a la adoración en el templo en Jerusalén. Varios de los Salmos fueron escritos con énfasis en un aspecto de la naturaleza de Dios, tal como el uso de Elohim para referirse a Dios en el segundo libro de los Salmos, los cuales comprenden del 42 al 72. En otros Salmos predomina el nombre Jehovah para referirse a Dios. Otros fueron escritos para conmemorar una ocasión especial en la historia de la nación. Tal es el caso de los Salmos postexílicos, como el Salmo 137, donde el

---

[4] Clyde T. Francisco, *Un Varón Llamado Job* (El Paso: Casa Bautista de Publicaciones, 1970), p. 62.

Salmista lamenta el hecho de estar en una tierra lejana de Jerusalén y los captores están reclamando que canten una canción de Sion.

El libro de los Salmos contiene muchas enseñanzas religiosas en relación con Dios y el prójimo. Pero estas enseñanzas están presentadas en una forma completamente distinta de la naturaleza de los libros históricos, el Pentateuco o la profecía. El Salmista presenta las mismas enseñanzas, pero en forma poética, y por eso tenemos que recordar la clase de literatura que tenemos en los Salmos. Elogia las virtudes positivas y crea la emoción de querer vivir las normas que producen tales virtudes.

Los Salmos se pueden clasificar según las razones distintas de alabanza a Dios que están expresando los autores, según el sistema de rima que existe o no existe, según los varios autores, o según las ocasiones especiales que festejaban por medio del Salmo en particular. Nuestro interés en la ética nos lleva a enfocar los Salmos que tienen que ver con la naturaleza de Dios y el carácter del ser humano.

1. La naturaleza de Dios

Ya hemos visto que la naturaleza del Dios que servimos determina en gran parte las normas de comportamiento para los seres humanos. Los autores de los Salmos presentan la naturaleza de Dios en una variedad de circunstancias y expresiones.

(1) Dios es creador. "Los cielos cuentan la gloria de Dios, y el firmamento anuncia la obra de sus manos" (19:1). El Salmista afirma que los cielos y la tierra dan testimonio de la grandeza de Dios, y de su poder infinito en la creación. Cuando viajamos por varias partes del mundo nos conmovemos por la variedad de la creación. Si estamos en las montañas más altas, allí hay evidencias abundantes de la gloria de Dios, manifestada en los nevados en la distancia y los árboles y los ríos donde corren las aguas desde arriba. Si estamos en los sectores más al nivel del mar, tienen su hermosura especial. En las playas podemos observar las olas de los océanos y escuchar su sonido mientras chocan con las rocas grandes o llegan suavemente a las arenas para desaparecer en forma quieta. En cada experiencia podemos sentir la presencia de Dios y agradecerle por su creación.

(2) Dios cuida de su creación. "Visitas la tierra y la riegas; en gran manera la enriqueces. El río de Dios está lleno de aguas. Produces los trigales, porque así lo has preparado. Haces que se empapen sus surcos y allanas sus crestas. Disuelves los terrones con aguaceros y bendices sus brotes" (65:9, 10).

Dios creó al ser humano, y le dio la responsabilidad de señorear sobre la tierra. ¿Quién puede leer el Salmo 8 sin ser conmovido por el poder creador de Dios y cuestionar el papel del hombre en el plan divino? "... ¿Qué es el hombre, para que de él te acuerdes; y el hijo de hombre, para que lo visites? Lo has hecho un poco menor que los ángeles y le has coronado de gloria y de honra. Le has hecho señorear sobre las obras de tus manos; todo lo has puesto debajo de sus pies" (8:4-6).

También los autores de los Salmos presentan a Dios como sustentador, protector y fuerza mayor que opera en el mundo que Dios ha creado. Los Salmos afirman que Dios es grande, su omnipotencia se manifiesta en las leyes que operan para dar orden a todo lo que hay en la creación.

2. Salmos relacionados con los seres humanos

En la ética enfocamos también la naturaleza del ser humano y su actuación en el mundo. Dios creó al hombre y le dio responsabilidad de arar la tierra y señorear sobre la creación. En el proceso Dios le dio normas para seguir. Los Salmos contienen algunas de las enseñanzas más claras de los ideales por los cuales debemos vivir.

(1) El hombre bueno y el hombre malo (Sal. 1). Algunos consideran que el primer Salmo es una especie de preludio para establecer una perspectiva teocéntrica para la humanidad y a la vez para hacer hincapié en la necesidad de vivir una vida buena.

El hombre bueno se caracteriza primero en forma negativa: "Bienaventurado el hombre que no anda según el consejo de los impíos, ni se detiene en el camino de los pecadores, ni se sienta en la silla de los burladores" (1:1). Hay elementos de progresión hacia la corrupción que se presentan aquí. Primero, uno anda en el camino con los impíos. Es imposible en el mundo moderno no tener contacto con los impíos, ya que los contactos diarios en las actividades normales nos presentan la ocasión de ser influidos por ellos. Pero a la vez podemos ser la levadura para influir en forma positiva en nuestro medio.

El segundo paso es detenernos en el camino de los pecadores. Las tentaciones del mundo nos llaman la atención, y nos detenemos para escuchar la música con líricos sugestivamente eróticos, para mirar las revistas pornográficas en las calles o en los puestos en el aeropuerto, o para escuchar los cuentos verdes de los compañeros de trabajo.

El tercer paso es sentarnos en las sillas de los burladores. Ya nos cuentan como uno de ellos. Puede demorar meses o años para llegar a este punto, pero la rebelión en contra de los valores espirituales es consecuencia de alejarnos paso a paso desde el comienzo.

El autor está afirmando que la persona que no da el primer paso en alejarse de Dios es la persona que tiene convicciones espirituales que le orientan diariamente para ser fiel a su Dios. ¿Cómo lograr eso? El Salmista da la respuesta: "Más bien, en la ley de Jehovah está su delicia, y en ella medita de día y de noche" (1:2). La palabra de Dios es nuestra brújula para darnos el sentido de dirección en cada momento. Constantemente necesitamos alimentarnos de su Palabra, para darnos el sentido de dirección que es tan importante y para mantenernos en el camino estrecho.

El testimonio del hombre bueno refleja las raíces espirituales tan profundas que nos dan la estabilidad para resistir los vientos contrarios y para darnos la alimentación que necesitamos en las épocas de sequía espiritual. La vida victoriosa de esta persona es el fruto que resulta de su estilo de vida, de los valores morales y espirituales que le caracterizan.

El contraste con el hombre bueno se presenta en los vv. 4 al 6, y la secuela se presenta en forma rápida. "... Por tanto, no se levantarán los impíos en el juicio, ni los pecadores en la congregación de los justos... Pero el camino de los impíos perecerá." Ya se ha caracterizado al impío en los primeros versículos del Salmo. Falta mencionar su fin, el cual es muy triste. En el juicio final los impíos serán condenados, porque no han aceptado la oferta divina de la redención.

(2) El hombre piadoso (Sal. 15). El Salmista hace la pregunta: "... ¿Quién habitará en tu tabernáculo? ¿Quién residirá en tu santo monte?" (15:1). Son preguntas penetrantes, e implican que para estar en la presencia de Dios hay ciertos requisitos. El Salmista da la respuesta en los siguientes versículos, y la respuesta contiene normas morales muy altas. Veamos:

> El que anda en integridad y hace justicia, el que habla verdad en su corazón, el que no calumnia con su lengua, ni hace mal a su prójimo, ni hace agravio a su vecino; aquel ante cuyos ojos es menospreciado el vil, pero que honra a los que temen a Jehovah; aquel que a pesar de haber jurado en perjuicio suyo, no por eso cambia; aquel que no presta su dinero con usura ni contra el inocente acepta soborno... (15:2-5).

El espacio no permite una elaboración sobre estas normas, pero podemos decir que tienen similitud con los Diez Mandamientos y las exigencias de las leyes que Moisés dio a su pueblo en el Sinaí. Todas tienen que ver con aspectos de la moral.

(3) El digno de subir al monte de Jehovah (Sal. 24:3-5). Otra vez el Salmista presenta sus enseñanzas con relación a la ética en la forma de una pregunta sobre el que es digno de adorar en el lugar santo. Nos hace recordar las palabras de Jesús cuando habló de presentar nuestra ofrenda en el altar, y recordar que tenemos algo en contra del prójimo (Mat. 5:23, 24). El "limpio de manos" se refiere a la persona que no ha tomado cohecho y cuya conducta externa es sin reproche. "Puro de corazón" abarca nuestros motivos internos. A veces el comportamiento es correcto, pero guardamos rencor en el corazón o tenemos una actitud de venganza o de no querer perdonar alguna ofensa que otro haya cometido en contra nuestra.

(4) El hombre necesita arrepentirse (Sal. 6, 25, 32, y 51). Varios de los Salmos muestran la necesidad del arrepentimiento.[5] Las personas que vivían antes de Cristo tenían la desventaja de no poder ver al Redentor, quien dio su vida para perdonar nuestros pecados. Pero el mensaje del Salmista refleja una actitud de contrición y una fe en el Dios todopoderoso para perdonar los pecados y salvar a uno de una condenación en el Seol: "Vuelve, oh Jehovah; libra mi alma. Sálvame por_tu misericordia, porque en la muerte no hay memoria de ti; ¿quién te alabará en el Seol?" (6:4, 5). Cada ser humano peca y necesita confesar sus pecados. El cristiano ha aceptado a Cristo para recibir el perdón de los pecados. Pero diariamente necesita confesar sus pecados y pedir el perdón de Dios.

Grandes personajes en el Antiguo Testamento expresaron su sentimiento de arrepentimiento por sus pecados. Tradicionalmente se ha creído que el Salmo 51 fue escrito por David, después de la visita del profeta Natán, quien le hizo ver la gravedad de su pecado con Betsabé (2 Sam. 12). Otros han dicho que el Salmo 51 no tiene relación con este acontecimiento histórico; mas bien enfoca el hecho de que todo pecado está en contra de Dios: "Contra ti, contra ti solo he pecado y he hecho lo malo ante tus ojos..." (51:4).

El Salmo 32 suplementa al 51 en que refleja el gozo del perdón de Dios después de la confesión: "Bienaventurado aquel cuya transgresión ha sido perdonada, y ha sido cubierto su pecado" (32:1). ¡Cuántos hemos sentido el gozo de esa experiencia! Tenemos el sentimiento de una comunión íntima con Dios, porque ya no hay manchas de pecado que impiden una armonía perfecta. El peso de esta enseñanza tiene que ver con la necesidad de reconocer cuando hemos pecado, y buscar el perdón por medio de la confesión.

(5) Salmos de venganza (Sal. 59, 69, 83, 109:6-20, 137:7-9 y 149:5-9. Estos Salmos han presentado problemas morales para la humanidad, por cuanto expresan actitudes no cristianas hacia los enemigos y los que se oponen a Dios. Piden liberación de los enemigos, y que los enemigos sufran: "No los mates, para que mi pueblo no se olvide. Hazles andar errantes, por tu poder, Abátelos, oh Jehovah, escudo nuestro" (59:11).

---

[5] Robert L. Cate, *Introducción al Estudio del Antiguo Testamento* (El Paso: Casa Bautista de Publicaciones, 1990), pp. 413, 414.

Tal vez el Salmo que más refleja esta actitud es el 137:8, 9: "Oh hija de Babilonia, la despojadora: ¡Bienaventurado el que te dé la paga por lo que tú nos hiciste! ¡Bienaventurado el que tome a tus pequeños y los estrelle contra la roca!" Se pregunta: "¿Cómo pueden tener una actitud tan horrible, no importa lo que haya hecho el enemigo?"

Hay varias explicaciones que nos ayudan a entender la situación. **a.** Es cierto que habían sufrido mucho a mano de los enemigos. Los israelitas sufrieron mucho a mano de los edomitas. Y al llegar a la tierra prometida después de años de esclavitud en Egipto y cuarenta años en el desierto, no les fue permitido entrar por la tierra de Moab. Tuvieron que viajar lejos hacia el oriente y pasar por la región de los amonitas para llegar a Jericó. En muchas ocasiones las naciones de Israel y Judá fueron víctimas de la "política del poder" y fueron sacrificadas como "peón de ajedrez" por las naciones más grandes.

b. Por la ausencia de una creencia clara en la vida futura, tenían que buscar maneras de equilibrar las injusticias que existían para ellos en el mundo contemporáneo. Esto les llevó a buscar castigo por los males cometidos de parte de los enemigos.

c. Vivían en una época de "ojo por ojo, diente por diente". Era una época oscura, donde el concepto del perdón todavía no había tomado mucha fuerza. Sentían que tenían que arreglar las injusticias ellos mismos, y que era necesario buscar retribución en forma inmediata.

d. Les faltaba el evangelio de las buenas nuevas y el ejemplo de perdón que Cristo mostró ante sus acusadores en la crucifixión. En el Nuevo Testamento tenemos cuadros más completos del plan de Dios para la humanidad.

Los Salmos elogian la alabanza a Dios y su presencia en medio nuestro. Cada amanecer podemos darle gracias a Dios porque él está en medio nuestro. Podemos inspirarnos con los ideales que nos presenta. Dios nos habla, nos inspira y nos llama a la vida buena. Presenta cuadros inspiradores de los ideales por los cuales debiéramos vivir.

III. PROVERBIOS: ENSEÑANZAS PRACTICAS

El libro de los Proverbios enfoca las enseñanzas prácticas con las cuales podemos vivir felices. El libro no trata los puntos teológicos profundos que forman parte de una teología sistemática; ni tampoco entra en detalle con referencia a la vida eterna. No presenta la promesa de la venida del Mesías; sin embargo, toca los problemas comunes con los cuales luchamos todos los días. Vamos a enfocar estos temas en nuestro estudio de la ética de los Proverbios.

1. La sabiduría para vivir bien

El tema principal de los Proverbios es la sabiduría, que no es solamente el conocimiento intelectual o la adquisición de datos, sino que es la capacidad de asimilar esta información con una cosmovisión teocéntrica, lo cual produce una madurez intelectual tanto como moral y espiritual. La palabra en hebreo es *jakam* 2451, cuya raíz se encuentra 102 veces en el libro, contando todas las formas verbales y nominativas. El autor combina la sabiduría con la disciplina, en hebreo *musar* 4148, que abarca el proceso de la formación de la persona, utilizando la disciplina para lograr una sabiduría prudente. Dan las enseñanzas con referencias a comportamiento específico, las cuales tenemos que aplicar a nuestro medio contemporáneo, buscando los principios que nos pueden guiar. Algunas costumbres han cambiado, pero los valores perduran.[6]

2. Consejos para la juventud

Varios pasajes en los Proverbios contienen consejos especiales para los jóvenes. El autor vio la necesidad de dar las enseñanzas que aportarían para orientar a los jóvenes a tomar las decisiones sabias y evitar los caminos peligrosos que pueden destruirles.

(1) La importancia de una base espiritual. "Confía en Jehovah con todo tu corazón, y no te apoyes en tu propia inteligencia. Reconócelo en todos tus caminos, y él enderezará tus sendas" (3:5, 6). Todo joven necesita grabar este pasaje en su mente, para recordarlo en los momentos de decisión. Una orientación espiritual ayudará a la persona para tomar las demás decisiones correctamente. Confiar en Jehovah quiere decir que buscamos la dirección divina en cada decisión que tenemos que tomar, incluyendo el área de estudio para determinar la profesión o la carrera, la persona con quien nos casamos y el lugar donde vamos a vivir y trabajar. También incluye las decisiones diarias con relación a las compras mayores, tales como la casa, el automóvil y los muebles, y las menores, tales como la ropa y los gastos diarios. La vida que se vive con una orientación hacia los valores espirituales trae más felicidad y tranquilidad.

(2) El comportamiento sexual. El autor de los Proverbios ha dado consejos muy sabios para los jóvenes con relación al comportamiento sexual. Aconseja a los jóvenes que eviten las mujeres extrañas (5:1-14):

Ahora pues, hijos, oídme y no os apartéis de los dichos de mi boca.
Aleja de ella tu camino y no te acerques a la puerta de su casa, no sea

---

[6] Ver Victor Lyons, *Proverbios: Comentario Bíblico Mundo Hispano*, Tomo 9. El Paso: Casa Bautista de Publicaciones, 1994.

que des a otros tu honor y tus años a alguien que es cruel; no sea que los extraños se sacien con tus fuerzas, y los frutos de tu trabajo vayan a dar a la casa de un desconocido" (5:7-10).

Para los casados el autor amonesta acerca de la importancia de la fidelidad hacia el cónyuge y de buscar la satisfacción sexual dentro del matrimonio: "Bebe el agua de tu propia cisterna y de los raudales de tu propio pozo. ¿Se han de derramar afuera tus manantiales, tus corrientes de aguas por las calles? ¡Que sean para ti solo y no para los extraños contigo!" (5:15-17.) La determinación de parte de los cónyuges de buscar la satisfacción sexual mutua brindará a su matrimonio los elementos emotivos que son esenciales para un matrimonio feliz y perdurable. A la vez forma la barrera de la tentación de buscar satisfacción de fuentes ajenas.

(3) Asuntos económicos. El joven es aconsejado a buscar salida por haber dado fianza al prójimo o a un extraño: "Ahora pues, haz esto, hijo mío, para quedar libre, ya que has caído en las manos de tu prójimo: Anda, humíllate, importuna a tu prójimo; no des sueño a tus ojos ni dejes dormitar tus párpados" (6:3, 4).

El joven es aconsejado a tomar el ejemplo de la hormiga para trabajar duro mientras el tiempo es bueno, y así habrá comida durante los meses de invierno (6:6-8). Se condena la pereza y se amonesta al joven para ser industrioso en su trabajo: "... ¿Hasta cuándo has de estar acostado? ¿Cuándo te levantarás de tu sueño? Un poco de dormir, un poco de dormitar y un poco de cruzar las manos para reposar. Así vendrá tu pobreza como un vagabundo, y tu escasez como un hombre armado" (6:9-11).

3. Virtudes personales

El autor de los Proverbios encomia varias virtudes personales que deben caracterizar a la persona sabia. Se mencionan un sin fin de cualidades y prácticas. Vamos a destacar algunas de las que se mencionan con más frecuencia.

(1) Industriosidad. "La mano negligente empobrece, pero la mano de los diligentes enriquece. El que recoge en el verano es un hijo sensato; pero el que duerme en el tiempo de la siega es un hijo que avergüenza" (10:4, 5). ¿Tienen validez estas enseñanzas hoy? Creo que sí. En la antigüedad, con la economía agrícola, la época de la cosecha era un tiempo crítico porque se podría perder el resultado del trabajo de todo el año en pocos minutos si resultaba una tempestad. Por eso, era necesario meterse en el campo y recoger el fruto de las labores rápidamente. Era inconcebible que uno durmiera tarde durante esa época. Aunque mucha de la economía ahora es estable en el sentido de que se trabaja en las fábricas cuando hay lluvia tanto como cuando hay buen tiempo, la enseñanza fundamental es que debemos ser constantes en invertir las energías en las actividades productivas.

La pereza se condena: "Como es el vinagre a los dientes y el humo a los ojos, así es el perezoso a los que lo envían" (10:26). Otro muy vívido es: "El perezoso hunde su mano en el plato, pero ni aun a su boca la llevará" (19:24). Los proverbios antitéticos resaltan esta verdad: "El camino del perezoso es como cerco de espinas, pero la senda de los rectos es llana" (15:19).

(2) El uso de la lengua. El autor de los Proverbios amonesta del peligro del mal uso de la lengua. Entre las seis cosas que aborrece Jehovah está la lengua mentirosa (6:17). "Los labios del necio entran en contienda, y su boca clama por los golpes. La boca del necio es su propia ruina, sus labios son la trampa de su vida. Las palabras del chismoso parecen suaves y penetran hasta lo recóndito del ser" (18:6-8). Es evidente que la lengua es un instrumento que nos mete en líos, pero la persona tiene que controlar las facultades que permiten actuar a la lengua. El hablar antes de considerar bien las consecuencias se condena en el proverbio: "¿Has visto a un hombre apresurado en sus palabras? Más esperanza hay del necio que de él" (29:20). El chismoso es condenado en las palabras: "Sin leña se apaga el fuego; y donde no hay chismoso, cesa la contienda" (26:20).

Todos aprovechamos el buen consejo: "La suave respuesta quita la ira, pero la palabra áspera aumenta el furor" (15:1). Muchas personas consideran que es positivo echar leña al fuego cuando hay un conflicto verbal, dicen cosas y posteriormente llegan a arrepentirse de haberlas dicho. Se recalca la verdad: "Es mejor el que tarda en airarse que el fuerte; y el que domina su espíritu, que el que conquista una ciudad" (16:32).

La seriedad de las palabras pronunciadas se muestran en la declaración: "La muerte y la vida están en el poder de la lengua, y los que gustan usarla comerán de su fruto" (18:21). Ha habido casos de asesinatos que se cometen por ofensas verbales en las declaraciones hechas después de choques automovilísticos, cuando los choferes estaban airados.

(3) El orgullo y la jactancia. "Antes de la quiebra está el orgullo; y antes de la caída, la altivez de espíritu" (16:18). Es muy fácil jactarnos de los logros o lo que esperamos hacer, pero es penoso tener que reconocer los fracasos que nos pasan en el camino. No debemos planificar las actividades hasta no tener la seguridad financiera para llevarlos a cabo: "Como nubes y vientos sin lluvia, así es el hombre que se jacta de un regalo que al fin no da" (25:14).

El mismo tema se presenta en estas palabras: "No te jactes del día de mañana, porque no sabes qué dará de sí el día. Que te alabe

el extraño, y no tu propia boca; el ajeno, y no tus propios labios"
(27:1). Estas palabras se necesitan hoy en día, porque ahora está de
moda el presentar un curriculum vitae para cualquier persona que
aspira a un puesto vacante. Lo primero que solicitan es esa hoja.
Las personas son animadas para incluir en la información todas las
actividades en que ha participado en toda su carrera. Algunas personas son tentadas para declarar que tienen títulos de instituciones
educativas, cuando no los tienen, y que han logrado hazañas que
no son toda la verdad.

4. El matrimonio y las relaciones familiares

Muchos de los proverbios tienen que ver con temas relacionados
con el matrimonio y la familia. Se ve que en los tiempos antiguos
se daba valor al matrimonio y a las relaciones familiares.

(1) Evitar el adulterio. Varios proverbios amonestan evitar el
lugar de las prostitutas. Uno de los pasajes más dramáticos se
encuentra en 7:1-27. Habla del joven ingenuo que no puede percibir el peligro que le espera en la casa de una mujer casada cuyo
esposo está de viaje:

> Por eso he salido a tu encuentro, a buscarte, y te he encontrado. He
> preparado mi cama con colchas; la he tendido con lino de Egipto. He
> perfumado mi cama con mirra, áloe y canela. Ven, saciémonos de cari-
> cias hasta la mañana; deleitémonos en amores. Porque el marido no
> está en casa; partió para un largo viaje (7:15-19).

La filosofía de las prostitutas se presenta en la declaración:
"Las aguas hurtadas son dulces, y el pan comido en oculto es deli-
cioso" (9:17). El joven que se entrega a esta invitación está des-
truyéndose a sí mismo, su futuro hogar y la felicidad y el hogar de
otra pareja. Dice el autor de Proverbios: "No saben ellos que allí
están los muertos, que sus invitados están en lo profundo del Seol"
(9:18).

(2) La importancia de la disciplina.

> Oíd, hijos, la enseñanza de un padre; estad atentos para adquirir
> entendimiento. No abandonéis mi instrucción, porque yo os doy buena
> enseñanza. Pues yo también fui hijo de mi padre, tierno y singular
> delante de mi madre. Y él me enseñaba y me decía: "Retenga tu
> corazón mis palabras; guarda mis mandamientos y vivirás" (4:1-4).

Estas palabras resaltan la importancia de la conversación entre
padres e hijos, en la cual se dan las enseñanzas que son importantes para vivir bien. Primero viene la enseñanza; después vienen
los castigos por desobediencia o rebeldía.

"El insensato menosprecia la disciplina de su padre, pero el que
acepta la represión llega a ser sagaz" (15:5). El hijo joven puede

resentir la disciplina del padre en el momento de imponerla, pero posteriormente llega a reconocer que era de mucho valor.

Muchos cuestionan la declaración: "Instruye al niño en su camino; y aun cuando sea viejo, no se apartará de él" (22:6). Hay muchos padres de familia que han observado la desviación de sus hijos después de haberles dado las instrucciones religiosas durante la niñez. Parece que está de moda hoy en día rechazar las normas religiosas que nos han impartido los padres, la iglesia y los profesores, reclamando que esta generación tiene el derecho de escoger sus propias normas éticas. Ha llegado al extremo en que algunos padres rehusan dar las instrucciones morales a sus hijos, explicando que los hijos tienen el derecho de establecer sus normas de comportamiento sin el bagaje de los mayores.

El autor de los Proverbios recomienda el uso de la vara en la corrección de los hijos: "No rehúses corregir al muchacho; si le castigas con vara, no morirá. Tú lo castigarás con vara y librarás su alma del Seol" (23:13, 14). Los castigos fuertes se han practicado durante siglos, pero en la actualidad hay un rechazo rotundo de tales prácticas. Hasta es un delito en muchos países disciplinar con violencia o con golpes físicos. Creo que tenemos que reconocer que hoy en día se respeta al niño más como persona autónoma que en siglos pasados, cuando era propiedad de los padres. A la vez hemos descubierto que el diálogo con el hijo puede lograr más que los golpes. Hay formas de disciplina que proveen alternativas más aceptables, tales como el aislarlos por un tiempo de sus compañeros, el privarles de algo o de un privilegio que han tenido anteriormente, y el diálogo.

(3) La esposa ideal. Proverbios 31:10-31 contiene un elogio a la mujer virtuosa: "Confía en ella el corazón de su marido, y no carecerá de ganancias" (v. 11). Parece que la mujer que describe el autor de este proverbio es muy parecida a las mujeres profesionales de hoy, que tienen capacidades de trabajar fuera de la casa y a la vez atender sus responsabilidades de esposa y madre. Tiene las cualidades de líder y administrador (vv. 14, 16, 18, 24), negociante (v. 16) y trabajadora social (v. 20), además de ser buena esposa (vv. 11, 12), madre (vv. 15, 28) y líder espiritual en la comunidad (vv. 30, 31).

Ademas de este capítulo 31, hay otros proverbios que mencionan las virtudes de la mujer: "La mujer virtuosa es corona de su marido, pero la mala es como carcoma en sus huesos" (12:4). El valor de la mujer virtuosa se ve en este pasaje: "Una casa y riquezas son herencia de los padres, pero una mujer prudente lo es de Jehovah" (19:14). Estos pasajes nos convencen que la mujer virtuosa fue persona respetada en los días antiguos; a pesar de los casos donde se ve que era tratada en otra forma.

IV. ECLESIASTES: EL VALOR SUPREMO

El predicador, o sea el protagonista del libro que lleva por nombre Eclesiastés, fue un filósofo laico que buscaba algún significado para la vida. Pregunta: "¿Por qué vive el hombre?" "¿Hay algo de valor en la vida?" "¿Qué debe hacer el hombre con sus talentos?" Para contestar estas preguntas el predicador presenta tres caminos posibles, y concluye diciendo: "Vanidad de vanidades, todo es vanidad." Los caminos son:

1. El camino de la sabiduría (1:12-18). Puede contestar algunas de las preguntas que los seres humanos tenemos, pero también puede producir aflicción de espíritu. Dice: "Porque en la mucha sabiduría hay mucha frustración, y quien añade conocimiento añade dolor" (1:18).

2. El camino del placer. Es probado por muchos para lograr el sentido en la vida: "¡Ven, pues; te probaré con el placer, y verás lo bueno!" (2:1). Decidió darle a su cuerpo todas las indulgencias que pudiera querer, agasajando "mi cuerpo con vino" (2:3). Pero concluye que "esto también era vanidad" (2:1).

3. El camino de las riquezas:

Acumulé también plata y oro para mí, y tesoros preciados de reyes y de provincias. Me proveí de cantantes, tanto hombres como mujeres; de los placeres de los hijos del hombre, y de mujer tras mujer... No negué a mis ojos ninguna cosa que desearan, ni rehusé a mi corazón placer alguno; porque mi corazón se alegraba de todo mi duro trabajo. Esta fue mi parte de todo mi duro trabajo (2:8, 10).

Pero concluye: "... He aquí que todo era vanidad y aflicción de espíritu. No había provecho alguno debajo del sol" (2:11).

El predicador habla de las injusticias de la vida (3:16—4:5). Es pesimista con relación a lo que concluye. Es triste reconocer que algunas personas tienen esta misma experiencia, y concluyen que la vida no tiene sentido. Al fin, el predicador llega a la conclusión que hay un solo fin de valor en la vida: "Teme a Dios, y guarda sus mandamientos, pues esto es el todo del hombre" (12:13).[7]

V. LA ETICA DE CANTARES

Aunque no ha habido muchos que duden de los Cantares como parte del canon, sí existen múltiples diferencias de opinión en cuanto a la interpretación del libro. Puesto que el lenguaje es bas-

---

[7] Para un estudio exegético de Eclesiastés, ver Floreal Ureta, *Eclesiastés: Comentario Bíblico Mundo Hispano,* Tomo 9. El Paso: Casa Bautista de Publicaciones, 1994.

tante franco y sorprende a algunas personas que tienen una orientación más conservadora con relación al sexo, ellos han buscado una manera de suavizar las palabras.

1. La interpretación alegórica, fomentada desde hace siglos, ve en el libro una relación entre Dios y la nación de Israel en la antigüedad. Otros dicen que el libro se refiere en forma simbólica a la relación entre Cristo y la iglesia cristiana en la historia de su desarrollo.

2. La interpretación apocalíptica ve en el libro una referencia a la relación futura entre Cristo y la iglesia. Todo esto se presenta en forma figurativa, y deja a la persona mucha libertad para ver en el libro lo que quiere.

3. La interpretación literal del libro es la forma más correcta de leer e interpretarlo. Según esta interpretación el libro presenta las emociones que experimentan un joven y una dama quienes están enamorados. El lenguaje entra en detalles con relación a la atracción física que un joven siente hacia su novia. Este lenguaje no se consideraba inapropiado para los orientales en la época en que fue escrito el libro.[8]

Podemos ver en el libro la expresión de las emociones eróticas entre jóvenes que se preparan para el matrimonio. Deben tener estas emociones muy fuertes y una devoción exclusiva, porque formarán la base para un matrimonio feliz. Hoy muchos se casan por la atracción física temporal, pero no consideran que el matrimonio debe ser un enlace permanente. Los casados deben mantener vivo su amor. La lectura de los Cantares puede ayudarles a mantener ese elemento tan importante en su relación.

CONCLUSION

La poesía del Antiguo Testamento palpa algunos de los problemas más profundos y penetrantes de los seres humanos. Presenta en forma poética principios y enseñanzas específicas que ayudan al hombre a solucionar estos problemas. Los Salmos y los Proverbios contienen ideas muy elevadas acerca de los deberes del ser humano en sus actividades diarias. Si podemos llegar a cumplir estas normas morales y sociales, ello resultará en beneficio para la sociedad.

Job y Eclesiastés tocan los problemas del sufrimiento y el significado de la existencia del ser humano en el mundo. Ilustran el he-

---

[8] Para una interpretación detallada del libro desde la perspectiva literal, ver Pablo Deiros, *Cantares: Comentario Bíblico Mundo Hispano,* Tomo 9. El Paso: Casa Bautista de Publicaciones, 1994.

cho de que uno necesita ser fiel a Dios en medio del sufrimiento, y esperar con paciencia cuando está atravesando una dificultad en su vida. A la vez el buscar a Dios y querer cumplir con su plan para nosotros en la vida nos dará tranquilidad y la satisfacción de saber que estamos cumpliendo con el plan que Dios tiene para nosotros.

6

LA ETICA DE JESUS

INTRODUCCION

El Antiguo Testamento termina con Malaquías, y hay un intervalo de unos 400 años que ha sido llamado "años de silencio", porque no hubo en él ninguna voz profética de Dios para la humanidad. En esta época mucho estaba pasando en el mundo. La cultura griega gozó de una influencia significativa bajo los grandes filósofos, tales como Sócrates, Platón y Aristóteles. Había sistemas éticos y filosóficos que nacieron y florecieron en varios países. Cristo y sus seguidores seguramente sintieron la influencia de estos movimientos, y ciertamente Pablo tuvo contacto con ellos en sus viajes misioneros para extender el evangelio en el primer siglo.

Roma llegó a dominar al mundo en un sentido político y ejerció un poder extenso en las provincias donde el cristianismo tuvo su origen. Las carreteras romanas sirvieron para transportar y llevar a los mensajeros del evangelio a las ciudades principales de Asia Menor y la ley romana ejercía autoridad sobre todos.

A este mundo vino Jesús, un judío, con un mensaje para todos. El estudio de la historia de los judíos, de la cultura de los griegos y del Imperio Romano nos ayuda a comprender mejor este período. El judaísmo se desarrolló en este período intertestamentario, y adoptó una característica legalista con la que Cristo luchó en su ministerio. Las leyes minuciosas, los códigos y la tradición de los rabíes substituyeron a las enseñanzas de la Ley, de los profetas y de la poesía, que hemos estudiado en los capítulos anteriores. Jesús hizo énfasis en los principios básicos de la relación entre Dios y el ser humano.

I. ¿JESUS FUE UN LIDER RELIGIOSO O UN FILOSOFO ETICO?

En el transcurso de la historia ha habido personas que han tratado de separar las enseñanzas éticas de Jesús de las religiosas, y en esta manera hacer de Jesús simplemente un maestro de la ética. Una expresión popular de esta idea es la declaración que debemos tomar las enseñanzas éticas de Jesús e intentar seguir su ejemplo con relación a sus actos de compasión, y dejar a un lado todo lo demás. Dicen que si pudiéramos tomar sus enseñanzas éticas y morales e implementarlas en la sociedad, entonces eso es todo lo necesario para mejorar el mundo.

Otros quieren hacer de Jesús solamente un maestro religioso. Los judíos contemporáneos con él lo llamaron "maestro" y "rabí". Ciertamente Jesús estaba familiarizado con las doctrinas del judaísmo y de las varias controversias entre los fariseos, los saduceos y los herodianos. Pero vemos que Jesús rechazó mucho del legalismo en las expresiones del judaísmo de su día.

Jesús dio suprema importancia a una experiencia religiosa como la base para vivir bien. Vamos a considerar más a fondo este concepto posteriormente, pero podemos hacer hincapié en la importancia de ver que Jesús fue un líder religioso y un maestro de la ética. Hay elementos de utilitarismo, estoicismo y hasta hedonismo en las enseñanzas que nos dio, pero no podemos limitarlas a un solo sistema. Las enseñanzas de Jesús contienen elementos que enfocan el fin de fines, característica de una ética teleológica, pero a la vez hace hincapié en los medios aceptables para alcanzar estos fines, asunto importante en sistemas deontológicos en la ética. Hay tres posibles posiciones con relación a estos conceptos. **1.** La teoría de eliminación insiste en que no hay compatibilidad entre la religión que Jesús promulgó y sus enseñanzas éticas. **2.** La teoría de absorción insiste que los dos conceptos se absorben en uno. **3.** La teoría de suplementación, como el nombre indica, quiere decir que la una suplementa a la otra. El punto de vista del autor es la suplementación, aunque hay argumentos fuertes para indicar que las dos son absorbidas en una.

Seguramente Jesús introdujo en el mundo conceptos nuevos y revolucionarios al dar sus enseñanzas. Aunque había nexos con la revelación antiguotestamentaria y Jesús demostró un respeto profundo por la ley moral, no vaciló en separarse de los enfoques legalistas de las enseñanzas específicas en la Ley. Sin embargo, el Sermón del monte contiene varios versículos para ilustrar que las enseñanzas de Jesús van mucho más profundo que la Ley. Llegan a tocar el pensamiento como el embrión que florece en el acto. Enfocó el motivo en el comportamiento como factor de vital importancia. Jesús progresa desde la Ley para alcanzar niveles mucho más altos de los que había alcanzado la Ley.

II. JESUS Y EL REINO DE DIOS

1. Un concepto prominente

El reino de Dios es un concepto céntrico en las enseñanzas de Jesús. Jesús hace dos referencias a la iglesia en los Evangelios, pero menciona el reino de Dios setenta veces.[1] En el comienzo de su ministerio Jesús anunció: "Arrepentíos, porque el reino de los cielos se ha acercado" (Mat. 3:2). Dio instrucciones a los discípulos de predicar el reino de Dios y sanar a los enfermos (Luc. 9:2). El primer paso en la vida cristiana consistía en entrar en este reino. El reino de Dios es el valor supremo, lo que toda persona debe buscar: "Mas bien, buscad primeramente el reino de Dios y su justicia, y todas estas cosas os serán añadidas" (Mat. 6:33). Gran porcentaje de las parábolas comienzan con las palabras: "El reino de los cielos es semejante..." (Mat. 13, Mar. 4 y Luc. 8). Hans von Campenhausen declara que Jesús proclamó la venida del reino de Dios que cambiará desde los cimientos todas las relaciones existentes.[2]

2. Características del reino de Dios

(1) El reino es espiritual. Dios comenzó con el Pacto para formar a su pueblo y ha seguido buscando la manera de persuadir a los suyos de ser fieles a sus normas. Los relatos en el Antiguo Testamento de las luchas de los personajes para entender el plan de Dios en el Pacto y seguirlo nos conmueven. Había épocas de felicidad porque el pueblo seguía el plan de Dios, pero había otras épocas de tristeza porque el pueblo era duro de cerviz y no quiso someterse a la voluntad divina. Jesús llega invitando a las personas para formar parte de este reino. Este consiste de las personas que voluntariamente aceptan las condiciones de entrada y luchan por seguir las normas establecidas por Dios.

El reino es por naturaleza espiritual, y abarca a las personas que componen ese ejército invisible de todos los siglos de la historia. No podemos señalar a una nación ni a un grupo de personas en cualquier lugar para identificarlos con el reino. Por eso, no tiene barreras raciales, nacionales ni sociales. Cuando cristianos de los varios países del mundo se reúnen para una convención o un congreso, hay un lazo invisible y espiritual de amor que los une.

Muchas personas en el día de Jesús querían presionarle para establecer un reino tangible en competencia con Roma. Tenían un concepto físico y no espiritual del reino. La madre de dos de los discípulos peticionó a Jesús el darle a sus hijos los puestos de prominencia en su reino futuro, ilustrando el concepto que predominaba entre las personas de aquel entonces. Jesús le respondió que el servicio y no el honor era una función principal de su reino (Mat.

---

[1] Henlee Barnette, *Introducing Christian Ethics* (Nashville: Broadman Press, 1961), p. 46.

[2] "La Iglesia y el Estado a la Luz del Nuevo Testamento", Alan Richardson y W. Schio, editores, *Autoridad de la Biblia en el Día Actual* (Buenos Aires: Editorial La Aurora, 1953), p. 183.

20:26-28). Cuando estaba delante de Pilato y éste le preguntó si era rey de los judíos, Jesús le respondió: "Mi reino no es de este mundo" (Juan 18:36).

(2) El reino es invisible. Siendo espiritual en naturaleza, naturalmente sigue que el reino no es tangible ni visible. No tiene las características de un gobierno político ni eclesiástico como el de Roma o del judaísmo de su día.

En Lucas 17, Jesús habló con los fariseos diciendo: "El reino de Dios no vendrá con advertencia. No dirán: '¡Mirad, aquí está!' o '¡Allí está!' Porque el reino de Dios está en medio de vosotros" (Luc. 17:20, 21). Las palabras griegas *entos humón* han levantado mucha controversia durante años. Algunos no han querido interpretar estas dos palabras como "entre vosotros", precisamente porque eso dejaría la impresión que el reino de Dios ya estaba realizado en el día de Jesús, y les deja confundidos sobre la naturaleza presente del reino para nosotros en el día de hoy.

Esta característica del reino de Dios todavía levanta controversia en el día de hoy. Estamos viendo más énfasis sobre la unidad de toda la creación, inclusive la vida humana, animal y vegetal. Estamos reconociendo una dependencia mutua entre todas las facetas de la vida en el mundo. La ecología ha despertado una simpatía por todo aspecto de la vida, y a la vez ha hecho énfasis en nuestra responsabilidad de preservar la vida, tanto humana como animal y vegetal. Jürgen Moltmann ha tocado este tema en su libro *God in Creation* (1985), y ha levantado la crítica que esto es panenteísmo. Insiste en que la relación entre el ser humano y Dios es relación de comunión, de necesidad mutua y de interpenetración mutua.[3] Esto tiende a disolver las divisiones entre los seres humanos también. Pero nosotros seguimos insistiendo en que la entrada al reino de Dios depende de una fe personal en Cristo como salvador de uno. Es una experiencia individual, aunque sí formamos una comunidad grande una vez que somos miembros del reino.

(3) El reino es presente y futuro. Hay elementos del reino difíciles de entender. Su característica de ser presente y futuro representa un concepto difícil de captar. Quiere decir que Dios está formando su reino en la actualidad, como lo ha estado haciendo desde la creación del mundo. Participamos en esta expansión del reino por medio de actividades tales como las misiones y la evangelización, cuando invitamos a otras personas a aceptar a Cristo y así entrar al reino. Donde hay dos o más personas cristianas reunidas, allí está el reino de Dios en forma parcial. Cuando se con-

---

[3] Christopher Hall, "Stubborn Hope", *Christianity Today*, 11 de enero de 1993), p. 32.

gregan multitudes en los cultos los domingos u otros días de reuniones especiales, allí está el reino de Dios. Todos tenemos la responsabilidad en dos esferas: **a.** vivir de acuerdo con las normas de un ciudadano del reino y **b.** trabajar para extender el reino. Si todos los cristianos cumplimos con estas responsabilidades, veremos que el plan de Dios va avanzando.

Pero el reino es también futuro en su naturaleza. Esto quiere decir que cuando llega la muerte para cada uno de nosotros, entraremos en otra dimensión del reino de Dios, para disfrutar de las bendiciones celestiales durante toda la eternidad. Allí estaremos reunidos con todos los demás que han aceptado la condición de entrada en el reino, y este gran ejército de almas van a gozarse de estar en la presencia de Dios eternamente. Vamos a estar reunidos con los seres queridos de nuestra familia, tanto como con los santos de todas las edades, y vamos a entender mejor los sufrimientos de esta vida, las incertidumbres que resultan de diferencias de opinión con relación a interpretaciones, doctrinas y métodos para hacer la obra del Señor.

El peligro está en limitar el concepto del reino o a esta vida o a la vida futura. El considerar la vida cristiana como pertinente a esta vida solamente es cortar ese elemento eterno que se ve claramente en las enseñanzas de la Biblia. A la vez, el relegar todo lo relacionado al reino como algo futuro es perder muchas bendiciones potenciales que podemos experimentar durante esta vida.

Los dos lados de la controversia sobre este aspecto del reino se ven en los escritos de dos autoridades. C. H. Dodd promulgó el concepto que el reino es realizado aquí y ahora en el mundo. Llamó su concepto "la escatología realizada".[4] Según Dodd, todo lo que Jesús dijo del cielo hay que interpretarlo en forma figurativa y buscar realizarlo en la actualidad.

El aspecto futuro del reino se enfoca por Rudolf Bultmann.[5] Hay cristianos que insisten que el propósito de nuestra existencia aquí es prepararnos para la existencia eterna y futura en el cielo. Es cierto que la eternidad es una doctrina cierta e importante, pero no debemos menospreciar el propósito de Dios en colocarnos aquí en el universo y nuestra responsabilidad de ejercer dominio sobre la creación y ser buenos mayordomos de lo que Dios nos ha encomendado.

En los últimos años el término "ya pero todavía no" se ha utilizado para resaltar el hecho que el reino es tanto presente como

---

[4] C. H. Dodd, *The Parables of the Kingdom.* Nueva York: Scribner's Publishers, 1961.

[5] Rudolf Bultmann, *Jesus and the Word* (Nueva York: Scribner's Publishers, 1958), p. 35.

futuro. El reino es una realidad ahora mismo, pero no disfrutamos de su forma final hasta su consumación en algún día futuro.

(4) El reino es individual y social. Jesús enseñó a la gente a orar: "Venga tu reino, sea hecha tu voluntad." Debemos reconocer que Dios es activo y agresivo en extender su reino. Todo no depende de nosotros. A veces caemos en el error de pensar que uno tiene que luchar por entrar al reino, pero la verdad es que Dios en su soberanía está tomando la iniciativa para que otros descubran el reino. Pero la decisión es personal de parte de cada uno.

La decisión de aceptar a Cristo es personal e individual. Pero al tomar ese paso y al entrar al reino, formamos parte de la familia de Dios, y trabajamos para corregir los males y así crear la justicia para toda la humanidad aquí en la tierra. Enfocamos los aspectos sociales del reino, donde como cristianos podemos ejercer influencias para el bien de toda la humanidad.

Estamos preocupados por las injusticias sociales alrededor nuestro, y la influencia de la levadura cristiana puede y debe tener su efecto sobre los males. El cristiano ha de vivir su vida y ejercer su influencia en toda esfera, en el hogar, en la fábrica, en la oficina, en el aula, o cualquier lugar de trabajo. Esto con el tiempo puede traer reformas de los males, tales como se han realizado. Entre las reformas que podemos atribuir a la influencia cristiana están la emancipación de los esclavos en Inglaterra y otras partes del mundo, el fin de la discriminación racial en varias partes, inclusive en los Estados Unidos de América, la implementación de leyes más humanitarias en las fábricas que anteriormente empleaban a niños menores de edad y la adquisición de condiciones de trabajo más sanas y sueldos más justos.

En los últimos meses hemos visto la tendencia de los grandes poderes militares en el mundo de entregar las armas, entrar en treguas de paz y dejar de competir en la carrera de armas nucleares. Todavía hay muchos conflictos en lugares aislados, pero no representan tanto una amenaza de la aniquilación de la vida humana. Todo esto representa progreso en crear una sociedad de armonía y paz en el mundo.

III. LA RELACION ENTRE LA RELIGION Y LA ETICA

Hemos dicho que la ética de Jesús es una ética basada en la experiencia religiosa. Uno de los elementos básicos en las enseñanzas de Jesús es su énfasis sobre el nuevo nacimiento, o sea, la fe en él. Inspiraba a las personas a quienes ministraba a tener una fe personal. Cuando le preguntaron cuál era el mandamiento más grande, citó dos versículos de la Ley: "Amarás al Señor tu Dios con todo tu corazón y con toda tu alma y con toda tu mente... Amarás a tu prójimo como a ti mismo" (Mat. 22:37, 39, citando Deut. 6:5 y Lev. 19:18). El llamado que Jesús dio a sus discípulos era para seguirlo: "Venid en pos de mí, y os haré pescadores de hombres" (Mat. 4:19). Por eso, nuestra base para pedir un comportamiento ético viene del compromiso de ser seguidor de Jesús.

Jesús preservó sus palabras más condenatorias para los escribas y los fariseos, líderes religiosos que dieron más importancia a los ritos relacionados con la expresión religiosa que la actitud de corazón del adorador: "¡Ay de vosotros, escribas y fariseos, hipócritas! Porque entregáis el diezmo de la menta, del eneldo y del comino; pero habéis omitido lo más importante de la ley, a saber, el juicio, la misericordia y la fe. Era necesario hacer estas cosas sin omitir aquéllas" (Mat. 23:23).

La experiencia religiosa de la conversión es la puerta de entrada al reino de Dios. Al entrar en el reino, uno se da cuenta de la necesidad de tomar en cuenta las demandas del ciudadano del reino, las cuales abarcan una moral personal y social. Uno comienza a vivir bajo un sentido de responsabilidad hacia otros. En la comunión diaria con Dios y en la adoración pública semanalmente recibe la inspiración y el poder para ejercer una influencia positiva en el medio. Lo primero que experimentan los recién convertidos es el deseo de purificar su propia vida de los vicios y las influencias negativas, para poder ser un testimonio verídico del poder transformador de Dios. Jesús estableció el orden correcto: Primero es el amor hacia Dios, el cual producirá el amor en las relaciones con el prójimo.

Este principio es pertinente para nosotros hoy en día porque hay muchos que quieren establecer las normas éticas sin considerar que tienen que ser basadas en una revelación divina o en una base bíblica o teológica. Muchos quieren establecer sus valores morales y espirituales basándose en la búsqueda del bien para el mayor número de personas, lo cual es una expresión moderna del utilitarismo. Otros en el movimiento de la Nueva Edad buscan una unión mística con Gaia, la diosa griega de la Tierra, para promover la preservación del planeta y para promover los derechos de los animales en la tierra.[6] El egoísmo que se manifiesta en una confianza exagerada en el ser humano y sus capacidades para determinar lo bueno y lo malo refleja el grado en que la humanidad se ha apartado de las raíces judeocristianas que formaban parte de la civilización occidental en sus inicios. Todo esto resalta la necesidad de proclamar de nuevo la verdad que Dios nos ha dado sus ideales aparte del ser humano, y nuestro deber es medirnos por sus princi-

---

[6] Tod Connor, "Is the Earth Alive?", *Christianity Today*, 11 de enero de 1993, pp. 22-25.

pios y no unos principios establecidos por nosotros mismos. Richard Cunningham declara que "para el cristiano, la meta futura no es el resultado de una decisión humana arbitraria, pero es el propósito eterno de Dios, determinado antes del comienzo de la primera partícula de la energía".[7]

IV. UNA CARACTERIZACION DE LA ETICA DE JESUS

1. Una ética no sistemática

No encontramos en los Evangelios un manual sistemático de los deberes morales para la humanidad. Más bien, en las experiencias de vivir en las relaciones con otros y ministrar a personas diariamente, Jesús dio las enseñanzas que han llegado a ser normas para la humanidad. Dio principios amplios, tales como amar a Dios y al prójimo, y dejó que el individuo buscara la implementación de este principio y sus resultados en su vida diaria. Cuando las personas le hacían preguntas, Jesús daba respuestas que dejaban latitud para la actuación personal y especial. Tal vez fue una reacción al legalismo que predominaba en el judaísmo de aquel día, que prescribía lo que se podía hacer y lo que estaba prohibido en multitud de circunstancias. La religión había llegado a ser un obstáculo y una carga pesada. De los escribas y fariseos declara: "Atan cargas pesadas y difíciles de llevar, y las ponen sobre los hombros de los hombres; pero ellos mismos no las quieren mover ni aun con el dedo" (Mat. 23:4)

Cuando los discípulos caminaban con Jesús por un campo de trigo, arrancaban espigas, las frotaban en las manos y las masticaban. Pero los fariseos, al observar estas acciones, les acusaban de quebrantar el sábado. Jesús les dio un resumen de algunas experiencias de personajes en el Antiguo Testamento, y después en la entrada a la sinagoga sanó a uno que tenía la mano paralizada. En respuesta a la pregunta de los fariseos de si era lícito sanar en sábado, dio un principio que nos ha ayudado: "De manera que es lícito hacer bien en sábado" (Mat. 12:12).

Al encontrar a la multitud, Jesús comenzó a enseñarles los ideales que él consideraba de mayor valor. Explicó la relación de sus enseñanzas con la ley moral del Antiguo Testamento. Dio ilustraciones específicas de acciones apropiadas según las circunstancias. Todo esto nos ayuda si estamos en condiciones de estudiar sus acciones y enseñanzas y buscar el comportamiento más apropiado cuando estamos frente a una decisión. Pero si necesitamos una

---

[7] Richard B. Cunningham, *The Christian Faith and Its Contemporary Rivals* (Nashville: Broadman Press, 1988), p. 93.

regla, negativa o positiva, y una lista de deberes, tendremos que buscarlas en otra parte.

2. Una ética con enfoque interno

Jesús tomó los Diez Mandamientos, que tienen que ver con responsabilidades hacia el prójimo, e hizo un enfoque en las actitudes internas que producían el homicidio, el adulterio, la mentira y el robo. Jesús supo que si podemos controlar las raíces del comportamiento malo, entonces no tendremos que tratar con personas que han violado estos mandamientos. Jesús nos llamó a la consideración del motivo de nuestro comportamiento; lo cual internaliza el proceso de determinar lo bueno y lo malo.

No estamos diciendo que Jesús pasó por alto el acto externo. Ciertamente consideraba el asesinato, el adulterio, el robo y el falso testimonio como actos que merecen condenación y castigo. Pero él intentaba resolver los problemas del enojo, la lascivia, la codicia y el perjurio antes de que se cometiesen tales actos. Las bienaventuranzas (Mat. 5:1-12) elogian las virtudes que tienen que ver con actitudes encima de las que reflejan comportamiento externo. En Mateo 23:23 llama a la justicia, la misericordia y la fe como los elementos más importantes de la ley.

3. Una ética positiva

El mundo antiguo vivía bajo la sombra de mandamientos negativos, prohibiciones y reglas para escapar del dolor, el castigo y la ira del ser divino. Los Diez Mandamientos contienen la palabra "no" antes de cada verbo. El Código de Hamurabi tiene leyes apodícticas, que presentan la condición "si el hombre cometiere tal acto, el castigo será..."

En contraste, Jesús buscó la manera de enfocar el elemento positivo en sus enseñanzas. La literatura rabínica tenía la regla de oro en forma negativa: "Lo que aborreces, no lo hagas a nadie." Jesús presentó la misma idea en forma positiva: "Así que, todo lo que queráis que los hombres hagan por vosotros, así también haced por ellos, porque esto es la Ley y los Profetas" (Mat. 7:12). Aconsejó a una persona ofendida a tomar la iniciativa para reconciliarse con el hermano (Mat. 5:23-26). Llamó a los cristianos a vivir en forma positiva y no negativa: "Porque os digo que a menos que vuestra justicia sea mayor que la de los escribas y de los fariseos, jamás entraréis en el reino de los cielos" (Mat. 5:20).

Jesús nos llama a tener entusiasmo para lo bueno. Esto se ilustra en la parábola del demonio echado de la casa; cuando la casa quedó vacía, entraron otros siete demonios peores, dejando el estado final de la casa peor que antes (Mat. 12:44). Una religión negativa crea pesimismo; el entusiasmo por lo positivo es contagioso.

Jesús enseñó que el ser humano recibe el perdón de Dios en proporción a su capacidad de perdonar al hermano: "Porque si perdonáis a los hombres sus ofensas, vuestro Padre celestial también os perdonará a vosotros. Pero si no perdonáis a los hombres, tampoco vuestro Padre os perdonará vuestras ofensas" (Mat. 6:14, 15). La capacidad de perdonar no se consideraba virtud en el mundo antiguo; más bien predominaba el principio de "ojo por ojo, diente por diente".

No podemos pasar por alto la norma de Jesús: "Es lícito hacer bien en sábado", y podemos ampliar este principio para llamarnos a vivir así todos los días. La vida cristiana consiste en buscar la manera de ministrar a toda persona, según su necesidad. Puede ser el acompañar a uno en el hospital mientras un familiar está sometido a una intervención quirúrgica. Puede ser el detenernos en la carretera para ayudar a alguien a cambiar una rueda. Puede ser el prestar una mano para ayudar a un anciano que está cruzando la calle. Los actos positivos pueden neutralizar la maldad que se percibe en todos lados.

4. Una ética con recompensa para el presente y el futuro

Las enseñanzas de Jesús ilustran que lo que hacemos en esta vida tendrá efecto sobre nuestra condición en la eternidad. Uno tiene que creer en Cristo para tener la seguridad de la vida eterna. Pero nuestro grado de felicidad en el cielo será en proporción a nuestro fruto en la vida cristiana en esta vida. Jesús ilustró esta verdad en Mateo 25, donde se refiere a las personas que han dado pan al hambriento, agua al sediento, ropa al desnudo, albergue al forastero y que ha visitado al que estaba preso. Jesús dirá: "¡Venid, benditos de mi Padre! Heredad el reino que ha sido preparado para vosotros desde la fundación del mundo" (Mat. 25:34). El impacto mayor de este pasaje está en la declaración: "De cierto os digo que en cuanto lo hicisteis a uno de estos mis hermanos más pequeños, a mí me lo hicisteis" (Mat. 25:40). El servicio rendido a la humanidad en nombre de Cristo recibirá una recompensa generosa en el cielo.

La parábola de los talentos (Mat. 25:14-30) contiene la enseñanza que debemos utilizar los dones que Dios nos ha dado hasta lo máximo. En ningún momento debemos menospreciar lo que hemos recibido ni enterrarlo. La fidelidad en el uso de los talentos trae la siguiente recompensa futura: "Bien, siervo bueno y fiel. Sobre poco has sido fiel, sobre mucho te pondré. Entra en el gozo de tu señor" (Mat. 25:21). No sabemos mucho de nuestra condición en la eternidad, pero este pasaje indica que vamos a tener oportunidades de continuar en nuestro servicio. Sabemos que vamos a disfrutar del sentido de satisfacción en haber agradado a nuestro Señor por medio de la fidelidad en el servicio.

V. JESUS Y EL PECADO

Hay un contraste entre el énfasis de Jesús y el de Pablo con relación al pecado. Pablo habla mucho del pecado, pero Jesús utiliza el término pocas veces: **1.** Menciona el pecado en contra del Espíritu Santo (Mat. 12:31; Mar. 3:29), como el pecado imperdonable. **2.** En la oración modelo en la versión de Lucas dice: "Y perdónanos nuestros pecados porque también nosotros perdonamos a todos los que nos deben" (Luc. 11:4). **3.** Acerca de la mujer que llevó un frasco de alabastro con perfume, les dijo a sus discípulos, refiriéndose a la mujer: "Sus muchos pecados son perdonados", y reiteró: "Tus pecados te son perdonados" (Luc. 7:47, 48). **4.** Refiriéndose al paralítico, le dijo: "Ten ánimo, hijo; tus pecados te son perdonados" (Mat. 9:2). Por la reacción de los escribas, le dijo: "¡Levántate; toma tu camilla y vete a tu casa!" (v. 6). En esto parece que Jesús veía una relación entre la enfermedad del paralítico y el pecado.

El hecho de las pocas referencias al pecado no quiere decir que Jesús dio poca importancia a tal concepto. Más bien, enfocó las actitudes que forman la raíz del pecado y de las cuales todos los pecados florecen.

1. El amor propio como el pecado principal

El pecado del amor propio es el tronco del árbol, y de allí brotan las ramas y las hojas. En esta metáfora los varios pecados específicos son representados en las ramas y las hojas que aparecen en abundancia, pero todo viene de una sola fuente, el tronco. El amor propio es el pecado que más condenó Jesús en sus enseñanzas. Los pecados carnales son fruto del egoísmo, la lascivia, la hipocresía y la incredulidad. Los vicios sociales, tales como la esclavitud, la falta de respeto hacia las mujeres, las injusticias económicas, el racismo y el prejuicio en contra de otras personas por distintas causas, todos son pecados que resultan de este pecado básico del amor propio.

El ejemplo sobresaliente de este egoísmo se ve en la parábola que Jesús enseñó del rico insensato (Luc. 12:13-21). El rico decidió derribar los graneros que tenía para hacerlos más grandes, porque pensaba solamente en sí mismo. Pero Dios reconoció que este hombre era necio, porque a pesar de ser rico en cuanto a las posesiones materiales, no era rico en relación con Dios. Esta actitud del rico era opuesta a lo que Cristo enseñó: "Cualquiera que procure salvar su vida, la perderá; y cualquiera que la pierda, la conservará" (Luc. 17:33). Hay una diferencia notable entre el concepto que solemos tener de la abnegación propia y lo que ella es verdaderamente. Jesús nos dice que tenemos que crucificar los deseos personales, y debemos ser consumidos con el amor de Dios y el deseo de servir a él y al prójimo. Este concepto del sacrificio personal para servir a los demás, como medio de avanzar el bien social, es la idea céntrica en la moralidad cristiana. Y hoy en día este concepto no es muy popular, porque hay un gran número de personas que buscan satisfacer sus deseos personales y familiares en vez de preguntar qué pueden hacer por el prójimo.

2. Los pecados del espíritu

Al condenar la actitud de los fariseos Jesús tocó lo que podemos llamar los pecados del espíritu. Son la hipocresía, el orgullo y la complacencia. Estos pecados tienden a estar presentes en los cristianos, tanto como eran pecados de los líderes religiosos en el judaísmo en el día de Jesús. Jesús percibió estos pecados como graves: "¡Hipócrita! Saca primero la viga de tu propio ojo, y entonces podrás ver para sacar la brizna del ojo de tu hermano" (Mat. 7:5).

Jesús habló mucho de la necesidad de servir a la humanidad. No era suficiente no participar en cosas malas o no cometer actos perjudiciales en contra de otros. Esto se ha llamado el bien negativo, el pietismo en nuestro día, porque examina en forma minuciosa el comportamiento personal de cada uno, para asegurarse que no hay pecados visibles, tales como sexuales o las cosas que pueden traer ofensas al evangelio, pero no hace nada para el bien de la humanidad. En la parábola de los talentos el hombre que no hizo nada bueno ni malo fue condenado por su señor (Mat. 25:24-27). En el relato del buen samaritano vemos que el levita y el sacerdote, quienes eran representantes de la religión organizada de esa época, no hicieron nada por la víctima de los ladrones. El héroe de la parábola es el samaritano, el resentido y rechazado por la mayoría de los judíos en la sociedad de aquel entonces. Este samaritano es el que socorrió al herido. El hecho de que el levita y el sacerdote no hicieron nada, y vieron sus ejercicios religiosos como más importantes que el ministrar a uno herido, trae convicción a todo líder religioso, y nos hace sentir incómodos cuando tenemos que escoger entre el ejercicio de las ceremonias religiosas y el tomar el tiempo para atender a la humanidad que está herida en las carreteras.

Cuando Jesús le dijo al joven rico que obedeciera los mandamientos de no cometer homicidio, no cometer adulterio, no robar, no decir falso testimonio y honrar al padre y a la madre, él respondió diciendo que había cumplido con todas las leyes de Dios desde su juventud (Mat. 19:20-22). Los pecados del espíritu se manifestaron cuando Jesús le dijo que vendiera todo lo que tenía para regalarlo a los pobres. Su orgullo salía a flote, porque no quería deshacerse de su puesto de prestigio como rico en la comunidad.

Los pecados del espíritu se enfocan cuando Jesús habló de las ceremonias que eran parte de las actividades religiosas del pueblo en general. Observaba a la gente mientras oraban en voz alta. Sus oraciones tenían el propósito predominante de impresionar a los presentes en vez de comunicarse con Dios. Aconsejó a las personas a entrar en su habitación y orar en secreto (Mat. 6:6).

También criticó el orgullo que manifestaban algunos en el acto de dar limosnas. Lo hacían en la forma más ostentosa porque querían el elogio de los demás. Pero Jesús les dijo que debieran hacer sus obras de misericordia en forma secreta, como si la mano derecha no supiese lo que hacía la mano izquierda (Mat. 6:1-4).

Otra faceta del mensaje de Jesús tenía que ver con la actitud hacia la Ley y las ceremonias que eran una parte de la religión. Jesús dio más lugar a la validez de la ley moral y no dijo mucho de la ley civil y ceremonial. Los escribas y los fariseos se acercaron a Jesús para hacerle reclamos sobre la tradición: "¿Por qué quebrantan tus discípulos la tradición de los ancianos? Pues no se lavan las manos cuando comen pan" (Mat. 15:2). La respuesta de Jesús va al grano del asunto: "¡Oíd y entended! Lo que entra en la boca no contamina al hombre; sino lo que sale de la boca, esto contamina al hombre" (Mat. 15: 10). Sin duda, consideramos que las tradiciones tienen cierta validez para tomarlas en cuenta al establecer los valores y las normas de conducta, pero no deben tener la validez que tenían para los judíos en el día de Jesús ni para los católicos hoy en día. En el Concilio de Trento en 1545-60, la Iglesia Católica Romana decidió que la autoridad para esa iglesia estaría radicada en las Escrituras y en la tradición. Esto ha dado más autoridad a la tradición que la que debe tener, según nuestro parecer.

VI. JESUS Y LA BUENA VIDA

Después de haber considerado en las enseñanzas de Jesús lo que es el pecado, ahora vamos a dedicarnos a un estudio de lo que es la buena vida, según Jesús. Cristo dio algunos principios básicos que nos sirven para comprender lo que él esperaba de los seres humanos.

1. La centralidad del reino de Dios

Hemos mencionado la importancia del reino de Dios en las enseñanzas de Jesús. Las personas que aceptan a Cristo entran a formar parte de este reino. Esto quiere decir que son ciudadanos de dos reinos: uno terrenal y el otro espiritual. El cristiano es guiado a tomar las decisiones en la esfera terrenal con una perspectiva diferente que los inconversos. Toda decisión se toma después de considerar hasta qué grado la misma puede promover el reino de

Dios. También, si tal decisión va a afectar en forma negativa el reino de Dios, entonces uno sabe que eso es pecado.

Estas normas traen una tensión tremenda en la vida de los cristianos que son negociantes y los que participan en la vida política, porque las normas que están en vigencia en estas esferas muchas veces son muy antagónicas a las del cristiano. En los negocios uno es tentado a mentir con referencia a sus productos y sus capacidades. Puesto que los competidores mienten cuando les conviene, el cristiano siente la presión de hacer lo mismo. Muchos políticos entran en convenios ilícitos con otros compañeros para lograr los votos necesarios para sus proyectos. La norma llega a ser no lo que es lo mejor para el pueblo; más bien lo que conviene es lo que va a dar una ventaja recíproca en un momento dado. Algunos políticos son guiados más por los factores que van a garantizar su ascenso político que por lo que es lo mejor para el pueblo. La norma para el cristiano es: ¿Qué haría Jesús en esta circunstancia?, y ¿qué decisión va a contribuir más al extendimiento del reino?

2. El amor

Jesús mencionó la importancia del amor hacia los demás. El amor hacia Dios y hacia el prójimo representa el elemento esencial en el cristianismo. Jesús habla del amor, el *agape* [25], que representa la introducción de una virtud que anteriormente no había existido. Dicen que la palabra *agape* en el griego no tenía la implicación positiva antes de Cristo. Su uso de este término abrió el camino para la evolución de la palabra y su significado a alturas que nunca antes había alcanzado.

La norma que había prevalecido era amor a los prójimos y odio por los enemigos: "Pero yo os digo: Amad a vuestros enemigos..." (Mat 5:44). Este es el elemento distintivo en las enseñanzas de Jesús, y representa uno de los deberes más difíciles de poner en práctica. Todavía después de casi 2.000 años de haber escuchado este mandamiento de Jesús, descubrimos que la tendencia humana es odiar a los enemigos. ¡Cuántas veces predomina el odio entre los cónyuges que se separan y que están peleando sobre la división de los bienes y la custodia de los hijos menores! El odio es un problema serio entre los ciudadanos de varias naciones y en algunos casos entre los de la misma nación. Hay odio que se basa en prejuicios raciales, nacionales y sociales.

Jesús introdujo un nuevo mandamiento para los discípulos en Juan 13. Es interesante que ninguno de los Sinópticos incluye esta experiencia de Jesús. Estaba solo con los once discípulos, y Judas ya había salido del lugar de la reunión para consumar la entrega de Jesús. Jesús les dijo: "Un mandamiento nuevo os doy: que os améis los unos a los otros. Como os he amado, amaos también vosotros los unos a los otros. En esto conocerán todos que sois mis discípulos, si tenéis amor los unos por los otros" (Juan 13:34, 35). El mandamiento de amar a los hermanos en la fe ha producido una relación de compañerismo entre los cristianos que ha impresionado a los inconversos durante los siglos. En esto se ve el poder transformador del evangelio. Entre familiares, entre vecinos, entre personas de clases sociales con diferencias notables, el amor de Cristo ha disuelto diferencias radicales para reemplazar el odio con el amor. Esto se ve especialmente entre los cristianos de razas y naciones distintas cuando se reúnen para congresos. Las personas que han recibido el amor de Dios comparten ese amor con otros, y llegan a formar una familia de cristianos que se aman.

3. El desafío de la perfección

Cristo desafió a los cristianos: "Sed, pues, vosotros perfectos, como vuestro Padre que está en los cielos es perfecto" (Mat. 5:48). La palabra "perfecto" en griego es *teleios* [5046], la cual significa "completo" en los varios sentidos del desarrollo físico, emocional y espiritual. Esto puede abarcar la meta de lograr una perfección en toda faceta de la vida. En el pasado, algunos grupos han interpretado este mandamiento en el sentido de la perfección moral, y han enseñado que el cristiano, después de convertirse, tiene que luchar para lograr una perfección tal que llega a estar encima del pecado y exento del mismo. Algunos la llaman "la santificación", y creen que es una segunda experiencia posterior a la conversión. Esta es una interpretación errónea del concepto.

El ideal de Jesús para cada persona es alcanzar esa madurez que le preparará para actuar en una manera apropiada en toda circunstancia. Esto abarca el control de las emociones tanto como del aspecto volitivo de uno. Quiere decir que uno está en control de sus facultades mentales hasta tal punto que no va a tomar decisiones perjudiciales ni actuar en forma precipitada. Ejerce el control sobre las influencias de Satanás, y sabe decir que no a la tentación. No se encuentra en circunstancias que comprometan su testimonio.

Jesús nos dejó un buen ejemplo por medio de su vida, el cual el hombre puede seguir para llegar a ser bueno. Aunque no hay reglas fijas, es cierto que al estudiar el ejemplo de su vida y sus enseñanzas en el Nuevo Testamento, el cristiano tiene una idea muy clara de lo que es el amor obediente, y lo que es la voluntad de Dios. Una fe en Cristo y el amor hacia Dios y el prójimo trae los resultados de la pureza de corazón, la sinceridad, la humildad, el deseo de perdonar, el amor hacia los enemigos, la misericordia y la justicia en las relaciones, la honradez en palabras y actos, la pureza sexual, el buscar los tesoros espirituales por sobre los tesoros materiales y la compasión hacia los necesitados. La buena vida consiste en una confianza absoluta en Dios y el servicio generoso y en sacrificio hacia los demás.

4. El carácter y el comportamiento

Jesús reconoció que el carácter de uno es la base para el buen comportamiento. El carácter es transformado por medio de la fe en Cristo como salvador personal, y forma la base para actos específicos de comportamiento. Jesús dijo:

... porque el árbol es conocido por su fruto; ... porque de la abundancia del corazón habla la boca. El hombre bueno del buen tesoro saca cosas buenas, y el hombre malo del mal tesoro saca cosas malas. Pero yo os digo que en el día del juicio los hombres darán cuenta de toda palabra ociosa que hablen. Porque por tus palabras serás justificado, y por tus palabras serás condenado (Mat. 12:33-37).

Concluimos que es bueno aquel que voluntariamente acepta la voluntad de Dios para su vida y encuentra en esta voluntad la felicidad suprema. El dominio de su comportamiento no es externo, sino interno. No proviene de una lista de instrucciones o prohibiciones, sino que sale del corazón. Uno no pasa su tiempo luchando para no hacer algo que quiere hacer, pues Dios ha cambiado sus intereses y deseos para que no quiera hacer cosas malas.

5. La humildad

Cristo hizo de la humildad una virtud, porque entre los griegos y los romanos la humildad se consideraba debilidad o cobardía. El volver la mejilla cuando a uno le pegaban era característica de uno que tenía temor para pelear. La sumisión de ir dos millas cuando le obligaban a ir una milla era necesaria bajo el yugo romano, pero los judíos guardaban resentimiento profundo hacia los que les obligaban a tales actos.

Jesús llamó a las personas para manifestar la humildad en relación con la búsqueda de los puestos prominentes (Mat. 12:23; Luc. 14:11). Aconsejó que las personas se sentaran en los puestos menos prominentes cuando eran invitados a un banquete, y serían invitados a pasar a ocupar un puesto más importante: "Porque cualquiera que se enaltece será humillado, y el que se humilla será enaltecido" (Luc. 14:11).

Cuando la madre de Jacobo y Juan, hijos de Zebedeo, fue a Jesús para pedir que a sus hijos fuesen dados los puestos de prominencia, uno a la derecha y otro a la izquierda, Jesús dio un discurso sobre la autoridad de los gobernantes y los gobernados. Después dio la norma: "... cualquiera que anhele ser grande entre vosotros será vuestro servidor; y el que anhele ser el primero entre vosotros, será vuestro siervo" (Mat. 20:26, 27).

Jesús ilustró la importancia de la humildad en la parábola del fariseo y el publicano. El fariseo oró consigo mismo, elogiando todas sus virtudes. Pero el publicano se quedó alejado, y ni alzó sus ojos para orar. Se golpeó el pecho y oró: "Dios, sé propicio a mí, que soy pecador" (Luc. 18:13). La conclusión de Jesús es: "... cualquiera que se enaltece será humillado, y el que se humilla será enaltecido" (Luc. 18:14). Jesús llama a sus discípulos modernos a olvidarse de sí mismos, tomar la cruz y seguirlo.

VII. LA VALIDEZ DE LAS ENSEÑANZAS DE JESUS

¿Hasta qué punto son válidas las enseñanzas de Jesús? Ha habido personas que han tratado de desacreditar las demandas de Jesús por varias razones. Vamos a considerar estas críticas en esta sección.

1. La crítica de los filósofos

Federico Nietzsche (1844-1900) rechazó el cristianismo y las normas cristianas diciendo que era "una moral para esclavos". Atacó lo que él vio en el cristianismo como un espíritu represivo, fomentando la autorrenunciación y la defensa de los débiles. Nietzsche promovió la idea de la sobrevivencia de los más fuertes. Su descripción del loco que anda en las calles en la madrugada anunciando que hemos asesinado a Dios y es el acto más noble de la humanidad, no se ha hecho realidad, porque la creencia en Dios es más arraigada hoy que en el día de Nietzsche. Dijo que las iglesias serán las tumbas de Dios, pero la realidad es que las iglesias han servido como semillero para producir movimientos fuertes de beneficio para la humanidad.[8]

Karl Marx (1818-83) dijo que la religión era "el opio del pueblo" y que la condición oprimida de la humanidad fomentaba una religión que predicaba la necesidad de aguantar el sufrimiento y las injusticias de la vida.[9]

Sigmund Freud (1856-1939) vio en la religión una extensión de la tendencia en la niñez de depender de su padre, grande y poderoso, para compensar por su sentido de debilidad y pequeñez. Esta dependencia llega a ser neurótica en los adultos, porque ellos deben haber podido abandonar los temores de la niñez. El valoró la moral como esencial para la civilización, pero no basó su moral en el cristianismo.

Los críticos modernos de la ética cristiana señalan la violencia que ha fomentado el cristianismo, especialmente durante la Inqui-

---

[8] Ver Brian Hebblethwaite, *Christian Ethics in the Modern Age* (Filadelfia: Westminster Press, 1982), pp. 24-30.

[9] *Ibíd.*, pp. 30-32.

sición y la purga de la brujería en siglos pasados. Bertrand Russell (1872-1970) filósofo ateo de renombre mundial, siempre atacaba el cristianismo por su rechazo de y resistencia a los avances de la ciencia y de la inteligencia. Preguntan cómo las enseñanzas que profesan elogiar el amor entre los seres humanos pueden promover la crueldad, el prejuicio y la discriminación. Los críticos atacan la fe como base para la moralidad, y prefieren el uso de la inteligencia, la razón y la benignidad, aparte de una base teocéntrica[10]

Otros atacan la ética de Cristo por su creencia en la doctrina de la expiación, la idea que uno necesita perdón de los pecados, por la doctrina de la inmortalidad, y por su explicación del por qué del sufrimiento y la existencia del mal. Algunos son ateos porque dicen que un Dios de amor no permitiría tales tragedias.

2. La crítica que la ética de Jesús es anticuada

Algunos critican la validez de las enseñanzas de Jesús para nuestro día, diciendo que son anticuadas para personas del siglo XX. Preguntan ellos: ¿Cómo pueden tener validez para nosotros las enseñanzas de una persona que vivía al otro lado del mundo hace casi 2.000 años, que nunca salió de su propia región, y no tuvo que luchar con la complejidad de convenios entre naciones en las esferas políticas ni económicas?

Al leer los Evangelios, nos impresiona la sencillez de la vida en aquel entonces. Jesús nació, vivió y murió en Palestina, una región limitada de unos 65 km. de ancho y unos 160 km. de largo en el Cercano Oriente. No existían los medios modernos de comunicación ni de transportación. Las personas vivían de los productos locales que se podían cultivar y fabricar con las herramientas primitivas de aquel entonces. Las ilustraciones que Jesús utilizaba en sus enseñanzas reflejan la vida y la mentalidad de la gente sencilla.

Preguntan algunos: ¿Qué validez hay en todas estas enseñanzas para el joven que trabaja en una compañía internacional con oficinas en las ciudades principales del mundo? Sus circunstancias son completamente distintas de las del hijo menor y el hijo mayor en la parábola del hijo pródigo. Jesús vio a las personas con enfermedades físicas y ministró a ellas en forma milagrosa, sanando muchas de ellas instantáneamente. Hoy en día estos enfermos tendrían que ser llevados a los centros de salud donde serían sometidos a numerosos exámenes y procedimientos para establecer un diagnóstico y después determinar un tratamiento.

Es cierto que las circunstancias de hoy son muy distintas de las del día de Jesús. Pero la naturaleza humana no ha cambiado. Los mismos deseos carnales que caracterizaban al hijo pródigo están

---

[10] *Ibíd.*, p. 50.

presentes en el joven que viaja por avión de nación en nación y pasa cada noche en un hotel distinto y en ciudades distintas. Lucha con la misma tentación de desperdiciar sus bienes viviendo perdidamente. Y tal vez es más fácil hacerlo hoy que en aquel entonces. Los hombres de negocios todavía luchan con la tentación de engañar a los clientes, mintiendo sobre la calidad de su producto o sobre sus virtudes. Es tan difícil que su sí sea sí y que su no sea no como en el día de Jesús (Mat. 5:37).

El hecho de que la mayoría de los seguidores de Jesús fuesen de la clase más baja —pescadores, pastores y comerciantes en pequeño— ha dado lugar a la idea de que el cristianismo es sólo para personas de este nivel social. Preguntan algunos: ¿Qué tienen que ver estas enseñanzas con el siglo XX, la época del espacio, cuando nos preocupa la posibilidad de la contaminación nuclear?

Es injusto juzgar que sólo los pobres fueron atraídos por el mensaje de Cristo y llegaron a ser seguidores de él. Mateo seguramente no era pobre, habiendo sido cobrador de impuestos. Nicodemo, gobernante de los judíos, llegó a Jesús para entrevistarse con él. El joven rico vino en busca de la vida eterna. Hay evidencias que personas de todas las esferas sociales llegaron a escuchar sus enseñanzas. Entre los primeros convertidos en el libro de Los Hechos había personas con propiedades. La historia de la iglesia primitiva nos dice que había personas ricas en la iglesia en los primeros siglos de su avance.

3. La crítica que la ética de Jesús promueve ascetismo

Algunos rechazan las enseñanzas de Jesús porque dicen que son ascéticas. Jesús llamó a los seguidores a separarse de los miembros de la familia, de las posesiones materiales y los placeres del mundo, para dedicarse sólo al reino de Dios. Lucas dice que uno tiene que odiar a la familia: "Si alguno viene a mí y no aborrece a su padre, madre, mujer, hijos, hermanos, hermanas y aun su propia vida, no puede ser mi discípulo" (Luc. 14:26).

En otro pasaje Jesús dice que uno debe estar listo para cortar el miembro del cuerpo que fuera ocasión de pecado: "Si tu mano te hace tropezar, córtala... Si tu pie te hace tropezar, córtalo... Si tu ojo te hace tropezar, sácalo" (Mar. 9:43, 45, 47). Estas declaraciones representan medidas radicales, y seguramente Jesús estaba hablando en forma figurativa.

Estos pasajes han sido citados porque se utilizan para aludir al hecho de que Jesús enseñó una ética que niega la naturaleza humana y que no es posible ni deseable de promulgar.

Es lamentable que el cristianismo en los primeros siglos después de Cristo tomó la dirección de hacer énfasis sobre aspectos ascéticos en la vida. Aceptaron la posición de una separación radical de las cosas placenteras, de las actividades de diversión que predominaban en aquel entonces, en contra de la participación en el servicio militar y en la vida política y civil, y hasta de elogiar el celibato por sobre del matrimonio. Entre muchos había una actitud negativa hacia el tener hijos, porque decían que era malo traer hijos a un mundo tan corrompido para sufrir. La justificación para esta estrategia era la corrupción de la vida política en muchos casos, la inmoralidad sexual, abarcando la expresión libre del impulso sexual en cualquier manera, inclusive actos homosexuales, y las borracheras y las orgías que formaban parte de la diversión en muchos círculos. Algunos líderes del cristianismo aceptaron la vida ascética como la mejor y elogiaron el ascetismo como el camino mejor. Orígenes, Tertuliano, Justino Mártir, Clemente de Alejandría, Ambrosio y Crisóstomo todos tenían el concepto que las formas de diversión y la expresión del impulso sexual era evidencia de tendencias carnales. Varios vieron al matrimonio como una alternativa inferior al celibato.

R. E. O. White habla del ascetismo del Nuevo Testamento como positivo, pero que dio lugar posteriormente a una austeridad masoquista que era dañina para el movimiento cristiano.[11] Cita a Lecky, historiador de la ética, que comenta de los ascetas: "Un maníaco sucio y gastado, sin conocimiento, sin patriotismo, sin afecto natural, pasando su vida en tortura grotesca sin sentido, gritando hacia los horríficos fantasmas de su cerebro delirioso, llegó a ser el ideal de las naciones que habían conocido los escritos de Platón, Cicerón, y las vidas de Sócrates y Catón."[12]

A través de la historia ha habido sectas que han seguido normas ascéticas en grados variados. El punto de vista fundamental que defienden es que el cristiano es llamado a separarse del mundo y sus atracciones y placeres, para dedicarse del todo a las actividades y las normas de ciudadanos del reino celestial.

La Iglesia Católica Romana aceptó ciertos aspectos del ascetismo como dogma para los fieles. Enseña que el acto sexual es para la procreación y que es malo usar medios artificiales para evitar la concepción. Estableció normas distintas para el clero, prohibiendo el matrimonio de los sacerdotes.

Ha habido personas y grupos hasta tiempos modernos que malinterpretan las enseñanzas de Jesús, Pablo y Juan, y eso les ha llevado a comportamientos no recomendables. León Tolstoi, conde rico en Rusia, llegó a creer que necesitaba deshacerse de sus riquezas y regalarlas a los pobres, según el consejo de Cristo al joven rico. Los líderes de grupos ascéticos establecen sus propias normas

---

[11] R. E. O. White, *Christian Ethics* (Atlanta: John Knox Press, 1981), p. 82.
[12] *Ibíd.*, p. 83.

para la comunidad, y muchas veces ellos mismos se consideran excepciones a estas normas.

Debemos decir que Cristo llama a los seguidores a un discipulado radical, y eso no lo podemos discutir. Pero no debemos considerarlo a él como asceta, ni que exigió el ascetismo de todos. Cuando sus discípulos le respondieron con relación a su declaración del matrimonio y el adulterio, diciendo: "Si así es el caso del hombre con su mujer, no conviene casarse." Jesús les respondió: "No todos son capaces de aceptar esta palabra, sino aquellos a quienes les está concedido. Porque hay eunucos que nacieron así desde el vientre de la madre, hay eunucos que fueron hechos eunucos por los hombres, y hay eunucos que a sí mismos se hicieron eunucos por causa del reino de los cielos. El que puede aceptar esto, que lo acepte" (Mat. 19:10-12). Jesús da libertad a los que sienten el deseo de vivir sin casarse, pero no exige el celibato.

También Cristo participó en fiestas y funciones sociales en su día. El primer milagro de que tenemos registro tomó lugar en una ceremonia de bodas. Cristo no siguió las prácticas ascéticas de Juan el Bautista y fue criticado: "Porque vino Juan, que no comía ni bebía, y dicen: 'Tiene demonio.' Y vino el Hijo del Hombre, que come y bebe, y dicen: 'He aquí un hombre comilón y bebedor de vino, amigo de publicanos y de pecadores' " (Mat. 11:18, 19). Sus visitas al hogar de Lázaro, Marta y María en varias ocasiones indican que Cristo disfrutó de un intercambio social normal con personas de varios niveles de vida.

La época contemporánea rechaza el ascetismo y todo pedido de sacrificio o de abstenerse de la satisfacción de los gustos personales. Vivimos en una época cuando las personas buscan la autorrealización y justifican sus derechos de disfrutar los bienes materiales y las diversiones sociales. No son atraídos por una apelación de abnegación, de llevar la cruz, ni de hacer sacrificios de comodidades personales para beneficiar a otros. Por eso, los que hacen mucho énfasis en estas facetas de las enseñanzas de Jesús van a encontrarse solos en las iglesias o con un grupo muy reducido de personas que aceptan el ascetismo como norma.

E. F. Scott hace unos años dio respuesta a la crítica de que las enseñanzas de Jesús promueven el ascetismo y puso en perspectiva estas declaraciones de Cristo: **(1)** El estaba dando suprema importancia a los intereses espirituales, que deben ser primero. Debe renunciarse a los intereses que estorban el fin de formar parte del reino de Dios. Si uno está listo para sacrificar todo lo que tiene por el reino, entonces no es necesario sacrificarlo. **(2)** Cristo se dio cuenta de que las posesiones materiales y la autoridad de posiciones privilegiadas tienen el efecto de decepcionar al hombre, y le hacen ciego a los valores espirituales. **(3)** La demanda de abnegación personal es el resultado de la demanda de obediencia a la voluntad de Dios. Si uno tiene como blanco primordial servir a Dios, entonces tiene que estar listo para entregar todo interés y ambición personal y hasta su propia vida.[13]

Consideramos que el cristiano hoy en día está llamado a vivir su testimonio y llevar la cruz en las actividades diarias de la lucha y la competencia en el mundo moderno. No es tiempo de aislarse del mundo y formar normas éticas para su propia comunidad de creyentes. Es el momento de testificar en la calle, en las fábricas, en los deportes, en los negocios y en las instituciones políticas. El mundo respetará más a la persona que lucha por seguir las enseñanzas de Cristo en su vida personal, en su negocio y en asuntos políticos que al que se separa de todo el mundo en un convento o un lugar de retiro para tener comunión con Dios.

4. La crítica que la ética de Jesús es escatológica

Otros se oponen al esfuerzo de implementar las enseñanzas éticas de Jesús porque, según ellos, son para el futuro después de esta época contemporánea. Las personas que promueven esta idea insisten en que el presente es un tiempo interino no muy significante en el plan eterno de Dios, porque es una etapa para prepararnos para el reino futuro. Algunos son dispensacionalistas y esperan un tiempo futuro cuando Cristo vendrá por segunda vez para establecer su reino de mil años aquí en la tierra, y después tener el Juicio Final en el que cada uno será recompensado según su decisión en relación con Cristo y la vida cristiana que ha vivido después de aceptar a Cristo. Ellos insisten que es un ejercicio inútil el tratar de cambiar las culturas paganas del mundo actual, porque Cristo vendrá para poner fin a todos los gobiernos mundiales.

Es cierto que los cristianos tenemos una herencia incorruptible en la eternidad, preparada por Cristo y preservada en los cielos. Somos dichosos al saber que vamos a ser partícipes en todas las bendiciones que Dios tiene reservadas para sus hijos. Pero consideramos que nuestro deber actual es luchar en el mundo en que vivimos, y tratar de acabar con los males y mejorar las estructuras religiosas, sociales, económicas y políticas. El desafío de la vida cristiana es invertir nuestros dones en actividades que pueden contribuir a estos fines. Cristo nos dio el desafío: "El reino de los cielos es semejante a la levadura que una mujer tomó y escondió en tres medidas de harina, hasta que todo quedó leudado" (Mat. 13:33). El movimiento cristiano principió con apenas doce discípu-

---

[13] E. F. Scott, *The Ethical Teaching of Jesus* (Nueva York: The Macmillan Co., 1957), p. 189.

los, pero ha llegado a ser una levadura poderosa para afectar en forma positiva las estructuras de la sociedad.

El consuelo de la recompensa en el cielo que Jesús ofrece a sus seguidores ha sido criticado fuertemente por Walter Kauffman, profesor de filosofía en la Universidad de Princeton por muchos años. El comenta que la actitud del maestro budista es más apropiada, quien dijo que preferiría ir al infierno para compartir los sufrimientos de los que están allí. Esto sería la abnegación verdadera.[14]

5. La crítica que la ética de Jesús era para una época pasada

Varias personas han visto en las enseñanzas de Jesús normas locales y temporales que no tienen validez para nosotros. En el siglo pasado Johannes Weiss, erudito neotestamentario, insistió en que las enseñanzas de Jesús fueron influidas por sus ideas escatológicas y fueron enseñanzas de emergencia, tales como las que se necesitan durante una crisis como la guerra.

Alberto Schweitzer, gran músico, médico misionero y teólogo destacado entre los liberales, escribió su libro, *The Quest of the Historical Jesus* (La búsqueda del Jesús de la historia), en el cual dice que la ética de Jesús no tiene pertinencia para nosotros, porque era una legislación de emergencia que ya no es válida, porque los seguidores de Jesús esperaban erróneamente el fin del orden actual del mundo en su día.

Es difícil determinar hasta qué punto la escatología forma parte de las enseñanzas éticas de Jesús. Seguramente la escatología no era el factor principal alrededor del cual giraba toda otra enseñanza. No podemos aceptar que la gran mayoría de las enseñanzas de Jesús eran para un ínterin breve antes de la segunda venida, la cual esperaban que aconteciese muy pronto después de su ascensión. Más bien eran para todos los años futuros que Dios quiere dar a la humanidad antes de la segunda venida y la consumación de la historia. Jesús llama a los seres humanos a aceptar sus enseñanzas porque les indica la voluntad divina, que no puede cambiar, y con las cuales se transforma la sociedad.

6. La crítica que la ética de Jesús es imposible de alcanzar

Otros admiten que las enseñanzas de Cristo representan los desafíos más altos que el ser humano puede recibir, y a la vez conceden que son imposibles de alcanzar. Dicen que el hombre de negocios estaría en bancarrota muy pronto si tratara de volver la otra mejilla y de ir la segunda milla en cada circunstancia que se le presente. El político nunca sería elegido si no hiciera promesas que los

---

14 Hebblethwaite; *op. cit.*, p. 53.

ciudadanos esperan, no importa si cree poder cumplirlas o no.

Reinhold Niebuhr, teólogo destacado de entre los neoortodoxos, solía llamar las enseñanzas de Jesús ideales posibles que son imposibles de alcanzar. Hablaba de las posibilidades que son imposibles de realizar cuando se refería a la implementación de las normas que demandaban la perfección, la verdad absoluta, la justicia y el perdón para los enemigos.

Es cierto que las demandas de Jesús son muy altas. Por eso, nos llaman al arrepentimiento constante por los pecados que cometemos. A la vez crean una tensión sana en nuestras vidas y las instituciones para hacernos ver que nos falta mucho para implementar los ideales en forma perfecta. Pero esto es lo que nos desafía con su pertinencia.

CONCLUSION

El estudio de las enseñanzas éticas de Jesús nos informa, nos aclara con relación a nuestros deberes y nos desafía para intentar poner en práctica lo que Cristo enseña. Recordemos que son normas para el ciudadano del reino. Son principios altos y difíciles de alcanzar, pero son pertinentes para inspirarnos a luchar por alcanzar las metas.

El cristianismo ha tenido un impacto poderoso en el mundo en la esfera moral. Aunque ha habido extremistas que han malinterpretado lo que Cristo quería enseñar, la gran mayoría de las enseñanzas que han sido implementadas han servido para enriquecer la vida humana y mejorar las condiciones en que vivimos. Nos conviene comprometernos de nuevo a aceptar el desafío de ser seguidores de Cristo e implementar sus enseñanzas en forma personal, social e institucional.

7

LA ETICA DE PABLO

INTRODUCCION

Las enseñanzas éticas de Pablo enfocan los deberes personales del cristiano en la moral que florecerán de una experiencia personal con Cristo, y también enseñanzas para ayudar al cristiano en todas las relaciones, inclusive el matrimonio y el hogar, los negocios, las relaciones sociales y las responsabilidades hacia las autoridades civiles.

Algunos han criticado los escritos de Pablo, diciendo que él tomó las enseñanzas sencillas de Jesús y las transformó en declaraciones teológicas muy profundas y más complicadas de lo que debieran ser. Por eso, dicen, Pablo contribuyó a la confusión del cristianismo en vez de a su clarificación. Otros atacan a Pablo, diciendo que era "machista", que menospreciaba a las mujeres, que despreciaba el matrimonio.

Pablo ha sufrido en los últimos años debido al movimiento de la liberación femenina y un repudio de las personas que hablan autoritativamente sobre relaciones en el matrimonio sin haber vivido las experiencias involucradas en ser cónyuges y padres de familia. Pero esto es juzgar a Pablo injustamente. Hay que tomar en cuenta su fervor por avanzar el evangelio y su convicción que el tiempo era corto.

También, tenemos que comprender las enseñanzas de Pablo desde el ángulo de su preparación y del fondo de su experiencia religiosa. Pablo había tenido grandes ventajas en su preparación intelectual, moral y espiritual. El mismo testifica del hecho de que había estudiado bajo los mejores profesores de su día. Pablo conocía bien la filosofía griega, junto con el judaísmo y las religiones místicas.[1] Marshall atribuye a las enseñanzas de Pablo la introducción del cristianismo en la sociedad europea, y así ayudó en la colocación de los cimientos de lo que comúnmente llamamos la ci-

---

[1] Archibald B. D. Alexander, *The Ethics of St. Paul* (Glasgow: James Maclehose and Sons, 1910), pp. 28-54.

vilización cristiana.[2] Afirma que el cristianismo ha sido la influencia moral más poderosa que el mundo ha conocido, y esto se debe en parte al celo y trabajo de Pablo.

I. LA BASE TEOLOGICA DE SU MENSAJE

Hay una diferencia entre la terminología de Cristo y la de Pablo, aunque se refieren al mismo concepto en varios casos. El tema céntrico de Jesús era el reino de Dios, pero Pablo se refiere al reino apenas unas doce veces. Su término favorito era "la unión con Cristo" o "estar en Cristo." Cristo se refirió a la iglesia pocas veces, pero Pablo constantemente estaba estableciendo iglesias y aconsejando a los cristianos en las varias iglesias donde había trabajado por medio de su presencia personal y de sus cartas. Esta diferencia se debe a la naturaleza de la misión de cada uno y las diferencias que normalmente resultan en etapas distintas del progreso del cristianismo.

Cristo tuvo mucho contacto con el judaísmo en Palestina. Pablo ejerció su ministerio principalmente entre los gentiles. Los conceptos muy conocidos por los judíos eran nuevos para los gentiles. Pablo tenía que interpretar a los gentiles el significado de la revelación de Dios y su propósito para la humanidad.

La base del mensaje de Pablo era la necesidad de una experiencia como la que él mismo experimentó en el camino a Damasco. Estaba convencido que cada persona necesitaba ese encuentro con Dios que transforma la vida, incluyendo las metas, los valores y la motivación en vivir. Utilizó el término "estar en Cristo" o "en el Señor" para referirse a la conversión (Rom. 16:3, 9; 1 Cor. 1:30; 2 Cor. 5:17; Gál. 2:20; 3:28; Col. 4:7; Fil. 4:1; 1 Tes. 3:8).

En las epístolas a las varias iglesias Pablo interpreta lo que Dios está haciendo a favor de la humanidad por medio de su revelación en el Antiguo Testamento y especialmente por medio de la venida de Cristo al mundo. Utiliza palabras tales como justificación, reconciliación, salvación, redención, adopción y santificación, que son términos que algunos tienen dificultades en entender. La mayoría de estos términos tienen que ver con la experiencia religiosa de la conversión, o sea, lo que pasa cuando aceptamos a Cristo como salvador personal. La experiencia se puede entender desde varias perspectivas. Es como una joya que uno aprecia en las manos, y da vueltas a la joya para apreciar más la refracción de la luz por los cortes y los ángulos. Cada una de las palabras tiene alguna relación con la experiencia religiosa y las consecuencias que trae a la vida moral.

---

[2] L. H. Marshall, *The Challenge of New Testament Ethics* (Londres: Macmillan and Co., 1950), p. 216.

II. LA NATURALEZA DE LA ETICA DE PABLO

¿Cómo caracterizamos las enseñanzas éticas de Pablo? En esta sección vamos a mencionar varias características de sus enseñanzas.

1. Una ética absoluta y circunstancial

Decimos que las normas éticas de Pablo contienen declaraciones absolutas, pero en la mayoría de los casos responden a casos especiales en circunstancias especiales. Por ejemplo, cuando se dio cuenta de la inmoralidad sexual que existía en la iglesia de Corinto, donde uno estaba teniendo relaciones sexuales con la esposa de su padre, escribió en forma tajante: "... entregad al tal a Satanás para la destrucción de la carne, a fin de que su espíritu sea salvo en el día del Señor" (1 Cor. 5:5). Dijo que tal inmoralidad ni se toleraba entre los gentiles (1 Cor. 5:1). Esta condenación se podría aplicar en cualquier lugar donde existiera tal inmoralidad.

A los jóvenes no casados Pablo dijo: "... les sería bueno si se quedasen como yo. Pero si no tienen don de continencia, que se casen; porque mejor es casarse que quemarse" (1 Cor. 7:8, 9). La declaración absoluta fue templada por reconocer la naturaleza humana y el hecho que no todos tienen el don de continencia.

En la esfera social Pablo declaró en forma categórica que en Cristo "ya no hay judío ni griego, no hay esclavo ni libre, no hay varón ni mujer" (Gál. 3:28, Col. 3:11). Sin embargo, en las circunstancias locales en la iglesia mandó a las mujeres que aprendieran en silencio, que estuvieran en sumisión a sus esposos, y a Onésimo, un esclavo escapado que se convirtió, a regresar a Filemón, su amo.

Esto nos ayuda a reconocer que es tarea seria buscar la aplicación de los principios absolutos de la ética cristiana en las circunstancias específicas que nos encaran en muchas ocasiones. Tenemos que reconocer que no estamos siguiendo el ideal por circunstancias especiales. Un pastor fue criticado porque no aceptó con los brazos abiertos a un niño con SIDA en las clases de la Escuela Dominical. Pero él supo que, dado el nivel de ignorancia de la mayoría de su congregación, ellos le juzgarían mal y abandonarían la iglesia al darse cuenta de tal hecho. A veces uno tiene que hacer algo inferior al ideal, pero por circunstancias especiales es el camino más prudente.

2. Una ética no sistemática

Pablo no intentó sistematizar sus enseñanzas éticas; más bien dio las normas de acuerdo con las circunstancias de cada iglesia o persona a quienes escribía sus epístolas. La epístola a los Romanos principia con una declaración de la revelación de Dios y la decisión consciente de rebelarse de parte de los seres humanos. Pablo explica la degradación moral a donde llegaron porque rechazaron la revelación de Dios.

Corinto era una ciudad con muchas influencias inmorales, y la iglesia que Pablo estableció allí tuvo una lucha con la inmoralidad que era parte de la vida diaria entre los corintios. A la vez ellos estaban sometidos a las prácticas paganas que incluían el sacrificar animales a los ídolos. La práctica normal era comprar la carne que sobraba después del sacrificio, pero algunos cristianos se opusieron a la compra de esta carne, diciendo que sería participar en la idolatría. Así vemos que Pablo tuvo que luchar con algunos cristianos que no tenían una conciencia desarrollada y otros que la tenían demasiada desarrollada. Pablo dijo: "Pero no es la comida lo que nos recomienda a Dios; pues ni somos menos si no comemos, ni somos más si comemos. Pero mirad que esta vuestra libertad no sea tropezadero para los débiles" (I Cor. 8:8, 9). Continúa diciendo que si alguien nos ve sentados y comiendo la carne que ha sido sacrificada a los ídolos, ellos pueden ser influenciados a hacerlo, y así pecar según su propia conciencia. Si esto pasa, "de esta manera, pecando contra los hermanos e hiriendo sus débiles conciencias, contra Cristo estáis pecando. Por lo cual, si la comida es para mi hermano ocasión de caer, yo jamás comeré carne, para no poner tropiezo a mi hermano" (1 Cor. 8:12, 13).

Seguramente Pablo estaba familiarizado con los sistemas éticos de su día, tales como el estoicismo, el epicureísmo y el hedonismo, los cuales tendían a encararse con la vida con una sola perspectiva. Podemos descubrir en las enseñanzas de Pablo declaraciones aisladas que representan vestigios de estos sistemas, pero en ningún sentido podemos identificar la ética de Pablo con uno de estos sistemas. Más bien, Pablo tuvo el punto de vista cristocéntrico, e insistía en que esta norma fuera el concepto predominante y orientador para el cristiano.

Algunas de las enseñanzas de Pablo no eran para implementar en forma universal para todo cristiano. Más bien, daban un consejo a personas en circunstancias específicas. Tales son las enseñanzas que tienen que ver con el atavío de las mujeres. Dio estas enseñanzas por las circunstancias locales de Corinto. Dijo: "Pero toda mujer que ora o profetiza con la cabeza no cubierta, afrenta su cabeza, porque da lo mismo que si se hubiese rapado. Porque si la mujer no se cubre, que se corte todo el cabello; y si le es vergonzoso cortarse el cabello o raparse, que se cubra" (1 Cor. 11:5, 6).

Otro consejo que Pablo dio concerniente a las mujeres que no consideramos que fuera para ser implementado en todo lugar y para todos los tiempos es: "La mujer aprenda en silencio, con toda sujeción; porque no permito a una mujer enseñar ni ejercer dominio sobre el hombre, sino estar en silencio" (1 Tim. 2:11, 12). Consideramos que el punto de vista de Pablo se debió a los conceptos predominantes con relación a la mujer en el día en que vivía. Hoy reconocemos que la inteligencia, las capacidades y autoridad moral para enseñar no tienen nada que ver con el sexo de la persona. Hay mujeres que tienen capacidades superiores a las de hombres.

3. El elemento escatológico en la ética de Pablo

En el día de Pablo había cierta preocupación por asuntos escatológicos, la muerte, la segunda venida de Cristo, el juicio final y la eternidad. Cristo hizo referencias al reino futuro y a su segunda venida. También la persecución que los cristianos tuvieron que aguantar naturalmente les hizo pensar en la posibilidad de la muerte y la liberación de tales sufrimientos para estar en un mundo mejor. Por eso, podemos ver que Pablo apela a estos conceptos como la base para su ética.

Pablo no abrigó muchas esperanzas para las estructuras de la civilización y la cultura de su día. Concibió que el mundo que él conocía, abarcando las instituciones de aquel entonces, iba pronto a acabarse. A los corintios escribió: "Pero os digo esto, hermanos, que el tiempo se ha acortado" (1 Cor. 7:29). Por eso, aconsejó a los jóvenes solteros y a las viudas a no casarse. Naturalmente esto no sería mandato válido en forma permanente para toda la humanidad. Se dio porque Pablo esperaba la próxima segunda venida de Cristo y la consumación de la historia. Pablo consideraba que no había posibilidad ni esperanza para reformar la sociedad ni preservar las instituciones existentes: "Mirad, pues, con cuidado, cómo os comportáis; no como imprudentes sino como prudentes, redimiendo el tiempo porque los días son malos" (Ef. 5:15, 16). Su consejo era para hacer todo lo posible para prepararse para la eternidad y para ayudar a otros a hacer lo mismo.

En 1 Corintios 15 Pablo habla de la resurrección de Cristo y la esperanza que tenemos en ser resucitados después de la muerte. Promete una victoria sobre la muerte para los cristianos. Su conclusión apela a los cristianos para vivir en forma firme y constante: "Así que, hermanos míos amados, estad firmes y constantes, abundando siempre en la obra del Señor, sabiendo que vuestro arduo trabajo en el Señor no es en vano" (1 Cor. 15:58). Pablo apela a los cristianos para que sean ejemplos en una sociedad corrompida, sabiendo que nuestro estilo de vida recibirá su recompensa.

4. El ascetismo en las enseñanzas éticas de Pablo

Tal vez la crítica más severa hacia Pablo ha venido de los que ven en sus enseñanzas el elemento ascético. Ya hemos mencionado que algunas de sus enseñanzas extremistas se deben a su esperanza en la próxima segunda venida de Cristo y el fin del mundo. Debido a esta creencia, escribió a los de Corinto que no se casaran. Pero es interesante que Pablo dio una excepción a este consejo: "Pero a causa de la inmoralidad sexual, cada hombre tenga su esposa, y cada mujer tenga su esposo" (1 Cor. 7:2). También, aunque quisiera que cada persona fuera como él (sin cónyuge), reconoce que "cada uno tiene su propio don procedente de Dios: uno de cierta manera, y otro de otra manera" (1 Cor. 7:7). Un poco más adelante dijo: "Pero si no tienen don de continencia, que se casen; porque mejor es casarse que quemarse" (1 Cor. 7:9). El hecho de reconocer que el celibato es un don especial quiere decir que no consideraba que todos deben ser célibes.

Romanos 12:1 y 2 ha sido usado como base para decir que Pablo era asceta: "... que presentéis vuestros cuerpos como sacrificio vivo, santo y agradable a Dios, que es vuestro culto racional" (Rom. 12:1). Sin duda este versículo nos llama a la dedicación exclusiva de nuestras vidas y talentos al servicio del Señor. Pero el versículo siguiente revela la falta de aprecio que Pablo tenía para el mundo de su día: "No os conforméis a este mundo; más bien, transformaos por la renovación de vuestro entendimiento, de modo que comprobéis cuál sea la voluntad de Dios, buena, agradable y perfecta" (Rom. 12:2). Parece que Pablo consideraba que el papel del cristiano era apartarse del mundo y experimentar una transformación personal para vivir como extranjero de la cultura mundana.

Los cristianos durante siglos han insistido en que nosotros debemos vivir con un testimonio que nos diferencie de los del mundo. En forma negativa esto quería decir que el cristiano debe abstenerse de ciertas actividades, tales como el baile, las bebidas alcohólicas, el comprar lotería y el frecuentar los lugares de testimonio cuestionable. Su énfasis ha sido en las prohibiciones, lo cual producía una actitud negativa y de rechazo hacia las personas que hacían tales cosas. En los últimos años se ha dejado este énfasis, y el resultado es que no se nota tanta diferencia entre los cristianos y los inconversos por su participación en las actividades que anteriormente se consideraban como mundanas. Tal vez necesitamos buscar la manera de comunicar el amor por toda persona, pero sin ceder las convicciones personales con relación a un estilo de vida que es compatible con los ideales de Pablo.

Un testimonio al hecho de que Pablo rechazó la vida ascética se aprecia en su defensa de su propio ministerio (2 Cor. 6:3-13). Pablo resume sus experiencias en el evangelio que le daban base para jactarse, incluyendo tribulaciones, angustias, azotes, en cárceles, en tumultos, en duras labores, en desvelos y en ayunos. Después, menciona las posibles actitudes negativas, pero afirma que su actitud era positiva: "... como entristecidos, pero siempre gozosos; como pobres, pero enriqueciendo a muchos; como no teniendo nada, pero poseyéndolo todo" (2 Cor. 6:10). En esto tenemos la clave del ascetismo; todo depende del punto de vista de la persona y su percepción de sus circunstancias. Algunos consideran que el vivir como cristiano abarca hacer muchos sacrificios, pero otros consideran que es la vida más cómoda y agradable que uno pudiera vivir.

5. La ética de Pablo y la relación con la ley

Pablo tuvo mucho que decir con relación a la ley. Varios pasajes en Romanos y Gálatas nos dan la impresión que, según Pablo, la ley servía para condenar al ser humano, y por eso su efecto era más bien negativo. Su propia experiencia como judío que buscaba justificarse por medio de la ley le llevó a rechazar tal camino:

> Pero sabemos que todo lo que dice la ley, lo dice a los que están bajo la ley, para que toda boca se cierre, y todo el mundo esté bajo juicio ante Dios. Porque por las obras de la ley nadie será justificado delante de él; pues por medio de la ley viene el reconocimiento del pecado (Rom. 3:19, 20).

En otra referencia Pablo dice que la ley servía para encaminar a uno a Dios: "De manera que la ley ha sido nuestro tutor para llevarnos a Cristo, para que seamos justificados por la fe. Pero como ha venido la fe, ya no estamos bajo tutor" (Gál. 3:24, 25). Pablo tenía un respeto apropiado para la ley y su propósito en el plan de Dios.

Pero Pablo rechazó con vehemencia los esfuerzos de los que querían imponer la ley sobre los que habían conocido a Cristo. Esto ilustra que Pablo consideró que la ley ya no estaba en vigencia para los cristianos. La ley no había producido gente regenerada, aunque seguramente había gente moralmente acorde con las normas de los Diez Mandamientos de no haber matado, no haber cometido adulterio, no haber robado, etc. Repudió las partes de la ley ceremonial, tales como la observancia de ciertas ceremonias, especialmente la circuncisión. Trató de insistir que la fe en Cristo es todo lo que necesita uno para salvarse. El cristiano no tiene que someterse a las reglas de la ley.

Había personas en las iglesias de Galacia que habían malinterpretado la relación de la ley con la fe, y estaban enseñando que era necesario ser circuncidado y obedecer otras facetas de la ley además de tener la fe. Pablo afirmó que sólo por la fe alguien es salvo: "... pero sabiendo que ningún hombre es justificado por las obras de la ley, sino por medio de la fe en Jesucristo, hemos creído nosotros también en Cristo Jesús, para que seamos justificados por la fe en Cristo, y no por las obras de la ley. Porque por las obras de la ley nadie será justificado" (Gál. 2:16). La declaración de Pablo en Romanos 7, refiriéndose a sus esfuerzos por justificarse delante de Dios por medio de la ley, representa su frustración: "¡Miserable hombre de mí! ¿Quién me librará de este cuerpo de muerte? ¡Doy gracias a Dios por medio de Jesucristo nuestro Señor! Así que yo mismo con la mente sirvo a la ley de Dios; pero con la carne, a la ley del pecado" (Rom. 7:24, 25).

La incertidumbre del papel de la ley y su relación con la nueva fe en Cristo era un problema para los cristianos del primer siglo. Ya que muchos de los primeros creyentes eran judíos que habían guardado la ley, les era difícil deshacerse de la tradición que era parte de su cultura. El concilio en Jerusalén (Hech. 15) intentó resolver este problema entre los primeros cristianos gentiles, pero parece que era un tema de controversia hasta que el cristianismo hizo su rompimiento completo con el judaísmo.

Pablo enseñó que el cristiano ya no está bajo la ley, sino bajo Cristo y su relación con él por medio del Espíritu Santo: "Pero ahora, habiendo muerto a lo que nos tenía sujetos, hemos sido liberados de la ley, para que sirvamos en lo nuevo del Espíritu y no en lo antiguo de la letra" (Rom. 7:6). Su perspectiva de que el cristiano está frente a un panorama completamente nuevo se ve en la declaración: "De modo que si alguno está en Cristo, nueva criatura es; las cosas viejas pasaron; he aquí todas son hechas nuevas" (2 Cor. 5:17).

Pablo está diciendo que los controles externos al ser humano no son suficientes para hacerlo bueno; los controles del Espíritu Santo sí le ayudan para vivir correctamente. El vivir la vida cristiana no consiste en seguir un manual de disciplina, como algunos han intentado hacer del cristianismo. La ley con sus prohibiciones, sumando más de 600 si contamos las contribuciones de los rabinos durante los siglos antes de Cristo, representaban una carga que promovía el legalismo entre las personas en el día de Jesús y de Pablo. Ellos rechazaron la lista de condenaciones y favorecieron la libertad bajo el control del Espíritu Santo.

III. LA RELACION DE LA RELIGION Y LA ETICA EN PABLO

El punto de vista de Pablo es que los males morales y sociales de la cultura de su día se debían a la falta de una religión que afectara el comportamiento diario de la persona. En las religiones misteriosas no había relación entre el sentido de reverencia hacia lo divino y su impacto sobre la vida. En cambio, ya hemos visto en el Antiguo Testamento que la relación vertical con Dios trae como consecuencia una vida moral que cumple con los mandamientos de Dios y que busca la justicia en todas las relaciones humanas. A la vez vimos que Cristo enseñó que el entrar en el reino de Dios resultaba en la implementación de las disciplinas que eran compatibles con lo que Cristo vivió como ejemplo. El mensaje de Pablo concuerda con el mensaje del Antiguo Testamento y los Evangelios.

Esta relación se ilustra con la organización que Pablo dio a las epístolas que escribió. En Romanos 1, Pablo presenta un cuadro bastante feo de las condiciones de las personas que no han conocido a Dios. Aunque Pablo presenta condiciones que no se pueden tomar como universales en su día, se reconoce que existían todos los males de que él habla. Pablo dice que cuando el mundo gentil rechazó a Dios, Dios los entregó a una mente reprobada (Rom. 1:28). Pablo vivía en una época cuando la gente creía en los dioses, pero no entendía las implicaciones de esta creencia en su comportamiento diario. Las religiones griegas tanto como las romanas no habían hecho nada para la vida moral del ser humano.

En la epístola a los Romanos, Pablo dedica once capítulos a la discusión de asuntos teológicos, los cuales tienen que ver con la condición pecaminosa de la humanidad, la provisión de la redención del pecado, la libertad que el cristiano siente en Cristo, la condición de la nación de Israel ante Dios y, después de todo eso, llega a la sección ética, desde el capítulo 12 en adelante, donde habla de la manera en que el ser humano debe comportarse por haber sido salvo por Cristo. Se ve aquí que primero Pablo estableció la base teológica de la relación con Dios y después explicó las implicaciones de tal experiencia en la manera en que la persona vive todos los días.

En 1 Corintios, Pablo discute principalmente temas de interés ético, incluyendo las divisiones que existían en la iglesia, por motivo de formar partidos alrededor de los líderes que la iglesia había tenido. También discute los problemas morales que había entre los miembros de la iglesia; los dones espirituales y sus valores relativos; los abusos en cuanto a la observancia de la cena del Señor; y el atavío de las mujeres. Es una de las epístolas de más contenido moral que hay en la Biblia.

Otras epístolas paulinas que tienen secciones donde se tratan asuntos religiosos y teológicos, y terminan con una sección de aplicación social y moral, son Efesios, Colosenses y 1 Timoteo. Es muy claro que Pablo vio la importancia de la ética como el resultado de la experiencia religiosa.

También es claro en las enseñanzas de Pablo que el resultado de la conversión es la purificación de la vida de los vicios. Dijo: "Porque si bien en otro tiempo erais tinieblas, ahora sois luz en el Señor. ¡Andad como hijos de luz! Pues el fruto de la luz consiste en toda bondad, justicia y verdad" (Ef. 5:8, 9). Pablo declara en forma categórica que hay una diferencia moral en los que se convierten:

¿No sabéis que los injustos no heredarán el reino de Dios? No os engañéis: que ni los fornicarios, ni los idólatras, ni los adúlteros, ni los afeminados, ni los homosexuales, ni los ladrones, ni los avaros, ni los borrachos, ni los calumniadores, ni los estafadores, heredarán el reino de Dios. Y esto erais algunos de vosotros, pero ya habéis sido lavados, pero ya sois santificados, pero ya habéis sido justificados en el nombre del Señor Jesucristo y en el Espíritu de nuestro Dios (1 Cor. 6:9-11).

IV. LOS MOTIVOS A LOS QUE PABLO APELA

La motivación es muy importante en el comportamiento humano. El acto tiene significado, pero el motivo del acto también influye sobre la moral de la acción. Uno puede hacer algo que se vería como bueno desde una perspectiva, pero cuando sale a la luz la motivación de tal acto, puede disminuir su validez moral. Por ejemplo, una compañía puede manifestar interés en mejorar la vivienda para la gente de pocos recursos, e invertir mucho dinero para construir viviendas para ellos. La meta final es mejorar el ambiente para poder atraer a la gente de más recursos y finalmente favorecer sus posibilidades económicas y comerciales. El dilema de si el fin justifica los medios siempre es una consideración válida en toda circunstancia.

1. El motivo del temor

Pablo utiliza el temor como motivo para apelar a las personas para tomar medidas a fin de escapar del juicio de Dios. Pablo anunciaba que por causa de la incredulidad y la inmoralidad venía la ira de Dios sobre los hijos de desobediencia: "Nadie os engañe con vanas palabras, porque a causa de estas cosas viene la ira de Dios sobre los hijos de desobediencia" (Ef. 5:6). El problema de los gentiles era que no tenían temor de Dios: "No hay temor de Dios delante de sus ojos" (Rom. 3:18). Por el hecho de tener la herencia de la vida eterna, Pablo apela a los corintios: "Así que, amados, ya que tenemos tales promesas, limpiémonos de toda impureza de cuerpo y de espíritu, perfeccionando la santidad en el temor de Dios" (2 Cor. 7:1). Pablo apela a los cristianos a cuidar su comportamiento, siendo prudentes en todo y no embriagándose con vino, porque eso lleva a uno al desenfreno. Después apela a la sumisión mutua "en el temor de Cristo" (Ef. 5:15-21).

Pablo hace claro que el pecado de la incredulidad produce otros pecados carnales. Amonesta a los creyentes: "Por lo tanto, haced morir lo terrenal en vuestros miembros: fornicación, impureza, bajas pasiones, malos deseos y la avaricia, que es idolatría. A causa de estas cosas viene la ira de Dios sobre los rebeldes" (Col. 3:5, 6). Hay validez en apelar a los cristianos a vivir una vida moral porque han experimentado una transformación espiritual por medio de la fe. Si siguen en el pecado, siendo creyentes, van a experimentar la disciplina del Señor en su vida, la cual puede llegar a ser severa. Por eso, el temor de Dios nos constriñe para vivir en la mejor manera posible.

2. La inmortalidad como motivo

Pablo motiva a los cristianos a vivir una vida pura en el sentido moral por la seguridad de que tienen una herencia eterna en los cielos. Para rematar su enseñanza cita un dicho común del día de Isaías y que se escuchaba mucho entre los epicúreos del día de Pablo: "Si los muertos no resucitan, ¡comamos y bebamos, que mañana moriremos!" (1 Cor. 15:32). Pablo utilizaba esta referencia para afirmar en forma más dramática el hecho que sí hay resurrección. Su fe en la resurrección le lleva a desafiar a los cristianos con relación a su comportamiento: "Así que, hermanos míos amados, estad firmes y constantes, abundando siempre en la obra del Señor, sabiendo que vuestro arduo trabajo en el Señor no es en vano" (1 Cor. 15:58).

Se debate la inmortalidad, y la influencia creciente de los naturalistas evolucionarios, los nihilistas y los humanistas seculares en nuestro mundo tiene el efecto de minar esta creencia más y más.[3] Marshall dice: "No se puede negar el hecho de que, si todo hombre creyera en la aniquilación de la personalidad después de la muerte, tal creencia ciertamente tendría un efecto grande y desanimador en la vida moral del hombre."[4] Los argumentos científicos y filosóficos para la inmortalidad no son suficientes para convencer a los incrédulos, pero el argumento desde la perspectiva de la religión sí es válido, según Trueblood.[5] Nos motivan las referencias de Pablo que apelan a los cristianos para vivir en forma moral porque tienen la fe en una inmortalidad futura.

3. La imitación de Cristo como motivo

La imitación de Cristo es un motivo al que apela Pablo en frecuentes referencias. Gálatas 2:20 es el pasaje que más se conoce para ilustrar esta verdad: "Con Cristo he sido juntamente crucificado; y ya no vivo yo, sino que Cristo vive en mí. Lo que ahora vivo en la carne, lo vivo por la fe en el Hijo de Dios, quien me amó y se entregó a sí mismo por mí." Pablo desafía a los cristianos para seguir el ejemplo de Cristo como modelo para su comportamiento.

---

[3] Richard B. Cunningham, *The Christian Faith and Its Contemporary Rivals*. Nashville: Broadman Press, 1988.

[4] L. H. Marshall, *The Challenge of New Testament Ethics* (Londres: Macmillan and Co., 1950), p. 237.

[5] D. Elton Trueblood, *Philosophy of Religion* (Grand Rapids: Baker Book House, 1982), p. 302.

Sabemos que si seguimos este consejo, va a tener un impacto constante sobre nuestra vida.

La llamada para seguir el ejemplo de Cristo en la práctica de la abnegación y una consideración de otras personas antes de pensar en nosotros mismos se ilustra en otro pasaje: "Haya en vosotros esta manera de pensar que hubo también en Cristo Jesús" (Fil. 2:5). Pablo continúa con una elaboración del proceso que siguió Cristo en no pensar en sí, sino pensar en otros primero, lo cual le llevó al sacrificio de su vida en la cruz. El ejemplo de Cristo en el vaciamiento o anonadamiento sirve de inspiración para los cristianos hoy en día. El cristiano debe poseer la misma humildad, no pensando en sus propios intereses y deseos, antes bien pensando en otros y en la manera en que podemos servir a otros.

4. El amor como motivo

El amor es otro motivo que Pablo menciona varias veces en sus epístolas. Hay cuatro palabras en griego que se traducen con la palabra amor. *Filia* [5373] es la respuesta emocional de uno hacia otro amigo íntimo, y es acompañado por sentimientos. *Eros* es el amor motivado por el impulso sexual, y es un elemento necesario en las relaciones matrimoniales. Desgraciadamente hay mucho erotismo proyectado en los cines, la televisión y la literatura que es ilícito desde el punto de vista cristiano, porque ignora las normas cristianas que deben influir en esta clase de amor. *Storge* no se usa en el Nuevo Testamento. Es la palabra para referirse a las relaciones filiales entre los miembros de una familia.

Agape [25] es la palabra más utilizada en el Nuevo Testamento, y se refiere a un amor desinteresado o no egoísta, un amor que se ejerce voluntariamente hacia otras personas por sus circunstancias y no por lo que uno recibirá. Cristo y sus seguidores transformaron el uso de *agape*, en forma positiva, ya que anteriormente no tenía el significado positivo que llegó a tener. Pablo utiliza el amor *agape* con mucha frecuencia en sus epístolas para referirse al amor de Dios por la humanidad y a la vez nuestra necesidad de amar a Dios y al prójimo. Desafía a los efesios: "Y andad en amor, como Cristo también nos amó y se entregó a sí mismo por nosotros como ofrenda y sacrificio en olor fragante a Dios" (Ef. 5:2). En Romanos amonesta: "El amor sea sin fingimiento, aborreciendo lo malo y adhiriéndoos a lo bueno: amándoos los unos a los otros con amor fraternal" (Rom. 12:9, 10). En este versículo Pablo utiliza las dos palabras, *agape* y *filia*.

El pasaje más famoso en los escritos de Pablo que trata el tema del amor es 1 Corintios 13. Este capítulo sugiere que el amor es el don espiritual más alto. Es más importante que las capacidades de hablar con elocuencia o en lenguas. Es más importante que el don profético que le ayuda a uno a comprender todos los misterios del universo en el pasado tanto como en el futuro. Es más importante que la religión de filantropía o de humanismo, que le impulsa a uno a repartir los bienes y dar de comer a los pobres. Aun la religión de sacrificio propio, o ascetismo, no es tan grande como la del amor.

Pablo describe el amor en la siguiente manera: "... tiene paciencia y es bondadoso. El amor no es celoso. El amor no es ostentoso, ni se hace arrogante. No es indecoroso, ni busca lo suyo propio. No se irrita, ni lleva cuentas del mal. No se goza de la injusticia, sino que se regocija con la verdad" (1 Cor. 13:4-7).

Este pasaje inmortal elogia el amor entre los seres humanos. Ilustra que el amor fraternal puede resolver cualquier conflicto. Estamos descubriendo que la implementación de este principio trae resultados positivos entre los miembros de la familia, en la comunidad y en las relaciones internacionales.

5. El deber como motivo en la vida cristiana

Pablo insiste en que debemos vivir moralmente como cristianos porque esto es nuestro deber. En 1 Corintios 6:19, 20 dice: "¿O no sabéis que vuestro cuerpo es templo del Espíritu Santo, que mora en vosotros, el cual tenéis de Dios, y que no sois vuestros? Pues habéis sido comprados por precio. Por tanto, glorificad a Dios en vuestro cuerpo." La terminología de Pablo refleja el comercio de esclavos de la época. En el día de Pablo la esclavitud abundaba, y seguramente Pablo había presenciado la experiencia de un negociante que compraba esclavos. Seguramente había un intercambio de exponer las capacidades del esclavo y un regateo por el precio. Pero al llegar a un acuerdo, el negociante pagaba el precio, y tomaba posesión del esclavo. Después, tenía autoridad absoluta sobre el esclavo. Podría brindarle su libertad, exigir una sumisión absoluta en el trabajo, o decretar su muerte. En la aplicación a la esfera cristiana Pablo dice que somos esclavos de Cristo, y debemos actuar de acuerdo con los mandatos de nuestro amo. En otro pasaje Pablo habla de llevar en su cuerpo "las marcas de Jesús" (Gál. 6:17), que puede ser una referencia a las marcas que pusieron en los esclavos para identificarlos con su dueño. Las marcas que el cristiano debe llevar son los frutos del Espíritu Santo: "Amor, gozo, paz, paciencia, benignidad, bondad, fe, mansedumbre y dominio propio" (Gál. 5:22, 23).

6. La razón como motivo en la ética de Pablo

Entre otros posibles motivos que Pablo presenta está el de apelar a lo razonable para servir a Dios: "... os ruego por las misericordias de Dios que presentéis vuestros cuerpos como sacrificio vivo, santo y agradable a Dios, que es vuestro culto racional" (Rom. 12: 1). La razón nos dice que es más sabio seguir las normas morales para poder vivir mejor. Uno sabe que si come comestibles o toma bebidas dañinas para la salud va a sufrir las consecuencias de tal proceder. En la época actual hay más interés en el cuidado del cuerpo. La medicina preventiva nos ha enseñado que si cuidamos del cuerpo, ingiriendo las comidas sanas, tomando los ejercicios normales y durmiendo suficientemente, vamos a disfrutar de una vida más larga y con una calidad de vida más alta.

En 1 Tesalonicenses 4:1-12 Pablo también apela a los cristianos a hacer lo decente o lo decoroso, actuando como seguidores de Cristo en toda relación con la familia, en el trabajo y otras relaciones. También en Romanos 13 Pablo elabora sobre los deberes del cristiano con relación a la autoridad civil. Uno tiene que utilizar la razón para funcionar bien en las relaciones cívicas y en esta manera poner su aporte para una vida de paz y seguridad.

V. EL PECADO EN LAS ENSEÑANZAS DE PABLO

El apóstol Pablo presenta normas muy claras que exigen que el cristiano deje el pecado y las apariencias del pecado. No hay duda en cuanto a la opinión de Pablo en qué consiste el pecado. Tiene varias listas donde se mencionan en forma específica.

1. Vicios sexuales

Pablo condena sin excepción los pecados del adulterio y la fornicación. Dijo: "El cuerpo no es para la inmoralidad sexual, sino para el Señor, y el Señor para el cuerpo" (1 Cor. 6:13). Un poco después, dice: "Huid de la inmoralidad sexual. Cualquier otro pecado que el hombre cometa está fuera del cuerpo, pero el fornicario peca contra su propio cuerpo" (1 Cor. 6:18). Pablo condena la inmoralidad sexual, citando un caso en Números 25:9 cuando 23.000 personas murieron a causa de este pecado (1 Cor. 10:8). El adulterio es traducido "impureza" en la RVA (Gál. 5:19). Las epístolas a los efesios (Ef. 5:3), los colosenses (Col. 3:5) y los tesalonicenses (1 Tes. 4:3) mencionan estos dos pecados.

Es lamentable que en nuestro día se han olvidado estas enseñanzas. Hoy en día los programas de televisión, el cine y las novelas consideran que es necesario incluir unos cuantos casos de contacto sexual para que la película o el libro tenga éxito económico. Deja la impresión que la infidelidad sexual en el matrimonio es común y que no lleva consecuencias negativas. El participar en el acto sexual para jóvenes solteros es normativo, y el abstenerse del sexo hasta el matrimonio se ve como idea anticuada. Cuando un grupo de jóvenes decide promover la práctica de entrar en pacto de esperar el matrimonio para tener relaciones sexuales, es noticia mundial que capta la atención de los medios de comunicación.[6]

Otras prácticas inmorales sexuales son condenadas por Pablo. El caso del incesto en Corinto fue condenado fuertemente: "Pero quitad al malvado de entre vosotros" (1 Cor. 5:13). Pablo condena la homosexualidad. En Romanos dice:

... Dios los entregó a pasiones vergonzosas; pues sus mujeres cambiaron las relaciones naturales por relaciones contra naturaleza. De la misma manera, también los hombres, dejando las relaciones naturales con la mujer, se encendieron en sus pasiones desordenadas unos con otros, cometiendo actos vergonzosos, hombres con hombres... (Rom. 1:26, 27).

Las prácticas homosexuales y bisexuales eran comunes entre los griegos en sus orgías. Se dice que entre los emperadores había algunos que practicaban tales cosas. Suetonio dice que Julio César era el "hombre de toda mujer y la mujer de todo hombre". Por estas razones, Pablo hizo declaraciones muy claras de que Dios condena tales pecados (Col. 3:5).

En la actualidad hay presión de muchas partes para reconocer el homosexualismo como una alternativa aceptable al heterosexualismo. El argumento es que los homosexuales han sido hechos en forma diferente de los demás, y que Dios vio que todo lo que hizo era bueno. Insisten en que hay personas que nacen así y no tienen la culpa; por eso no deben sufrir el rechazo de la sociedad y la discriminación.

Insistimos en que el mensaje bíblico es válido, y llama pecado al acto homosexual. Es probable que algunos homosexuales han llegado a tener esa orientación por influencias malsanas en el ambiente. La Biblia dice que el homosexual puede arrepentirse y cambiar su conducta, y Pablo cita el caso de algunos en la iglesia de Efeso que anteriormente eran así: "Y esto erais algunos de vosotros, pero ya habéis sido lavados, pero ya sois santificados, pero ya habéis sido justificados en el nombre del Señor Jesucristo y en el Espíritu de nuestro Dios" (1 Cor. 6:11).

2. Actividades mundanales

Otra clase de pecados que Pablo condena tiene que ver con actividades mundanales, tales como "enemistades, pleitos, celos, ira, contiendas, disensiones, partidismos, envidia, borracheras, orgías y cosas semejantes" (Gál. 5:20, 21). Como notamos en esta lista, abarca casi toda clase de pecado, pero el enfoque tiene que ver con las actividades con otras personas que buscan diversión carnal o que traen conflictos que resultan de la participación en

---

[6] Nancy Gibbs, "How Should We Teach Our Children about Sex?", *Time*, 24 de mayo 1993, pp. 60-66.

actividades que consideramos que encaminan a uno a pensar en la
satisfacción carnal y no una tranquilidad espiritual.

El uso del término "mundanal" necesita aclararse. Pablo dice
que el cristiano es ciudadano de un reino espiritual, y por eso debe
abandonar las cosas del mundo. En 2 Corintios 6:17 dice: "¡Salid
de en medio de ellos, y apartaos! dice el Señor. No toquéis lo im-
puro, y yo os recibiré." Estas palabras son citas de Isaías 62:11 e
ilustran que Pablo conocía bien el mensaje del profeta que apeló a
su pueblo para dejar el pecado y ser fiel a Jehovah. En el día de
hoy muchos han tratado de disminuir las diferencias entre el comportamiento de los cristianos y los inconversos, pero hace falta un
testimonio distintivo de los cristianos en nuestro medio.[7] Cuando
practicamos la honestidad en vez de la mentira, eso deja un testimonio positivo para Cristo. Cuando tomamos la decisión de no
participar en las actividades donde hay gente borracha y donde
pueden resultar riñas, esto también será un testimonio delante de
los inconversos. Las palabras de Pablo a los romanos nos dan la
pauta: "Andemos decentemente, como de día; no con glotonerías y
borracheras, ni en pecados sexuales y desenfrenos, ni en peleas y
envidia. Más bien, vestíos del Señor Jesucristo, y no hagáis provisión para satisfacer los malos deseos de la carne" (Rom. 13:13, 14).

A los efesios Pablo escribe:

> Y no os embriaguéis con vino, pues en esto hay desenfreno. Más
> bien, sed llenos del Espíritu, hablando entre vosotros con salmos, him-
> nos y canciones espirituales; cantando y alabando al Señor en vuestros
> corazones; dando gracias siempre por todo al Dios y Padre, en el nom-
> bre de nuestro Señor Jesucristo, y sometiéndoos unos a otros en el
> temor de Cristo (Ef. 5:18-21).

Pablo aquí da la alternativa cristiana a la participación en las borracheras. Es una participación activa en las cosas que edifican al
cristiano. Las bebidas alcohólicas producen varios males: Conflictos, peleas, pobreza, sufrimiento para mujeres y niños que resultan
del abuso por la embriaguez. A pesar de la práctica en algunos
países de sostener las instituciones de beneficencia con los impuestos que cobran por la venta de licores, los males que resultan de
tales actividades exceden los ingresos en forma dramática.

3. Los pecados de la lengua

Pablo condena el hablar corrupto, o sea, el repetir palabras
obscenas. El cristiano no debe participar en ningún sentido en
tales conversaciones, escuchando los cuentos de personas que tienen la mente corrompida. Pablo condena a los calumniadores,

---

[7] Nathan Hatch y Michael Hamilton, "Can Evangelicals Survive their
Success?", *Christianity Today*, 5 de octubre de 1992, pp. 20-31.

quienes habían representado sus declaraciones en forma incorrecta: "¿Y por qué no decir: 'Hagamos lo malo para que venga lo bueno'? De esto se nos calumnia, y algunos afirman que así decimos. La condenación de los tales es justa" (Rom. 3:8). En ningún momento estaba Pablo aconsejando a las personas que pecaran todo lo posible, para que la gracia de Dios abundara.

Pablo aconseja a Timoteo que las esposas de los diáconos no sean calumniadoras (1 Tim. 3:11). Como una de las señales de los postreros días dice que habría calumniadores en el mundo (2 Tim. 3:3), e instruye a las ancianas de la iglesia a que no sean calumniadoras (Tito 2:3). Pablo condena a los que hablan en una manera escondida y también a los que hablan abiertamente en contra de otros. En esto Pablo está condenando uno de los pecados más comunes entre cristianos. Siempre hay la tendencia de deleitarse en pasar de persona en persona noticias escandalosas con relación a otras personas. Pablo aconseja dejar de hablar "palabras groseras de vuestra boca. No mintáis los unos a los otros..." (Col. 3:8, 9).

De modo que Pablo condena varios pecados de la lengua, abarcando palabras corrompidas, bromas groseras, chismes, cosas que no son apropiadas y blasfemias (Ef. 5:4, Col. 3:8). Si pudiéramos poner en práctica estos consejos, el resultado sería un intercambio de cosas positivas en nuestras iglesias y las instituciones cristianas.

4. Los pecados del espíritu

Los pecados del espíritu tienen que ver con orgullo, envidia, contienda y vanagloria. Pablo condena a los que predican a Cristo "por envidia y contienda, pero otros lo hacen de buena voluntad" (Fil. 1:15). La incredulidad también es un pecado del espíritu, porque tiene que ver con la naturaleza espiritual de uno (Tito 1:15).

Pablo trataba con los cristianos en cada una de las iglesias que manifestaban los pecados del espíritu. La iglesia de Corinto estaba dividida sobre las preferencias de algunos por Pablo, otros por Apolos y otros que decían que eran de Cristo solamente (1 Cor. 3:4-7). Estas diferencias entre cristianos traen divisiones en las iglesias hasta hoy día. El orgullo se manifiesta a veces cuando los líderes espirituales se perciben más como gerentes de empresas que como pastores de almas.

VI. LOS FRUTOS DE LA VIDA CRISTIANA

En Gálatas 5 Pablo presenta una lista de las virtudes que él considera como el fruto del Espíritu Santo: "Pero el fruto del Espíritu es: amor, gozo, paz, paciencia, benignidad, bondad, fe, mansedumbre y dominio propio" (Gál. 5:22). Estas virtudes abarcan las cualidades morales en los seres humanos que promueven buenas relaciones con Dios, con los demás seres humanos y con las instituciones de la sociedad.

1. Amor

El amor fraternal encabeza la lista de virtudes. Esta virtud se menciona en Gálatas 5, pero es elaborada en 1 Corintios 13. Ya hemos comentado un poco sobre el énfasis de este pasaje en una sección anterior de este capítulo. Afirma que de todas las virtudes que perduran, la más grande es el amor.

Pablo anima a los gálatas así: "... servíos los unos a los otros por medio del amor" (Gál. 5:13). No deben pensar que ya que son cristianos pueden actuar de acuerdo con los deseos carnales. Parece que algunos habían criticado a Pablo y habían interpretado sus enseñanzas para decir que una vez salvo uno podría pecar en forma carnal todo lo que quisiera, ya que la fe en Cristo cubre todo pecado. Pero si uno manifiesta el amor fraternal en las relaciones, eso va a solucionar el problema del pecado.

Pablo describe la vida cristiana como un "andar" cuando escribió a los de la iglesia de Efeso: "Por eso yo, prisionero en el Señor, os exhorto a que andéis como es digno del llamamiento con que fuisteis llamados: con toda humildad y mansedumbre, con paciencia, soportándoos los unos a los otros en amor" (Ef. 4:1, 2). Humildad, mansedumbre y amor son los ingredientes para la armonía en la iglesia. A los filipenses dijo: "Algunos, a la verdad, predican a Cristo por envidia y contienda, pero otros lo hacen de buena voluntad. Estos últimos lo hacen por amor, sabiendo que he sido puesto para la defensa del evangelio" (Fil. 1:15, 16). La predicación del evangelio debe brotar de un amor sincero y un deseo de ver a las personas entregadas al Señor, y no por algún motivo personal. Su uso del ejemplo de Cristo, quien se humilló a sí mismo para salvar a la humanidad, ilustra el gran amor que Cristo tiene para todos (Fil. 2:1-11).

Pablo elogia el ejemplo de amor entre los hermanos de la iglesia en Colosas: "... porque hemos oído de vuestra fe en Cristo Jesús y del amor que tenéis por todos los santos" (Col. 1:4). El mensaje del evangelio había penetrado bien entre los cristianos allí, y el amor fraternal era evidente en las relaciones. Esto representa un desafío para nosotros hoy. Este amor se basaba en la esperanza que tenían los colosenses en el futuro inmediato y remoto. Hablando en forma figurativa, Pablo describe la vestimenta ideal del cristiano: "Pero sobre todas estas cosas, vestíos de amor, que es el vínculo perfecto" (Col. 3:14).

A los tesalonicenses Pablo les dice que su testimonio de amor ha sido muy bueno, y ha obrado grandes cosas para Dios (1 Tes. 1:3). Les encomienda a Dios, para que él "os haga abundar en amor unos para con otros y para con todos, tal como nosotros para con vosotros; a fin de confirmar vuestros corazones irreprensibles en santidad delante de Dios nuestro Padre, en la venida de nuestro Señor Jesús con todos sus santos" (1 Tes. 3:12, 13). El amor fraternal abundaba entre los cristianos allí: "Pero con respecto al amor fraternal, no tenéis necesidad de que os escriba, porque vosotros mismos habéis sido enseñados de Dios que os améis los unos a los otros" (1 Tes. 4:9). A Timoteo, Pablo aconseja: "Porque no nos ha dado Dios un espíritu de cobardía, sino de poder, de amor y de dominio propio" (2 Tim. 1:7). En todos estos pasajes podemos ver que el amor entre los cristianos es una de las cualidades que Pablo menciona más como el elemento que puede resolver muchos conflictos entre los seres humanos.

2. Gozo

Gozo es una virtud que Pablo menciona en la lista de los frutos del Espíritu. El gozo tiene que ver con el sabor general de la vida del cristiano. No hay lugar para una actitud agria o de pesimismo para el que tiene esperanza en el Cristo vencedor. Este elemento ayuda a contribuir positivamente al enriquecimiento de la vida. Pablo no está diciendo que el gozo es el resultado de las circunstancias o los privilegios grandes en la vida, sino que más bien es un elemento que el ser humano más pobre puede poseer, porque tiene un espíritu inquebrantable. El gozo da sabor positivo a la vida. Es de estímulo ver a un cristiano que puede manifestar el gozo en medio de las tribulaciones que vienen a todo cristiano tarde o temprano. En el desafío que Pablo dio a la iglesia de Roma para evangelizar a los inconversos, concluye con la siguiente bendición: "Que el Dios de esperanza os llene de todo gozo y paz en el creer, para que abundéis en la esperanza por el poder del Espíritu Santo" (Rom. 15:13).

Pablo tuvo que corregir a los corintios por los problemas que existían en la iglesia, pero les aconseja a tener gozo al ser corregidos, y cuando él llegue, todos puedan experimentar gozo: "Y a pesar de que estoy confiado en todos vosotros de que mi gozo es el mismo de todos vosotros, os escribí esto mismo para que cuando llegue, no tenga tristeza por causa de aquellos por quienes me debiera gozar" (2 Cor. 2:3).

3. Paz

La paz es la tranquilidad interna que siente el que tiene una relación correcta con Dios y viene como consecuencia de la conversión a Cristo. La paz es fruto de la fe, y los que han pasado por un tiempo de angustia por su pecado y después han experimentado la paz que viene cuando aceptan a Cristo y experimentan la libertad de la condenación, se dan cuenta de la calidad de la paz que experimentan (Rom. 5:1). Martín Lutero experimentó esta época de angustia, luchó por justificarse por medio de las obras, pero al fin descubrió la paz en Gálatas 3:11: "Desde luego, es evidente que por la ley nadie es justificado delante de Dios, porque el justo vivirá por la fe."

También el cristiano puede vivir en paz, a pesar de los problemas de falta de empleo, de inseguridad física en que viven algunos, y de los conflictos locales, nacionales e internacionales que caracterizan nuestra época en la historia. A los corintios, Pablo escribió: "Porque Dios no es Dios de desorden, sino de paz" (1 Cor. 14:33). Es interesante que en la mayoría de las salutaciones y las bendiciones de Pablo a las iglesias incluye la palabra "paz". Seguramente esto es testimonio de la importancia que los primeros cristianos pusieron en la paz.

4. Paciencia

La paciencia en el cristiano es la tranquilidad interna que uno tiene y que se deriva de la fe en Cristo y sabe que las cosas van a salir bien. Uno no tiene que afanarse e insistir en que las cosas pasen con rapidez, porque sabe que Dios obra por medio de cualquier circunstancia para llevar a cabo su voluntad. Pablo recomendó la paciencia en las relaciones humanas: "... con toda humildad y mansedumbre, con paciencia, soportándoos los unos a los otros en amor" (Ef. 4:2). Esta virtud nos ayuda a evitar multitudes de problemas que vienen por acciones precipitadas.

5. Benignidad

La benignidad es una cualidad que acompaña al creyente en sus relaciones con otros en el servicio cristiano. Pablo dice que nuestra religión es falsa si no produce la benignidad hacia otros. El cristianismo ha enseñado esta verdad en muchas esferas durante los años. Se percibe en el trato de los niños, de los esclavos, de las mujeres, y hasta de los animales. Las otras virtudes que son similares, las de bondad, fe, mansedumbre y templanza, hacen del cristiano un buen ejemplo en la sociedad. Todos son fruto del Espíritu Santo, que mora en el cristiano.

VII. PROBLEMAS ETICOS ESPECIALES EN PABLO

Pablo trató algunos problemas que no caben dentro de las divisiones que se han mencionado en este capítulo, pero son problemas que nos dan principios válidos para nuestro día.

1. El respeto por el hermano débil (1 Cor. 8:1-13)

La práctica de sacrificar animales a los ídolos y vender la carne que sobraba del sacrificio en el mercado presentó varios problemas para los creyentes. Algunos creyentes pensaban que el comprar y comer carne que había sido sacrificada a ídolos sería participar en la idolatría. Especialmente los nuevos convertidos sintieron el impacto de tal práctica, porque hacía poco ellos habían estado adorando a los dioses falsos por medio de los sacrificios. El comer la misma carne les parecía un acto de idolatría. Pablo trató de explicar que tal acto no sería idolatría, porque el cristiano sabe que no hay otros dioses excepto el verdadero.

Sin embargo, Pablo nos da un principio muy importante, que tiene que ver con el respeto por la conciencia de los nuevos convertidos: No debemos ser tropezadero para ellos (1 Cor. 8:9). Pablo concluye su trato del problema con estas palabras: "Por lo cual, si la comida es para mi hermano ocasión de caer, yo jamás comeré carne, para no poner tropiezo a mi hermano" (1 Cor. 8:13). No tenemos este problema hoy en día, pero nos da un principio que nos guía frente a circunstancias contemporáneas ambiguas. Esto podría abarcar la asistencia a actividades cuestionables, tales como los cines y programas de televisión donde abundan la violencia y el sexo, las actividades deportivas donde las personas apuestan y otras funciones en las que abundan las bebidas alcohólicas, el juego de azar y otras actividades donde el testimonio del cristiano puede ser comprometido.

2. La vestimenta de las mujeres (1 Cor. 11:2-16)

La vestimenta de las mujeres siempre ha despertado controversia. Pablo seguía las normas prevalecientes de la cultura de su época, las cuales dictaban que una mujer pía debía cubrir su cabeza en los actos de adoración y dejarse crecer el cabello. A la vez Pablo dijo que era deshonroso al hombre dejarse crecer el cabello, mientras a la mujer le es honroso dejarse crecer el cabello (1 Cor. 11:14).

Debemos considerar que estas normas eran temporales en su aplicación, y no representan normas permanentes para toda cultura. En el día de hoy mucho ha cambiado, y la moralidad de las mujeres no se mide por medio del corte de cabello o su modo de vestir. Ni tampoco así se mide al hombre por su cabello. Muchas iglesias tratan de imponer estas instrucciones de Pablo como mandamientos que hay que obedecer literalmente. Nuestro punto de vista es diferente; la norma es que las mujeres deben vestirse en forma modesta e inspirar a todos a la piedad.

3. Días y comidas (Rom. 14:1-23)

Parece que los hermanos en Roma estaban luchando con los mismos problemas de los de Corinto con relación a las cosas que se podían comer y las que estaban prohibidas. Pero parece que los de

Roma también estaban perturbados sobre ciertos días de adoración. Pablo declara: "Mientras que uno hace diferencia entre día y día, otro juzga iguales todos los días. Cada uno esté convencido en su propia mente" (Rom. 14:5). El consejo de Pablo es que no debemos juzgar al hermano; más bien debemos dar libertad a la persona para actuar de acuerdo con su propia conciencia: "Así que, no nos juzguemos más los unos a los otros; más bien, determinad no poner tropiezo, impedimento u obstáculo al hermano" (Rom. 14:13). Su solución es muy sabia: "Así que, sigamos lo que contribuye a la paz y a la mutua edificación. No destruyas la obra de Dios por causa de la comida" (Rom. 14:19, 20). Hay asuntos de mayor importancia que discutir y dividirnos sobre días y comidas.

4. La inminente segunda venida de Cristo (1 Cor. 7)

La convicción de Pablo de que Cristo iba a regresar pronto a la tierra le influyó a dar consejos que consideramos inválidos para nuestro día. En 1 Corintios 7 Pablo menciona a los jóvenes que no debieran casarse, "a causa de la presente dificultad" (1 Cor. 7:26). Y a las viudas dice: "... pero si su esposo muere, está libre para casarse con quien quiera, con tal que sea en el Señor. Pero según mi opinión, más feliz será si permanece así" (1 Cor. 7:39, 40).

Sabemos que Pablo y los otros cristianos que esperaban la próxima segunda venida del Señor no vieron los siglos que han pasado desde su día y el nuestro. Si la iglesia cristiana hubiera seguido el consejo de Pablo con relación a no casarse, hubiera sido el fin del cristianismo dentro de pocos años. Por eso, uno no tiene que seguir ese consejo.

CONCLUSION

Las enseñanzas éticas de Pablo son producto de circunstancias especiales en las distintas iglesias locales que Pablo estableció y visitaba. Pablo no pensaba establecer leyes universales y eternas con sus consejos a los creyentes con problemas variados. Sin embargo, el Espíritu Santo estaba obrando de tal manera que estos consejos para circunstancias específicas han llegado a formar parte de nuestro Nuevo Testamento y nos dan la base para formular principios generales que se pueden aplicar en todas las épocas.

El mensaje ético de Pablo se basa sobre el tema que se considera la gran contribución teológica de Pablo: la justificación por medio de la fe. La experiencia de la conversión trajo al cristiano a una relación especial con Cristo, y por eso su vida cambió para siempre. El ser humano que determina seguir este camino de Cristo va a encontrar muchas dificultades y desafíos, pero también tiene el recurso de una potencia que le infunde las cualidades necesarias para perseverar.

Según Pablo, la vida cristiana no consiste en el cumplimiento legalista de ciertas leyes. Este concepto está muy lejos de las enseñanzas de Pablo. Básicamente la vida cristiana es una relación personal con Cristo. Cuando uno entra en esta relación por medio de la conversión, recibe la potencia para revolucionar su vida. Como consecuencia de esta experiencia quiere esforzarse para vivir la vida más perfecta, la que más agrada al que le salvó. Para hacerlo, buscará el mejor camino, dejando a un lado los vicios y haciendo esfuerzos por reflejar en su vida las virtudes personales y sociales que son la base de una sociedad estable. Esta experiencia diaria enriquece grandemente la vida de todo hombre.

8

LA ETICA DE LOS OTROS ESCRITORES DEL NUEVO TESTAMENTO

INTRODUCCION

Hemos hecho un estudio general de las enseñanzas éticas en los Evangelios, abarcando las enseñanzas de Jesús y el ejemplo que dio por medio de sus milagros y otros actos de ministerio entre la gente. La vida y las enseñanzas de Jesús nos inspiran para luchar por vivir de acuerdo con su ejemplo. Las enseñanzas éticas de Pablo, desarrolladas como respuesta a problemas específicos en los lugares donde él había ido para predicar, a pesar del hecho de que a veces no se aplican a nuestra situación local, sin embargo sirven para darnos principios para guiarnos en la toma de decisiones morales.

Ahora vamos a considerar las enseñanzas éticas de los otros libros del Nuevo Testamento para completar el panorama de la ética de la Biblia. Estos libros contienen algunas de las enseñanzas más importantes con relación a nuestro deber para con Dios y con el prójimo.

I. HEBREOS

El tema de la epístola a los Hebreos es la supremacía de la revelación de Cristo sobre toda otra revelación. La revelación en Cristo es suprema a la de los profetas, a Moisés y la ley, a los sacerdotes y al sistema sacerdotal y a los ángeles. Es la revelación final de Dios para la humanidad. Los primeros capítulos de la epístola hacen un resumen de estas revelaciones anteriores, pero el autor llega al punto de resaltar el hecho que toda revelación anterior era preparatoria para la suprema en Cristo Jesús. Parece que en aquel día algunos de los cristianos estaban tentados a regresar al judaísmo y sus ritos, puesto que no estaban seguros de su decisión de haber seguido a Cristo. El autor les escribe para animarles a la lealtad y la fidelidad a Cristo y amonestarles de los peligros de abandonar el cristianismo después de haber iniciado ese peregrinaje.

1. La fe

Una de las virtudes que más se destaca es la fe. El autor quería hacerles ver que la fe puede darles la voluntad para quedarse con la decisión que hicieron cuando aceptaron a Cristo. Al capítulo 11 se lo reconoce como la gran lista de personas fieles a Dios y obedientes a su propósito para sus vidas. Estos grandes personajes no rechazaron el camino de Dios a pesar de las pruebas que experimentaron. El capítulo habla de personajes destacados como Abel, Enoc, Noé, Abraham, Sara, Isaac, Moisés, Rajab, Gedeón, Sansón, David, Samuel y los profetas, y menciona algo especial en el caso de muchos de estos personajes.

El autor advierte de las consecuencias de abandonar la fe:

> Porque es imposible que los que fueron una vez iluminados, que gustaron del don celestial, que llegaron a ser participantes del Espíritu Santo, que también probaron la buena palabra de Dios y los poderes del mundo venidero, y después recayeron, sean otra vez renovados para arrepentimiento; puesto que crucifican de nuevo para sí mismos al Hijo de Dios y le exponen a vituperio (Heb. 6:4-6).

2. El amor fraternal y las buenas obras

El amor fraternal es otra virtud a que alude el autor de Hebreos. Después de haber presentado su argumento convincente de la superioridad de la revelación en Cristo, llega a la parte práctica de la epístola, donde apela a la aplicación de las virtudes cristianas: "Considerémonos los unos a los otros para estimularnos al amor y a las buenas obras" (Heb. 10:24). Estas virtudes habían de reformar la cultura romana del primer siglo, y ha sido la levadura para impregnar las sociedades durante 2.000 años. El amor es la cualidad que más distingue a los cristianos y hace su impacto sobre los inconversos.

En el último capítulo el autor vuelve al tema del amor fraternal: "Permanezca el amor fraternal" (Heb. 13:1). Después, elabora sobre las implicaciones de este desafío. Abarca la hospitalidad, un ministerio a los antisociales que están presos en las cárceles y los afligidos, o sean las personas que sufren por enfermedades, persecuciones u otras causas.

3. La perseverancia

Hay que luchar para perseverar en seguir el camino de Cristo: "Por tanto, nosotros también, teniendo en derredor nuestro tan grande nube de testigos, despojémonos de todo peso y del pecado que tan fácilmente nos enreda, y corramos con perseverancia la carrera que tenemos por delante, puestos los ojos en Jesús, el autor y consumador de la fe..." (Heb. 12:1, 2). La vida cristiana se asemeja a una carrera en que el atleta compite. El tiene que entrenarse constantemente para estar en óptimas condiciones en el momento de participar en la competencia; tiene que disciplinarse para abstenerse de las cosas dañinas y para incluir en su régimen diario las actividades positivas. Es un desafío para el cristiano cumplir con estos ideales.

4. Relaciones matrimoniales

El autor de la epístola menciona el aspecto sexual en el matrimonio: "Honroso es para todos el matrimonio, y pura la relación conyugal; pero Dios juzgará a los fornicarios y a los adúlteros" (Heb. 13:4). Es posible que ya se estaba sintiendo la influencia ascética de los primeros cristianos, en que se los presiona a no casarse, y a los casados a vivir sin participar en el acto sexual en el matrimonio. Estaban equivocados en su concepto que el seguir a Cristo significaba la sofocación de los impulsos normales. El autor afirma que el matrimonio tiene la bendición de Dios y los que quieren casarse deben sentir libertad para hacerlo. Afirma que la relación sexual en el matrimonio tiene la aprobación y la bendición de Dios, pero indica que la fornicación y el adulterio son pecados graves, que traerán el castigo de Dios. Los cristianos en los siglos inmediatamente después de la época de los apóstoles lucharon con la implementación de estos principios. El cristianismo sano hace hincapié en que el acto sexual es normal para los casados y es una expresión poderosa del amor mutuo.

II. SANTIAGO

Santiago ha sido llamada la epístola más exclusivamente ética y práctica en el Nuevo Testamento. El tema es la religión pura e incontaminada: "La religión pura e incontaminada delante de Dios y Padre es ésta: visitar a los huérfanos y a las viudas en su aflicción, y guardarse sin mancha del mundo" (Stg. 1:27). Se aprecia que la religión pura abarca actos de misericordia hacia los necesitados y una moral personal que distingue al cristiano de los inconversos. Las pruebas de una experiencia genuina cristiana son temas elaborados en casos específicos que se presentan en la epístola.

1. Una aceptación incondicional de otros

Santiago condena el hacer distinciones por diferencias sociales entre los que participan en la vida de la iglesia cristiana: "Hermanos míos, tened la fe de nuestro glorioso Señor Jesucristo, sin hacer distinción de personas" (Stg. 2:1). Ilustra su principio con el caso de si un rico que llega con anillo de oro y ropa lujosa es recibido con pompa; y si un pobre llega con vestido sucio es relegado a un lugar insignificante (Stg. 2:2-4). Este principio tiene su validez no solamente al tratar con las diferencias entre ricos y pobres;

abarca también las diferencias de raza, de nacionalidad y de sectores dentro de un solo país. Hemos visto las tragedias que resultan de la violación de este principio. Aunque hemos hecho progreso en algunas áreas, las noticias diarias de los países del mundo donde todavía hay conflicto son abrumadoras.

2. La generosidad

Otra expresión de la religión práctica es la disposición de compartir con los necesitados en un espíritu de amor cristiano. "Si un hermano o una hermana están desnudos y les falta la comida diaria, y alguno de vosotros les dice: 'Id en paz, calentaos y saciaos', pero no les da lo necesario para el cuerpo, ¿de qué sirve?" (Stg. 2:15, 16). Una bendición para los hambrientos o un gesto de evangelizar sin primero suplir las necesidades físicas va a resultar en un rechazo del evangelio. Este pasaje justifica los ministerios sociales que buscan atender las necesidades materiales de las personas simultáneamente con la presentación del evangelio.

Este pasaje despierta inquietud en las personas que viven en las partes del mundo donde abunda la comida y las demás cosas materiales, mientras están conscientes de otros sectores del mundo donde las necesidades de los elementos más básicos no se suplen por factores geográficos, como sequías y factores políticos, como gobiernos opresivos, los cuales imposibilitan la adquisición de los elementos más básicos para la sobrevivencia. Algunos mandan dinero a organizaciones que se dedican a resolver estos problemas, y otros abogan por cambios estructurales que permitirían una distribución más justa y equitativa de los productos de la tierra sin consideración de las divisiones políticas y sociales.

3. El dominio de la lengua

Una evidencia de una experiencia genuina con Cristo es la capacidad de dominar la lengua: "Y la lengua es un fuego; es un mundo de maldad. La lengua está puesta entre nuestros miembros, y es la que contamina el cuerpo entero. Prende fuego al curso de nuestra vida, y es inflamada por el infierno" (Stg. 3:6). El autor ilustra el poder del freno en la boca de un caballo para domarlo y del timón de un barco para dirigirlo en la dirección del antojo del capitán, a pesar de los vientos contrarios. Así la boca es un órgano muy pequeño, pero muy poderoso. A la vez la boca sirve para bendecir o para maldecir. Insiste en que el cristiano debe utilizar la boca para bendecir a otros y no para encender grandes peleas. Lo que sale de la boca debe ser consistente con la naturaleza y el comportamiento del cristiano.

4. Obras de mansedumbre de la sabiduría

Santiago apela a los cristianos para ejercer la sabiduría cristiana para producir las obras de mansedumbre. Esto sofocará los amargos celos y contiendas y la tendencia de mentir (Stg. 3:13, 14). La implementación de la fe práctica va a revolucionar las relaciones interpersonales entre los de la iglesia. Seguramente Santiago ya estaba experimentando las dificultades de fomentar un espíritu de benignidad entre los miembros de las iglesias en aquella época, y ha sido una lucha mantener este espíritu durante toda la historia del cristianismo. Caracteriza así esta sabiduría: "... la sabiduría que procede de lo alto es primeramente pura; luego es pacífica, tolerante, complaciente, llena de misericordia y de buenos frutos, imparcial y no hipócrita" (Stg. 3:17).

5. Enemistad con el mundo

Santiago percibe el mundo como la esfera de los inconversos donde el diablo domina (Stg. 4:7): "¡Gente adúltera! ¿No sabéis que la amistad con el mundo es enemistad con Dios? Por tanto, cualquiera que quiere ser amigo del mundo se constituye enemigo de Dios" (Stg. 4:4). Esta mundanalidad produce las guerras, los pleitos, las pasiones que encaminan a matar y las envidias.

La solución para estos pecados es el arrepentimiento que brota en lágrimas y la aflicción de espíritu, la sumisión a Dios y la humildad. Una confianza en la obra de Dios, una disposición de evitar la jactancia y una perseverancia en la oración son cualidades que verifican nuestra experiencia con Cristo.

III. LAS EPISTOLAS DE PEDRO

Hay una diferencia notable entre el Pedro que conocemos en las páginas de los Evangelios y el Pedro de Los Hechos de los Apóstoles y de las Epístolas. Pedro, pescador y discípulo del Señor, era una persona rústica, impetuosa e inclinada a brincar a conclusiones sin considerar todos los factores. Pero en el libro de Los Hechos vemos a un Pedro que ha sido transformado por la venida del Espíritu Santo y por la reflexión sobre la misión de este movimiento que llegaría a ser mundial. Cuando llega a escribir sus epístolas, varios años de avance del cristianismo le han hecho ver que su decisión de dejar las redes para seguir a Cristo en los años anteriores en verdad le han embarcado en una misión de alcances mundiales. Vamos a considerar su mensaje ético para el pueblo de su día.

1. Primera Pedro

Pedro dirigió su primera epístola a los creyentes expatriados de la dispersión en el Asia Menor. Comienza con una bendición a

Dios por la esperanza viva que tenemos por medio de la sangre de Jesucristo. Después de impresionar a los cristianos con la gran herencia que tenemos en Dios, les llama a una vida santa, puesto que tienen la mente preparada para actuar en forma sobria, ya que han experimentado la gracia de Dios que ha llegado por medio de Jesucristo.

(1) Santidad. El tema de la carta es el llamado a la santidad: "Antes bien, así como aquel que os ha llamado es santo, también sed santos vosotros en todo aspecto de vuestra manera de vivir, porque escrito está: 'Sed santos, porque yo soy santo'" (1:15, 16).

Aquí Pedro nos da el *modelo* de la santidad, que es Dios. Esta declaración de la santidad de Dios había sido un llamado para los judíos durante los siglos de su peregrinaje con Dios en las experiencias de las personas en el Antiguo Testamento. Continúa siendo la base para la santidad hasta hoy.

La *manera* de alcanzar esta santidad es por medio de la obediencia al Espíritu Santo y la práctica del amor fraternal: "Habiendo purificado vuestras almas en obediencia a la verdad para un amor fraternal no fingido, amaos los unos a los otros ardientemente y de corazón puro" (1:22).

La *meta* de esta santidad es alcanzar a los inconversos con el mensaje de la salvación (1:10). Hay más personas que se convierten al evangelio porque se impresionan con el amor fraternal entre los creyentes que por medio de la polémica.

(2) Madurez espiritual. Otro tema ético en la epístola tiene que ver con la madurez espiritual. Pedro insta a los cristianos a dejar la inmadurez: "Habiendo pues dejado toda maldad, todo engaño, hipocresía, envidia y toda maledicencia, desead como niños recién nacidos la leche espiritual no adulterada, para que por ella crezcáis para salvación" (2:1, 2). Este llamado tiene dos facetas: el dejar las actividades perjudiciales y desear las cosas que alimentan el desarrollo espiritual de los creyentes.

Más adelante Pedro apela a los hermanos cristianos para que se abstengan de "las pasiones carnales que combaten contra el alma" (2:11). Es evidente que hay una batalla espiritual en cada creyente que continúa alimentando los deseos carnales por medio de su comportamiento. Hoy en día este mensaje se necesita más que nunca, ya que estamos expuestos a mayores influencias de los medios modernos de la comunicación, los que apelan al aspecto carnal en la mayoría de los programas.

(3) Sumisión. La sujeción es tema céntrico en la esfera de la ética aplicada en esta epístola. Pedro llama a cada uno: "Estad sujetos a toda institución humana por causa del Señor" (2:13). Continúa mencionando las esferas de la sujeción: **a.** A los gobernantes, "quienes han sido enviados por él para el castigo de los que hacen el mal y para la alabanza de los que hacen el bien" (2:14). En la segunda parte de esta obra vamos a considerar todo lo que encierra las responsabilidades del gobierno, pero aquí Pedro menciona la importancia de los representantes de la ley en frenar el mal y premiar la obediencia. Estas facetas tienen importancia hoy en día.

b. La segunda esfera de sumisión abarca a los esclavos: "Siervos, estad sujetos con todo respeto a vuestros amos, no solamente a los que son buenos y comprensivos, sino también a los severos" (2:18). Es paradójico que Pedro puede aconsejar la sumisión aun cuando el trato es injusto, porque recordamos en su vida anterior un impulso de rectificar las injusticias (Mat. 26:51). Aquí se refiere a la recompensa de recordar que también Cristo sufrió por nosotros, el justo por los injustos, "para que sigáis sus pisadas" (2:21).

c. Pedro menciona la sumisión en el matrimonio de parte de las esposas (3:1-7). Como hemos dicho antes, tenemos que leer este pasaje dentro del contexto de la cultura de aquel entonces, donde las mujeres solían ocupar puestos inferiores a los esposos. Pedro justifica la sumisión, diciendo que el ejemplo de las mujeres puede ganar a los inconversos, porque pueden observar su "reverente y casta manera de vivir" (3:2).

Pedro detalla el modo de vestir en las mujeres cristianas: "Vuestro adorno no sea el exterior, con arreglos ostentosos del cabello y adornos de oro, ni en vestir ropa lujosa; sino que sea la persona interior del corazón, en lo incorruptible de un espíritu tierno y tranquilo. Esto es de gran valor delante de Dios" (3:3, 4). Pedro elogia la belleza interior, que viene por medio de la consagración al Señor, antes que la belleza exterior. El llama a los esposos a ser comprensivos y reconocer a la mujer como el vaso más frágil.

d. La cuarta esfera de la sumisión abarca a los pastores jóvenes en relación con los ancianos (5:5). Los jóvenes pueden aprender mucho de los pastores que han tenido años de servicio en la viña del Señor. Hay la tendencia en algunas partes de relegar a los ancianos a los puestos insignificantes, porque piensan que sus métodos son anticuados y no servirán para los desafíos del día moderno. Consideramos más de este tema al llegar al final de la discusión de esta epístola.

Pedro desarrolla las virtudes cristianas en manera semejante a lo que Cristo nos enseña en el Sermón del monte: "... sed todos de un mismo sentir: compasivos, amándoos fraternalmente, misericordiosos y humildes. No devolváis mal por mal, ni maldición por maldición, sino por el contrario, bendecid; pues para esto habéis sido llamados, para que heredéis bendición" (3:8, 9). Pedro argumenta: "¿Quién es aquel que os podrá hacer daño, si sois ávidos por el bien?" (3:13). Un entusiasmo constante para el bien va a tener su efecto sobre los que obran mal en contra de los demás.

Pedro hace resaltar la importancia del amor en su primera epístola diciendo que el cristiano debe ser prudente y sobrio en la oración y sobre todo, tener ferviente amor, "porque el amor cubre una multitud de pecados" (4:8). Nos impresiona la manera en que cada uno de los escritores hace hincapié en el amor fraternal. Parece que los cristianos de los primeros años posteriores al ministerio terrenal de Cristo captaron el ejemplo de su vida tanto como las enseñanzas que dio. Pedro quería preparar a los cristianos para los sufrimientos que iban a venir y sabía que el amor entre los cristianos era el elemento que iba a sostenerlos en épocas de dificultad.

Pedro termina su epístola con palabras de consejo para los pastores: "Apacentad el rebaño de Dios que está a vuestro cargo, cuidándolo no por la fuerza, sino de buena voluntad según Dios; no por ganancias deshonestas, sino de corazón; no como teniendo señorío sobre los que están a vuestro cargo, sino como ejemplos para el rebaño" (5:2, 3). Pedro concibe que el modelo para el ministro es el pastor de ovejas y no el ejecutivo de una gran empresa. El amor por la gente y la disposición para estar a su lado en los momentos de crisis en sus vidas hará más por la grey de Dios que el ejercicio de la autoridad derivada de un organigrama elaborado por los graduados de las escuelas de administración en las universidades más prominentes de nuestro día, y una motivación económica que ofrece recompensa material por su servicio.

Pedro apela a todos a tener humildad, especialmente a los pastores jóvenes. Sabía que la soberbia es una tentación fuerte para los ministros jóvenes. También amonesta a todos a ser sobrios y a velar, ya que el diablo, "como león rugiente, anda alrededor buscando a quién devorar" (5:8). Exhorta a todos a tener paciencia frente a los padecimientos: "Y cuando hayáis padecido por un poco de tiempo, el Dios de toda gracia, quien os ha llamado a su eterna gloria en Cristo Jesús, él mismo os restaurará, os afirmará, os fortalecerá y os establecerá" (5:10).

2. Segunda Pedro

La segunda epístola de Pedro llama a los cristianos a manifestar la fe en su vida diaria, sabiendo que la fe es la base para desarrollar las otras virtudes: "... añadid a vuestra fe, virtud; a la virtud, conocimiento; al conocimiento, dominio propio; al dominio propio, perseverancia; a la perseverancia, devoción; a la devoción, afecto fraternal; y al afecto fraternal, amor" (1:5-7). Esta lista parece una pirámide, por medio de la cual el cristiano avanza simultáneamente en el aspecto cognoscitivo de la vida cristiana y a la vez en desarrollar las virtudes que lo llevan a la madurez. Dominio propio, perseverancia y amor fraternal son tres cualidades que los cristianos del primer siglo necesitaban para resistir la tentación carnal, para soportar las aflicciones de la persecución y para demostrar la virtud que más elogió el Señor Jesús, su ejemplo. Estas cualidades todavía son muy importantes para nosotros frente al mundo contemporáneo.

Pedro escribió la segunda epístola para afirmar de nuevo la validez de la revelación antiguotestamentaria de los profetas, y llama a los cristianos a no escuchar las interpretaciones privadas de falsos profetas y maestros; más bien, apela a todos para dejar que el Espíritu Santo les ilumine con relación al mensaje de los profetas. Pedro dice que los falsos profetas introducen herejías destructivas y apelan a los seguidores con atracciones sensuales, y el resultado es la difamación del camino verdadero. Tienen motivos de avaricia y utilizan palabras fingidas. Todo esto tiene su aplicación moral, porque sabemos que el cristiano hoy en día tiene que estar pendiente de los falsos profetas que existen en nuestro medio.

La madurez espiritual es la mejor prevención para identificar a los falsos profetas y maestros, y para resistir la persecución que acompaña la oposición al avance del evangelio. El testimonio del cristiano que es sincero en su compromiso con Cristo hará mucho para frenar las fuerzas del mal.

Pedro anticipaba la segunda venida de Cristo como algo próximo a su propia época. Quería preparar a los cristianos para identificar a los enemigos del evangelio en los últimos días: "Primeramente, sabed que en los últimos días vendrán burladores con sus burlas, quienes procederán según sus bajas pasiones, y dirán: '¿Dónde está la promesa de su venida?' " (3:3, 4). Intentarán desviar a los cristianos del camino con el argumento que Cristo no ha cumplido su promesa de venir, y que no va a venir por segunda vez. Pero Pedro argumenta:

> Pero, amados, una cosa no paséis por alto: que delante del Señor un día es como mil años y mil años como un día. El Señor no tarda su promesa, como algunos la tienen por tardanza; más bien, es paciente para con vosotros, porque no quiere que nadie se pierda, sino que todos procedan al arrepentimiento (3:8, 9).

Pedro motiva a los cristianos en su moral con el desafío de la fe en la segunda venida de Cristo: "Ya que todas estas cosas han de ser deshechas, ¡qué clase de personas debéis ser vosotros en conducta santa y piadosa, aguardando y apresurándoos para la venida del día de Dios!" (3:11, 12). Asegura que la conducta debe ser santa y piadosa, cualidades que eliminan las prácticas inmorales de los que no son sinceros en vivir como cristianos. La esperanza de la segunda venida de Cristo motiva a cada cristiano para estar listo en todo momento para su venida.

IV. LAS EPISTOLAS DE JUAN

Las tres epístolas de Juan resaltan las virtudes cristianas del amor, la perseverancia en la verdad doctrinal, la rectitud y la unidad. La tradición dice que Juan era un anciano cuando escribió estas epístolas, y repetidas veces andaba entre las personas con la admonición: "Amados, amémonos unos a otros, porque el amor es de Dios" (1 Juan 4:7). Estas palabras tienen su validez para nosotros hoy en día.

1. Primera Juan

Primera Juan hace énfasis en andar en la luz que Cristo nos ha dado, y de confesar los pecados cuando nos damos cuenta que hemos violado los mandamientos que él nos ha dado. Juan reconoció que todo cristiano peca y necesita confesar sus pecados para recibir el perdón de Dios.

También, amonesta al cristiano para apartarse de las actividades mundanales: "No améis al mundo ni las cosas que están en el mundo. Si alguno ama al mundo, el amor de Dios no está en él" (2:15). Continúa aclarando en qué consisten las cosas del mundo, y explica que abarca los deseos de la carne (lujuria), los deseos de los ojos (codicia) y la soberbia de la vida (orgullo). Termina diciendo: "Y el mundo está pasando, y sus deseos; pero el que hace la voluntad de Dios permanece para siempre" (2:17). El cristiano es estimulado a buscar las cosas espirituales en la vida, porque son perdurables.

El cristiano sabrá discernir entre las enseñanzas falsas y los maestros de la verdad, y de esta manera podrá identificar al anticristo cuando aparezca. Juan luchaba con los maestros que estaban enseñando en contra de Jesucristo como el Hijo de Dios que había venido en la carne (4:2). El gnosticismo llegó a ser una forma de oposición muy fuerte en los primeros siglos después de Cristo, y Juan discernía estas influencias en su día.

La epístola elabora sobre la necesidad de amor a los hermanos en la fe. El amor entre hermanos es prueba que hemos sido transformados por Cristo y que el Espíritu Santo está en nosotros. Para hacer hincapié en la importancia en el amor fraternal, dice: "El que ama a Dios ame también a su hermano" (4:21).

2. Segunda Juan

Segunda Juan apela a los cristianos a permanecer en la verdad y no prestar oído a los que engañan con falsas enseñanzas. Juan dirigió su epístola a una señora que probablemente era miembro de la iglesia y a todos los demás creyentes que habían conocido la verdad. Esto ilustra el hecho que en las iglesias primitivas constantemente aparecían personas con variantes en cuanto a las enseñanzas fundamentales de la fe, y Juan les anima a todos para estar despiertos a fin de discernir a tales amenazas para el avance del evangelio. Su énfasis sobre el amor está presente en su consejo: "... que nos amemos unos a otros. Y éste es el amor: que andemos según sus mandamientos" (vv. 5, 6). Insistía en que examinasen a los maestros, para constatar que enseñaban que Cristo había venido en la carne: "Si alguien va a vosotros y no lleva esta doctrina, no le recibáis en casa, ni le digáis: '¡Bienvenido!' " (v. 10). Así que vemos que era importante manifestar las virtudes cristianas y ser fieles a Cristo frente a la oposición que acompañaba a los cristianos del primer siglo.

3. Tercera Juan

Tercera Juan fue dirigida a un hombre que se llamó Gayo. Este hombre cristiano era muy amado por Juan porque se había mantenido fiel en el evangelio y se había dado a conocer por su hospitalidad para los evangelistas y misioneros. Es interesante ver que Juan felicitó a Gayo por su interés en servir a los demás en el nombre de Cristo. Gayo es un buen ejemplo para los cristianos de hoy en día.

Al contrario, había otro hombre llamado Diótrefes, que había causado muchos problemas en la iglesia, porque ambicionaba ser el primero entre todos, y siempre intervenía en los asuntos de la iglesia y decía palabras maliciosas para denigrar a Juan (v. 10). Juan les dio una norma que es pertinente hoy: "Amado, no imites lo que es malo, sino lo que es bueno. El que hace lo bueno procede de Dios, pero el que hace lo malo no ha visto a Dios" (v. 11).

V. JUDAS

La epístola de Judas fue escrita a los judíos cristianos que necesitaban ser animados y corregidos en cuanto a su vida moral. Algunos maestros falsos habían entrado para enseñarles que está bien la vida de libertinaje después de haber tenido fe en Jesucristo. Judas menciona los castigos que vinieron sobre los que corrompían al pueblo de Dios en tiempos pasados. Destruyó a los que no creyeron al salir de la tierra de Egipto (v. 5). Menciona los ángeles que cayeron por su rebeldía (v. 6). Llega a mencionar Sodoma y Gomorra y las ciudades vecinas, que fueron destruidas por su fornicación y "vicios contra lo natural" (v. 7).

Llega a mencionar los pecados de los que estaban encaminando a la gente a rebelarse: "... mancillan la carne, rechazan toda autoridad y maldicen las potestades superiores" (v. 8). La destrucción está prometida para estos que se oponen al evangelio: "He aquí, el Señor vino entre sus santos millares para hacer juicio contra todos y declarar convicta a toda persona respecto a todas sus obras de impiedad que ellos han hecho impíamente y respecto a todas las

duras palabras que los pecadores impíos han hablado contra él"
(vv. 14, 15).

Se menciona el estilo de vida de los que buscan desviar a los
cristianos del camino, y tiene relación con la moral: "En los últimos
tiempos habrá burladores que andarán según sus propias pasiones,
como impíos que son. Estos son los que causan divisiones. Son
sensuales y no tienen al Espíritu" (vv. 18, 19). Este puede ser un
comentario sobre algunos grupos que buscan a los cristianos activos en una iglesia, y tratan de persuadirles a seguir sus doctrinas
falsas.

La mejor defensa frente a estos enemigos del evangelio es la
firmeza en la fe: "Pero vosotros, oh amados, edificándoos sobre
vuestra santísima fe y orando en el Espíritu Santo, conservaos en el
amor de Dios, aguardando con esperanza la misericordia de nuestro Señor Jesucristo para vida eterna" (vv. 20, 21).

La epístola termina con una doxología que encomienda a los
cristianos al Dios poderoso que puede guardarlos sin caída y pre-
sentarles irreprensibles delante de su gloria con grande alegría (v.
24). Esto afirma la importancia de mantenernos en contacto con la
fuente de poder que puede protegernos y guardarnos de la caída.

VI. APOCALIPSIS

El libro de Apocalipsis es principalmente literatura simbólica,
como el nombre indica. Esta clase de literatura comunicaba su
mensaje en una forma camuflada con símbolos, para revelar a los
recipientes mensajes de estímulo que no serían comprensibles para
aquellas personas que trataran de impedir tales comunicaciones.
Es algo como los sistemas de códigos que las naciones utilizan para
mantener cubiertos sus secretos con relación a su propia defensa.
Los líderes tienen nombres figurados para no tener que mencionar
el nombre exacto.

Juan, autor de Apocalipsis, escribió en una época de persecución
de los cristianos a manos de los emperadores del Imperio Romano.
Estaba exiliado en la isla de Patmos, "por causa de la palabra de
Dios y del testimonio de Jesús" (1:9). Su mensaje era para consolar
a los cristianos en las siete iglesias en Asia Menor, por cuanto estaban sufriendo la persecución por su fe en el Señor. Juan anima a
los cristianos a ser fieles hasta la muerte: "No tengas ningún temor
de las cosas que has de padecer. He aquí, el diablo va a echar a
algunos de vosotros en la cárcel para que seáis probados, y ten-
dréis tribulación por diez días. Sé fiel hasta la muerte, y yo te daré
la corona de la vida" (2:10).

Hay que entender estas condiciones históricas en el día de Juan
para comprender la actitud que se presenta hacia las autoridades
civiles. Cristo aconsejó sumisión a las autoridades establecidas, di-

ciendo que debemos dar a César lo que es de César (Mat. 22:21).
Pablo y Pedro aconsejan la sumisión frente a las autoridades civiles, porque sirven para mantener el orden (Rom. 13: 1-7) y para
castigar a los malos (1 Ped. 2:14). Pero cuando llegamos al Apocalipsis, encontramos una actitud antagónica hacia las autoridades.
Las razones son por el cambio de actitudes de parte de los emperadores hacia los cristianos. En la medida en que avanzaba el cristianismo en los primeros dos siglos, había más temor de la amenaza de este movimiento para la seguridad de los emperadores.
Impusieron la adoración de ellos mismos, y los cristianos tenían
que decidir si iban a arrodillarse ante los seres humanos en actos
de adoración.

El mensaje céntrico del libro es el triunfo final de Cristo, el Cordero, sobre la bestia, símbolo del estado totalitario de Roma (13:1-
10). El emperador es presentado bajo la figura de un dragón; muchos intérpretes lo identifican con el emperador Domiciano, quien
blasfemó a Dios y exigía adoración de la gente. A los que no
adoraban al emperador no les fue permitido comprar o vender en
los mercados. Los que adoraron al emperador recibieron la marca
de 666 en la frente, lo cual les permitía negociar (13:17, 18).

Seguramente los cristianos tuvieron que sufrir mucho en aquellos días, y el consuelo para ellos sería el día de la destrucción de su
enemigo. Por eso, el libro de Apocalipsis trata de consolar a los
cristianos con la promesa de la victoria final de las fuerzas de Dios
sobre las fuerzas humanas. Los capítulos 19, 20 y 21 de Apocalipsis contienen el relato de la celebración de la victoria del ejército
bajo la dirección del Cordero, símbolo de Cristo. Verán la derrota
final de Satanás y el establecimiento del cielo nuevo y la tierra
nueva, y una nueva Jerusalén. Esta esperanza debió dar mucho
consuelo a los cristianos que estaban aguantando la persecución en
el día de Juan.

Nos consuela hoy, porque sabemos que las fuerzas de Dios van
a triunfar sobre las fuerzas del mal. Por eso, nos llama a la fidelidad al Señor en cada momento, aun cuando nos toca enfrentarnos
con la muerte.

9

LA ETICA PERSONAL

INTRODUCCION

Hemos visto en los capítulos anteriores los principios éticos que se encuentran en las varias divisiones de la Biblia, principiando con el Pentateuco y terminando con el Apocalipsis. Aunque no hemos cubierto cada libro de la Biblia, hemos enfocado las secciones que tienen más contenido de naturaleza ética y moral. Ahora vamos a estudiar las enseñanzas éticas y morales desde la perspectiva temática, para considerar los problemas específicos que nos aquejan hoy en día. En cada caso vamos a considerar la enseñanza bíblica, para buscar el mandamiento, si es que lo hay, o como alternativa derivar un principio que servirá de brújula para orientarnos, y después sugerir posibles soluciones o decisiones que podemos tomar.

Nuestra meta es ofrecer normas que respondan a los valores espirituales que se derivan de la Biblia, sin llegar al autoritarismo rígido que caracterizaba a los fariseos en el día de Jesús. Vamos a reconocer que en algunos casos no hay decisión buena o mala, como apenas dos alternativas; más bien habrá varias posibles decisiones que podríamos tomar en un caso específico. Y en algunos casos vamos a ver que parece que no hay solución cristiana que no tenga sus consecuencias negativas. En tales casos los cristianos tienen que obrar dentro de las estructuras de la sociedad secular sabiendo que Dios es soberano sobre ellas también. Los temas que estudiaremos son algunos que interesan a todo cristiano, ya que uno no puede vivir aisladamente, sino que por el contrario, el cristiano tiene que relacionarse con otros que son inconversos y en algunos casos que profesan otras religiones o ninguna religión.

Este capítulo será dedicado al estudio de los deberes personales que uno tiene hacia su propio ser y hacia otros, porque para comprender bien lo que el cristiano debe hacer en las relaciones familiares, económicas, sociales y cívicas, uno primero debe saber cuáles son los deberes hacia su propio ser.

I. ¿QUIEN ES EL SER HUMANO?

El punto de vista que uno tiene en cuanto a la humanidad, su naturaleza, su relación con Dios y el pecado, y sus deberes hacia otros es muy importante e influye mucho en el día moderno. En los últimos dos siglos hemos visto sistemas filosóficos que desafían el punto de vista cristiano en este aspecto.

1. Perspectivas seculares

La opinión de Federico Nietzsche (1844-1900), filósofo alemán que basaba su opinión sobre las teorías de Carlos Darwin con relación al origen de las especies, presentó ideas completamente antagónicas a las del cristianismo. Promulgó la teoría que "el hombre es lo que come", y fomentó los programas de la selección de las personas más fuertes para procrearse y así eliminar a los débiles, tontos y personas con defectos. Sus teorías formaban las bases del nazismo en Alemania y la perfección del "superhombre".[1]

Las ideas de Nietzsche formaban las bases para las teorías de Carlos Marx (1818-83), las cuales percibieron al ser humano desde una perspectiva completamente materialista. Este punto de vista ateo y materialista ha traído al mundo una lucha contemporánea entre las varias ideologías, y sigue siendo una alternativa poderosa para multitudes.[2]

Los existencialistas ateos vivieron su apogeo en las décadas de 1950 y 1960. Este concepto tan pesimista del ser humano vino inmediatamente después de dos guerras mundiales y durante la época de la reconstrucción de Europa, y promulgó la idea que el sentido en la vida tiene que ser descubierto por uno mismo; que la existencia es un laberinto de experiencias que uno tiene que aceptar y asimilar para sí. El existencialismo a la vez acepta su dependencia sobre otros para ayudar a descubrir la razón de su existencia. Los mayores exponentes de esta filosofía eran Jean-Paul Sartre, Alberto Camus, John Updike, J. D. Salinger y Simone de Beauvoir.[3]

Surgió un existencialismo cristiano, cuyo precursor podría haber sido Sören Kierkegaard, que reconoció al ser humano como creación de Dios, pero enfocó los aspectos subjetivos de la vida y la responsabilidad personal de tomar cargo de su propia vida. Paul Tillich ha sido uno de los líderes del existencialismo en este siglo.

---

[1] Richard B. Cunningham, *The Christian Faith and Its Contemporary Rivals* (Nashville: Broadman Press, 1988), pp. 148-55.

[2] *Ibíd*, pp. 117-145.

[3] Frank K. Koppler, "Existentialism", *Life*, 6 de noviembre de 1964, pp. 62-64.

Ha intentado interpretar el cristianismo para las personas que tienen dificultades intelectuales en aceptarlo. Tillich ha escrito varios libros que han sido traducidos al castellano.[4]

Es interesante que de las cenizas de la desesperación nació otra filosofía, la de la esperanza, promulgada por Jürgen Moltman y sus discípulos, que ha ayudado a muchos para regresar a una orientación cristiana con relación al ser humano, su origen, su propósito y su meta. Su *Theology of Hope* (Teología de la esperanza, 1965), forjada de sus propias experiencias como soldado en el ejército alemán y su conversión al cristianismo como consecuencia de haber sido tomado preso por los británicos en Bélgica a fines de la Segunda Guerra Mundial, cuando unos soldados le testificaron y le llevaron a unas reuniones de cristianos evangélicos, le regalaron un Nuevo Testamento y los Salmos de los Gedeones, y su propia interrogativa del propósito en su vida, ha despertado esperanza en multitudes de personas que están en este mismo peregrinaje hoy en día.[5]

Con estas perspectivas delante de nosotros, vamos a considerar las enseñanzas bíblicas con relación al ser humano y las conclusiones que se derivan de estas enseñanzas.

2. La creación del ser humano a la imagen de Dios

El registro bíblico dice claramente que el ser humano es producto de la actividad creadora de Dios. El método que Dios utilizó en el proceso creador no es tan claro. El registro bíblico dice: "Entonces Jehovah Dios formó al hombre del polvo de la tierra. Sopló en su nariz aliento de vida, y el hombre llegó ser un ser viviente" (Gén. 2:7). Este relato deja claro que el ser humano se compone de una parte material (el polvo de la tierra), y otra parte no material (Jehovah sopló en su nariz aliento de vida). Lo que distingue a los materialistas y ateos de los cristianos es la naturaleza espiritual que tiene el ser humano. La palabra *neshamah* [5397] en el versículo se refiere a la naturaleza espiritual, o su alma. Otros pueden negar la existencia del alma, pero se afirma claramente en las primeras páginas de la Biblia: "Entonces dijo Dios: 'Hagamos al hombre a nuestra imagen, conforme a nuestra semejanza, y tenga dominio sobre los peces del mar, ...' " (Gén. 1:26).

Antiguamente los griegos dividieron al hombre en partes componentes y discutieron si el hombre es cuerpo y alma o cuerpo, espíritu y alma. Hoy hemos llegado a la conclusión de que el ser hu-

---

[4] Ver Floreal Ureta, *Introducción a la Teología Contemporánea* (El Paso: Casa Bautista de Publicaciones, 1992), pp. 95-122, 186.

[5] Christopher Hall, "Stubborn Hope", *Christianity Today*, 11 de enero de 1993, pp. 30-33.

mano es una unidad y no hay valor en tratar de dividirlo. El ser humano es el clímax de la obra creadora de Dios, y tiene la imagen divina como parte integral.

Los teólogos han luchado por explicar el significado de esa imagen, con la conclusión que la imagen abarca:

(1) La capacidad y la responsabilidad de señorear sobre la creación. Hoy los críticos atacan este principio, diciendo que el principio del dominio sobre la creación fomenta la destrucción de la creación.[6] White declara que "el cristianismo es la religión más antropocéntrica que el mundo ha visto".[7] Posteriormente vamos a tratar la ecología y la responsabilidad del cristiano para colaborar en la preservación de la tierra. Basta decir en este momento que el ser humano ha estado dedicado a la tarea del dominio sobre la creación, y este propósito ha producido mucho del progreso que se ha experimentado en la vida humana. La conquista de las enfermedades por medio de la elaboración de vacunas para atacar las bacterias infecciosas es solamente una ilustración. El factor del dominio entra en juego en el campo de la ética, ya que muchos conflictos surgen por la agresión que nos caracteriza.[8]

(2) El discernimiento ético. El discernimiento ético es una característica distintiva en el ser humano, ya que ningún animal tiene sentido de lo moral. La conciencia es innata, y se desarrolla de acuerdo con las influencias ambientales y culturales. Por ejemplo, hay personas que han vivido entre los indígenas del Ecuador que relatan que los adultos se ríen cuando los niños se queman con las astillas del fuego, y ponen las astillas en la piel de los niños para divertirse mientras lloran.[9] En cambio, en otras culturas los padres toman muchas precauciones para prevenir a los niños de los peligros del fuego, y buscan toda medida para que escapen de los efectos dolorosos de una quemadura. Los padres van cultivando la conciencia de los niños por medio de sus enseñanzas en cuanto a Dios, lo bueno y lo malo, y los valores morales y espirituales.

La ética trata mucho la conciencia e influye sobre ella con prohibiciones, normas, principios y un sistema de valores que ayudan a influir en el control del comportamiento. La ética cristiana toma

---

[6] Lynn White, "The Historic Roots of Our Ecologic Crisis," citado en *Christianity Today*, 11 de enero de 1993, p. 16.

[7] *Ibíd.*

[8] Ver Erich Fromm, *The Anatomy of Human Destructiveness*, 1973, y Konrad Lorenz, *On Agression*, 1966.

[9] Elizabeth Elliot, *The Savage My Kinsman* (Ann Arbor, Michigan; Servant Books, 1961), p. 120.

por premisa una revelación divina de las normas para guiarnos en el mejor camino, y la Biblia es un registro tangible de esta revelación. Por eso estudiamos la ética de la Biblia.

(3) La inteligencia. La inteligencia del ser humano y sus capacidades superiores a las de los animales es otro reflejo de esta imagen divina. Hemos progresado mucho en nuestro entendimiento de la naturaleza de la inteligencia, la manera de aumentarla y la manera de medirla. Los avances científicos, tales como el estudio de la genética y sus potencialidades para enriquecer la vida, nos conmueven con sus promesas de acabar con muchas condiciones congénitas y otras posibilidades. Pero también tenemos que utilizar la inteligencia para descubrir maneras de vivir en armonía en el universo y parar las tragedias de las guerras civiles e internacionales.

El papel de la razón en las decisiones éticas es significante. Como ya hemos visto, los humanistas seculares hoy en día dirían que la razón es adecuada para guiarnos en la toma de decisiones y que la idea de la revelación divina sobra. Nosotros creemos que hay lugar para la razón y la revelación; por eso, no queremos descartar la importancia de la inteligencia en el ser humano.

(4) La personalidad. La personalidad más desarrollada que la que experimentan los animales es otra característica de la imagen divina en los seres humanos. Hemos aprendido mucho con referencia al desarrollo de la personalidad, de los factores que influyen sobre ella desde los meses más tempranos de la vida, y tratamos de utilizar todo lo aprendido para aportar en forma positiva al desarrollo de seres humanos con tendencias normales que pueden aportar positivamente a la vida social y evitar los antecedentes que producen personalidades anormales.

La ética cristiana funciona dentro del contexto de la personalidad humana. Admitimos que hay mucho que todavía no comprendemos de la personalidad, y que estamos perplejos frente a las anomalías y tragedias que acontecen diariamente, pero esto nos desafía en el campo de la ética. La personalidad psicopática o sociopática representa desafíos grandes para los que trabajamos en el campo de la ética. La personalidad disfuncional, término utilizado con mucha frecuencia hoy en día, es fruto de la patología en los hogares, las escuelas y las otras instituciones de la sociedad.

(5) El libre albedrío. El libre albedrío se reconoce como característica de la imagen de Dios. Los seres humanos tienen libertad para considerar las varias alternativas y tomar las decisiones según su propia preferencia. Desde hace siglos se ha debatido la paradoja si el ser humano es libre para tomar decisiones, y si es libre, cómo cuaja esa verdad con la doctrina de la soberanía de Dios en el universo.

Reconocemos que el ser humano tiene libertad para determinar su comportamiento frente a cualquier circunstancia que le rodea, y a la vez acepta las consecuencias de tales decisiones. A veces tiene que sufrir dolores y otras consecuencias negativas de las decisiones, pero eso es parte del ejercicio de su libre albedrío. La ética reconoce esta libertad, y trata de influir en los seres humanos para tomar las decisiones que más calidad de vida ofrecen y las que menos sufrimiento personal y corporal traen.

Por ejemplo, en el momento de escribir estas páginas, las noticias hablan de un incendio forestal en California que ha destruido miles de hectáreas de bosques, alcanzando un valor incalculable de pérdidas materiales y el efecto ecológico sobre el universo. Lo triste es que han descubierto la causa del incendio, que fue un cazador que estaba fumando y no apagó la colilla que desechó. Podríamos elaborar sobre los males del tabaco, pero al fin y al cabo tenemos que dar a cada persona la libertad de decidir sobre su uso. Podríamos exponer sobre nuestra responsabilidad hacia el prójimo y las generaciones futuras y el efecto del descuido de una sola persona sobre las multitudes. Pero también tenemos que dejar a la persona en libertad, porque no queremos vivir en una sociedad totalitaria donde nuestras libertades son limitadas.

3. El pecado

Génesis 3 nos informa que la primera pareja dejó entrar el pecado por medio del acto de desobediencia a lo que Dios había mandado. Adán y Eva se rebelaron en contra de Dios y sus prohibiciones, porque no querían las restricciones que Dios les había impuesto. Teniendo la libertad de actuar de acuerdo con su interés personal, escogieron rebelarse contra Dios. La historia de la humanidad es el relato de esta rebelión. El ser humano en su estado natural no quiere estar sujeto al Dios todopoderoso y quiere librarse de estas limitaciones. Esta actitud ha resultado en muchos males para el mundo.

Muchos consideran que el problema del pecado no es tan serio. Jean-Paul Sartre se declaró ateo temprano en la vida. Dijo que el hombre no es nada más de lo que hace de sí.[10] El ideal ahora es liberar y ayudar a emancipar a la humanidad, con el resultado de que el hombre llegue a ser un absoluto para la humanidad. Esta declaración y las muchas otras de otros escritores han resultado en la desaparición de la palabra "pecado" de nuestro vocabulario, pe-

---

[10] Jean-Paul Sartre, *Existentialism and Humanism* (Londres: Methuen and Co., 1946), p. 28.

ro no han solucionado el problema del pecado. Por ejemplo, el caso anterior del cazador que tiró una colilla que ha causado un incendio destructivo, puede ilustrar el dilema. ¿Llamamos su acto un accidente, un descuido, un acto de indiferencia o un pecado? No importa el término que se utiliza; tiene consecuencias funestas para los demás. Los que han rechazado el término "pecado" todavía quedan con la dificultad de luchar con las consecuencias de tal acto. El proceso de educación es lento, y la necesidad de castigo para los que violan las normas perdura.

Los seres humanos resistimos las limitaciones impuestas, sean por los padres, por el gobierno, por los superiores en el trabajo o por Dios. Pero las limitaciones que Dios impone son para el bien nuestro, porque Dios sabe los peligros y las posibles consecuencias negativas de nuestra libertad para tomar decisiones que nos pueden resultar dañinas. Cuánto más aceptamos los parámetros que Dios ha establecido, tanto más vamos a experimentar la tranquilidad en nuestras actividades diarias: "... y conoceréis la verdad, y la verdad os hará libres" (Juan 8:32). La sumisión a la voluntad divina nos da mayor libertad para vivir una vida con propósito.

La condición de los seres humanos en relación con Dios y el efecto del pecado sobre la humanidad tienen pertinencia para nosotros en la ética personal, porque forman la base filosófica de todo lo demás que hacemos. Reconocemos que somos pecadores redimidos por la sangre de Cristo y comisionados para producir fruto por medio del uso de nuestros talentos en la mejor forma posible. Reconocemos que formamos parte de una humanidad que siente los efectos del pecado personal y corporal, pero que Cristo está a nuestro lado para socorrernos. Todo esfuerzo que invertimos para mejorar las condiciones físicas, sociales y espirituales tendrá valor para nosotros y para los demás.

La cosmovisión del cristiano nos obliga a hacer todo lo posible para solucionar los problemas de hambre, opresión y violencia en el mundo y para reconocer que esto es también un servicio para Dios. Nuestra convicción es que el universo es teocéntrico, Dios está en control, y el ser humano no puede planear su vida aparte de un reconocimiento de una dependencia de Dios y una responsabilidad de rendirle cuentas a él.

II. EL AMOR EN LAS RELACIONES HUMANAS

1. El amar al prójimo

El Antiguo Testamento refleja este deber en Levítico 19:18, cuando dice: "... amarás a tu prójimo como a ti mismo." Las leyes de Moisés relacionadas con el prójimo, con las viudas y los huérfanos y con los extranjeros que estaban en su medio reflejan este principio. Es interesante leer en las páginas del Antiguo Testamento las maneras en que fue implementado este mandamiento.

Jesús decía a las personas que debían amar a Dios con todo el corazón, con toda el alma, con toda la mente y con toda la fuerza, y debían amar al prójimo como a sí mismos (Mat. 22:37-39; 5:43; 19:19; Mar. 12:31 y Luc. 10:27). Pablo repitió este mandamiento en Romanos 13:9 y Gálatas 5:14. Santiago 2:8 se refiere a este mandamiento como la ley real. Los usos frecuentes del mandamiento nos hacen ver que en verdad el amor hacia el prójimo es el elemento distintivo en el cristianismo.

En esta declaración hay amor en tres dimensiones: hacia Dios, hacia el prójimo y hacia uno mismo. Mucho se ha escrito acerca del amor hacia Dios. Paul Ramsey resalta el amor como el valor supremo en su libro.[11] Este libro todavía se considera fundamental en explicar todos los deberes de la ética cristiana dentro del contexto de la expresión de este amor. Ramsey sugiere que la implementación del amor en las relaciones personales e internacionales resultaría en una política social que traería una revolución al mundo. Dice: "El amor cristiano formula la política social, al tomar en cuenta todo elemento concreto en una situación que determina la manera en que un bien actual puede hacerse por el prójimo en un estado de una sociedad civil y las relaciones entre las personas que existen en la actualidad."[12]

El principio de ejercer el amor hacia el prójimo se ve más completo en el relato del buen samaritano (Luc. 10:25-37). En este pasaje Jesús dio el broche de oro a su enseñanza del amor en las relaciones humanas. El samaritano es el héroe del relato, el que recibía menos amor de parte de los judíos. Jesús, en Lucas 6:27, había enseñado que hay que amar a los enemigos. Pero los judíos no habían podido poner en práctica este mandamiento. El samaritano manifestó el amor sin límites a la persona que lo necesitaba, sin considerar su raza, color ni posición social. Jesús no contestó de manera específica la pregunta del joven abogado, ¿quién es mi prójimo?, porque cada persona tiene que contestarla personalmente, según su propio criterio.

Pablo nos dio el pasaje inmortal que habla del deber del amor en las relaciones humanas en 1 Corintios 13. El amor del cual habla Pablo es el más perfecto y el más alto que es posible entre los seres humanos. No es *eros*, que está en el nivel sexual, y sirve para satisfacer este aspecto de uno. No es *filia*, el amor entre hermanos en

---

[11] Paul Ramsey, *Basic Christian Ethics*. Chicago: Univ. of Chicago Press, 1950.

[12] *Ibíd.*, p. 341, ed. de 1980.

las relaciones familiares. Es *agape*, el amor que más se asemeja al amor de Dios, que es incondicional.

En el día de Pablo las iglesias de Corinto y Efeso hacían mucho énfasis en los dones espirituales. Algunos de los cristianos en Corinto estaban diciendo que el don de lenguas era el don supremo que uno podría poseer. Esto suena familiar entre algunos en el día de hoy, porque hay grupos que dan preferencia al don de lenguas como evidencia única de la presencia del Espíritu Santo. El libro, *Los Carismáticos: Una Perspectiva Doctrinal*, por John MacArthur,[13] refleja las divisiones entre personas sobre el tema de los dones espirituales. Algunos en Corinto estaban diciendo que el don supremo que uno podría tener era el de lenguas. Otros más bien pensaban que el don de profecía era de mayor importancia, y que el que tuviera capacidad de discernir los actos futuros de Dios tenía el don superior. Otros se empeñaban en buscar una fe que se manifestara en tener como fin el hacer milagros. Otros creían que las obras filantrópicas representaban el don supremo. Otros estaban listos para sacrificarse para convencer a los demás respecto a su superioridad en consagración para servir al Señor.

Pablo no rechaza ninguno de estos esfuerzos por servir a Dios y a la humanidad. Pero asienta la tremenda verdad de que ninguno de estos esfuerzos es suficiente en sí. Uno puede cumplir estos aspectos sin hacer lo que Dios, en realidad, espera. El amor es el elemento indispensable que tiene que acompañar a todo acto.

Pablo da una lista larga de las características del amor:

> El amor tiene paciencia y es bondadoso. El amor no es celoso. El amor no es ostentoso, ni se hace arrogante. No es indecoroso, ni busca lo suyo propio. No se irrita, ni lleva cuentas del mal. No se goza de la injusticia, sino que se regocija con la verdad. Todo lo sufre, todo lo cree, todo lo espera, todo lo soporta (1 Cor. 13:4-7).

Santiago coloca el amor en términos prácticos cuando dice que al ver a una persona necesitada, hay que ayudarle con las cosas necesarias para su vida (Stg. 2:16). El apóstol Juan vio la necesidad de este amor fraternal y dijo: "Amados, amémonos unos a otros, porque el amor es de Dios. Y todo aquel que ama ha nacido de Dios y conoce a Dios" (1 Juan 4:7). También dijo: "Hijitos, no amemos de palabra ni de lengua, sino de hecho y de verdad" (1 Juan 3:18). Todos estos versículos hacen hincapié en la importancia del amor en el trato con los demás.

2. El amarse a sí mismo

Cuando Jesús dijo: "Amarás a tu prójimo como a ti mismo"

---

13 John MacArthur, *Los Carismáticos: Una Perspectiva Doctrinal*. El Paso: Casa Bautista de Publicaciones, 1994.

(Mat. 22:39), ¿quería decir que uno tiene el deber de amarse? Esta pregunta despierta mucha inquietud hoy en día cuando hablamos de la ética personal. Algunos sugieren que el amor propio es el pecado céntrico de nuestro día, y que este pecado produce más problemas para la humanidad que cualquier otro. Citan la declaración de Jesús: "Si alguno quiere venir en pos de mí, niéguese a sí mismo, tome su cruz cada día y sígame" (Luc. 9:23). ¿No refleja este versículo la verdad que el amor propio es un impedimento para seguir a Cristo? ¿Cómo podemos hacer compatibles estos dos conceptos?

Los eruditos en el campo de la ética cristiana se encuentran divididos sobre el lugar del amor propio en el cristiano. De un lado está el énfasis sobre las verdades que tienen que ver con rechazar todo interés personal y tener el *agape* en relación con otros sin pensar en uno mismo. Juan Calvino (1509-1564) es un ejemplo de este punto de vista. Dijo: "No nos pertenecemos a nosotros mismos; por eso, dejémonos, en cuanto sea posible, olvidarnos de nosotros mismos y todas las cosas nuestras".[14] Este principio ha servido bien para los discípulos de Calvino y ha traído muchos beneficios a la humanidad.

Emanuel Kant (1724-1804), filósofo alemán, siguió el concepto de Calvino de la necesidad del odio personal y añadió el principio de seguir la razón práctica para determinar las decisiones correctas en el campo de la ética. El neoortodoxo Reinhold Niebuhr, autoridad de este siglo en el campo de la ética, sugirió que el problema principal para la humanidad es el amor propio, que nos lleva a tomar las decisiones desde el punto de vista egoísta.[15]

Anders Nygren hizo un estudio extenso del amor propio en su libro *Agape and Eros*.[16] Dice que el cristianismo no reconoce al amor propio como una expresión legítima del amor, porque el amor propio es la expresión de *eros*, no *agape*. Algunos difieren con Nygren en su conclusión en este sentido.

En el otro lado están varias personas que reconocen la importancia del amor propio para el cristiano. Aristóteles (384-322 a. de J. C.), filósofo griego que contribuyó grandemente al campo de la ética y fue citado por los teólogos escolásticos de la Edad Media como si fuera cristiano, insistió en que el amor propio es virtud y no vicio. Posteriormente, Agustín (354-430) llegó a decir que la expresión del amor hacia uno mismo es el reflejo del amor de Dios que

---

[14] Juan Calvino, *Instituciones de la Religión Cristiana*, Libro III, Cap. 7.

[15] *The Nature and Destiny of Man*. Nueva York: Charles Scribner's Sons, 1941.

[16] Anders Nygren, *Agape and Eros* (Filadelfia: The Westminster Press, 1953), pp. 211-19.

está en el cristiano. Su consejo de amar y hacer lo que uno quisiera ha llegado a ser norma válida para muchos hoy en día.[17]

Alberto Knudson, otro erudito de este siglo, argumenta que si el ser humano tiene alma divina, debemos amarlo. Uno debe tener un concepto sano de sí mismo, de otra manera no puede ni amar a Dios ni al prójimo.[18] Dijo:

> Si no hay dignidad en nosotros ni en los demás, la cual nos impone obligaciones, es claro que el amor, tanto en un caso como en el otro, no tiene base moral o racional. Fue el discernimiento de este hecho lo que condujo a San Agustín a basar, tanto el amor hacia uno mismo como el amor hacia los demás, descansando en la presencia de Dios dentro del corazón humano. El amor propio, como él lo concibió, significa amar a Dios en nosotros mismos, y el amor a los demás significa amar a Dios en ellos.[19]

Nos parece que esta declaración pone el amor propio en perspectiva correcta.

L. H. Marshall coloca el amor propio en lugar inferior al amor hacia Dios y hacia el prójimo. Dijo que Jesús no exige la eliminación completa del amor propio; más bien demanda que éste sea subordinado al amor hacia Dios y al prójimo.[20]

Los psicólogos modernos hacen hincapié en la idea de la necesidad de tener un concepto adecuado de uno mismo. Encuentran la raíz de muchos males emocionales en las ideas inadecuadas sobre uno mismo, sea el sentimiento de indignidad o de inferioridad, o por otras razones. Mientras tenemos que admitir lo que dicen en cuanto a la raíz de la neurosis en muchas personas, al mismo tiempo hay otra verdad que ellos mismos reconocen, que uno tiene que olvidarse de sí mismo para poder tener la máxima salud mental posible. Pero para poder olvidarse de sí mismo, uno tiene que lograr una apreciación sana de quién es y de su valor.

Erick Fromm insiste en que el amor propio y el amor hacia otros no son antitéticos.[21] Al contrario, el amor hacia uno mismo siempre se encuentra en uno que tiene capacidad de amar a otros. Dice que hay una gran distinción entre el amor propio y el egoísmo. El

---

[17] José Miguez-Bonino, *Ama y Haz lo que Quieras*. Buenos Aires: Methopress, 1972.

[18] Alberto C. Knudson, *Etica Cristiana*, trad. Juan L. Groves (México: Casa Unida de Publicaciones, s/f), p. 128.

[19] *Ibíd.*, pp. 129, 130.

[20] L. H. Marshall, *The Challenge of New Testament Ethics* (Londres: Macmillan and Co., 1950), p. 33.

[21] Erick Fromm, *Man for Himself* (Nueva York: Holt, Rinehart and Winston, 1947), pp. 119-41.

egoísmo no es el amor, y el egoísta es incapaz de amarse a sí mismo o a otros. Insiste en que el ser humano que es feliz y contribuye más a la sociedad es el que tiene un concepto adecuado de su propio ser. A la vez esta persona está dotada de la capacidad de amar a otros en un sentido verdadero.

Otro psicólogo que nos ayuda con este tema del amor propio es Robert H. Bonthius.[22] El ilustra la manera en que el protestantismo y el catolicismo han enseñado cuál debe ser la actitud de uno hacia sí mismo. Después, presenta el punto de vista psicoterapéutico de la aceptación propia. La tesis del libro es que la religión puede ser de mucha ayuda si considera y acepta algunos de los principios y métodos que usa la psicoterapia. Cuando el ser humano puede aceptarse a sí mismo, también puede aceptar a los demás y establecer relaciones positivas con el prójimo.

Algunos consideran que la psicología ha ganado un lugar de respeto entre los cristianos, y hasta ha desplazado a la teología, porque la mayoría de las personas que asisten a las iglesias hoy en día están buscando ayuda personal o para la familia, o para sus relaciones interpersonales en el trabajo. Los pastores que más éxito experimentan en sus iglesias hoy han adaptado sus mensajes y su terminología para responder a lo que buscan las personas en estas relaciones.

Tal vez el apóstol Juan nos ayude para poner en perspectiva la relación entre el amor propio y el amor hacia el prójimo. En Juan 13:34 y 35, cita a Jesús, quien dice: "Un mandamiento nuevo os doy; que os améis los unos a los otros. Como os he amado, amaos también vosotros los unos a los otros. En esto conocerán todos que sois mis discípulos, si tenéis amor los unos por los otros." Cristo dijo estas palabras inmediatamente antes de ser entregado para ser crucificado. Esto se puede concebir de una comunidad de discípulos que habían caminado con Cristo durante los tres años de su ministerio aquí en la tierra. Varios de ellos habían chocado en varias ocasiones sobre detalles de su trabajo. Jesús vio la necesidad de lograr mayor cohesión entre ellos, y por eso, les dio este mandamiento. La misión de Jesús era dejar una comunidad de creyentes que encarnarían su ejemplo de vida y sus enseñanzas. Muchos de los conflictos entre los discípulos se basaban en la falta de amor por sí mismo de parte de cada uno. Esta falta se manifestaba en celos hacia los otros. Jesús trató de hacerles ver que si ponían el enfoque en otros, entonces vendría la armonía dentro del grupo.

Concluimos esta sección del estudio con la afirmación que un sano amor propio es necesario para poder funcionar en forma sa-

---

[22] Robert H. Bonthius, *Christian Paths to Self-Acceptance* (Nueva York: King's Crown Press, 1948), pp. 175-84.

ludable y aceptable en las relaciones interpersonales. Uno necesita confianza en sí mismo para poder funcionar bien y una seguridad para tomar riesgos necesarios para ser productivo en el servicio para el Señor. Entonces puede manifestar un *agape* que brota de una autoapreciación sana, lo cual hará mucho para sanar las heridas de la humanidad.

¿Y el mandato de Cristo de negarse a sí mismo? Este mandamiento no enseña la necesidad del ascetismo, sino que uno debe entregarse completamente con el uso de los talentos y con todas las energías para servir a Dios y al prójimo. Uno deja el asunto del reconocimiento en las manos de Dios: "Porque el que quiera salvar su vida, la perderá; pero el que pierda su vida por causa de mí, la salvará" (Luc. 9:24). Un amor propio exagerado refleja el deseo de intentar salvar su vida. Pero un amor propio sano nos da tranquilidad y nos prepara para poder mirar hacia afuera y entregar nuestras vidas en servicio para el Señor.

III. DEBERES HACIA UNO MISMO

Uno debe buscar la manera de desarrollar todas las capacidades que tiene para el servicio de Dios. La parábola de los talentos nos confirma esta verdad. Jesús espera la inversión completa de todos los talentos para poder producir la mayor cantidad de fruto. Pablo insta a todos "que presentéis vuestros cuerpos como sacrificio vivo, santo y agradable a Dios, que es vuestro culto racional" (Rom. 12:1). ¿Cómo podemos lograr lo que Cristo y Pablo nos piden? Vamos a considerar algunas sugerencias en esta sección.

1. La mayordomía del cuerpo

El cristiano tiene el deber de cuidar el cuerpo físico, ya que es el instrumento con el cual podemos servir a Dios. Esto abarca muchas facetas, incluyendo la alimentación, el ejercicio físico y el rechazo de elementos dañinos para el cuerpo.

Es una lástima que las multitudes en el mundo sufren por falta de alimentos adecuados, y por eso padecen todas las enfermedades que acompañan tales deficiencias, mientras otros en el mundo sufren por obesidad porque consumen demasiado.[23] Seguramente muchos que leerán estas páginas vivirán en los sectores donde el hambre es un problema agudo. Una alimentación adecuada debe ser el foco de los programas de gobierno en el mundo, y los cristianos debemos apoyar programas que prometen una distribución de alimentos a los necesitados. A la vez tenemos el deber de aprender

---

[23] Ronald J. Sider, *Rich Christians in an Age of Hunger*. Downers Grove, Ill., Intervarsity Press, 1977.

a alimentarnos en forma sana, sin tener que consumir alimentos suntuosos y costosos. Hay sugerencias de maneras en que podemos alimentarnos adecuadamente con poco dinero.[24] Hay nutricionistas en varios países que están trabajando para ayudar a las familias con pocos recursos para alimentarse bien a pesar de sus limitaciones económicas.

Otra responsabilidad del cristiano es cuidar su cuerpo por medio de ejercicios adecuados. La revolución tecnológica ha cambiado el estilo de vida de la mayoría, de modo que pocos tienen que utilizar la fuerza física para sobrevivir. Más bien, para muchos el mayor ejercicio durante el día es caminar unos cuantos metros y oprimir botones de máquinas que hacen la mayor parte del trabajo. Por eso, es necesario tener programas de ejercicio para mantener el cuerpo en buenas condiciones. No es necesario invertir grandes cantidades en aparatos que facilitan tal actividad ni pertenecer a un club atlético. Podemos someternos a un régimen adecuado según las circunstancias individuales.

Entre los elementos dañinos para nuestros cuerpos podemos mencionar el tabaco, las bebidas alcohólicas y las drogas. Las estadísticas nos dicen que miles de personas sufren de los efectos del tabaco, hasta tal punto que las compañías ahora tienen que informar a los usuarios que el uso del tabaco puede ser dañino para la salud. En algunas partes están prohibiendo el uso de tabaco en consultorios médicos, aviones y hospitales. Han descubierto que las mujeres en estado de embarazo que fuman tienen gran posibilidad de afectar el feto en su desarrollo.

El consumo de bebidas alcohólicas y sus consecuencias acompañantes representan los costos más altos en términos de accidentes automovilísticos, en los hogares y en los lugares de trabajo, las cuentas médicas, costos de rehabilitación de los heridos, el abuso físico, y la destrucción de los hogares. Es asombroso ver la destrucción que cosechamos como consecuencia del consumo de alcohol en sus varias formas.

Las drogas narcóticas han llegado a ser uno de los problemas más graves de nuestro día. Los jóvenes y adultos que las consumen, los que distribuyen las drogas en las calles y los grandes carteles que controlan el procesamiento y la distribución de drogas en escala nacional e internacional, todos están colaborando para crear el anochecer de nuestra civilización. Y parece que hay poco que se puede hacer para detener tal tendencia. Por eso, tenemos que enseñar a nuestros jóvenes los peligros de las drogas, y pro-

---

[24] Ronald J. Sider, ed., *Living More Simply*. Downers Grove, Ill., InterVarsity Press, 1980.

mover programas de prevención tanto como de rehabilitación para los que ya han caído víctimas.

2. Una preparación adecuada

Otro deber que el cristiano tiene es el de prepararse hasta lo máximo para un trabajo o una profesión. Vivimos en una época cuando la educación formal es imprescindible para funcionar en los puestos de la mínima responsabilidad en cualquier país. El mundo está experimentando una revolución en las industrias porque pueden funcionar con menos personal que antes. El servicio militar ahora está rechazando a jóvenes reclutas porque las demandas para tener un ejército son menores que antes. Las compañías que anteriormente se consideraban inmunes a la quiebra están en grandes dificultades para sobrevivir. Todo esto quiere decir que la competencia para los puestos de empleo va a aumentar y las personas más capaces van a ser las afortunadas.

El cristiano tiene el deber de descubrir sus dones, y hay instrumentos disponibles en los colegios y otras instituciones que pueden ayudar a uno para determinar sus preferencias en el sentido vocacional. Después, debe desarrollar sus dones por medio de la mejor preparación que esté a su alcance. También debe dedicar sus dones al servicio del Señor, trabajando con dedicación y siendo buen mayordomo de lo que Dios le ha encomendado. Cada persona tiene el derecho de experimentar la máxima felicidad y satisfacción personal en su trabajo. Seguramente buscará una profesión o trabajo que aportará en forma positiva al enriquecimiento de la vida de otros.

3. El deber de enriquecer la vida

Hay muchas actividades que enriquecen la vida, y los gustos de cada persona dictarán el camino que tome para lograr esta meta. Para algunos el estímulo intelectual por medio de programas de aprendizaje, oportunidades culturales y una actualización constante ocuparán gran cantidad de su tiempo libre. La participación en las actividades de la iglesia y el testimonio activo del cristiano será otra fuente de enriquecimiento que cada cristiano va a querer experimentar. La participación en las diversiones sanas será otra manera en que uno logra tener una vida abundante y con éxito.

El desarrollo espiritual es una necesidad para todo cristiano. A veces los cristianos se dedican tanto al mecanismo de la organización eclesiástica que se olvidan de lo principal. Necesitan tomar el tiempo para el estudio personal y devocional de la Biblia y pasar tiempo en la comunión con Dios por medio de la meditación y la oración. Los matrimonios y las familias necesitan un tiempo cuando pueden sentarse juntos y participar en un tiempo devocional, leyendo la Biblia o historias bíblicas, cantando coros de acuerdo con la edad de los niños y orando por las necesidades de la familia.

4. Casos especiales

(1) **La defensa propia.** Muchos cristianos tienen inquietudes hoy en día con referencia al derecho y/o el deber de defenderse. Dado el nivel de inseguridad en muchos lugares de nuestro mundo, esto está llegando a ser un problema muy serio. Es una lástima que ahora hay necesidad de organizaciones que se especializan en entrenar a las mujeres para defenderse frente a un agresor. Otras compañías enseñan a las personas a manejar armas de fuego en forma correcta y segura; y otras compañías tienen la especialidad de preparar a las personas en caso de ser tomadas como rehenes, su comportamiento en el momento de ser tomadas, durante el tiempo de su confinamiento, y en los momentos de ser liberadas. Al escribirse estas páginas, un programa de televisión daba consejos a personas que pudiesen ser víctimas del secuestro de su automóvil mientras están manejando. Estas circunstancias intensifican la consideración de la defensa propia.

Los cristianos hemos estudiado el Sermón del monte en Mateo 5—7, y elogiamos a las personas que pueden responder con calma a los actos de agresión. ¿No dijo Cristo que debiéramos volver la otra mejilla? Entonces, ¿qué compatibilidad hay entre esta pasividad y la necesidad de protegernos?

Las parábolas de Jesús enseñan que uno tomará las precauciones normales para protegerse de los ladrones, y creo que en nuestro día estamos obligados a hacer lo mismo. Sin embargo, creo que debemos dejar en las manos de los oficiales de la ley la responsabilidad principal de garantizar la seguridad de los ciudadanos. Si cada persona toma en sus propias manos este aspecto de la vida, resultará el caos y seguramente muchas personas inocentes van a sufrir. A la vez estamos justificados de tomar las medidas posibles para protegernos a nosotros y a nuestros familiares en caso de no existir policías y durante el intervalo de su llegada después de avisarles. De otra manera, regresamos a la época de la jungla, en que cada persona llevaba su arma de defensa.

(2) **El suicidio.** El suicidio ha llegado a ser un problema serio en nuestro día. Muchos lo consideran una alternativa aceptable para las personas para las cuales la vida ha llegado a ser insoportable. Una controversia grande en la actualidad tiene relación con el doctor Jack Kevorkian, que ha elaborado una máquina con una jeringa de monóxido de carbón que un enfermo puede activar y así terminar con su vida. Actualmente el médico está siendo juzgado por

colaborar en ayudar a dieciséis personas a suicidarse.[25] Hay quienes justifican el suicidio en casos de personas con enfermedades graves que quitan la calidad de vida. Otros temen las consecuencias posibles en el futuro del uso de tales medios por familiares u oficiales gubernamentales que quieren deshacerse de los inválidos que han llegado a ser una carga para otros. En 1991 apareció el libro *Final Exit* (Ultima salida), escrito por Derek Humphry. El libro mencionó un método seguro, rápido y limpio para suicidarse. Era cubrirse la cabeza con una bolsa de plástico y amarrarla alrededor del cuello. Dentro de cuatro minutos la persona pierde consciencia. En 1991, después de la publicación de ese libro, hubo un aumento de 30% en el número de suicidios en los Estados Unidos de América. Descubrieron que muchas de estas personas habían consultado ese libro.[26]

En los Estados Unidos de América, entre los adolescentes y los jóvenes, el suicidio es la segunda causa más frecuente de muerte actualmente, después de los accidentes. Este hecho es un juicio sobre la afluencia que caracteriza la mayoría de estos hogares. Los que dejan notas y los que intentan suicidarse sin lograrlo testifican que su motivo es el sentimiento de no ser querido, la ausencia de un propósito para seguir viviendo y las frustraciones en la escuela y con personas de su propio grupo y edad.

En ninguna parte de la Biblia hay una prohibición directa relacionada con el suicidio, excepto el sexto mandamiento. En el Antiguo Testamento hay cuatro casos de personas que se quitaron la vida (Jue. 9:50-56; 1 Sam. 31:1-6; 1 Rey. 16:18, 19 y 2 Sam. 17:23). Se debate si el caso de Sansón es suicidio (Jue. 16:23-31) En el Nuevo Testamento tenemos el caso de Judas. Cristo dijo que había venido "para que tengan vida, y para que la tengan en abundancia" (Juan 10:10). El judaísmo, por medio del *Talmud*, hace énfasis en el hecho que los límites de la vida están establecidos por Dios, y el ser humano no debe hacer nada para acortar ese propósito. Consideraron el suicidio un pecado grave.

Agustín hizo declaraciones tajantes condenando el suicidio, y contribuyó a la actitud de repugnancia hacia tal acto de parte de los cristianos. Dijo que el suicidio era tan malo como el asesinato. Su rechazo en parte se debe a la aceptación general del suicidio en la cultura grecorromana, y la tendencia de los cristianos de los primeros siglos de identificar el suicidio con el martirio, lo cual glorificaron como expresión más alta de la fidelidad al Señor.

---

[25] Nancy Gibbs, "Prescription for Death," *Time*, 31 de mayo de 1993, pp. 34-39.

[26] "A Swift Route to Suicide", *Time*, 15 de noviembre de 1993, p. 89.

Aquino condenó el suicidio, diciendo que era una frustración del deber de uno hacia sí mismo, hacia la comunidad y hacia Dios.[27]

El cristiano tiene el propósito más alto en vivir, y por eso, debe aceptar el desafío de vencer todos los obstáculos que impiden el cumplimiento de este propósito. Los que pasan épocas de desilusión, frustración y depresión necesitan buscar a un amigo o a un profesional para ayudarles a superar la crisis en vez de pensar en quitarse la vida. Muchas veces una conversación con otros puede ayudar a uno a tener una perspectiva diferente y descubrir motivos de optimismo cuando consideran el futuro.

Uno que se suicida ha pasado la línea de desesperación y ha optado por la solución que le pareció factible. Frecuentemente los familiares o amigos preguntan si se han condenado por ese acto. Creo que no, a pesar de la opinión contraria de Agustín. Uno se condena por no arrepentirse de los pecados y no aceptar a Cristo como Salvador. Nadie puede saber de la condición de otros delante de Dios, y por eso, tenemos que encomendarles a Dios y su misericordia. Sabemos que los que aceptan a Cristo son salvos, y si un cristiano llega a tomar ese paso, está en las manos de Dios y su misericordia. Los familiares pueden ser consolados sabiendo que nuestro Dios ama a todos y que ese familiar ya no está sufriendo las angustias que le llevaron a dar ese paso.

(3) La donación de los órganos después de la muerte. Como seres humanos tenemos responsabilidad de ser buenos mayordomos de nuestros cuerpos, y eso abarca los posibles usos de los órganos nuestros que se pudiesen utilizar para preservar la vida de otros en caso de nuestra muerte repentina. Hoy los científicos han perfeccionado métodos para hacer transplante de las córneas, los pulmones, el corazón, los riñones, el hígado, el tejido y posiblemente otros órganos del cuerpo, si aprovechan su transplante inmediatamente después de la muerte del donante. Pero no pueden hacerlo sin el permiso del difunto antes de su muerte o del pariente más cercano después de la muerte.

Hay documentos legales, como los testamentos vivientes, por medio de los cuales se permite extirpar los órganos que se pudiesen utilizar del cuerpo de una persona que ha muerto. Consideramos que sería una bendición grande el brindar la vida a otras personas que de otra manera van a morir o van a carecer de una calidad de vida por algún órgano defectuoso. Cada cristiano tiene el deber de considerar la posibilidad de firmar ese documento e informar a los familiares de sus deseos en caso de su muerte accidental. Este tema se tratará en forma más extensa en el capítulo 13.

---

[27] Robert N. Wennberg, *Terminal Choices* (Grand Rapids, Michigan: Eerdman's Publishing Co., 1989), pp. 66-70.

CONCLUSION

El ser humano, siendo creado a la imagen de Dios, es de sumo valor a los ojos de él, y tiene capacidades infinitas para su propio desarrollo, y para hacer de las sociedades del mundo un lugar ideal para la morada. Para cumplir con este fin, uno tiene que experimentar personalmente la regeneración que viene por medio de la fe personal en la obra redentora de Cristo. Esta experiencia le da la base para establecer buenas relaciones consigo mismo, con los demás y con Dios.

El cristiano tiene que poseer un grado sano de amor propio, para autovalorarse, pero debe de evitar un egoísmo extremo que coloca su propio ser con sus metas y satisfacciones encima de todos los demás. Nuestro valor propio servirá para buscar mejor el reino de Dios.

Tenemos muchos privilegios que encierran responsabilidades de ser buenos mayordomos de todo lo que Dios nos ha dado. El cristiano luchará para ser lo mejor en cualquier esfera de acción. Aceptamos la vida como un tesoro, una dádiva de Dios, y nos comprometemos a vivirla hasta lo máximo, para la gloria de Dios.

10

LA ETICA DE LA FAMILIA

El cristianismo tiene un mensaje importante para los jóvenes que buscan casarse, para los matrimonios con hijos pequeños y grandes en el hogar, y para las parejas que están viviendo los años dorados en el matrimonio. La Biblia contiene consejos para los padres de familia, para los hijos, para los que están buscando con quién casarse y para los viudos. Tocamos estas enseñanzas en la primera parte de este libro. Ahora nos toca buscar esas enseñanzas en forma específica, de acuerdo con los varios temas, y a la vez espigar de las ciencias sociales contemporáneas para descubrir las mejores normas para ayudarnos a disfrutar de esta faceta de la vida.

Si logramos inculcar principios cristianos en los niños, jóvenes y adultos en la esfera del sexo y el matrimonio, entonces habremos echado los cimientos para una sociedad estable. El propósito de este capítulo es presentar las enseñanzas bíblicas que servirán de base para tal sociedad.

I. LA NATURALEZA DEL MATRIMONIO

Dicen que la familia con el padre y la madre presente con dos o tres hijos es una institución que está en peligro de extinción. El abandono y el divorcio, la separación debido a la naturaleza del trabajo y los horarios tan distintos contribuyen a una inestabilidad en el matrimonio y en las relaciones familiares. En algunos hogares hay una mezcla de hijos que tienen padres distintos debido al divorcio, la muerte de uno de los dos padres u otras razones, y todo esto contribuye a los posibles conflictos que pueden suceder en cualquier hogar.

Frente a estas circunstancias que promueven la inestabilidad tenemos los ideales de la Biblia que nos ayudan a recordar lo que era el propósito de Dios cuando estableció el hogar.

1. Ordenado por Dios

Después de crear los cielos y la tierra, los animales y las plantas, Dios hizo al hombre, el cual fue la corona de la creación de Dios. Fue creado con el propósito de señorear sobre toda la creación que Dios había hecho. Después, Dios vio que el hombre estaba muy

solo, e hizo una compañera para ser su ayuda idónea. Les dio el
mandato de ser fecundos y multiplicarse para la sobrevivencia de
la raza humana (Gén. 1:28). Dios ordenó: "Por tanto, el hombre
dejará a su padre y a su madre, y se unirá a su mujer, y serán una
sola carne" (Gén. 2:24). Por eso, vemos el matrimonio como la primera institución humana, ordenada por Dios, para suplir las necesidades de los miembros de la familia.

Ha habido intentos de disolver la familia en su forma nuclear,
diciendo que el grupo puede cuidar mejor al niño y suplir las necesidades sociales. Pero estos intentos no toman en cuenta la naturaleza del niño de buscar a sus padres como las fuentes primarias
de amor y cuidado. Sartre dijo que no veía ninguna razón porque
la familia no debiera de continuar, aunque para él el hecho de ser
casados los padres no tenía importancia.[1] Otros en la actualidad
hablan de la desintegración de la familia nuclear. Pero creo que el
matrimonio va a continuar como institución, porque suple muchas
necesidades que tienen los seres humanos.

2. Los propósitos del matrimonio

Dios tenía varios propósitos al establecer el matrimonio; todos
fueron para el bienestar de la humanidad.

(1) El compañerismo es el propósito más básico. Dios nos hizo
seres gregarios, y anhelamos la comunión con otros seres humanos. Tenemos los varios órganos para facilitar este compañerismo,
tales como la lengua para hablar, los oídos para escuchar, los ojos
para mirar, y los músculos de la cara y las manos para ayudar en la
comunicación. Reconocemos que este compañerismo es indispensable si una pareja ha de experimentar la mayor felicidad. Con frecuencia se escucha a cónyuges que testifican que lo que más les
atraía el uno al otro era la capacidad de sentarse y hablar con franqueza de las cosas más íntimas de la vida. Cuando una pareja ha
perdido este compañerismo, peligra su estabilidad.

(2) La paternidad. La mayoría de los hombres tanto como las
mujeres anhelan procrear hijos y criarlos desde la infancia hasta
que sean adultos. Aunque el ser padres encierra mucha responsabilidad durante varios años, trae satisfacción y un sentido de cumplimiento que casi todos afirman que prefieren ser padres que la
alternativa de no tener prole. Los seres humanos tenemos el impulso sexual en forma constante, el que ofrece la posibilidad para
una gratificación intensa en el proceso que resulta en la procreación. A la vez garantiza la propagación de la raza humana.

---

[1] Frank K. Kappler, "Existentialism", *Life*, 6 de noviembre de 1964, p.
62.

(3) **La expresión legítima del impulso sexual.** Aunque la posición de la Iglesia Católica Romana teóricamente ofrece esta posibilidad, limita mucho el logro de una satisfacción completa cuando el matrimonio no desea tener prole. Por eso, la mayoría de los evangélicos recomiendan el uso de medios confiables y aceptables para prevenir la concepción, siempre que no violen la conciencia de uno de los cónyuges, que los medios utilizados sean temporales, y que sean aceptables desde el punto de vista médico y estético.

Aunque muchos católicos admiten que no se acatan al reglamento de la Iglesia Católica Romana que prohibe el uso de medios artificiales para prevenir la concepción y muchos de los católicos que toman la eucaristía admiten que utilizan los medios anticonceptivos, el papa Juan Pablo II ha producido una encíclica titulada *Veritatis Splendor* (Esplendor de la verdad, 1993), que condena tales prácticas y llama a los sacerdotes y obispos para que insistan en que los católicos acepten sus normas.

(4) **La crianza de los hijos en un ambiente de amor y aceptación.** El calor de un hogar feliz es el ambiente ideal para crear niños normales y que aportarán en forma positiva para la sociedad.

3. Características de una unión ideal

(1) **El matrimonio ideal es una unión exclusiva.** La pareja recién casada se separa del hogar de los padres y forma un nuevo núcleo. Los matrimonios jóvenes no necesitan la intervención de los padres y/o suegros. Muchos matrimonios se destruyen por el control que viene de los padres de uno de los dos cónyuges.

El matrimonio feliz excluye las relaciones extramaritales. Aunque hay casos numerosos en el Antiguo Testamento de concubinas y de poligamia, la Biblia presenta el hecho que estas relaciones trajeron muchos conflictos. Los conflictos de Hagar con Sara y las peleas entre las esposas de Jacob, que eran hermanas, ilustran este hecho.

Jesús y sus seguidores pusieron como el ideal la monogamia (Mat. 1:4, 6; 1 Cor. 7:10), lo cual siempre ha sido la norma desde el punto de vista cristiano. El amor libre, las relaciones premaritales, las relaciones extramaritales y el divorcio son actos que minan la estabilidad del hogar. Se ha comprobado que los que participan extensivamente en relaciones sexuales premaritales tienen mayores dificultades en adaptarse en el matrimonio, tienen mayor posibilidad de meterse en un enlace extramarital después del matrimonio, se separan y se divorcian con más frecuencia, y los matrimonios posteriores sufren de mayor inestabilidad.[2] Por eso, es válido el

---

[2] Stanton L. Jones, "The Loving Opposition", *Christianity Today*, 19 de

ideal de no participar en el acto sexual hasta después del matrimonio. Aunque muchos ven esta norma como anticuada, hay un despertar en la actualidad entre los jóvenes para aceptar la abstinencia como la mejor actitud.[3]

(2) El matrimonio ideal es una unión permanente. La unión es ideal cuando la pareja entra en el matrimonio con la determinación de hacerlo feliz y permanente. Cuando existe esta determinación, no hay "matrimonios de prueba" ni "matrimonios seriales", términos que implican que la decisión de casarse con esta persona es muy tentativa y no conlleva el intento de una unión de por vida. Cuando las dos personas han considerado seriamente el paso que van a dar, y cuando han tenido la preparación adecuada para saber lo que envuelve el matrimonio, entonces están listos para entrar en la unión que traerá felicidad verdadera a su vida. Entre las promesas que se hacen dos personas en la ceremonia de matrimonio se especifica que la unión será "hasta que la muerte los separe". Estas son palabras muy significantes y no debieran ser repetidas si no existe esta intención. Las estadísticas indican que el mayor número de separaciones y divorcios acontece en los primeros cinco años después de la ceremonia. Esto refleja que muchas personas no toman en serio la promesa que hicieron cuando repitieron los votos.

(3) La unión ideal magnifica el amor. En siglos pasados los hombres se casaban por conveniencia, porque necesitaban a alguien para cumplir con los quehaceres domésticos mientras él laboraba en el campo. Necesitaban hijos porque eran la mano de obra requerida. Los jóvenes y las señoritas se casaban muy jóvenes porque no pensaban en una educación formal; en la granja se les enseñaba todo lo que necesitaban saber para tener éxito.

Pero todo eso ha cambiado ahora. La vida urbana es distinta, y requiere una preparación formal para competir en el trabajo. Las mujeres quieren ser profesionales sin dejar del todo las actividades en el hogar. Por eso, los jóvenes postergan el matrimonio y el establecimiento del hogar. A la vez, se inclinan a tomar sus propias decisiones en la elección de la persona con quien se casan. El romance es un elemento más vital en la relación de lo que era en generaciones pasadas cuando el joven escogía entre las señoritas de las granjas vecinas, como hicieron en el caso de nuestros padres y abuelos. Los jóvenes ponen importancia en el establecimiento de

---

julio de 1993, p. 21, citando estudios reportados por Andrew Greely en su libro *Faithful Attraction*.

[3] Andrés Tapia, "Abstinence: The Radical Choice for Sex Education", *Christianity Today*, 8 de febrero de 1993, pp. 25-29.

amistades que florecen en noviazgos que los llevan al compromiso formal y después de unos meses al matrimonio.

En todo este proceso el amor es un elemento de suma importancia. El cristianismo aporta esta dimensión para el matrimonio. Pablo dice que los esposos deben amar a sus esposas, "así como también Cristo amó a la iglesia y se entregó a sí mismo por ella" (Ef. 5:25). Este amor debe ser más que el afecto personal o el impulso emocional. Debe incluir una actitud de confianza, ayuda mutua, interés personal y hasta sacrificio entre los dos que se quieren.

Discutiendo el amor como base principal para el matrimonio, Georgia Harkness dice que tiene que ser amor del tipo *eros, agape* y *filia*, todos combinados.[4] *Eros* es el amor por el cual uno satisface y recibe la satisfacción sexual, que es un elemento importante en el matrimonio. *Filia* abarca la amistad y el bienestar general que uno busca en la intimidad con otra persona. *Agape* es la cualidad espiritual y divina en el amor, y da la fuerza y voluntad para enfrentarse a las dificultades que naturalmente vendrán en el curso de los años en todo matrimonio. De esta manera, los tres ingredientes son indispensables si el matrimonio va a tener la intimidad, la satisfacción mutua y el elemento espiritual que dan éxito y felicidad. Las parejas descubrirán que el cristianismo y las actividades en las iglesias valorizan estos factores en la vida en general y fomentarán matrimonios más estables.

II. ¿CON QUIEN SE DEBE CASAR?

1. Personas con fondos similares

Las estadísticas indican que cuánta más similitud hay entre las dos personas, con referencia al mismo fondo social y cultural, la misma nacionalidad y etnicidad y la misma religión, tanta más posibilidad habrá para un matrimonio con mayor armonía y felicidad y menos conflictos. Esto no quiere decir que no pueden existir matrimonios felices aun cuando hay marcadas diferencias tales como las mencionadas arriba. Todos podemos citar casos así. Pero como norma podemos establecer la pauta que el mejor candidato para ayudarle a alcanzar la felicidad en el matrimonio como cónyuge es una persona con el mayor número de similitudes.

Pueden existir elementos emotivos que unen a dos personas en forma perfecta, a pesar de las múltiples diferencias con que tienen que luchar para adaptarse el uno al otro. Los intereses artísticos, culturales, filantrópicos y espirituales en común pueden ser los elementos cohesivos que brindarán una armonía que vencerá obstácu-

---

4 Georgia Harkness, *Christian Ethics* (Nueva York: Abingdon Press, 1957), p. 132.

los como enfermedades, incapacidades físicas y diferencias marcadas en otras esferas.

2. Personas con compatibilidad religiosa y espiritual

Puesto que el mundo está más unido ahora que antes, se esperan más matrimonios entre personas de religiones distintas y de diferencias denominacionales dentro del cristianismo. En décadas pasadas había resistencia para el matrimonio de personas con identidad evangélica diferente y mayor resistencia para matrimonios entre protestantes y católicos. La Iglesia Católica Romana era muy opuesta a los matrimonios mixtos, y los oficiales exigían promesas firmadas de la persona no católica con relación a la no intervención en la religión del católico y en la crianza de los hijos como católicos, antes de la ceremonia. Aunque estas restricciones todavía están en vigencia, probablemente no se toman en serio hoy entre muchas parejas de religión mixta.

La secularización de la vida que ha venido como consecuencia de la expansión del humanismo y el materialismo en escala mundial representa una amenaza mayor a las bases espirituales en el matrimonio hoy en día. Nuestra época se ha caracterizado como la generación con menos fidelidad a las denominaciones tradicionales y menos compromiso con una iglesia local de parte de los adultos jóvenes en nuestros países, de modo que el desafío para los cristianos es convencer a los matrimonios jóvenes que la fe y la consagración al Señor pueden aportar dimensiones espirituales a su matrimonio que serán muy positivas.

En cambio, la pareja que comparte su fe en Cristo como Salvador personal, que participa en forma activa en una iglesia local con sus cultos de adoración y sus programas de servicio a la comunidad local y al mundo por medio de un programa de misiones mundiales, tendrá las bases para sentirse unida física y espiritualmente. Esto es compatible con el mandato de Cristo de buscar "primeramente el reino de Dios y su justicia, y todas estas cosas os serán añadidas" (Mat. 6:33). Esta pareja descubrirá que sus intereses comunes en programas espirituales los unirá en otras facetas de su matrimonio.

3. Personas con valores morales y espirituales similares

La revolución moral de la década de 1960 que produjo la "nueva moralidad", trató de desplazar las prohibiciones y los mandamientos tradicionales morales con la norma de "hacer lo que el amor le dicte". La cosecha de este libertinaje la estamos experimentando actualmente en un número mayor de embarazos de jóvenes solteras, asesinatos cometidos por escolares que llevan armas semiautomáticas a las escuelas donde estudian cada día, pandillas que dañan propiedades privadas y públicas con sus leyendas y matan a otros en forma caprichosa, oficiales de gobierno que apoyan el aborto y la homosexualidad como alternativas aceptables de estilos de vida y una sociedad que consume drogas en cantidades anteriormente no imaginadas. En la mayoría de los países del mundo las cárceles están más repletas de presos que antes, hasta tal punto que tienen que dejar en libertad a muchos que han sido condenados a sentencias largas para crear lugar para los nuevos ofensores.

Los matrimonios de hoy tienen que luchar en contra de las corrientes inmorales en escalas mayores que la generación de adultos mayores. Los matrimonios jóvenes son invitados a orgías en que participan en el acto sexual con cualquier otra persona excepto su cónyuge y donde las drogas están disponibles en todo momento. Frente a esta condición triste de nuestra civilización la pareja cristiana tiene que afirmar sus convicciones cristianas y buscar la compañía de otros cristianos con apreciaciones morales y espirituales similares.

Todo joven y señorita tienen que tomar en cuenta este panorama cuando están pensando en el matrimonio, y tienen que buscar a personas con las mismas apreciaciones para formar sus relaciones de amistad con ellas y de ese grupo elegir a su cónyuge. Seguramente habrán estado expuestos a las influencias hedonistas en los colegios, las universidades y lugares de trabajo. Los cristianos tenemos que formar un núcleo de personas con las mismas apreciaciones espirituales y formar una cadena de relaciones para ayudarse mutuamente.

La pareja joven que está pensando en el matrimonio debe tomar la decisión de esperar al matrimonio para tener relaciones sexuales. A pesar del hecho de que gran número de parejas comienzan a tener relaciones sexuales antes de la ceremonia matrimonial, utilizando varias razones para justificar tal comportamiento, el ideal cristiano es esperar hasta después de la ceremonia. Estarán agradecidos a Dios en el futuro por su paciencia y el ejercicio de la voluntad para reservar el acto más íntimo en el matrimonio para después de la ceremonia de bodas.

III. RELACIONES EN LA FAMILIA

1. Entre esposos

(1) La intimidad. Las relaciones entre esposos son más íntimas que las de cualquier otra relación. El esposo conoce a la esposa mejor que cualquier otra persona, y viceversa. A través de los años uno llega a comprender las faltas y apreciar las virtudes del otro; llega a anticipar las acciones y los pensamientos del otro, y a regular su propia vida de acuerdo con su comprensión del otro.

La Biblia da muchos consejos a los esposos. El autor de los Proverbios dice: "El que halla esposa halla el bien y alcanza el favor de Jehovah" (Prov. 18:22). En el capítulo siguiente declara: "Una casa y riquezas son herencia de los padres, pero una mujer prudente lo es de Jehovah" (Prov. 19:14). Estas apreciaciones entre los cónyuges van a aportar en forma positiva para la intimidad que buscamos en el matrimonio.

A la vez el autor de los Proverbios amonesta acerca de los elementos que pueden crear obstáculos para la intimidad. Dice: "... gotera continua son las contiendas de la mujer" (Prov. 19:13), y "mejor es vivir en un rincón de la azotea que compartir una casa con una mujer rencillosa" (Prov. 21:9).

Advierte al esposo del peligro de los enlaces extramaritales: "Porque por una prostituta el hombre es reducido a un bocado de pan, y la mujer ajena caza una vida valiosa" (Prov. 6:26). Y aconseja que "sea bendito tu manantial, y alégrate con la mujer de tu juventud" (Prov. 5:18).

(2) Amor mutuo. Tratamos el amor en la sección anterior, pero vale la pena hacer hincapié en este elemento por su importancia primordial. Pablo aconseja a los cónyuges a vivir juntos en un compromiso de permanencia: "Pero a los que se han casado mando, no yo, sino el Señor: que la esposa no se separe de su esposo,... y que el esposo no abandone a su esposa" (1 Cor. 7:10, 11). El amor es el elemento que dará riqueza a esta relación. "Esposos, amad a vuestras esposas, así como también Cristo amó a la iglesia y se entregó a sí mismo por ella" (Ef. 5:25). Pedro aconseja a los maridos: "Vosotros, maridos, de la misma manera vivid con ellas con comprensión, dando honor a la mujer como a vaso más frágil y como a coherederas de la gracia de la vida, para que vuestras oraciones no sean estorbadas" (1 Ped. 3:7).

(3) La sumisión mutua. Hoy ha surgido un gran debate entre los cristianos sobre el tema de la sumisión en el matrimonio. La base de la controversia tiene que ver con la autoridad en el matrimonio. Hay referencias bíblicas que aconsejan a las mujeres a estar en sumisión y obediencia a sus esposos: "Las casadas estén sujetas a sus propios esposos como al Señor, porque el esposo es cabeza de la esposa, así como Cristo es cabeza de la iglesia, y él mismo es salvador de su cuerpo" (Ef. 5:22, 23). Pedro dice: "Asimismo vosotras, mujeres, estad sujetas a vuestros maridos, para que si algunos no obedecen a la palabra, también sean ganados sin una palabra por medio de la conducta de sus mujeres" (1 Ped. 3:1).

Debido a la presión por brindar a las mujeres derechos iguales a los que disfrutan los hombres, ha habido muchos cambios con referencia al lugar de las mujeres en los últimos años. Por eso, muchos

tildan a Pablo y Pedro de "machistas", y los relegan a la era anticuada que era extensión de la época patriarcal, donde el esposo era
el dueño de su esposa y la autoridad final en el hogar. Pedro cita a
Sara, que "obedeció a Abraham, llamándole señor" (1 Ped. 3:6).

El principio determinante en la solución de esta controversia es
la pregunta de cuánto de las enseñanzas de Pablo y Pedro refleja la
situación social y cultural de su época, y si estos consejos tienen
que ser obedecidos literalmente por las mujeres de nuestro fondo
cultural, que es muy diferente hoy. Personalmente, creo que ellos
eran productos de su época, y tenemos que buscar los principios
válidos para nosotros, sin tener que interpretar literalmente la necesidad de la mujer de someterse a su esposo y observar los consejos exactos con relación a su vestido y los adornos.

De mayor significado es el consejo de Pablo que da a todos los
cristianos en todas las relaciones interpersonales en Efesios 5:21: "Y
sometiéndoos unos a otros en el temor de Cristo." Una sumisión
mutua de parte de los cónyuges establecerá el ambiente en el cual
pueden considerar las opciones distintas y las opiniones diferentes
de los dos, para llegar a las decisiones más sabias. Hoy en día muchas esposas tienen igual o superior educación formal que los esposos, tienen una madurez emocional igual o superior que ellos, y
el sentido intuitivo más desarrollado que el esposo, de modo que
podrá aportar en un plano igual en los asuntos tales como planes y
proyectos económicos, crianza de los hijos y decisiones que tienen
que ver con el lugar donde vivir y trabajar, la vivienda y las mejores escuelas para los hijos. En la mayoría de los países los cónyuges pueden llenar y entregar una sola declaración de renta para
los dos, lo cual implica que los gobiernos reconocen los matrimonios como socios y no como jerarquías.

(4) El sexo en el matrimonio. Se ha mencionado en varias ocasiones anteriores el aspecto sexual en el matrimonio como un elemento necesario, normal y enriquecedor. Basta referirnos a los pasajes que tienen que ver con este aspecto.

En Génesis 2:25, después de instituir el matrimonio de parte de
Dios, se comenta: "Estaban ambos desnudos, el hombre y su mujer,
y no se avergonzaban." Esto implica que había una intimidad física entre la primera pareja, y las parejas han disfrutado de esta intimidad como un elemento básico en el matrimonio.

El autor de los Proverbios aconseja a los casados: "Bebe el agua
de tu propia cisterna y de los raudales de tu propio pozo. ¿Se han
de derramar afuera tus manantiales, tus corrientes de aguas por las
calles? ¡Que sean para ti solo y no para los extraños contigo! Sea
bendito tu manantial, y alégrate con la mujer de tu juventud"
(Prov. 5:15-18). No hay un pasaje más bello que afirme la santidad
del sexo en el matrimonio.

Pablo trata también el aspecto sexual en el matrimonio:

El esposo cumpla con su esposa el deber conyugal; asimismo la esposa con su esposo. La esposa no tiene autoridad sobre su propio cuerpo, sino su esposo; asimismo el esposo tampoco tiene autoridad sobre su propio cuerpo, sino su esposa. No os neguéis el uno al otro, a menos que sea de acuerdo mutuo por algún tiempo, para que os dediquéis a la oración y volváis a uniros en uno, para que no os tiente Satanás a causa de vuestra incontinencia (1 Cor. 7:3-5).

Aquí es evidente que dentro del matrimonio se debe expresar el amor sexual, y esto es bendecido por Dios. Las parejas no deben sentir vergüenza ni culpabilidad cuando participan en el acto más íntimo de amor y unidad. En el acto sexual llegan a ser "una sola carne" en el sentido más literal.

El autor de Hebreos toca este tema dentro de la sección de enseñanzas prácticas. Dice: "Honroso es para todos el matrimonio, y pura la relación conyugal; pero Dios juzgará a los fornicarios y a los adúlteros" (Heb. 13:4). El versículo afirma el sexo en el matrimonio y condena el sexo antes del matrimonio, con el término "fornicarios" y las relaciones extramaritales, con el término "adúlteros". En un día cuando casi todo programa de televisión proyecta que tales relaciones son normales y cuando las novelas tienen que incluir escenas del amor libre en las primeras cincuenta páginas para garantizar las ventas, estas palabras suenan como de otro planeta. Nos hemos alejado peligrosamente de los ideales que Dios nos dio en su Palabra.

(5) El control de la concepción. Debemos decir algo desde el punto de vista ético con referencia al control de la concepción. Puesto que muchos lectores vivirán en los países donde el catolicismo romano será religión predominante, y puesto que nuestra posición es radicalmente diferente a la de la Iglesia Católica Romana, hay que explicar esta diferencia.

En la encíclica *Veritatis Splendor* (Esplendor de la verdad, 1993) del papa Juan Pablo II, el Papa afirma la posición radical de la Iglesia Católica Romana, prohibiendo el uso de medios anticonceptivos para los católicos. Defiende la posición tradicional de la ley natural de Tomás de Aquino, y niega que los medios modernos pueden ser utilizados.

El punto de vista de la mayoría de los evangélicos es que es un privilegio y hasta deber de los matrimonios limitar el número de hijos que engendran. Hay varias razones, pero una de las más convincentes es la explosión demográfica en el mundo, que todavía representa un problema alarmante, ya que el mundo no va a poder alimentar a todos dentro de pocos años. Un estudio alarmante de este problema declara: "Si cada pareja hoy en día acuerda limitar el número de hijos a solamente dos, todavía la población mundial aumentaría con otros seis mil millones dentro de los próximos treinta y cinco años".[5] Otro libro que arroja más luz sobre este problema es por Susan Powell Bratton, titulado *Six Billion and More* (Seis mil millones y más).[6]

La cuestión para la pareja tiene más que ver con los medios más aceptables y disponibles para evitar la concepción. Los más utilizados hoy en día son las píldoras anticonceptivas, que tienen un alto porcentaje de éxito. La esposa tiene que ir al médico o a un centro donde distribuyen tales píldoras, y debe ser examinada por el médico periódicamente. Las píldoras pueden tener efecto negativo sobre algunas, y ellas deben entender cuales son sus efectos.

La ciencia médica está avanzando con nuevos productos para prevenir la concepción. Hay una inyección e implante que pueden tener las damas que previene la concepción por varios años, pero que es temporal. También han experimentado con inyecciones para los hombres para hacerles estériles durante un período definido. Ultimamente ha salido un condón para la mujer, que está siendo recomendado por algunos.

Los medios anticonceptivos con efectos temporales son los más recomendables. De esta manera si la pareja decide que quiere tener hijos posteriormente, están en libertad de hacerlo. Los medios permanentes incluyen la vasectomía en los hombres y la ligación de las trompas que conducen el óvulo a la matriz en las mujeres. Ambos procedimientos son cirugías y requieren anestesia local o general. La consideración de este método es solamente para las parejas que ya tienen todos los hijos que quieren tener. Aunque la ciencia médica ha experimentado con las cirugías que reversan la vasectomía, uno debe reconocer que no es un procedimiento perfeccionado todavía.

La pareja debe conversar acerca de sus planes para el futuro, el número de hijos que desean tener y seguir los consejos de un médico que simpatiza con su situación. Deben buscar un acuerdo con relación al método para prevenir la concepción, y deben cooperar para que sea efectivo.

2. Relación entre padres e hijos

"Hijos, obedeced en el Señor a vuestros padres, porque esto es justo... Y vosotros, padres, no provoquéis a ira a vuestros hijos, sino criadlos en la disciplina y la instrucción del Señor" (Ef. 6:1, 4).

---

5 Loren Wilkinson, "Are Ten Billion People a Blessing?", *Time*, 11 de enero de 1993, p. 19.

6 Susan Powell Bratton, *Six Billion and More*. Filadelfia: Westminster/ John Knox Press, 1993.

Estos versículos encierran en forma general la relación entre padres e hijos. Vamos a considerar varios temas que están íntimamente ligados con estas relaciones.

(1) La responsabilidad de los padres. El Salmista declaró: "He aquí, heredad de Jehovah son los hijos; recompensa es el fruto del vientre. Como flechas en la mano del valiente, así son los hijos que se tienen en la juventud. Bienaventurado el hombre que llena de ellos su aljaba" (Sal. 127:3-5). Este Salmo comunica la filosofía entre los judíos en la antigüedad de que muchos hijos eran una prueba de la bendición de Dios sobre la familia. Ciertamente cada padre de familia debe pensar que cada hijo es una bendición de Dios. Los padres deben querer a los hijos que Dios les da, y no hacerles ver que eran "accidentes" o que no querían tenerlos. La primera responsabilidad de los padres es rodear a sus hijos de todo el cariño posible. Pablo aconseja a las esposas jóvenes que amen a sus esposos y a sus hijos (Tito 2:4).

Otra gran responsabilidad de los padres abarca la educación de sus hijos. En la mayoría de los países ahora hay escuelas públicas y privadas que se encargan de esta tarea, pero no disminuye la responsabilidad de los padres para interesarse en el programa de enseñanza de sus hijos, vigilar las tareas que tienen los hijos en la casa y tomar la iniciativa en la educación religiosa de ellos. Hay controversia en muchos lugares sobre los programas de educación sexual, el uso de artículos comerciales suministrados como propaganda para promover la compra de ciertas marcas de productos y el tener lectura bíblica y/u oración en las actividades oficiales de las escuelas. Todo esto ilustra el hecho que los padres tienen que estar pendientes de lo que están enseñando a sus hijos.

Los padres tendrán que colaborar con la iglesia en la enseñanza de la Biblia y las verdades del cristianismo (Deut. 6:6-9). Los padres deben tener un tiempo con los hijos cuando pueden escuchar historias bíblicas y participar en las oraciones cada día o noche. Apoyarán los programas de la iglesia que beneficien a los niños y a los jóvenes. Reconocerán que abundarán las tentaciones entre los jóvenes con los compañeros de la escuela y las influencias mundiales en su medio. Una actividad sana será la mejor manera de prevenir que los hijos se descarríen del camino del Señor.

Los padres deben tomar interés en la conversión de sus hijos. No queremos presionarles para tomar decisiones en forma precipitada, pero respondemos a sus inquietudes espirituales en forma amplia e interesada. Dichosos son los padres que tienen el privilegio de explicar el plan de salvación a sus hijos y encaminarlos a aceptar a Cristo cuando se despiertan las preguntas relacionadas con la fe y la salvación eterna. Los hijos siempre recordarán estas experiencias.

La disciplina es un elemento muy importante en la formación de los hijos. Por medio de la disciplina los hijos aprenden a respetar la autoridad, primero de los padres, y después de otras figuras de autoridad tales como los maestros, los policías y las autoridades civiles y espirituales. Proverbios dice: "El que detiene el castigo aborrece a su hijo, pero el que lo ama se esmera en corregirlo" (13:24). Amplifica este consejo en las siguientes palabras: "Corrige a tu hijo mientras haya esperanza, pero no se exceda tu alma para destruirlo" (19:18).

Hoy se ha dicho mucho con relación a los castigos físicos como parte de la disciplina. Algunos rechazan completamente el uso de la fuerza (la "vara" o la "correa" para disciplinar). El énfasis en el abuso de los hijos ha frenado los castigos crueles que se practicaban en el pasado. Podemos elogiar la prohibición de la crueldad hacia los hijos, pero esto deja a algunos padres confundidos sobre si deben o no deben castigar en forma física.

James Dobson, una autoridad en este campo, escribió un libro hace unos años con el título *Dare to Discipline* (Atrévase a disciplinar) y ha salido últimamente con una nueva edición titulada *The New Dare to Discipline*. Insiste en que está bien castigar físicamente a los niños desde los dieciocho meses hasta unos ocho años. Después el castigo en esta forma crea más ira que beneficio. Otras formas de disciplina, tales como el aislarlos del grupo y privarlos de ciertas actividades por un tiempo, tienen mayor eficacia. Los padres siempre deben explicar la razón de la disciplina y asegurarles a los hijos de su amor antes de, durante y después del castigo. Hay que recordar que cada hijo es diferente, y tendrán que experimentar para descubrir la forma de disciplina que da los mejores resultados deseados.

Los niños necesitan desarrollar un sentimiento de seguridad que les traiga tranquilidad. Los padres pueden ser causantes de la inseguridad de los hijos si pelean en presencia de los hijos, si expresan diferencias de opinión con relación al tema de discusión con los hijos y si rehusan tomar interés en lo que está pasando en la vida de los hijos. No deben despreciar a los hijos por su bajo rendimiento en los estudios, por una característica peculiar que despierta burla de parte de los compañeros de estudio o con una crítica severa por cualquier causa.

Los padres tienen la responsabilidad del sostenimiento de los hijos: "Si alguien no tiene cuidado de los suyos, y especialmente de los de su casa, ha negado la fe y es peor que un incrédulo" (1 Tim. 5:8). Este versículo tiene pertinencia especial hoy para los hogares donde ha habido separación legal o divorcio, y donde los padres deben aportar para el sostenimiento de los hijos. La paternidad responsable es más que un término técnico, es una necesidad grande. Puesto que un número creciente de hijos vive con un solo padre, por regla general la madre, es imperativo que los padres de familia acepten su responsabilidad de ayudar en el sostenimiento de estos hijos si ha acontecido la separación legal o el divorcio. Algunos países han tomado pasos muy severos para exigir el pago estipulado por el juez para el sostenimiento de los hijos en caso de separación.

Hemos tocado brevemente el tema de la educación sexual de los hijos, pero debemos elaborar un poco más sobre este tema. Los padres deben estar preparados para responder las primeras preguntas de los hijos en cuanto al sexo. Si contestan estas preguntas en forma natural y franca, entonces inspiran confianza para que ellos sigan preguntando en el futuro. Al contrario, si manifiestan temor, inseguridad o una actitud evasiva, producirán barreras para una comunicación amplia y verdadera en el futuro. En la medida que los hijos van creciendo, sus preguntas pueden ser contestadas en forma más detallada. Siempre deben decir la verdad pero sin utilizar términos demasiado técnicos ni tampoco la terminología grosera o vulgar. Las respuestas deben ser en forma directa, correcta, sencilla y progresiva. Pueden utilizar los acontecimientos conocidos en la familia, tales como el animal doméstico que va a tener cría, un hermanito menor que va a nacer o algún familiar que va a tener un bebé. Más adelante los niños necesitan saber sobre el proceso de concepción y el embarazo. Hay buenos libros con dibujos científicos que pueden ayudar en la explicación de los hechos.

Los padres deben acompañar la enseñanza de los hechos con valores morales. Los programas de educación sexual en los colegios fallan en no comunicar valores morales con el impartimiento de información. Dejan la impresión que la decisión es muy personal sin hacerles ver las consecuencias del acto sexual entre los jóvenes. Muchos padres de familia tanto como los jóvenes descubren muy tarde que ciertas libertades en la temprana edad de la juventud pueden esclavizar de por vida. Un embarazo puede afectar permanentemente la vida de una señorita y de un joven. Una enfermedad contraída por la promiscuidad sexual puede predestinar a una persona a la esterilidad permanente, otras anomalías en el funcionamiento sexual o casos más críticos, como el SIDA. Otra vez hacemos hincapié en la importancia de recomendar la abstinencia sexual como la mejor manera de evitar posibles problemas y entrar al matrimonio. Los padres pueden tomar tiempo para conversar con los hijos acerca de los temas que se discuten en las clases de la escuela, para arrojar una perspectiva moral y espiritual sobre cada tema. Esto ayudará en el desarrollo de una relación de mayor confianza entre padres e hijos.

(2) **Responsabilidad de los hijos hacia los padres.** La Biblia menciona la importancia de honrar a los padres. El quinto mandamiento resalta la importancia del honor, que abarca respeto, sumisión, obediencia y amor. Otros pasajes elaboran sobre estas cualidades. El castigo más severo de la pena de muerte era estipulado para los hijos que golpeaban o maldecían a los padres (Exo. 21:15 y 17; Lev. 20:9). Entre los judíos había una reverencia para el patriarca de la familia, hasta tal grado que los hijos adultos guardaban respeto y sumisión a ellos.

En el día de Jesús había algunos que buscaban escaparse de sus responsabilidades hacia los padres ancianos. Jesús los condenó:

> Pero vosotros decís que si alguien dice a su padre o madre: "Aquello con que hubieras sido beneficiado de parte mía es Corbán" —es decir, una ofrenda a Dios—, ya no le permitís hacer nada por su padre o su madre. Así invalidáis la palabra de Dios mediante vuestra tradición que habéis trasmitido, y hacéis muchas cosas semejantes a éstas (Mar. 7:11-13).

En el día moderno en algunas culturas el cuidado de los ancianos es un tema candente. Hay muchos extremos, desde los que abandonan a sus padres por completo, dejándolos como responsabilidad del estado, hasta los que traen a sus padres ancianos e inválidos a su propia casa para cuidarlos hasta la muerte. Este último paso trae varias dificultades cuando hay hijos en el hogar, cuando ambos cónyuges trabajan fuera del hogar y con las viviendas más pequeñas hoy que anteriormente.

El amor de los hijos hacia los padres se manifiesta en la obediencia cuando los hijos son pequeños, durante la adolescencia y la juventud. Este amor se expresa en escuchar consejos y el dialogar con los hijos adultos como socios, y en el cuidado y el honor que se manifiesta cuando ya son ancianos. Es hermoso ver una relación de respeto y confianza entre padres e hijos, lo cual es fruto de la obediencia a los mandamientos que tenemos en la Biblia.

IV. EL DIVORCIO

Una vez efectuado el matrimonio, ¿es permitido disolverlo? En algunos países el divorcio es legal, y las bases para el divorcio varían, pero en otros el divorcio no es legal. Nuestro enfoque tiene que ver con las enseñanzas bíblicas y la aplicación de ellas en casos específicos en los varios países.

1. Enseñanzas bíblicas

El ideal bíblico es que un hombre se case con una mujer y que esta unión perdure hasta que la muerte de uno de los dos los separe (Gén. 2:24). Este pasaje afirma la monogamia y la permanencia del matrimonio. Sin embargo, temprano en la historia de la humanidad se nota la violación de estos ideales en casos de poligamia y después en el divorcio. Parece que la separación en el matrimonio llegó a ser un problema serio en días de Moisés, ya que era necesaria una legislación. Deuteronomio 24:1-4 contiene los detalles de esta legislación:

> Si un hombre toma una mujer y se casa con ella, y sucede que ella no le agrada por haber él hallado en ella alguna cosa vergonzosa, le escribirá una carta de divorcio, la entregará en su mano y la despedirá de su casa. Salida ella de su casa, podrá ir y casarse con otro hombre. Si este hombre la llega a aborrecer, le escribe una carta de divorcio, la entrega en su mano, la despide de su casa; o si muere este hombre que la tomó por mujer, entonces su primer marido que la despidió no podrá volverla a tomar para que sea su mujer, después que ella fue mancillada, porque esto sería una abominación delante de Jehovah. No has de traer pecado a la tierra que Jehovah tu Dios te da por heredad.

Debemos subrayar varios puntos que son pertinentes para este asunto:

(1) Era una legislación permisiva, para regular ciertas prácticas descontroladas en aquel entonces.

(2) Las limitaciones tenían como propósito frenar el abandono precipitado que estaba sucediendo y proteger a las mujeres que habían sido abandonadas.

(3) La legislación legalizaba el divorcio y daba permiso para un segundo matrimonio de parte de las mujeres.

Malaquías condenó la práctica de abandonar a las esposas y tomar mujeres extranjeras más jóvenes. Cuando dijo que Jehovah ya no aceptaba las ofrendas con gusto, y el pueblo preguntaba ¿por qué?, la respuesta era:

> Porque Jehovah ha sido testigo entre ti y la mujer de tu juventud, a la cual has traicionado, a pesar de ser ella tu compañera y la mujer de tu pacto. ¿Acaso el Unico no hizo el cuerpo y el espíritu de ella? ... Guardad, pues, vuestro espíritu y no traicionéis a la mujer de vuestra juventud. "Porque yo aborrezco el divorcio," ha dicho Jehovah Dios de Israel (Mal. 2:14-16).

Estos versículos ilustran que el divorcio era un problema grande a fines de los tiempos antiguotestamentarios, pero afirma que Dios desaprueba el divorcio en todo tiempo.

Algunos insisten en que Jesús no dio ninguna base para el divorcio, y alegan que la cláusula de excepción en Mateo 19:9, "a no ser por causa de fornicación" fue añadida por algún escriba, ya que no aparece en los otros Evangelios sinópticos. En Marcos 10:1-12 y Lucas 16:18 no se menciona esta posibilidad de permitir el divorcio en caso de adulterio. Sin embargo, el argumento de silencio no es válido, ya que hay muchos detalles en la vida y las enseñanzas de Cristo que no aparecen en los tres Sinópticos.

En el día de Jesús había dos grupos sobre las bases para el divorcio. La escuela de Hillel, rabí que dio una interpretación muy liberal, diciendo que cualquier excusa era adecuada para divorciarse, y la escuela de Shammai, rabí muy conservador que solo permitió el divorcio en caso de adulterio, mantuvieron al pueblo en pugna. Jesús aprobó la interpretación más conservadora, lo cual afirma que sí dio permiso para el divorcio y un segundo matrimonio en casos de infidelidad.

Pablo afirma la posición de Jesús sobre el divorcio, pero abre la puerta para lo que la Iglesia Católica Romana ha llamado el "privilegio paulino". Dice que un creyente tiene el deber de quedarse con el cónyuge incrédulo, para darle testimonio en espera de convertirlo al evangelio: "Pero si el no creyente se separa, que se separe. En tal caso, el hermano o la hermana no han sido puestos bajo servidumbre, pues Dios os ha llamado a vivir en paz" (1 Cor. 7:15). Algunos ven en este versículo la base para la separación legal, la cual no permite otro matrimonio. Otros consideran que es abandono, y así sería permitido el divorcio y un segundo matrimonio en tal caso.

2. La situación contemporánea

Hoy en día las leyes en la mayoría de los países permiten el divorcio por una variedad de razones, incluyendo el adulterio, la embriaguez compulsiva o el uso habitual e incurable de estupefacientes y drogas, los ultrajes y mal tratamiento del cónyuge, si con ello peligra la vida o salud de uno de los cónyuges, crueldad mental o física, incompatibilidad, homosexualidad y abandono. Muchos argumentan que si hay una brecha en el matrimonio que no se puede reparar después de haberlo intentado, entonces es mejor divorciarse que vivir en la miseria. El argumento de acomodación entra aquí, reconociendo el divorcio como el menor de los males.

Ciertamente el divorcio no es el pecado imperdonable, y la actitud de rechazo de parte de la iglesia cristiana en décadas pasadas refleja el legalismo que ha predominado sobre el divorcio en muchas iglesias. Hoy hemos tomado una actitud más bondadosa hacia los divorciados, y muchas iglesias tienen programas activos de ministerio para este grupo. La época inmediatamente después de un divorcio es la más difícil. Se sienten fracasados y necesitan de nuestro amor y la comunicación de la compasión en palabras y hechos.

Afirmamos de nuevo que una preparación adecuada antes del matrimonio podría ayudar a muchas parejas para evitar este paso tan doloroso. Si las personas entienden mejor lo que encierra el matrimonio y las actitudes de comprensión, amplitud y perdón que son necesarias para una unión de éxito, no serían tan sorprendidos después de la ceremonia matrimonial. Si las personas pueden entenderse mejor, junto con sus necesidades, sus tendencias y cómo afectarán a su cónyuge, entonces podrán afrontar las circunstancias normales sin tanto trauma. Si pueden ablandar un poco las expectativas en el matrimonio, y reconocer que es la unión de dos personas imperfectas, entonces habría menos causa para acudir al divorcio después de casados.

3. El divorcio y la Iglesia Católica Romana

La Iglesia Católica Romana tradicionalmente ha declarado que el matrimonio es un sacramento indisoluble: "Ningún poder humano, inclusive el estado, tiene poder de disolver el matrimonio."[7] Critican a los evangélicos por fomentar el divorcio. Pero los dos grupos están a favor del matrimonio permanente. La declaración más reciente del papa Juan Pablo II recalca la importancia de la característica indisoluble del matrimonio.

La Iglesia Católica Romana tiene maneras de anular los matrimonios bajo ciertas circunstancias. Entre las bases para declarar nulo un matrimonio están: el no tener la edad mínima para casarse (16 para hombres y 14 para mujeres), la consanguinidad, o sea, el matrimonio de personas relacionadas hasta primos inclusive, afinidad, el homosexualismo, la impotencia, el culto dispar (un católico con uno que no lo es), las órdenes sagradas, el secuestro e indecencia pública, como el concubinato.[8]

Desde 1970 la corte romana, Roman Rota, que escucha apelaciones relacionadas con la anulación, ha reconocido también factores psicológicos.[9] El número de anulaciones ha aumentado en forma dramática, especialmente en los Estados Unidos de América. Una de las razones por el aumento es que anteriormente solamente los ricos podían pagar el costo de tal proceder. Ahora las diócesis absorben el 61% del costo, y está más al alcance de mayor número.

Es cierto que muchos católicos se divorcian hoy en día, en forma legal o no. En algunos países si se han casado por lo civil entonces pueden divorciarse; pero si era matrimonio católico, entonces no hay divorcio. Por eso, muchas parejas están optando por un matrimonio civil, para darles una salida si el matrimonio no resulta.

Los reformadores Lutero, Calvino y Zwinglio eran sorprenden-

---

[7] *Nuevo Diccionario Católico*, 302.

[8] Ver Cánones 1067-1080.

[9] Richard N. Ostling, "Till Annulment Do Us Part", *Time*, 16 de agosto de 1993, p. 43.

temente liberales con referencia al divorcio, probablemente debido a su reacción a las restricciones de la Iglesia Católica Romana. Además de las razones básicas de adulterio, abandono voluntario, impotencia, etc., Calvino añadió la incompatibilidad religiosa como base para el divorcio. Zwinglio aprobó matrimonios por "prueba", dándoles plazo de un año para ver si eran compatibles; de otra manera podían divorciarse.

Con este resumen podemos captar que el divorcio ha existido desde la antigüedad, de modo que no nos sorprende que hoy todavía sigue siendo un problema complicado. Reconocemos que a veces las personas han dado pasos y han creado tanto odio en la relación conyugal que hay poca esperanza de disolver los conflictos, y el divorcio es la única alternativa. Sin embargo, debemos seguir buscando la manera de ayudar a cualquier pareja, y no darnos por vencidos en nuestros esfuerzos por ayudarles.

CONCLUSION

El matrimonio es una institución que va a perdurar, a pesar de las amenazas a su estabilidad. Dios nos ha hecho de tal naturaleza que buscamos la compañía de una persona del sexo opuesto con quien podemos formar un hogar, experimentar la satisfacción de la intimidad emocional y sexual, criar a los hijos y disfrutar del compañerismo durante toda la vida.

Las anomalías de los matrimonios de homosexuales y el intento de adoptar legalmente a hijos en hogares homosexuales no se deben tolerar. Los niños necesitan el cariño de papá y mamá, y adolece de algo de significado si no lo recibe. Para la estabilidad de nuestra cultura necesitamos preservar las instituciones que tradicionalmente han dado estabilidad a las naciones.

11

LA ETICA DE LAS RELACIONES ECONOMICAS

INTRODUCCION

Los seres humanos pasamos despiertos gran parte de nuestro tiempo pensando y preocupándonos por asuntos de dinero y las cosas necesarias para el sostenimiento de la vida. Para muchos su preocupación principal es dónde van a conseguir lo necesario para asegurar el pan diario, la ropa y el techo para sus seres queridos. Para los ricos, que por cierto son una minoría, su preocupación principal es cómo pueden ganar más y más, y cuáles negocios o inversiones van a resultar de mayor éxito para ellos.

La época en que vivimos ha experimentado el conflicto y la competencia de varios sistemas económicos, y los intereses económicos siguen siendo de primordial consideración. Los avances científicos y tecnológicos han contribuido mucho a la producción de artículos de comodidad personal y social, de modo que muchos no tienen que sudar para ganar su sustento como hicieron en décadas pasadas. Las personas pueden disfrutar de comodidades que hace pocos años eran artículos de lujo para la elite. En otros países los seres humanos han cosechado miseria, sufrimiento y desilusión que les han amargado la vida, porque no les ha sido posible alcanzar ni aun las cosas mínimas para la existencia.

Junto a todo esto está el asunto de leyes y normas que deben guiar a la humanidad con relación a la adquisición, la posesión y el consumo de bienes materiales. Estos temas interesan al creyente, ya que tiene que tomar decisiones personales y en muchas ocasiones no podrá hacer mucho para cambiar la política de sistemas económicos ni para determinar las prácticas de otros. Pero cada cristiano tiene el deber de vivir con un testimonio positivo del poder redentor de Dios en su vida y los efectos de esta redención en sus decisiones diarias. Este capítulo tiene el propósito de ayudar a la persona a tomar estas decisiones.

I. EL CONCEPTO BIBLICO DEL TRABAJO

El término "trabajo" abarca todo lo que hacemos que tiene que ver con el ejercicio de nuestros talentos en actividades que resultan en ganancias que utilizamos para nuestro sostenimiento y el de los familiares. Incluye a personas profesionales que ejercen una carrera, a personas en el mundo financiero cuyo trabajo es manejar cifras con sumadoras y computadoras, y las personas que tienen que utilizar la energía física en las múltiples responsabilidades, sea en la agricultura, en una fábrica o en la construcción.

Hace unos años el autor tuvo el privilegio de visitar las ruinas incas en Machu Pichu, Perú. Allí en las montañas, aislado del bullicio de las calles de Lima, se encontró con un pastor que estaba cuidando su rebaño de llamas. Comenzamos a conversar. Hablaba de sus hijos pequeños que estaban alrededor jugando. Le pregunté el nombre de uno. Grande fue mi sorpresa cuando me dijo que su nombre era "Washington". Le felicité por sus hijos y su trabajo, y después me puse a pensar. He aquí un hombre que probablemente no ha salido de su provincia, en un lugar muy remoto de un país lejos de los Estados Unidos de América, pero decide darle a su hijo el nombre del primer presidente de una nación muy lejana. Esto ilustra que el mundo se está encogiendo, hay intercambio de comercio, de ideas, de cultura y de religión. En su lucha por ganar un poco de su ganado, el peruano está identificado con los corredores de bolsa en las capitales de las naciones del mundo quienes están empeñados en la misma misión. El campo de acción es diferente, la geografía es diferente, pero las motivaciones de ganancia son iguales. Y cada persona participa en el trabajo.

1. El trabajo en la creación

El relato de Génesis nos dice que Dios hizo los cielos y la tierra en seis días, y descansó de su trabajo el séptimo día (Gén. 2:2). Dios obró en el universo creando el mundo para la habitación de la humanidad: "Dios vio todo lo que había hecho, y he aquí que era muy bueno. Y fue la tarde y fue la mañana del sexto día" (Gén. 1:31). La afirmación positiva de la creación de parte del mismo Dios nos sacude cuando reconocemos que muchos seres humanos no están conscientes de la belleza y la perfección que existe en la naturaleza: "Tomó, pues, Jehovah Dios al hombre y lo puso en el jardín de Edén, para que lo cultivase y lo guardase" (Gén. 2:15). Hemos malgastado lo que Dios nos ha encomendado para cultivar y guardar.

Uno de los problemas más grandes que nos desafía es la preservación de los recursos naturales, porque hemos pasado siglos en actividades que saquean los minerales y los bosques y que contaminan los ríos, hasta tal punto que ya no hay agua fresca y pura. Hemos violado las tierras con cultivos que sacan todos los elementos nutritivos del suelo sin devolverle lo necesario para su recuperación. Es cierto que nos quedan grandes tareas para cultivar y cuidar lo que Dios nos ha encomendado.

2. Somos hechos para trabajar

"Dios los bendijo y les dijo: 'Sed fecundos y multiplicaos. Llenad la tierra; sojuzgadla y tened dominio sobre los peces del mar, las aves del cielo y todos los animales que se desplazan sobre la tierra'" (Gén. 1:28). Al colocar al ser humano en el mundo y al darle señorío sobre toda la creación, Dios nos comisionó para trabajar en forma física y mental para ejercer este dominio sobre la creación en forma positiva. Los ecólogos critican a los cristianos, acusándonos de implementar este dominio en forma destructiva o con indiferencia.[1]

3. El trabajo físico y el pecado

Algunos interpretan que el trabajo es un castigo para la humanidad por haber desobedecido a Dios en el Edén. En Génesis 3 Dios pronuncia un castigo sobre la serpiente, otro sobre la mujer y después dice al hombre:

> Porque obedeciste la voz de tu mujer y comiste del árbol del que te mandé diciendo: "No comas de él", sea maldita la tierra por tu causa. Con dolor comerás de ella todos los días de tu vida; espinos y cardos te producirá, y comerás plantas del campo. Con el sudor de tu frente comerás el pan hasta que vuelvas a la tierra, pues de ella fuiste tomado (Gén. 3:17-19).

Es dudoso declarar que si no hubiera pecado, entonces no tendríamos que cultivar la tierra y no daría cardos y espinos. Es imposible saber lo que hubiera pasado si no hubiéramos hecho algo que hicimos. Pero el hecho es que tenemos que trabajar la tierra para hacerla producir lo que es de valor para el consumo humano. No debemos pensar que el trabajo es consecuencia del pecado; más bien reconocemos que somos hechos para trabajar, y Dios nos encomendó la tarea de dominar y sojuzgar antes de que el hombre pecara.

4. Ejemplos de trabajo entre el pueblo de Dios

El Antiguo Testamento está repleto de ilustraciones de los hombres que trabajaban como actividad normal. Caín y Abel se dedicaron a trabajar y presentaron sus ofrendas a Dios. Noé, varón

---

[1] Loren Wilkinson, "How Christian is the Green Agenda?", *Christianity Today*, 11 de enero de 1993, pp. 16-20.

perfecto, y sus hijos se dedicaron al trabajo de construir el arca y llamar a la gente al arrepentimiento para salvarse de la destrucción que se aproximaba. Abraham y sus descendientes se dedicaron al trabajo de la ganadería con bastante éxito. Los descendientes de Jacob llegaron a ser esclavos en Egipto y trabajaron por la fuerza para las grandes construcciones del faraón, hasta que fueron liberados por el gran caudillo Moisés. Los israelitas siempre fueron conocidos como gente trabajadora al establecerse en la tierra de Canaán.

En el día de los profetas percibimos a un pueblo dedicado a la agricultura y la ganadería, aunque algunos habían dado los pasos iniciales de establecer industrias pequeñas e iniciar actividades comerciales en las ciudades de Palestina. La opresión del pobre, las injusticias de parte de los ricos en aprovechar circunstancias para su propia ganancia y el uso de balanzas falsas eran problemas que despertaron la condenación de los profetas Amós, Oseas, Miqueas e Isaías. Todo esto refleja que el trabajo diario se consideraba como una actividad normal.

El escritor de los Proverbios presenta consejos para ilustrar que el trabajo es digno y para condenar la pereza: "La mano negligente empobrece, pero la mano de los diligentes enriquece" (Prov. 10:4). Otro pasaje declara:

> Pasé junto al campo de un hombre perezoso y junto a la viña de un hombre falto de entendimiento. Y he aquí que por todos lados habían crecido ortigas; los cardos habían cubierto el área, y su cerco de piedra estaba destruido. Yo observé esto y lo medité en mi corazón; lo vi y saqué esta enseñanza: Un poco de dormir, un poco de dormitar y un poco de cruzar las manos para reposar. Así vendrá tu pobreza como un vagabundo, y tu escasez como un hombre armado (Prov. 24:30-34).

Jesús no dio enseñanzas o mandamientos que directamente enseñen la dignidad del trabajo; pero es evidente, a la luz de sus enseñanzas, que dio por sentado el hecho de que el ser humano debe trabajar. En las parábolas encontramos muchas ilustraciones de personas que estaban activas en sus trabajos diarios. La parábola de los talentos probablemente es la más clara para ilustrar que Jesús espera que pasemos tiempo trabajando y produciendo según nuestras capacidades (Mat. 25:14-30). Jesús condenó al hombre que había recibido un solo talento y no hizo nada con él. Pronunció bendiciones sobre los que pusieron sus talentos a trabajar para reproducir ganancias de cien por ciento. Esto ilustra que Cristo entendió y aprobó el participar en forma activa en negocios que ofrecen las posibilidades de ganancias.

Pablo fue muy franco en sus declaraciones en cuanto a su disposición de trabajar duro en la propagación del evangelio y en hacer carpas para sostenerse mientras se dedicaba al extendimiento del evangelio: "Porque os acordáis, hermanos, de nuestro arduo trabajo y fatiga; que trabajando de día y de noche para no ser gravosos a ninguno de vosotros, os predicamos el evangelio de Dios. Vosotros sois testigos, y Dios también, de cuán santa, justa e irreprensiblemente actuamos entre vosotros los creyentes" (1 Tes. 2:9, 10). En Hechos 18:1-4 Pablo declara que trabajó con Aquilas y su esposa, Priscila, haciendo tiendas mientras predicaban y enseñaban. Pablo condenó a los tesalonicenses que habían dejado de trabajar y estaban ociosos. Dio su propio testimonio y les amonestó:

> ... ni hemos comido de balde el pan de nadie. Más bien, trabajamos arduamente hasta la fatiga, de noche y de día, para no ser gravosos a ninguno de vosotros; no porque no tuviésemos autoridad, sino para daros en nuestras personas un ejemplo a imitar. Aún estando con vosotros os amonestábamos así: que si alguno no quiere trabajar, tampoco coma (2 Tes. 3:8-10).

En Efesios 4:28 Pablo dice: "El que robaba no robe más, sino que trabaje esforzadamente, haciendo con sus propias manos lo que es bueno, para tener qué compartir con el que tenga necesidad." Este versículo nos desafía a trabajar en forma diligente y a estar listos para ayudar a las personas desafortunadas.

5. La historia del trabajo

Temprano en la historia de la humanidad se establecieron clases de trabajo y escalas sociales determinadas por la naturaleza del trabajo y los productos. Los nómadas que tenían a sus animales chocaron con los agricultores porque necesitaban los pastos. La legislación mosaica trató de regular los conflictos que resultaban de los bueyes que dañaban los campos de los agricultores (Exo. 22:5).

Los griegos clasificaron a las personas según sus trabajos, y establecieron las virtudes correspondientes. Aristóteles se refirió a las industrias que ganaron "jornal" como "vulgares" y como degradantes de la mente.[2] Más adelante, Platón elaboró una división más completa. Los hombres fueron divididos en tres grupos: la clase industrial, la clase militar y los filósofos. Cada clase tenía una naturaleza predominante. Los trabajadores industriales se caracterizaban por su aspecto laborioso; la clase militar por su naturaleza activa y los filósofos por su tendencia intelectual. Naturalmente cada grupo tenía su virtud correspondiente: La templanza para los trabajadores, el coraje para los soldados y la sabiduría para los filósofos. Este esquema puede ilustrar las tres divisiones:

---

[2] Citado en Alberto C. Knudson, *Etica Cristiana* (México: Casa Unida de Publicaciones, s/f), p. 199.

Naturaleza	Actividad	Virtud
Laborioso	Trabajadores	Templanza
Activo	Soldado	Coraje
Razón	Filósofo	Sabiduría

La tendencia de clasificar a los seres humanos continúa con subdivisiones en las varias áreas de trabajo, especialmente en la clase trabajadora.

En la era neotestamentaria vemos las clasificaciones normales de pescadores, agricultores, jornaleros, cobradores de impuestos e industriales dentro del contexto de la presentación de los hechos relacionados con la vida de Jesús y las actividades de los personajes que figuran en sus enseñanzas.

La época posterior al primer siglo vio una clasificación más marcada del trabajo, y una tendencia creciente de considerar el trabajo físico como azote que denigra. Knudson comenta sobre esto:

> El trabajo se consideró fundamentalmente como un "azote". Fue un castigo impuesto al hombre por su pecado original. Como tal tenía su valor. Desde la Caída había sido un medio importante de disciplina. Había servido como un freno al vicio... Pero la vida "contemplativa", sin embargo, fue superior a la vida "activa", y la vida activa del clero seglar, como distinta de la contemplativa de las órdenes monásticas, fue superior a la vida activa del pueblo laico. Estas personas se ocuparon, en su mayor parte, del trabajo manual e industrial. Este trabajo era necesario para la manutención de la vida. Pero, por esta misma razón, se le colocó en un rango inferior. La vida del espíritu se consideró tan superior a la del cuerpo que cualquier cosa que tuviera que ver principalmente con éste necesariamente era clasificada como inferior.[3]

Los caudillos de la Reforma Protestante enseñaron ideas distintas a las que predominaban anteriormente en el catolicismo. Lutero y Calvino consideraron la vocación como un llamado de Dios; y que Dios llamó a cada persona a cierta clase de trabajo. Según Calvino, el trabajo era un acto de adoración y uno podría cambiar de profesión si tenía la oportunidad y el sentido de llamado de Dios. En cambio, Lutero era más conservador, y sostenía que uno debía quedarse en la profesión en que se crió.[4]

La Reforma Protestante rechazó las distinciones que anteriormente existían en los varios tipos de trabajo, y reconoció tres funciones distintas que desempeña el trabajo en la vida de uno: **(1)** Cumplir el cometido de Dios de sojuzgar la tierra y señorear

---

[3] *Ibíd.*, p. 199.

[4] Citado en Ernst Troeltsch, *The Social Teaching of the Christian Churches,* Tomo II (Nueva York: The Macmillan Co., 1931), pp. 555, 609-11.

sobre las bestias. **(2)** Servir a los semejantes. El propósito del trabajo "no es únicamente sostener la vida, sino crear una civilización, no importa que el obrero sea consciente de esto o no".[5] **(3)** Contribuir al propio desarrollo de los seres humanos: "Por medio del trabajo el hombre se disciplina; cultiva la paciencia, la persistencia y la fidelidad; adquiere conocimiento y destreza, y fortalece, enriquece y perfecciona su personalidad."[6] Esta declaración sirve como guía para nosotros hoy en día. El efecto del trabajo es positivo en nosotros, porque nos da sentido de valor y dignidad.

6. El trabajo como juego que da placer

En la actualidad hay un concepto que está ganando aceptación en los lugares de trabajo de que el trabajo debe ser un juego. Es decir, lo que hacemos como vocación o para ganarnos la vida debe darnos tanta satisfacción que lo consideramos diversión:[7] "La educación y la afluencia han cambiado las expectativas de las personas. La ética que el trabajo debe ser diversión ha tomado el lugar del concepto puritano, que hay valor intrínseco en el trabajo y que el trabajo necesariamente debe ser denigrante".[8]

El ideal es que cada persona sienta satisfacción y un sentido de cumplimiento en el trabajo. Dichosa es la persona cuyo trabajo le inspira y motiva de tal manera que lo considera una forma de diversión. Pero reconocemos que muchas personas no tienen empleo que les dé este nivel de satisfacción. Más bien, muchos consideran su empleo como un mal necesario para ganar lo que necesitan para pagar las cuentas mensuales de la familia.

En la medida que avanzamos del trabajo físico con los músculos a la mecanización del trabajo y de la etapa de una economía industrial a una economía basada en el intercambio de información veremos que las personas van a gozarse más de su trabajo, porque no será tan agotador y será más una fuente de estímulo. Una mayor consideración de las aptitudes de las personas y una mayor orientación para asegurar que la persona entre en una profesión o vocación que está acorde con sus dones va a brindar mayor satisfacción también en el trabajo.

7. Problemas contemporáneos

(1) El desempleo. El desempleo es un problema serio en nuestro

---

[5] Knudson, *op. cit.*, p. 200.

[6] *Ibíd.*, p. 201.

[7] John Naisbitt y Patricia Aburdene, *Re-inventing the Corporation* (Nueva York: Warner Books, 1985), pp. 79-89.

[8] *Ibíd*, p. 80.

mundo. Mientras siempre hay personas que buscan escaparse del trabajo, hay multitudes que tienen voluntad para trabajar, pero no pueden encontrar oportunidad de hacerlo. En casi todos los países del mundo hay desempleo entre los agricultores, los empleados de fábrica, y hasta entre los profesionales. En la actualidad la tendencia de las grandes compañías es reducir su operación debido al exceso de artículos que producen, la mecanización del trabajo que permite a unos pocos hacer el trabajo que anteriormente hacían gran número de personas y la modernización en muchos campos que hace que actividades anteriores sean innecesarias y la maquinaria obsoleta.

En verdad estamos viviendo una revolución social en todos los países del mundo. En Colombia, hace unos años la municipalidad de Cali decidió instalar acueducto y alcantarillado en un nuevo sector de la ciudad. Este proyecto suministró trabajo durante varios meses para centenares de trabajadores que llegaron con picos y palas y su fiambre con una botella de agua de panela, y pasaron todo el día trabajando y ganando unos pesos para sostener a sus familiares. Posteriormente las autoridades municipales decidieron hacer lo mismo en otro sector. Pero ya esta vez tenían excavadoras hidráulicas con un solo operador que hicieron las excavaciones en una fracción del tiempo que gastaron anteriormente los obreros. Con equipos modernos bajaron los tubos grandes en las zanjas, y con otra máquina los cubrieron con varios metros de tierra. Esto ilustra el desplazamiento que ha traído el progreso y la modernización.

Hay una crisis grande en la actualidad por la terminación de la guerra fría entre los Estados Unidos de América y Rusia. Ya no hay necesidad de tantos militares, ni tanques, ni aviones de guerra, ni implementos balísticos. Esto resulta en la reducción del número de soldados y en la pérdida de trabajo del personal civil en las plantas que anteriormente producían los implementos para la defensa. Están cerrando bases militares en todas partes del mundo, lo cual crea crisis en varios países que anteriormente dependían de una población militar para su existencia. Parece que la situación empeorará.

(2) **La producción.** El exceso de la producción en algunas partes y la mala distribución de los bienes en el mundo es otro problema grande para nuestra época. Hemos llegado a ser víctimas de nuestro propio éxito, en que hemos producido más artículos de los que se necesitan en los lugares donde han sido producidos y fabricados. Constantemente escuchamos los informes del exceso de trigo, arroz y leche en ciertos países, mientras nos informan de los que se mueren de hambre en otras partes del mundo. Y en algunos casos los productos que se donan para aliviar el hambre no se distri-

buyen entre los necesitados y son consumidos por los roedores en los puertos donde se mandan. La burocracia humana y los celos por el poder son más fuertes que la compasión por los esqueletos de adultos y niños que esperan una ayuda para sobrevivir.

Todavía hay multitudes que necesitan de todos estos artículos que se pueden producir, pero no tienen los medios para ganar el dinero necesario para comprarlos. Los sabios del mundo tienen que descubrir alguna manera de hacer disponible la comida y los otros artículos que se necesitan a precios que puedan pagar. En algunos casos los que producen artículos localmente se oponen a la distribución de ayuda gratis o barata, porque eso malogra su propio negocio. La solución de los problemas de desempleo y la distribución de los bienes del mundo representa el gran desafío del futuro inmediato. Y reconocemos que no hay soluciones fáciles.

(3) Las relaciones entre los trabajadores y los gerentes. Estas relaciones son problemas difíciles en todas partes del mundo. Hubo una época cuando los trabajadores fueron víctimas de la opresión y surgieron los sindicatos para defender los derechos de los trabajadores. Sin duda, estos sindicatos sirvieron en forma positiva para mejorar los sueldos y las condiciones de los trabajadores, especialmente la seguridad física para los que trabajaban en lugares de peligro. Pero en los últimos años algunos sindicatos llegaron a ser tan infiltrados de marxistas que se dedicaban a tumbar las mismas industrias donde trabajaban, de modo que su eficacia ha disminuido. En otros casos la avaricia de los mismos trabajadores y líderes de los sindicatos les ha motivado a hacer demandas que las compañías no pueden proveer, resultando en la quiebra de algunas compañías.

En la actualidad solamente el 12% de los trabajadores en los Estados Unidos de América están afiliados con un sindicato. Los sindicatos presionaron mucho, sin éxito, para derrotar el Tratado de Libre Comercio (NAFTA) en 1993, que es un acuerdo para abrir más comercio sin impuestos entre los países de Canadá, los Estados Unidos de América y México. El hecho de no poder bloquear la aprobación de tal tratado refleja que los sindicatos han perdido su control sobre las fuerzas laborales.

(4) La vocación. La crisis de vocación es otro problema grande. Debido a los problemas que hemos mencionado y una tendencia de ir en la dirección del humanismo secular, los cristianos han perdido su sentido de servir a Dios y a la humanidad por medio de su vocación. Hay la tendencia de considerar su trabajo como el lugar donde van durante varias horas del día para ganar el dinero que necesitan para pagar las cuentas mensualmente, y no tener orgullo en ministrar a los enfermos en el hospital como médico o enfermera, o enseñar a niños como profesores en las escuelas o suministrar los elementos necesarios para el éxito en los negocios como operadores de computadoras, etc. Lutero consideraba que el lechero estaba cumpliendo un papel muy importante en la vida y que servía a Dios proveyendo la leche que necesitaban los niños para su desarrollo saludable. ¿Hemos perdido este mismo sentido de santidad en la vocación hoy? Creo que sí.

II. LA ETICA DE LAS POSESIONES MATERIALES

La Biblia tiene mucho que decirnos con relación a las posesiones materiales. Da por sentado el derecho de poseer cosas materiales, sean bienes raíces, tales como terrenos y edificios que están fijos; propiedades medidas en términos de animales que sirven para alimentarnos o llevar las cargas y los bienes personales, tales como ropa, joyas y motos, que son más portátiles.

Uno de los mandamientos dice: "No robarás" (Exo. 20:15). Este mandamiento afirma el derecho de tener posesiones y condena el acto de intentar quitar las posesiones de otro. El robo ha sido un problema grande desde el comienzo. Las sociedades han tenido que elaborar métodos de proteger la propiedad y medios de castigar a los ladrones. En el Código de Hamurabi había castigos estipulados para los ladrones. En el Antiguo Testamento hay formas de castigar a los ladrones. En el Corán, libro sagrado de los mahometanos, hay castigos severos para los que violan las posesiones de otros. Vamos a considerar varias facetas de las posesiones privadas en esta división.

1. La ética de la adquisición de propiedad

(1) En el Antiguo Testamento. La historia relata que la humanidad ha adquirido propiedades en tres maneras: a. Conquistar para poseer, b. contratar, cumpliendo con ciertas condiciones, y c. crear por medio de los mismos talentos y la materia prima.[9] La Biblia relata que los primeros hermanos se dedicaban a las dos actividades más primitivas para lograr posesiones: la ganadería y la agricultura (Gén. 4:2). Las experiencias de Abraham y Lot ilustran que cuando llegaron a la tierra donde Dios les había guiado, tomaron las partes que deseaban, porque no había dueños locales. Por necesidad tenían que pasar de un lugar a otro de acuerdo con la disponibilidad de pasto para los animales.

Cuando los israelitas entraron en Canaán bajo el liderazgo de Josué, conquistaron las ciudades y tenían el mandamiento de aniquilar a los habitantes. No lo hicieron, pero se repartió la tierra en-

---

[9] Lewis B. Smedes, *Mere Morality* (Grand Rapids: Eerdmans Co., 1983), pp. 192-95.

tre las tribus, según los descendientes de Jacob. De allí en adelante se establecieron los límites de los terrenos, y había prohibición para cambiar estos límites: "No cambiarás de lugar los linderos de tu prójimo, los cuales habrán sido establecidos por los antepasados en la heredad tuya, que recibirás en la tierra que Jehovah tu Dios te da para que tomes posesión de ella" (Deut. 19:14). Posteriormente dice: "¡Maldito el que cambie de lugar los linderos de su prójimo!" (Deut. 27:17). Había la posibilidad de comprar terrenos, pero en el año de jubileo la tierra debía ser devuelta a su dueño original (Lev. 25:8-16). La razón era para recordar la liberación de la esclavitud en Egipto y para reconocer que todo el año debía ser santificado a Jehovah.

Los bienes materiales se pueden crear. Las mejoras que hacemos en los terrenos que compramos pueden representar la inversión de nuestros talentos y creatividad. Las obras de arte que hacen los pintores representan el uso de la materia prima y la creatividad para hacer algo de valor con las manos y la inteligencia.

Una verdad fundamental que debemos recordar es que todo lo que hay en el mundo, la tierra, las cosas materiales y nuestros recursos físicos e intelectuales, pertenecen a Dios, y el ser humano es mayordomo de estos bienes: "De Jehovah es la tierra y su plenitud, el mundo y los que lo habitan" (Sal. 24:1).

(2) En el Nuevo Testamento. Las enseñanzas de Jesús hablan de la compra de terrenos (Mat. 13:44), de una mujer que perdió una moneda (Luc. 15:8) y de un hombre que pensaba construir graneros (Luc. 12:18). Todas estas ilustraciones tienen que ver con posesiones personales, lo cual indica que Jesús aceptó las actividades comerciales relacionadas con la propiedad como algo normal.

Jesús sí enseñó los peligros de las posesiones materiales. Reconoció que el afán de este siglo y el engaño de las riquezas ahogan la palabra sembrada en los corazones de algunos (Mat. 13:22). Después de su charla con el joven rico dijo que sería difícil para un rico entrar en el reino (Mat. 19:23). Dijo: "Mirad, guardaos de toda codicia, porque la vida de uno no consiste en la abundancia de los bienes que posee" (Luc. 12:15).

Pablo dio enseñanzas que reconocían el derecho de propiedad privada. Su vida y ministerio testifican que las posesiones materiales no ocuparon gran parte de su pensamiento, porque estaba dedicado a la predicación del evangelio y la expansión de la iglesia primitiva. Expresaba su gratitud a los cristianos que daban por amor a las personas necesitadas en otras partes del mundo (1 Cor. 16:1-4, 2 Cor. 8:1-6). Aconsejaba a los amos a tratar justamente y sin amenazas a sus esclavos (Ef. 6:9).

En el libro de Los Hechos vemos que había personas en la iglesia primitiva que tenían propiedades, las vendían y traían el dinero de la venta a los apóstoles, para comprar lo necesario para los demás en la comunidad cristiana (Hech. 2:45; 4:37; 5:1-11). Reconocemos que esto fue una práctica espontánea, voluntaria y temporal, debido a las circunstancias especiales de los nuevos creyentes. Esto no es igual al comunismo moderno practicado en países como la Unión Soviética entre 1917 y 1990, y la República de China desde 1949 hasta el presente. La práctica no se continuaba y no oímos más de ella después de los primeros capítulos en Los Hechos.

La Epístola de Santiago hace varias referencias a los ricos, lo cual indica que a fines del primer siglo había ricos entre las congregaciones cristianas. Santiago amonesta a los cristianos a no manifestar preferencias hacia los ricos (Stg. 2:1-4). También condena a los ricos opresores que no pagan a los jornaleros por el trabajo hecho (Stg. 5:1-6). Parece que las injusticias que vivimos hoy en día no eran desconocidas en el primer siglo.

2. La propiedad en la historia cristiana

Los Padres eclesiásticos promovían y elogiaban la vida ascética en contraste con la vida normal, y por eso tenían mucho que decir en contra del interés primordial en las cosas materiales. El voto de pobreza y el ascetismo desanimaban el espíritu emprendedor entre los cristianos. El primer problema de la iglesia primitiva se relacionaba con las riquezas y los ricos. ¿Puede uno ser rico y mantener sus riquezas, o tiene que deshacerse de ellas o regalarlas a los pobres? Clemente de Alejandría escribió el tratado más completo sobre el tema con el título: "La salvación del rico", en el cual da aprobación a la idea que el rico puede permanecer con sus riquezas, siempre y cuando no sean su dios.

Sin duda la vida monástica llegó a ser el ideal. Un historiador comenta que era triste ver al monje, asceta, sucio, barbudo, sin conocimiento, sin patriotismo, sin afecto natural, pasando su vida en la autotortura, a veces delirioso, que había tomado el lugar del ideal de las naciones que habían conocido los escritos de Platón, Cicerón, Sócrates y Cato.[10] Algunos comentan que se justifica llamarla "Epoca de oscuridad", porque elogiaban una renunciación de las cosas materiales y quedaban dominados por un feudalismo que predestinaron las multitudes a la pobreza.

Los Reformadores tomaron una posición más progresiva con relación al lugar de las posesiones. Calvino fomentó las virtudes de honestidad y agresividad con relación al trabajo y el avance económico. Posteriormente Wesley enseñó tres puntos con relación al trabajo y las cosas materiales. Dijo que debemos **(1)** adquirir todo

---

[10] R. E. O. White, *Christian Ethics* (Londres: John Knox Press, 1981), p. 83, citando a Lecky.

lo posible, **(2)** ahorrar todo lo posible y **(3)** dar todo lo posible.[11]

Entre los cristianos contemporáneos hay libertad para cada persona para actuar de acuerdo con sus oportunidades y capacidades en la adquisición y el uso de las posesiones materiales. Georgia Harkness presenta tres argumentos a favor de las posesiones materiales: **(1)** El pleno desarrollo de la personalidad demanda la propiedad o las posesiones personales. La inseguridad económica trae la inseguridad personal. El que tiene posesiones materiales tiene algo sobre lo cual tiene dominio y esto ofrece una motivación para vivir. **(2)** La eficiencia económica tiene relación con el derecho de poseer, y da como resultado que eleva el nivel de vida considerablemente. La bendición viene en proporción a la dedicación, y por eso, uno es motivado a trabajar más. **(3)** La ganancia personal tiene que estar presente para dar ímpetu al trabajo. Son muy pocos los que trabajan sin dar consideración alguna a lo que van a ganar. Pocos trabajan por la satisfacción personal que se deriva de tal actividad.[12] Una de las debilidades del comunismo en Rusia era la falta de iniciativa de parte de los trabajadores en las granjas comunales, porque no había motivación de ganancia personal.

3. Problemas inherentes en las posesiones personales

(1) La avaricia. Se ha dicho que el dinero trae más dinero. Esto tiene una interpretación positiva, en el sentido que el que tiene dinero en la mano puede invertirlo y salir con mayores ganancias. Por eso, los ricos se hacen más ricos. A la vez crea avaricia, porque cuánto más tiene uno, tanto más desea. Jesús condenó la avaricia: "Mirad, guardaos de toda codicia, porque la vida de uno no consiste en la abundancia de los bienes que posee" (Luc. 12:15). El cristiano tiene que guardarse para no ser contaminado por la actitud materialista, cuando las cosas materiales ocupan todo su pensamiento y su tiempo.

(2) La distribución desigual de las cosas materiales. Preguntamos si las personas que nacen en las regiones del mundo donde hay tierra negra y fecunda y que tiene grandes capacidades para producir tienen derecho de quedarse con todo lo que producen mientras otras personas que nacen en las regiones arenosas y desiertas padecen hambre. Es evidente que algunos países gozan de abundancia de comida y otras cosas materiales mientras que hay personas en el tercer y cuarto mundo que sufren de enfermedades

---

[11] "Sermón sobre el uso del dinero", citado por White, *ibíd.*, p. 271.

[12] Georgia Harkness, *Christian Ethics* (Nueva York: Abingdon Press, 1957), p. 146.

que son consecuencia de la falta de alimentación, vivienda adecuada y educación básica.

Mooneyham cita a un líder del Tercer Mundo cuando dice:

Los países en desarrollo deben organizarse para demandar concesiones de las naciones ricas para transferir los bienes en forma más genuina. Puesto que las naciones ricas van a encogerse en los próximos años a menos que el 10% de la población mundial, con el 70% de los ingresos del mundo, los pobres tendrán poder suficiente para organizar tal movimiento.[13]

La desigualdad aguda se puede explicar en forma gráfica en la siguiente manera: "Si redujéramos la población mundial a un microcosmo de cien personas, diez de ellas estarían sentadas sobre el montón de 70% de los bienes mundiales." Esa desigualdad es injusta, y debemos buscar una manera de corregirla.

Dicen que un niño que nace en los Estados Unidos de América consumirá 50 veces la cantidad de los bienes y dejará otro tanto de desperdicios que un niño que nace en una familia de un país en desarrollo, donde tendrán su origen 88 de los 92 millones que nacerán en este año.[14]

El mundo está cambiando. Hay países que han sufrido durante siglos en medio de la opresión económica y política y que están descubriendo la libertad. Todas las naciones que anteriormente eran una parte de la Unión Soviética ahora están luchando con los problemas que tienen que ver con la libertad y la autonomía. No han sido preparados para una economía libre ni para la democracia. Por eso, se requiere tiempo para establecer una economía adecuada para recompensar a las personas que toman mayor iniciativa en el trabajo.

Hay programas privados y gubernamentales de distribución de ayudas que están intentando solucionar los problemas con programas de ayuda en las partes críticas. Pero todos estos esfuerzos serán inadecuados, por grandiosos que sean, porque tenemos que solucionar los problemas más fundamentales de población, distribución de la tierra y programas para irrigar los terrenos áridos para permitir la implementación de programas agrícolas que permitirán mayor producción de comestibles. Hay programas locales en cada país y programas internacionales que están trabajando en este campo. CIAT (Centro Internacional de Agricultura Tropical) tiene una instalación en el Valle del Cauca cerca de Cali, Colombia, donde es-

---

[13] W. Stanley Mooneyham, *What Do You Say to A Hungry World?* (Waco: Word Books, 1975), p. 49.

[14] "Are Ten Billon People a Blessing?", *Christianity Today*, 11 de enero de 1993, p. 19.

tán experimentando con semillas y abonos para lograr producción en todas las regiones del mundo. Más programas de esta índole ofrecen la posibilidad de ayudar a solucionar estos problemas.

Los programas de mercado común en varias partes del mundo ofrecen ayuda, porque permiten la colaboración en los varios países para producir y distribuir sus productos sin impuestos de importación, lo cual favorece a todos en todos los países que forman parte del mercado. Se ha aprobado un mercado común entre los Estados Unidos de América, Canadá y México. Podemos esperar que este programa se extienda en los años venideros a otros países.

III. LOS SISTEMAS ECONOMICOS Y LA BIBLIA

1. El comercio primitivo

La Biblia no habla de sistemas económicos, pero presenta la operación de actividades económicas dentro del contexto local y cultural de la gente en la época en que vivían. Temprano en la historia de la civilización el intercambio de artículos se hizo por medio del trueque, que dio resultados positivos por siglos. Hiram, rey de Tiro, negoció madera de cedro y de ciprés que Salomón necesitaba para la construcción del Templo, y Salomón le mandó trigo y aceite (1 Rey. 5:10). Los beduinos en el Cercano Oriente cambiaron sus animales por telas costosas, joyas y metales, que eran más fáciles de guardar y trasladar de un lugar a otro. Con el tiempo, los artículos de metal llegaron a ser la base principal de cambio y el cobre era el metal de mayor valor (Gén. 20:16; 37:28; Jue. 17:2). Posteriormente las monedas llegaron a reemplazar el metal como medio de cambio de artículos y animales. Sabemos que desde 1700 a. de J. C. las monedas se utilizaban en esta manera.

En el Nuevo Testamento llegamos a conocer a los cambistas, que estaban a la entrada del Templo, cuya responsabilidad era cambiar las monedas extranjeras en monedas nacionales que se exigían para pagar el impuesto del templo. La palabra en griego quiere decir "el que se sienta en la mesa" y se refiere a la persona que posteriormente llegó a ser banquera.[15]

Durante la historia la actividad comercial se ha basado en el hecho que uno tiene algo que otros necesitan y/o quieren, y ellos tienen algo que nosotros necesitamos o queremos. Es más práctico especializarse en una esfera y comprar las cosas necesarias en las otras esferas. Los cambios se hacen en base a dinero local cuyo valor se establece en base al oro. Hoy cada país tiene sus billetes de valor distinto, pero su valor se basa en el oro que tienen guardado para garantizar esos billetes.

---

[15] Bennie R. Crockett, Jr., "First Century Banking", *Biblical Illustrator*, Winter, 1992, pp. 68-70.

2. El capitalismo

Se debate la fecha del comienzo del capitalismo. Ciertas prácticas compatibles con el capitalismo se trazan desde la antigüedad. El capitalismo se caracteriza por cuatro elementos: **(1)** El énfasis en el derecho de tener propiedad privada, **(2)** la libertad de la empresa privada para buscar ganancias, **(3)** la presencia de competencia y **(4)** la búsqueda de ganancias por medio de las actividades comerciales. Podemos captar estos elementos entre varios de los patriarcas y otros personajes del Antiguo y el Nuevo Testamentos.

Algunos atribuyen a Calvino y a la Reforma Protestante el comienzo del capitalismo. Es cierto que Calvino hizo hincapié en la importancia de las virtudes de la prudencia, la frugalidad y la honestidad, lo que dio ímpetu al desarrollo económico de esa época, pero a la vez la historia ilustra que las circunstancias estaban maduras para algo nuevo. El feudalismo antiguo ya no satisfizo a las masas que buscaban una vida mejor. La posibilidad de transportar los productos por tierra y mar se incrementaba con el descubrimiento de nuevas tierras y nuevas rutas al mundo ya conocido. Los inventos, el desarrollo del comercio doméstico e internacional y la explosión de muchas industrias pequeñas aportó para esta revolución. La Reforma Protestante animó a los seres humanos para ejercer mayor agresividad en su trabajo y bendijo sus esfuerzos con la aprobación divina.

En el día de Carlos Marx había muchas injusticias y mucho sufrimiento entre las víctimas del capitalismo en Europa. La lujuria por más ganancias consumió la misericordia de los ricos en Inglaterra, permitiendo la muerte de multitudes de niños que trabajaban limpiando las chimeneas de las casas y de las fábricas y de hombres y mujeres que tuvieron que trabajar largas horas en las fábricas sin tener las condiciones mínimas de comodidad.

El capitalismo que predominaba era *laissez faire*, lo cual quiere decir que no había control alguno sobre las actividades. Con el tiempo el capitalismo ha evolucionado hasta que hoy en día las restricciones del gobierno dan mayores garantías a los empleados y regulan las condiciones de trabajo. Muchas compañías tienen planes que permiten a los empleados adquirir acciones en la misma compañía, de modo que ellos llegan a ser dueños de la fábrica en un grado menor. Esto fomenta la eficiencia en la fábrica porque pueden disfrutar de las ganancias simultáneamente con los mayores accionistas. Este sistema ha elevado el nivel de vida de millones de personas en diferentes partes del mundo. Los trabajadores de clase media disfrutan de comodidades que se consideran artículos de lujo en el resto del mundo. Hay compañías pequeñas que principiaron con poco capital y en condiciones muy limitadas que han crecido para llegar a ser consideradas entre las más grandes en la actualidad.

El capitalismo tiene sus defectos. Ha sido atacado porque produce desigualdades extremas en la sociedad. Es cierto que hay personas muy ricas y otras personas muy pobres, pero el número de pobres es insignificante cuando los comparamos con la pobreza extrema en las partes del mundo que no ha experimentado el desarrollo. Dicen que la competencia tiende a crear división y conflicto en la sociedad. Hay etapas en el desarrollo histórico donde esto es y ha sido la verdad, pero en la actualidad estamos descubriendo que puede haber colaboración en medio de la competencia. La red de colaboración en el trabajo (*Networking*) es un fenómeno que está dando resultados positivos en todas las esferas. Este es un plan donde todos aportan para investigaciones y mejoras generales en un negocio, y todos pueden disfrutar de los resultados para su beneficio personal.

3. El comunismo

El siglo pasado vio el nacimiento de un sistema económico, filosófico, político y social que creció en forma fenomenal por más de 150 años. El precursor era Carlos Marx, de padres judíos, que temprano fue influido por la filosofía de Hegel y su uso de la dialéctica, Ludwing Feuerbach y su materialismo ateo, y las condiciones infrahumanas de las víctimas del capitalismo que estaba desarrollándose en su día. Elaboró sus teorías económicas que llegaron a ser la base para el·desarrollo del comunismo, en que los mismos trabajadores son los dueños de los medios de producción y cada uno aporta según sus capacidades y recibe según su necesidad.

La revolución en Rusia en 1917, bajo Lenín, presentó la oportunidad para la implementación del comunismo en escala grande en la Unión Soviética. Al consolidar el poder allí, Lenín inició una serie de programas diseñados para el desarrollo del país con granjas comunales, la producción de maquinaria para la agricultura, y una implementación de austeridad en el pueblo, con la promesa de que posteriormente todos tendrían una vida mejor. Controló al país y todo aspecto de la vida con el poder del ejército, limitando las libertades de culto y de expresión de los ciudadanos. Liquidó a los que se opusieron a su régimen. A la vez principió un programa de expansión mundial y programas de propaganda muy atractivos para la gente que vivía en la miseria.

Sin duda, el comunismo ha elevado el nivel de vida de multitudes en los países donde se ha implantado. Disfrutan de oportunidades en la educación, tienen atención médica y gozan de una alimentación adecuada en muchos lugares.

En los últimos años ha habido una revolución entre las masas que han vivido bajo el comunismo. Se destruyó el muro de Berlín, que tenía dividida a Alemania desde la Segunda Guerra Mundial. En Polonia y muchos otros países del este de Europa hubo una rebelión general. Se desintegró la Unión Soviética bajo el gobierno de Gorbachev. Había revolución abierta en la plaza de Tinnamon en la China, la cual fue sofocada con tanques militares. Debido al colapso del comunismo como sistema económico en Rusia, ha cesado su programa de expansión mundial y países como Cuba, que ha recibido subsidio de Rusia desde la revolución de Castro, se encuentran en grandes dificultades. En la actualidad no hay mucho entusiasmo por el comunismo como sistema que soluciona los problemas económicos de la humanidad.

Es interesante que el comunismo se ha desintegrado desde adentro. Seguramente hay muchos factores que han contribuido a este evento, y no podemos hacer juicios superficiales acerca de las causas y lo que trae el futuro. Podemos ver que los países que anteriormente vivían bajo la hoz están buscando la manera de introducir un sistema que apela en mayor grado a la iniciativa personal para suplir las necesidades básicas. Seguramente el futuro es incierto, porque los cambios sociales y económicos no se logran ni fácil ni rápidamente. El respeto por el individuo y el reconocimiento de su valor y dignidad es importante. La libertad física, intelectual y espiritual es de mucho valor. Muchos están experimentando esto por primera vez en su vida. La secuela está por verse.

3. El socialismo

El socialismo es un sistema en el cual el gobierno es dueño de muchas de las industrias y controla casi todas las demás. En todo país el gobierno controla algunas industrias. Por ejemplo, el gobierno tiene derecho de dominio sobre terrenos que se necesitan para el bien de los demás. El sistema de carreteras construidas con fondos federales y estatales beneficia a todos. No quisiéramos vivir donde los ciudadanos tienen que construir la carretera que colinda con su propiedad; el resultado sería el caos. Más bien, todos los ciudadanos pagan impuestos y con ese dinero se construye una carretera adecuada para el tráfico en esa región. En algunos países el control se extiende a planes de atención médica, educación hasta inclusive la universidad, todos los medios de transporte público y programas de cuidado desde la cuna hasta la tumba.

Muchos abogan por este sistema social, porque garantiza a todos lo que es necesario para vivir en forma cómoda. Elimina los extremos de pobreza y de riqueza. Países como Inglaterra y Suecia han podido prosperar bajo el socialismo.

El socialismo es atractivo para las personas en el mundo que no han tenido la oportunidad de disfrutar de muchos bienes materiales, y anhelan vivir con educación, atención médica y alimentación suficiente. Sin duda los programas de legislación social en los países ayudan a beneficiar a las masas, pero a la vez se prestan para la corrupción de una burocracia extensa. En los últimos años estamos viendo que algunos países que han vivido con control gubernamental están entregando muchas de sus industrias a sectores privados con resultados positivos de mayor eficiencia y menor costo. Argentina es un ejemplo de este proceso.

El cristiano probablemente no va a ser especialista en la economía ni en la política, de modo que probablemente será observador pasivo mientras pasan los acontecimientos históricos en nuestro medio. Sin embargo, debe poder estudiar los eventos contemporáneos con la Biblia en una mano y el periódico en la otra, para juzgar lo que está pasando desde el punto de vista cristiano. Somos peregrinos aquí en la tierra, pero debemos hacer todo lo posible para ser la levadura que va a impregnar todos los niveles de la sociedad con valores cristianos.

IV. LA JUSTICIA ECONOMICA

Tal vez el debate más candente en el presente tiene que ver con la justicia. Las injusticias económicas y sociales en los varios países del tercer y cuarto mundos han fomentado una nueva teología que se llama la Teología de la liberación. Surgió en América Latina en el seno de la Iglesia Católica Romana, pero encontró oídos simpatizantes entre el pueblo evangélico inmediatamente. Expuso las injusticias que se debían al imperialismo y la opresión y que son ocultadas con la indiferencia de los mismos líderes políticos y religiosos en los varios países de las Américas y de otras partes del mundo. Se asemejó a las condiciones de esclavitud de los hebreos en Egipto y la necesidad de la liberación de este sufrimiento. Tocó nervios sensibles en todos los niveles de la sociedad. Se iniciaron programas que ofrecían liberación para las multitudes. Fueron iniciados programas de vivienda en los centros urbanos donde viven millones en condiciones infrahumanas, con financiación de industrias que han prosperado durante los años. Se construyeron escuelas en sectores que anteriormente padecían de tales recursos para los habitantes. Centros médicos han aparecido en todos los barrios de marginados, de modo que las personas reciben atención médica básica y de emergencia aun cuando no pueden pagar.

Queda mucho por hacer. Anteriormente muchos cristianos cruzaban los brazos frente a tales condiciones de miseria, y decían: "Es la voluntad de Dios. Hay que aceptarlo." Otros decían: "En esta vida nos toca sufrir, pero vamos al cielo donde no habrá sufrimiento." Muchos consideraban que su responsabilidad era predicar el evangelio de la salvación eterna, sin meterse en asuntos relacionados con las condiciones actuales de la humanidad. Pero hoy se reconoce que la gente no va a escuchar un mensaje sobre el camino al cielo cuando están con hambre y cuando tienen niños que están enfermos. Primero, tenemos que ofrecerles la ayuda que necesitan, sea de comida, atención médica o ropa. Después sus corazones están abiertos para escuchar el mensaje de amor.

Durante décadas los eruditos han platicado sobre la justicia. Los teólogos han debatido la definición de la justicia y su relación con el amor. Los teólogos liberales insistieron en un evangelio social que fue rechazado por los más conservadores. Los neoortodoxos tenían simpatía por las condiciones de injusticia que existían, pero no tenían ni una teología ni un evangelismo que buscaran solución de los problemas del pecado personal y social, ni ofrecían una salvación eterna para el individuo. Organizaciones cristianas, tales como el Concilio Mundial de Iglesias, se han metido en promover programas de revolución en algunos países, lo cual ha resultado en la disminución de apoyo de las iglesias protestantes en algunas partes. Grupos que se han ido por la tangente de dedicarse casi exclusivamente a la revolución social están en la bancarrota y están en peligro de desintegrarse.

Un concepto adecuado de la justicia abarcará el aspecto social tanto como el espiritual. El movimiento del evangelio social a principios del siglo XX en los Estados Unidos de América enfocaba necesidades verdaderas en aquel entonces, pero carecía de una teología sana como base. Parece que la Teología de la liberación está yendo por el mismo camino. Se destaca la importancia de tener una brújula para mantenernos en la trayectoria correcta. Esto requiere fidelidad a la Biblia y el mensaje de salvación personal basada en el arrepentimiento verdadero y la fe en Cristo como Salvador personal. Cuando uno se convierte, tiene la base para principiar esa reforma personal y social que traerá más justicia a su propia vida y la de sus vecinos.

El cristiano puede promover la justicia por medio de su participación en la vida cívica al nivel local, departamental o estatal y nacional. Puede identificarse con movimientos que promueven la justicia pero sin comprometer los ideales cristianos. La participación individual puede hacer impactos de peso en la comunidad. Si el cristiano tiene una causa que se relaciona con la justicia, puede buscar apoyo por medio de los medios de comunicación. Se ha hecho mucho progreso en solucionar crímenes relacionados con el secuestro de niños, el abuso de niños y mujeres, y la discriminación.

CONCLUSION

El cristiano tiene que reconocer la importancia de los aspectos económicos de su vida y de la sociedad. Es justo y necesario tener un trabajo con que uno se sostiene a sí mismo y a su familia. Esto es un deber cristiano. La Biblia condena la pereza. A la vez el cristiano debe moderar su deseo de adquirir posesiones materiales que le lleva a la codicia y a una actitud materialista hacia todo. Nunca debe perder su amor y misericordia hacia los demás. El cristiano luchará por los derechos justos, tales como un sueldo adecuado por trabajo realizado bajo condiciones que son óptimas. Si es gerente, vigilará que los empleados en su compañía puedan recibir lo justo en sueldos y en otros beneficios.

Reconocemos que la competencia es un hecho real en la vida y que nos presiona para mejorar nuestros productos si somos fabricantes y aumentar la eficiencia de todo lo que estamos haciendo. El dicho es cierto que alguien va a fabricar un artículo superior y más barato de lo que tenemos actualmente. Esto nos motiva a seguir adelante en las investigaciones de maneras de mejorar lo que estamos haciendo.

El ser humano tiene derecho de escoger su vocación o su trabajo, prepararse en la mejor manera y trabajar en un ambiente de libertad. Ojalá el gobierno de su país le brinde estas libertades. Tiene derecho de adquirir las posesiones materiales, según sus posibilidades y sus deseos, y buscar todas las comodidades posibles, siempre y cuando no esté violando los principios bíblicos de la honestidad, y que no pierda de vista a los demás, que pueden estar sufriendo. La conciencia cristiana le obliga a uno a aportar para la extensión del reino de Dios y para ayudar a los necesitados, sean vecinos inmediatos o los más remotos que viven al otro lado del mundo. Debemos ser buenos mayordomos de lo que adquirimos, utilizando lo que nos queda para nuestro propio consumo tanto como lo que damos para la iglesia.

Además de ejercer una influencia personal en la esfera inmediata de acción de uno, el ser humano también luchará para mejorar las condiciones económicas de otros, dondequiera que haya necesidad. Luchará para crear y/o mejorar las estructuras e instituciones en la sociedad que pueden ofrecer posibles soluciones a los problemas de desempleo, hambre, falta de vivienda adecuada, sueldos bajos, ausencia de educación y atención médica, y luchará en contra de los vicios que corrompen.

12
LA ETICA DE LAS RESPONSABILIDADES CIVICAS

INTRODUCCION

Ahora nos toca hablar de las relaciones con la autoridad civil. El cristianismo tiene un mensaje para este orden tanto como para los demás. Uno de los males en nuestro medio es la idea que la política es sucia y que el cristiano debe mantenerse alejado de asuntos políticos, tales como la participación en campañas políticas, el lanzarse como candidato para un puesto en el gobierno local, estatal o nacional, y en casos extremos que el cristiano no debe votar ni saludar a la bandera del país.

Esta actitud de separación viene de varias fuentes. El énfasis en separarse de las cosas del mundo es consecuencia de la interpretación de la iglesia primitiva de los pasajes en Juan 15:18-27, 1 Juan 2:15-17 y en 2 Corintios 6:17, 18. Una separación radical de las cosas materiales y las estructuras políticas y seculares llegó a ser la estrategia de la iglesia primitiva. Su esperanza en la segunda venida de Cristo les llevó a despreciar su existencia en la cultura de su día. Este espíritu ha caracterizado a algunos grupos cristianos desde esa época. Muchos de los primeros misioneros eran de estos grupos que hicieron hincapié en la separación y trajeron esta misma apreciación a los campos donde llegaron para esparcir el evangelio.

Hay varias opiniones sobre el comienzo del gobierno. Una teoría identifica su comienzo con un origen divino, diciendo que el gobierno es ordenado por Dios. Otra teoría sigue el camino de la evolución, y concluye que el gobierno surgió como consecuencia de un reconocimiento de la necesidad de preservar el orden. Una tercera teoría es que el gobierno es consecuencia de la lucha de poder, que es inherente en los seres humanos. Nuestro punto de visto teológico nos lleva a aceptar la primera teoría, porque reconocemos la soberanía de Dios sobre su creación. En este capítulo vamos a considerar las enseñanzas bíblicas que tienen que ver con el gobierno y las responsabilidades del ciudadano hacia la autoridad civil.

I. BASES BIBLICAS DEL ESTADO Y LA AUTORIDAD CIVIL

1. El Antiguo Testamento

(1) Establecimiento de autoridad. Desde el comienzo de la raza humana ha habido autoridad y gobierno. En el huerto del Edén Dios manifestó su autoridad hacia Adán y Eva, dándoles permiso de comer del fruto de todos los árboles, y limitando su autoridad al prohibirles comer del árbol en el medio del jardín: "Y Jehovah Dios mandó al hombre diciendo: 'Puedes comer de todos los árboles del jardín; pero del árbol del conocimiento del bien y del mal no comerás, porque el día que comas de él, ciertamente morirás' " (Gen. 2:16, 17). También le dio orden de labrar la tierra y señorear sobre la creación.

En los comienzos Dios intervenía directamente en los asuntos de la humanidad. Cuando Adán y Eva pecaron, Dios intervino preguntando: "¿Dónde estás tú?" (Gén. 3:9). Dios pronunció los castigos sobre la primera pareja y la serpiente (Gén. 3:14-24). Cuando Caín mató a su hermano Abel, Dios intervino, preguntando: "¿Dónde está tu hermano Abel?" (Gén. 4:9).

Con el tiempo vemos que Dios delegó a algunos seres humanos la responsabilidad de ejercer autoridad sobre otros. El gobierno patriarcal aparece en los primeros capítulos de Génesis, y predomina durante varios siglos. En las sociedades primitivas tribales la cabeza de la tribu o de la familia ejercía autoridad sobre los miembros del grupo.

(2) El gobierno organizado bajo Moisés. Surgió el principio de gobierno formal en la ocasión de la visita de Jetro, de Madián, el suegro de Moisés, después que los hebreos habían cruzado el mar Rojo y estaban en el desierto. Hasta ese día, Moisés el caudillo había inspirado a su pueblo para salir de Egipto bajo su liderazgo, persuadiéndoles que Dios le había llamado para tal tarea.

Al observar que Moisés pasaba todos los días escuchando las disputas y los casos difíciles entre el pueblo, para después "administrar justicia al pueblo", le sugirió que nombrara ayudantes:

> Pero selecciona de entre todo el pueblo a hombres capaces, temerosos de Dios, hombres íntegros que aborrezcan las ganancias deshonestas, y ponlos al frente de ellos como jefes de mil, de cien, de cincuenta y de diez, para que juzguen al pueblo en todo tiempo. Todo asunto difícil lo traerán a ti, pero ellos juzgarán todo asunto menor. Así aliviarás la carga que hay sobre ti, haciendo que otros la compartan contigo (Exo. 18: 21, 22).

Moisés siguió el consejo de su suegro y todo fue bien. En esta experiencia muchos ven los principios del gobierno organizado.

(3) El gobierno bajo los jueces. Después de establecerse en la tierra de Canaán, los jueces fueron escogidos para administrar la justicia en todas partes. Era una continuación del sistema iniciado por Moisés, y solían sentarse en las puertas de las ciudades para allí escuchar las quejas, considerar los pleitos y decidir en cuanto a los casos. Ya tenían los Diez Mandamientos y las demás leyes de Moisés para guiarles en determinar lo justo en cada caso. La Biblia menciona varios de los jueces, hombres y mujeres, que se destacaron en el ejercicio de sus funciones (ver Jueces).

(4) El gobierno del rey. Los ciudadanos de las tribus tenían contacto con los vecinos, quienes tenían reyes para gobernarles. Los israelitas comenzaron a reclamar rey también. Samuel, juez, sacerdote y profeta, resistió la presión para nombrar rey, pero al fin accedió a la presión del pueblo (1 Sam. 8:1-22). Al consultar con Dios, recibió las instrucciones: "Escucha la voz del pueblo en todo lo que te diga, porque no es a ti a quien han desechado. Es a mí a quien han desechado, para que no reine sobre ellos" (1 Sam. 8:7).

Dios le dijo a Samuel que advirtiera al pueblo de las consecuencias de tener rey. Su consejo suena como las experiencias que estamos viviendo en la mayoría de los países, porque tienen que ver con los impuestos altos y los controles que normalmente vienen de un gobierno:

> ... nombrará para sí jefes de millares y jefes de cincuenta. Hará que aren sus campos y sieguen sus mies, que fabriquen sus armas de guerra y el equipo de sus carros... Tomará el diezmo de vuestros granos y viñedos para dárselo a sus funcionarios y servidores. También tomará el diezmo de vuestros rebaños, y vosotros mismos seréis sus siervos... (1 Sam. 8:11-18).

Bajo los reyes la nación se llamaba teocracia, porque pensaban en Dios como la autoridad final, el rey de todos. Los reyes eran los representantes de Dios y la autoridad de Dios impartida a ellos. La lectura de los libros de Reyes y Crónicas nos da una apreciación de los varios reyes sobre la nación unida y después de su división en Israel y Judá. El comentario del autor repetidas veces es que "hicieron lo bueno en los ojos de Jehovah" o "hicieron lo malo en los ojos de Jehovah". El reino del Norte desapareció con la destrucción de Samaria en 722 a. de J. C. y el reino del Sur con la invasión de los babilonios para destruir Jerusalén en 586 a. de J. C.

2. El Nuevo Testamento

Se debate si el gobierno es de Dios o de Satanás. Cuando Jesús fue tentado por Satanás en el desierto, éste le ofreció todos los reinos: "Otra vez el diablo le llevó a un monte muy alto, y le mostró todos los reinos del mundo y su gloria. Y le dijo: 'Todo esto te daré, si postrado me adoras'" (Mat. 4:8, 9). Los Testigos de Jehovah consideran que el gobierno civil es esfera de la soberanía de Satanás, y por eso no se sujetan a las autoridades en varios aspectos.[1]

Las páginas del Nuevo Testamento revelan que había un gobierno civil y otro religioso en la Palestina. Herodes gobernaba con la autoridad de Roma, siendo el país una tetrarquía con gobierno local delegado a procuradores de parte de Roma. Pero los judíos tenían su propio gobierno con el Sanedrín, compuesto de setenta y un miembros líderes de las sectas religiosas de aquel día. Predominaban los fariseos y los saduceos en esta corte religiosa. Jesús tuvo sus encuentros con ambos grupos, y al fin fue crucificado como consecuencia del juicio del Sanedrín con el permiso de Pilato.

(1) Las enseñanzas de Jesús. Jesús dio ciertas enseñanzas que ilustran su actitud hacia el gobierno organizado. Los romanos eran la más alta autoridad civil en Palestina en esa época, y todos los judíos tenían el deber de pagar impuestos al César. Jesús reconoció que la responsabilidad del gobierno civil era la de mantener el orden, recolectar los impuestos y regular el sistema monetario. Cuando vinieron los fariseos con los herodianos para sorprenderle en algo, le hicieron la pregunta: "¿Es lícito dar tributo al César, o no?" (Mat. 22:17). La respuesta de Cristo fue corta pero adecuada, y les dejó boquiabiertos: "Por tanto, dad al César lo que es del César, y a Dios lo que es de Dios" (Mat. 22:21).

Esta respuesta ha sido la base para la elaboración del principio de separación entre la iglesia y el estado durante todo el curso de la historia. Afirma la validez del gobierno civil y las esferas de responsabilidad que encierra. A la vez declara que hay esferas que no son competencia del gobierno civil; tienen que ver con la relación del ser humano con Dios y las instituciones religiosas. Cristo instruyó a los discípulos a buscar la moneda para pagar el impuesto del templo (Mat. 17:24-27). Aconsejó a los ciudadanos del reino a resolver sus dificultades sin acudir a los tribunales seculares (Mat. 5:25).

Algunos han estudiado más detalladamente las relaciones de Jesús con los grupos políticos de su día, y unos han intentado identificarlo con los grupos revolucionarios, tales como los zelotes.[2] La historia nos indica que había revolucionarios en contra del Imperio

---

[1] John H. Yoder, *La Política de Jesús* (Córdoba, Argentina: Ediciones Certeza, s/f), p. 195.

[2] Ver *Ibíd.*, para una discusión amplia de la relación de Jesús con las autoridades civiles y sus implicaciones.

Romano en varias ocasiones. Los judíos desde el día de Judas Macabeo se conocían como gente rebelde hacia la autoridad del César. Insurrecciones fueron sofocadas con frecuencia. La referencia a Barrabás en Marcos 15:6-15 ilustra que los líderes religiosos habían provocado tanta oposición a Jesús que prefirieron a un insurreccionista que a Jesús.

(2) Las enseñanzas de Pablo. La lectura de Los Hechos y de las actividades y el testimonio de Pablo nos indican que él tenía simpatía por su ciudadanía romana. Aunque sufrió a manos de las autoridades civiles en varias circunstancias, sus mayores dificultades vinieron de las autoridades religiosas en el judaísmo. Cuando amenazaba su propia seguridad, apeló a Roma por protección. Este hecho fue el medio por el cual al fin llegó a Roma para predicar. Anhelaba llegar a la sede del poder político del mundo de su día para anunciar el evangelio allí (Hech. 19:21). No sabía las condiciones por medio de las cuales llegaría a Roma, pero en la providencia de Dios pudo realizar su sueño.

El concepto de Pablo en cuanto al estado se nota en Romanos 13. Allí Pablo menciona varias responsabilidades de los cristianos en las relaciones: **a.** Dice que el cristiano debe sujetarse a los poderes políticos porque son de Dios (13:1). Una interpretación positivista de este versículo dice que todo o cualquier gobierno tiene su origen en Dios. Una interpretación normativa diría que el pasaje se refiere al principio de un gobierno y que Pablo se refiere a un gobierno apropiado. **b.** No debe resistir las autoridades, porque sería oponerse a lo constituido por Dios (13:2a). **c.** Los que resisten a las autoridades van a recibir condenación por tal comportamiento (13:2b). **d.** Pagar los tributos que son necesarios para los costos de gobierno. **e.** Pagar tributo, impuesto, respeto y honra al gobierno.[3]

Pablo elabora sobre los deberes de las autoridades civiles: **a.** Es siervo de Dios constituido con aprobación divina. **b.** Tiene la responsabilidad de inspirar temor en los antisociales y confianza en los ciudadanos que son obedientes. **c.** Obran para el bien de la sociedad (13:4). Yoder advierte que este mensaje de sumisión tiene que ponerse en la perspectiva de todo el pasaje que comienza en Romanos 12, donde Pablo desafía para consagrarse a la tarea de la transformación de todas las estructuras en la sociedad.[4] A la vez se debate si el pasaje amonesta a la sumisión, no importa la forma de gobierno ni su grado de ser legítimo.

En el día moderno el caso que ha despertado más preguntas tiene que ver con el régimen de Hitler en Alemania. Allí los cris-

---

[3] *Ibíd.*, p. 201.

[4] *Ibíd.*, pp. 197-200.

tianos se dividieron entre los que decidieron rebelarse y buscar destruir a Hitler, como el caso de Dietrich Bonhoeffer, y los de la iglesia oficial en Alemania, la que por años estaba sumisa a Hitler.

Pablo aconseja a los corintios que resuelvan sus dificultades sin acudir a los tribunales paganos (1 Cor. 6:1-7). Los cristianos tienen una base común que representa una perspectiva espiritual sobre todas las cosas, y por eso, deben poder solucionar sus problemas sin contar con el punto de vista de un juez pagano, que no tendría el concepto de la filosofía que unifica a los cristianos. Este consejo es válido hoy en día, porque ha habido casos de disputas en cuanto a la propiedad de una iglesia que se divide. ¿A quién pertenece la propiedad? ¿A la mayoría? No necesariamente. Puede ser que la minoría es la iglesia que más se asemeja a las doctrinas tradicionales. Hay matices muy finos en muchas controversias teológicas, y los jueces no cristianos no tendrían base para un juicio sano.

(3) Las enseñanzas de Pedro. Pedro tuvo varios encuentros serios con las autoridades civiles a causa de su predicación después de la ascensión de Cristo. Fue encarcelado en Jerusalén poco después de Pentecostés, y cuando los gobernantes quisieron callarle, tuvo que responder con las siguientes palabras: "Es necesario obedecer a Dios antes que a los hombres" (Hech. 5:29). Más tarde, en su epístola, anima a los cristianos a gozarse en las tribulaciones.

El tema de la sumisión también predomina en las enseñanzas de Pedro con relación al gobierno, aunque Pedro menciona que el cristiano debe tener paciencia y perseverancia frente a las persecuciones que vendrían: "Estad sujetos a toda institución humana por causa del Señor; ya sea al rey como quien ejerce soberanía, o a los gobernantes como quienes han sido enviados por él para el castigo de los que hacen el mal y para la alabanza de los que hacen el bien" (1 Ped. 2:13, 14). Posteriormente, Pedro anima a los cristianos a ser compasivos en las relaciones con los que les persiguen: "No devolváis mal por mal, ni maldición por maldición, sino por el contrario, bendecid; pues para esto habéis sido llamados, para que heredéis bendición" (1 Ped. 3:9). Luego dijo: "Porque es mejor que padezcáis haciendo el bien, si la voluntad de Dios así lo quiere, que haciendo el mal" (1 Ped. 3:17). Su consejo a los cristianos les anima a glorificar a Dios en sus sufrimientos: "Amados, no os sorprendáis por el fuego que arde entre vosotros para poneros a prueba, como si os aconteciera cosa extraña. Antes bien, gozaos a medida que participáis de las aflicciones de Cristo, para que también en la revelación de su gloria os gocéis con regocijo" (1 Ped. 4:12, 13).

(4) Las enseñanzas de Juan. El apóstol Juan ha sido criticado por su actitud no cristiana hacia el Imperio Romano que se observa en Apocalipsis. Recordamos que fue escrito por uno que había sufrido personalmente el destierro y quería consolar a los cristianos en las iglesias de Asia Menor que sufrían porque no se inclinaban ante los emperadores Nerón y Domiciano, quienes se habían declarado divinos y exigían su adoración. Juan prometía el triunfo final de las fuerzas de Dios sobre todo gobierno político, y eso trajo consuelo a los que sufrían.

La relación con el gobierno establecido siempre ha presentado enigmas y a veces dilemas para los cristianos. Cristo no elaboró una política ni social ni política cuando estaba aquí en la tierra. Los demás líderes tampoco dieron instrucciones muy claras que podrían resolver las áreas de conflicto entre la sumisión al Dios soberano y el César inmediato. Por eso, vivimos siempre en un mundo de tensión.

II. UN RESUMEN HISTORICO DE LA RELACION CON LA AUTORIDAD CIVIL

Se considera a Aristóteles el padre de la ciencia política. El sugirió que había cinco posibles formas de gobierno: **1.** Monarquía, que es el gobierno de un rey o una reina que heredaba el puesto y gobernaba para el bien de todos. **2.** Aristocracia, que es el gobierno de un grupo pequeño de entre los ricos y poderosos que gobiernan para el bien de todos. **3.** Oligarquía, el gobierno de un grupo pequeño de hombres malos que buscan aumentar su propio poder y sus riquezas. **4.** Tiranía, o sea, el gobierno de un hombre fuerte y malo que busca aumentar sus propias ventajas. **5.** Democracia, que Aristóteles consideraba un gobierno corrompido por la mayoría y que era peligrosa por la posibilidad de rebeldías.[5]

Los cristianos contemporáneos con los apóstoles aceptaron las instrucciones que ya hemos citado en el resumen bíblico. Resultaron dos actitudes polarizadas hacia la autoridad civil: una de sumisión, siguiendo los consejos de Pablo y Pedro, y una antagónica, representada en las enseñanzas de Juan y el Apocalipsis.

1. La iglesia primitiva

Con la destrucción de Jerusalén en 70 d. de J. C., los cristianos ya no tenían una autoridad judía tan fuerte con que relacionarse. Las persecuciones de los emperadores hicieron que muchos cristianos se aislaran de las estructuras políticas. Pero en los escritos de los primeros cristianos hay palabras de consuelo para los que pagaron el precio más alto por su fidelidad al Señor. A la vez emergió después de varias décadas una mentalidad de colaborar con el gobierno establecido.

---

[5] "Government", *The World Book Encyclopedia*, Vol. 8 (Chicago: World Book Co., 1991), p. 285.

(1) Orígenes. Orígenes dijo que los reyes son establecidos por Dios, y que los cristianos marchan mejor bajo un solo gobierno que bajo varios que estaban en competencia. Dijo que los cristianos deben ejercer influencia para mejorar las condiciones en la sociedad.[6] Orígenes esperaba que en un día futuro toda forma de adoración falsa iba a desaparecer y la adoración a Dios y a Cristo sería la única. No hemos llegado a ver este día todavía.

(2) Tertuliano. Tertuliano manifestó mucha simpatía por la autoridad civil, y dice que el cristiano no es enemigo de nadie, especialmente del emperador de Roma.[7] Se debate si los cristianos servían en el ejército como soldados ya en el siglo II, pero Tertuliano da consejos a los soldados cristianos en el tercer siglo. Temprano en el siglo cuarto, con la conversión de Constantino, ya los soldados fueron forzados a ser cristianos. Ambrosio y Agustín defendieron la participación en la guerra, declarando las condiciones para una "guerra justa".[8]

2. Agustín y Aquino

(1) Agustín. El gran teólogo Agustín concibió dos esferas de acción del cristiano, aquí en el mundo con sus instituciones y estructuras y la otra en la esfera espiritual. Su *Ciudad de Dios* describe con detalles la responsabilidad del cristiano en cada esfera. La esfera religiosa debe estar encima del estado, aunque la membresía en las dos está fusionada. Agustín intentó convencer que los cristianos deben ejercer una influencia predominante sobre las estructuras políticas.[9]

(2) Aquino. Tomás de Aquino estableció las bases para la secularización con su enseñanza en cuanto a la ley natural. Concebía que la sociedad civil y la política fueron aprobadas por Dios para el bien común, y son necesarias para que se cumpla la naturaleza social del ser humano. Según él, las autoridades deben mantener la paz, deben fomentar las acciones para el bien común y deben garantizar que haya una suficiencia de los bienes materiales para todos.[10]

3. Los reformadores

(1) Lutero. Lutero encabezó la reforma en contra de la Iglesia

---

[6] *Contra Celsum*, citado por White, *op. cit.*, p. 63.

[7] *To Scapula*, citado por White, *op. cit.*, p. 65.

[8] White, *op. cit.*, pp. 71, 72, 111.

[9] *Ibíd.*, p. 109.

[10] *Ibíd.*, pp. 133, 134.

Católica Romana, y después tuvo que elaborar su política social para la iglesia protestante naciente. Concibió dos reinos, muy parecido a las "dos humanidades" de Pablo, las "dos ciudades" de Agustín y las "dos esferas" de Aquino. Dijo que Dios gobierna a los seres humanos inconversos por medio del estado, la ley y la justicia civil. Insistía que el reino cívico también es de Dios, y que el cristiano debía estar involucrado en los asuntos seculares. No era necesario que el gobernador fuera cristiano, porque estaba bajo la autoridad final de Dios. Insistía en que el cristiano debía ocupar puestos en el gobierno y ejercer los efectos de su justificación por la fe.

(2) Calvino. Calvino concebía una teocracia, y ocupó el puesto de representante de Dios en Ginebra. Impuso las leyes para gobernar la vida diaria en esa teocracia. Los estados pequeños de las regiones de las ciudades en Suiza promovían el gobierno local como predominante. Insistía en que la autoridad civil fuera una expresión de la ley natural de Dios y que tenía la responsabilidad de: **a.** fomentar la adoración de Dios, **b.** preservar la doctrina sana, **c.** legislar la conducta humana, **d.** crear y mantener la justicia, **e.** conciliar las diferencias y los conflictos entre los ciudadanos y **f.** preservar la paz.[11] Calvino dijo que los deberes del cristiano hacia las autoridades abarcaban el honor, la obediencia, pagar los tributos, ocupar puestos públicos como magistrados y cumplir con sus responsabilidades como líder cívico. Pero Calvino insistió en que era deber el resistir a los magistrados superiores cuando estaban equivocados en sus proyectos, dando lugar para la posibilidad de revolución en contra de gobiernos intolerables. Vio la participación en la guerra como necesaria para combatir la sedición, la violencia y el crimen, cuando estos males estaban esparcidos en escala general para amenazar la paz.

Calvino creía que la iglesia debía estar unida con el estado en el propósito de crear una sociedad cristiana bajo la soberanía de Dios. No buscaba el control de la sociedad por la iglesia; pensaba que el estado y la iglesia debían estar unidos bajo la soberanía de Dios. La historia ilustra que no logró este ideal, porque hemos vivido durante siglos con la existencia del estado y la religión separados, a veces en colaboración y otras veces en pugna.

(3) Las sectas. Había grupos sectarios contemporáneos con los reformadores que mantenían una separación de los movimientos políticos en los varios países de Europa. Eran víctimas de la persecución de parte de los gobiernos tanto como de la religión organizada. Entre ellos estaban los anabautistas, que insistían en una separación estricta entre la iglesia y el estado. Muchos identifican a

---

[11] Juan Calvino, *Instituciones de la Religión Cristiana,* IV, xx, 2, 16.

los bautistas con este grupo, ya que tenían doctrinas similares. Los bautistas principiaron en Inglaterra por su oposición a la política de la Iglesia de aquella nación. De modo que históricamente los bautistas han estado un poco aislados de la política y las actividades relacionadas con influencias entre los políticos.

4. La época moderna

En la actualidad existen varias formas de gobierno en los países del mundo. En algunos países todavía existe la monarquía, aunque las actividades diarias se manejan por un primer ministro y el congreso. En otros países predomina la democracia. En otros hay varios grados de totalitarismo. En otros hay anarquía, que se debe a las facciones políticas y los varios líderes de grupos distintos que buscan controlar el gobierno.

Juan Locke, filósofo inglés que vivió de 1632 a 1704, promovió la democracia como forma más ventajosa de gobierno, insistiendo que las personas pueden gobernarse a sí mismas por medio de líderes que ellos han escogido. Sus ideas fueron adoptadas por los líderes de las colonias americanas en el Nuevo Mundo y adoptaron el principio de la separación de la iglesia y el estado en su Constitución. Es gobierno "del pueblo, por el pueblo y para el pueblo".

Los gobiernos totalitarios buscan la manera de forzar sobre los ciudadanos una sola clase de filosofía de la vida, llegando a dominar así la vida política, religiosa, económica y social de todos. Llega a dominar el comportamiento y también los pensamientos por medio del control de los medios de comunicación. El individuo pierde sus derechos personales y humanos, y si resiste, es tomado preso o liquidado. Hay personajes famosos de nuestro día, tales como Aleksandr Solzhenitsyn y Wolf Biermann, que han vivido por años en la prisión y a quienes no han permitido comunicar sus pensamientos en forma libre. Actualmente Solzhenitsyn está terminando su *The Red Wheel* (La rueda roja), lo cual es un relato de la revolución en Rusia. Wolf Biermann dijo de la revolución actual en Rusia: "Lloro por gozo que aconteció la libertad tan rápida y sencillamente. Y lloro con ira porque demoró tanto."[12]

En la actualidad estamos viendo el deceso del comunismo en Rusia, aunque hay mucha incertidumbre en cuanto al futuro de esa nación y las naciones independientes que resultaron de la desintegración de la Unión Soviética. Cuando un sistema totalitario desaparece, hay un vacío temporal, porque el pueblo no está entrenado para practicar la democracia.[13] Algunos predicen que volverá a

---

[12] *Time*, 1 de enero de 1990, p. 41.

[13] John Kohan, "Sorry State of Siege", *Time*, 11 de octubre de 1993, pp. 47, 48.

predominar el comunismo, pero otros dicen que ya no se puede regresar al sistema anterior. El presidente Yeltsin ha disuelto el congreso y está anunciando elecciones para diciembre de 1993. Estamos a la expectativa de lo que el porvenir trae para esta nación.

III. LA IGLESIA Y EL ESTADO

Un tema de importancia en la esfera de la política tiene que ver con la relación entre el gobierno y la religión. En el Japón la religión nacional es el sintoísmo y los ciudadanos consideran que uno tiene que ser fiel en su religión para ser buen ciudadano. Los que se convierten al cristianismo tienen que soportar el repudio de los familiares, porque, según su parecer, eso es traicionar a la familia y la nación. En los países donde predomina el islam hay una relación íntima entre el patriotismo y la fidelidad a la religión oficial.

En los países donde predomina el catolicismo siempre ha habido una tendencia de la Iglesia Católica Romana de controlar el gobierno para su propia ventaja. La opinión de los superiores en la Iglesia Católica Romana tiene mucho peso en los asuntos que tienen que ver con la vida diaria de las personas. Las leyes favorecen a esa iglesia.

Estos dos casos indican la tendencia de la religión de controlar los asuntos políticos, cualquiera que fuera la religión. Vamos a enfocar el cristianismo y su relación con el gobierno establecido. Históricamente ha habido tres posiciones en este tema.

1. Identificación

Esta teoría fusiona la institución religiosa con el gobierno. En la teocracia en el Antiguo Testamento la autoridad del líder político se derivaba de Dios y él era el representante de Dios ante el pueblo. Cuando el pueblo se quejó delante de Moisés, éste llevó sus quejas delante de Dios, para recibir una palabra de consuelo y de instrucción de lo alto. En la época de los jueces ellos escucharon las quejas del pueblo o las disputas que surgieron, y consultaron a Dios para determinar la mejor solución al conflicto. Durante la época de los reyes había algunos que gobernaban con justicia, pero otros que eran corrompidos e hicieron lo malo en los ojos de Jehovah. En cada caso había una fusión de la autoridad civil con la religiosa. Aunque había oficiales religiosos, tales como los sacerdotes, ellos ejercieron sus funciones relacionadas con los sacrificios y por regla general estaban en simpatía con la política de los reyes.

Hoy en día hay países que tienen una religión del estado y ésta es sostenida con aportes del gobierno que vienen de los impuestos que pagan los ciudadanos. Ejemplos son la Iglesia Anglicana de Inglaterra, la Iglesia Luterana de Alemania, la Iglesia Reformada de Suiza y la de Suecia. Posiblemente hay varios otros países que tienen este arreglo. El ser ciudadano de la nación abarca el ser miembro de la iglesia oficial, a menos que uno renuncie a tal relación en favor de una identificación con una iglesia independiente. Hay varios ciudadanos que han hecho esto.

2. Dominación

La idea de dominio tiene dos facetas. Hay dominio de la iglesia por el estado, como era antes el caso de Rusia y sus países satélites, donde la iglesia tenía que servir a los propósitos del estado, y sus libertades eran muy limitadas. En 1990 en Rusia el parlamento aprobó el Acta de Libertad Religiosa, dando libertad religiosa después de 70 años de opresión, lo que abrió la puerta para una avalancha de grupos religiosos con sus planes evangelísticos para establecer trabajo. Pero el 14 de julio de 1993 el congreso en Rusia abrogó la legislación de 1990.[14] En la actualidad la Iglesia Ortodoxa, la oficial de Rusia, está en oposición a la libertad de cultos, porque este principio representa una amenaza al monopolio que tradicionalmente ha tenido en los asuntos religiosos con los líderes de la nación. Frente a la entrada de miles de grupos religiosos con enseñanzas distintas, la Iglesia Ortodoxa ha promovido la abrogación del principio de libertad religiosa en Rusia.[15] Pero en la nueva constitución que está proponiendo Boris Yeltsin, y que será votado por el parlamento en diciembre de 1993, se garantiza la libertad religiosa. En este caso estamos viendo un juego de poder de la Iglesia Ortodoxa sobre el estado.

El otro caso es el control del estado por la iglesia. En los países donde la Iglesia Católica Romana ha ejercido un control fuerte se ven los resultados de tal dominio. En países que tienen un Concordato con la sede en Roma hay limitaciones de libertad religiosa para los ciudadanos y para grupos no católicos. A veces ejercen control para no permitir visas para la entrada de misioneros de otras religiones. En otras ocasiones han obstaculizado los permisos para construir iglesias e instituciones de otros grupos. Han controlado la educación de los niños con reglamentos que favorecen a la Iglesia Católica Romana. En algunos países la Constitución exige que el presidente sea católico. Todos estos ejemplos ilustran el propósito de la Iglesia Católica Romana de controlar al gobierno.

El principio de dominio vino del papa Gelasio, del siglo V, que enseñó la idea de dos espadas; una secular, o sea, la de los reyes, y la otra espiritual, la del sacerdote. La espada espiritual estaba enci-

---

[14] *Baptist Press*, 16 de julio de 1993, p. 3.

[15] Marty Croll, "Wire Service Changes Story about Russian Law Action", *Baptist Press*, Nashville: Tennessee, 2 de septiembre de 1993.

ma de la secular, y ésta se usaba solamente con el permiso de la sagrada.

Después, el papa Hildebrando (1030-1085) comparó la iglesia y el estado con el alma y el cuerpo. El alma, o sea la iglesia, es de mayor importancia que el cuerpo, o el estado. Gregorio VII, Papa de 1073 a 1085, promulgaba el mismo concepto de dominio. Tomás de Aquino (1226-1274) era el más grande de los teólogos de la Iglesia Católica del Occidente, y enseñó que el estado debe colaborar con la iglesia para establecer la comunidad perfecta. Es deber de la iglesia determinar los fines temporales de los ciudadanos y las instituciones.

3. Separación

La otra teoría, la de separación, sostiene que la iglesia debe existir independientemente del estado, que los dos pueden cumplir mejor sus funciones si permanecen aparte, sin unirse. Este arreglo permite la libertad religiosa en una forma no permitida por las otras teorías.

Se ha dicho que la separación es la victoria más grande para la causa del progreso humano. Hubo varios factores que contribuyeron a la adopción de la separación como principio fundamental en las colonias americanas. El Acta de Tolerancia en Inglaterra (1689) fue una victoria para los separatistas y los otros grupos religiosos que estaban resistiendo el control de la iglesia oficial. Tenemos que reconocer que miles sufrieron bajo las restricciones de las iglesias oficiales. Juan Bunyan, bautista de renombre de Inglaterra, y Guillermo Wyclif, traductor del Nuevo Testamento al inglés, sufrieron encarcelamiento y Wyclif fue ejecutado en 1535 por la Iglesia Católica Romana. Sus últimas palabras fueron de oración a Dios para que abriera los ojos del rey de Inglaterra.[16]

En las colonias había una variedad de grupos religiosos, y muchos, especialmente los Separatistas, vinieron al Nuevo Mundo en busca de libertad del control de la iglesia por el estado. Rogerio Williams, bautista, y William Penn, cuáquero, creían en una separación completa e influyeron sobre los patriotas que redactaron la Constitución de los Estados Unidos de América. Juan Locke anteriormente había presentado en Inglaterra sus teorías sociales que incluían la separación como política. Así que este principio de separación de la iglesia y el estado llegó a ser parte de los fundamentos de la nueva nación. Entre los líderes de la nación había deístas y racionalistas que resistieron la intervención de la iglesia en los

---

[16] Roberto A. Baker, *Compendio de la Historia Cristiana* (El Paso: Casa Bautista de Publicaciones, 1974), p. 222.

asuntos del gobierno, de modo que el principio de separación prevalecía.

La denominación bautista es una de las que más ha luchado para mantener separada la iglesia del estado. Los bautistas son descendientes de sectas que se mantuvieron separados de las iglesias oficiales antes y después de la Reforma Protestante. Tienen sus raíces históricas y teológicas con los anabautistas de Europa y los Separatistas de Inglaterra.

La batalla por la separación continúa hasta el presente. La historia de la obra bautista en cada país contiene sus héroes que lucharon a favor de la libertad religiosa. Pablo Besson es un nombre sinónimo de la lucha por la libertad de los evangélicos en la Argentina.

Siempre ha habido grupos que quieren recibir fondos del gobierno para sostener sus proyectos religiosos y humanitarios, y muchos están dispuestos a ceder este principio precioso con el fin de recibir tales fondos. Esto ha sido una lucha especialmente en el campo de la educación. Hay fondos federales disponibles para instituciones de educación y los colegios y universidades que reciben tales fondos tienen la ventaja de equipos costosos para la investigación que las instituciones denominacionales difícilmente pueden adquirir con recursos privados. En algunos países la legislación nacional ha restringido grandemente proyectos de educación y atención médica, porque exigen el control del estado para permitir el funcionamiento de tales instituciones. Los bautistas han sostenido un hospital en Barranquilla, Colombia, durante cuatro décadas, sin intervención del gobierno. Pero en los últimos años han aprobado una ley que exige la participación de representantes del gobierno en la Junta Directiva del hospital como condición para conceder permiso de funcionamiento de tal hospital. Tales prácticas pueden con el tiempo resultar en un control absoluto de parte del gobierno. Esto ha pasado en el hospital en Bangalore, India, y en Israel.

Los bautistas a veces se han visto tentados a buscar fondos del estado. Deben recordar que el recibir dinero implica sumisión, ya que tienen que completar montones de papeles para llenar los requisitos para recibir tales fondos, y tienen que someterse a los reglamentos de los correspondientes oficiales del gobierno, sea el Ministerio de Educación o el Ministerio de Salud. Esto mina la autoridad e independencia de la iglesia. En el caso de la educación tienen que incluir en el pensum cursos que posiblemente estén en pugna con las creencias fundamentales de la denominación. A los evangélicos les conviene insistir en y promover la separación de la iglesia del estado y la libertad religiosa.

IV. PROBLEMAS RELACIONADOS CON LA RESPONSABILIDAD CIVICA

1. Participación en la política

Ya hemos notado que históricamente muchos cristianos han tenido renuencia para participar en las actividades políticas.[17] Muchos cristianos de los primeros siglos identificaban el gobierno civil con la esfera del predominio de Satanás, y por eso buscaban alejarse lo más posible. Los cristianos de los primeros siglos no tenían mucha posibilidad de participar en el gobierno, ya que eran objeto de persecución. Con la expansión del cristianismo había más convertidos de entre la clase gobernante, y la política de Constantino dio más oportunidad para ocupar puestos oficiales de parte de los cristianos. Con el tiempo los obispos en las varias ciudades llegaron a ejercer una influencia política tanto como religiosa. La Reforma Protestante dio ímpetu a la posibilidad para creyentes en las esferas cívicas, y vemos a varios protestantes que ejercieron su influencia en la vida pública en los países de Europa en los siglos posteriores a la Reforma Protestante.

En la actualidad uno puede darse cuenta que varios de los congresistas en varios países del mundo son evangélicos. Pueden tener oportunidades únicas para ejercer una influencia cristiana positiva por los puestos que ocupan. En los últimos años Colombia ha tenido a un grupo que ha trabajado para redactar una nueva Constitución. Los evangélicos se unieron para apoyar a una persona para participar en la constituyente que trajo el anteproyecto de la Constitución. El representante evangélico, doctor Jaime Ortíz, es abogado y miembro de la Iglesia Presbiteriana en Colombia. Ha servido con honor y ha dado buen testimonio del evangelio por medio de sus declaraciones en los medios de comunicación. En otros países hay cristianos evangélicos que afirman sus convicciones cristianas en los asuntos que se consideran en los congresos. Afirmamos que hay grandes oportunidades para los cristianos de dar testimonio de las implicaciones del evangelio en la vida diaria por medio de la participación en la política.

Algunos cristianos no votan en las campañas políticas, diciendo que no hay candidatos cristianos evangélicos y que de todos modos todo lo relacionado con la política es sucio. Otros no quieren que sus jóvenes estudien para participar en las actividades políticas, porque sienten que siempre hay corrupción en la política. Afirmamos que hay gran necesidad de personas que se preparen en las ciencias políticas, la abogacía y otras esferas especiales, y que

---

[17] Lamberto Schurman, *Etica Política* (Buenos Aires: La Aurora, 1974), 7-30.

entren en las actividades políticas para dejar sentir un testimonio cristiano positivo en estas esferas. Ciertamente el cristiano tendrá muchas tentaciones para participar en actividades que comprometan su testimonio cristiano, pero a la vez ofrece oportunidades para servir a los demás y beneficiar a todos en la nación.

2. La guerra

La historia de la humanidad está manchada con la sangre derramada de seres humanos. Desde el día cuando Caín se levantó para matar a su hermano Abel hasta el presente ha habido conflictos entre seres humanos. A veces pelean por intereses económicos, a veces es por terrenos en disputa, a veces es por egoísmo de parte de los líderes políticos que anhelan poder.

(1) Resumen bíblico. ¿Aprueba Dios la guerra? Algunos toman las citas donde Dios manda aniquilar a los cananeos (Jos. 7:11-15), y manda la destrucción completa de los bienes y la matanza de las esposas e hijos de los conquistados para decir que Dios aprueba la guerra (1 Sam. 15:18-21). Hay que leer estos pasajes y entenderlos dentro del contexto histórico y cultural de aquel entonces. El Antiguo Testamento relata las batallas que se llevaban a cabo constantemente entre los israelitas y las naciones vecinas, tales como los filisteos, los edomitas y los madianitas. Dios se presenta como el Dios de los israelitas, que estaba con ellos para darles la victoria sobre los enemigos. Posteriormente, la invasión de los ejércitos de las naciones enemigas era manifestación del juicio de Dios sobre Judá e Israel, según el mensaje de los profetas. Pero los profetas soñaron con el día futuro de paz, cuando no habría amenaza de guerra (Isa. 2:2-4; Miq. 4:1-4).

En el Nuevo Testamento la presencia de los soldados romanos era recordatorio constante de la subyugación de la nación bajo poderes extranjeros. Había un resentimiento hacia este yugo romano, pero a la vez había sumisión. Jesús fue el cumplimiento de la promesa del Príncipe de Paz, y lo proclamaron así cuando nació. En el Sermón del monte presentó la bienaventuranza relacionada con los pacificadores (Mat. 5:9). Jesús utilizó la violencia en echar a los cambistas del templo, aunque los eruditos insisten en que no utilizó la fuerza (Mat. 21:12, 13). No permitió al discípulo utilizar la fuerza en el huerto de Getsemaní. Los demás escritores del Nuevo Testamento, salvo posiblemente el autor del Apocalipsis, dan por sentado la paz como condición ideal para la vida cristiana.

(2) Resumen histórico. Temprano en la historia comenzaron a distinguir entre las clases de guerra, tildándolas de guerras agresivas y defensivas. Cicerón, orador romano que nació en 106 a. de J. C., tuvo la idea que tenía que haber una causa justa para la guerra.

Los estoicos adoptaron este principio de la necesidad de una causa justa. Agustín adoptó las ideas de Cicerón de la guerra justa, que estipulaba las siguientes condiciones: **a.** Tenía que ser para la defensa de la nación y no un acto agresivo. **b.** Tenía que ser el último recurso, después de intentar resolver problemas en forma pacífica. **c.** Tenía que declarar la guerra con aviso previo. **d.** Tenía que tener como fin no conquistar sino buscar una paz justa. **e.** Tenía que preservar la vida de los presos y los que se entregaban. **f.** Tenía que tratar únicamente con soldados y no civiles.[18]

(3) Guerras modernas. En la actualidad nos damos cuenta que las guerras son muy costosas en el sentido de dinero y de vidas humanas. Hemos elaborado implementos de guerra que tienen el potencial de aniquilar a toda la humanidad. Lo que las naciones gastan en armamentos y en mantenimiento de soldados está llevando a todas las naciones a la bancarrota. Por eso, la terminación de la "guerra fría" fue un día bendecido por todas las naciones. No hemos resuelto todos los problemas, tales como la proliferación de los armamentos nucleares entre varias naciones, lo cual todavía representa una amenaza a la paz mundial. Conflictos en grados menores están aconteciendo todos los días en regiones distintas del mundo, pero no es como la carrera armamentista que anteriormente vivíamos entre Rusia y los Estados Unidos de América y sus aliados respectivos.

En el pasado la participación de soldados en la guerra ha sido un problema ético. En épocas de guerra las naciones exigen que los jóvenes presten servicio militar, y los que no lo quieren hacer por convicciones de conciencia están expuestos a pruebas especiales. Durante la Segunda Guerra Mundial los pacifistas sufrieron consecuencias severas por su decisión de no participar en la guerra. Algunos fueron llevados a campos de concentración, otros tuvieron que trabajar en fábricas que producían los armamentos y otros tenían que prestar servicio alternativo de servicio social en alguna forma. Cristianos como Culbert Rutenber en su *Dagger and the Cross* (La daga y la cruz) y Kirby Page en *Jesus or Christianity* (Jesús o cristianismo) defendieron a los pacifistas por sus convicciones cristianas, en los cuales insisten en que la posición del pacifista no es una de cobardía.

Durante y después de esa guerra mundial había cristianos que tomaron la posición de resistencia. Karl Barth, gran teólogo de este siglo, resistió a Hitler y tuvo que exiliarse en Suiza. Dietrich Bonhoeffer decidió participar en un complot para asesinar a Hitler, el cual fue descubierto. Una de las últimas determinaciones de Hi-

---

[18] Cicerón, *On the Republic* y *On Duties*, citado por White, *op. cit.*, p. 112.

tler antes de su muerte fue mandar ejecutar a los que participaron
en tal complot. Reinhold Niebuhr insistía en que el cristiano a veces tiene que hacer el menor de los males, y esto le exige que lleve
armas.[19] Emil Brunner tenía el mismo concepto, diciendo que el estado existe no para hacer que los hombres se amen, sino para mantener orden y seguridad.[20]

Algunos países todavía tienen servicio militar obligatorio para
los jóvenes. Durante épocas de paz no hay tanta posibilidad de tener que participar en guerras, aunque uno nunca sabe lo que va a
pasar en el mundo. El servicio militar puede beneficiar a los jóvenes en entrenarles en forma física y ayudarles a respetar la autoridad. Muchos aprenden cosas de valor para su futura profesión y
tienen oportunidades para adelantar su educación y su formación.
Sin embargo, debe haber alternativas para los jóvenes que tienen
convicciones cristianas en contra de la participación en la guerra.

Actualmente los ejércitos de muchas naciones consisten en voluntarios que son seleccionados por medio de exigencias altas que
pocos jóvenes pueden llenar. Tienen que poseer cierto grado de
inteligencia para manejar los equipos sofisticados que poseen los
ejércitos modernos. Por eso, no es el problema que anteriormente
había cuando todos estaban obligados a prestar servicio militar, a
menos que tuvieran una debilidad física o mental.

La iglesia cristiana debe proclamar su apoyo a la paz mundial y
debe expresarse en contra de la guerra en todas sus formas. En los
últimos años había movimientos organizados para oponerse a la
guerra nuclear, porque muchos creían que una guerra nuclear traería el fin de la civilización humana. Gracias a Dios, con las decisiones de las varias naciones de desarmar sus armas nucleares, esta
amenaza no es tan seria ahora. Más bien, el mayor peligro hoy tiene que ver con las personas que en forma insensata transportan
material nuclear de un lugar a otro en forma irresponsable. Algunos dicen que aunque ha disminuido la amenaza de una guerra
nuclear, ha aumentado el peligro de desastres nucleares, debido a
la falta de control y la malicia y/o ignorancia de parte de la humanidad.

La iglesia cristiana reconoce que se ha hecho mucho progreso en
evitar las guerras modernas con tanto potencial destructivo. Las
Naciones Unidas ha tenido éxito en frenar conflictos y disminuir
las tensiones en varias partes del mundo. Debemos apoyar las organizaciones que buscan mantener la paz en el mundo, pues pro-

---

[19] Reinhold Niebuhr, *Why the Christian Church Is Not Pacifist* (Londres:
S. C. M. Press, 1949).

[20] Emil Brunner, *The Divine Imperative* (Filadelfia: Westminster Press,
1947), p. 462.

mueven diálogos y reuniones que disminuyen la posibilidad de conflicto violento y favorecen la negociación para la paz. En los últimos años hemos vivido hasta cierto grado el sueño de Isaías y Miqueas, cuando hablaron de una época futura cuando el león y el cordero se acostarían juntos. Las tensiones entre Rusia y los Estados Unidos han disminuido; parece que hay posibilidad de paz entre Israel y el Movimiento de Liberación en Palestina dirigido por Arafat. Aunque hay conflictos serios como los de Somalia y Bosnia-Herzegovina, son en escalas menores, y esperamos que hayan soluciones prontas a estos casos.

(4) **La guerra nuclear.** Hasta hace poco había una amenaza aterradora que despertaba mucha preocupación entre los ciudadanos del mundo, y era la guerra nuclear. Los dos poderes mundiales, los Estados Unidos y Rusia, con sus aliados respectivos, estaban involucrados en una carrera de armamentos con material nuclear. Cada uno de los poderes profesaba tener material suficiente para destruir la civilización humana en todo el globo. Cada uno estaba compitiendo con el otro para lograr los implementos más poderosos y más veloces para así vencer al contrincante.

Personas serias comenzaron a desfilar con sus pancartas apelando a los líderes para acabar con los experimentos con materiales nucleares y con sus proyectos de ganar la ventaja sobre el otro. Las limitaciones económicas forzaron a los dos países a encarar la realidad que las dos naciones se estaban desangrando. Principiaron una serie de reuniones para discutir el proceso de desacelerar la fabricación de material y desactivar los proyectiles, misiles y otros materiales de guerra. El resultado ha sido asombroso. Ha habido un grado de desconfianza en el proceso, y por eso elaboraron un plan por medio del cual cada nación tenía permiso de vigilar el proceso de desbaratamiento del programa del otro.

El mayor peligro actualmente parece estar en las naciones como Corea del Norte que tienen las capacidades de fabricar bombas y armamentos nucleares, y la posibilidad que se podrían utilizar en una acción precipitada en contra del resto de la humanidad. También existe peligro porque hay individuos que roban elementos radioactivos para vender en el mercado negro sin considerar el peligro potencial que tales elementos representan para la humanidad entera. Un congresista de los Estados Unidos de América recientemente declaró que, aunque hay menos peligro de una guerra nuclear, hay mayor peligro para los ciudadanos del mundo de una acción precipitada que podría tener efectos funestos para millones.

3. Pena de muerte

(1) **El mensaje bíblico.** La pena de muerte, el castigo máximo determinado por los tribunales para las personas culpables de cier-

tos crímenes, tiene una trayectoria histórica muy larga. En los antiguos tiempos bíblicos se aplicaba este castigo por diez actos distintos que se consideraban de suficiente gravedad para merecer la muerte:

a. Homicidio (Gén. 9:6; Exo. 21:13, 14; Núm. 35:16; Lev. 24:17).
b. Adulterio (Lev. 20:10; 19:20-22).
c. Bestialidad (Exo. 22:19; Lev. 18:23; 20:15).
d. Blasfemia (Núm. 15:30; Lev. 24:11-16).
e. Tocar las cosas sagradas (Núm. 4:15, 20; 2 Sam. 6:7).
f. Hechicería (Exo. 22:18).
g. Rapto o secuestro (Exo. 21:16).
h. Maldición de los padres (Exo. 21:17; Lev. 20:9).
i. Pegarle a los padres (Exo. 21:15; Deut. 21:18-21).
j. Violación sexual (Deut. 22:25).

Esta lista nos impresiona con su extensión, y refleja el hecho de que en aquel entonces los castigos eran mucho más severos por las infracciones de las leyes. Tal vez reflejaban más el sentido de santidad de las relaciones interpersonales de aquel entonces, y eran un esfuerzo de proteger esas relaciones. A la vez reflejan los esfuerzos de los seres humanos en la antigüedad para mantener la justicia entre todos.

Jesús hizo énfasis sobre el amor a los enemigos y el perdón que quita del corazón la venganza. Cuando los escribas y fariseos trajeron a Jesús a una mujer que había sido sorprendida en el acto de adulterio, él la perdonó, diciéndole: "Vete y desde ahora no peques más" (Juan 8:11). Jesús en ningún momento aprobó la pena de muerte; ni tampoco el principio de "ojo por ojo". Más bien dijo: "No resistáis al malo. Más bien, a cualquiera que te golpea en la mejilla derecha, vuélvele también la otra" (Mat. 5:39). Jesús intentó enseñar a la humanidad que la ley del amor debe tomar el lugar de la venganza.

Parece que Pablo interpretó la responsabilidad de las autoridades civiles para incluir la pena de muerte. Refiriéndose a las autoridades civiles, dice: "... porque es un servidor de Dios para tu bien. Pero si haces lo malo, teme; porque no lleva en vano la espada; pues es un servidor de Dios, un vengador para castigo del que hace lo malo" (Rom. 13:4). Ciertamente el peso de las enseñanzas de Pablo nos hace ver que él insistió que la solución de la violencia era el esparcimiento del amor de Dios entre los cristianos: "El amor no hace mal al prójimo; así que el amor es el cumplimiento de la ley" (Rom. 13:10).

(2) Resumen histórico. Un estudio breve de la historia de la pena de muerte nos ilumina sobre el dilema si es positiva o negativa. Las leyes antiguas de Hamurabi se caracterizaban por la ligereza

con que se aprobaba la pena de muerte. Una esposa tenía el derecho de buscar la separación legal del esposo, pero si se podía probar que tenía la culpa del fracaso del matrimonio, ella era ahoga-
da.[21] Si un constructor hacía una casa con defectos, de modo que el
hijo del dueño moría, entonces se mataba al hijo del constructor.

En Inglaterra se practicó la pena de muerte en forma extensa
hasta el siglo XVIII. Ejecutaban a niños por actos tales como arrancar un nabo o cortar un árbol.[22]

En los Estados Unidos de América ha habido épocas cuando la
pena de muerte era abolida en prácticamente todos los estados, pero en la actualidad se ha visto la tendencia de instituir de nuevo esta forma de castigo. Se cuestiona si hemos pasado la época de venganza caracterizada por el principio de "ojo por ojo". Recientemente el autor fue citado para presentarse como candidato para el
jurado en un caso criminal. El preso iba a ser juzgado por asesinato. Los abogados preguntaron a los candidatos para el jurado sus
razones para votar la culpabilidad del acusado. La mayoría dio como razón para castigar la retribución. Esto ilustra el hecho de que
hay algo de venganza en todo ser humano.

(3) Argumentos a favor y en contra de la pena de muerte. El argumento que más se usa para dar fuerza a la pena de muerte es
que disuade a otros contra el crimen. Pero esto no se ha probado, y
hay bastante evidencia al contrario. Se ha estudiado el número de
crímenes violentos en estados que tienen pena de muerte en comparación con los estados donde está abolida, y no hay diferencia
significante del número de crímenes.

También algunos dicen que la muerte es el único castigo justo
para personas que han quitado la vida de otros en forma violenta.
Frecuentemente se escucha esta declaración con referencia a ase-
sinos seriales y a los que han violado y matado a mujeres y niños.
Muchos insisten en que no hay castigo suficientemente terrible
para tales antisociales. En el pasado se decía que era más económico ejecutar a un criminal que mantenerlo en una cárcel de por vida.
Esto se debate hoy en día cuando se considera todo lo que se relaciona con el proceso de ejecutar a uno.

Los argumentos en contra de la pena de muerte son más compatibles con los ideales del cristianismo. Siempre hay la posibilidad de ejecutar a una persona inocente del crimen de que es acusa-
da. Hay evidencias de tales acontecimientos en todos los países.

---

[21] Cyril John Gadd, "Babylonian Law", *Encyclopedia Britannica*, 1957,
Tomo II, p. 863.

[22] Arthur Koestler, *Reflections on Hanging* (Nueva York: The Macmillan
Co., 1957), pp. 15-20.

Una de las normas que enseñan al jurado es que tienen que encontrar al acusado culpable "sin lugar a duda". Esto es casi imposible, porque situaciones así casi nunca existen. A la vez preguntamos: ¿El ejecutar a uno logra fines que justifiquen tal proceder? ¿No crea más sufrimiento entre los familiares del criminal? ¿No hay otras alternativas que más se asemejen a la actitud de Cristo?

CONCLUSION

El cristiano es ciudadano de dos mundos y no puede pasar por alto sus responsabilidades ni en la esfera civil ni espiritual. Tenemos la responsabilidad de ser levadura en las instituciones políticas y así transformarlas para lograr mejor los propósitos que tienen para su existencia. Henlee Barnette, por muchos años profesor de ética en un seminario bautista, resume las responsabilidades del cristiano hacia el gobierno:

1. Buscar entender la naturaleza del gobierno civil, sus funciones y los procesos políticos en el país donde uno es ciudadano.

2. Votar en las elecciones, después de informarse sobre los candidatos y sus proyectos y convicciones.

3. Trabajar por la extensión de la justicia, la libertad y las oportunidades para todo ciudadano, no importa su raza, color ni credo.

4. Buscar y servir fielmente en puestos políticos a que uno es elegido o nombrado, ejerciendo convicciones cristianas en el proceso.

5. Condenar cualquier fuerza que busca negar los derechos humanos.

6. Identificarse con una iglesia y las organizaciones cristianas que buscan reforzar la moral en una nación y entre los ciudadanos.[23]

---

[23] Henlee Barnette, *Introducing Christian Ethics* (Nashville: Broadman Press, 1961), pp. 172, 173.

13

LA BIOETICA

INTRODUCCION

Los últimos años han traído avances en varios campos que han creado problemas éticos con los cuales tenemos que luchar. La ciencia médica ha avanzado en su trato con varios aspectos del comienzo de la vida humana y a la vez han logrado extender la vida durante varios años más, sin descuidar todo lo relacionado con programas para enriquecer la vida desde la concepción hasta la muerte. Este campo se llama la biomedicina y es acompañado por la bioética, o sea, la moral de todos los descubrimientos de sus investigaciones para extender y enriquecer la vida.

La lista de temas involucrados en el campo de la bioética incluye: la utilización de los recursos disponibles en el campo de la salud, la eutanasia, o sea, la decisión para continuar o no el tratamiento de un paciente con enfermedad incurable, la consideración de la calidad de vida de las personas, el transplante de tejidos y de órganos de seres humanos y de animales, las normas para la experimentación en animales y seres humanos, el uso de placebos, el dilema de la resucitación, los medios artificiales para la reproducción humana, el aborto provocado, la psicocirugía, las intervenciones en el feto, la transmisión de las enfermedades genéticas, la manipulación de los genes, la clonización y los derechos del paciente. La lista se puede extender porque los científicos están abriendo nuevos caminos todos los días.

La pregunta fundamental desde la perspectiva ética tiene que ver con la base de autoridad que se establece como punto de partida. Básicamente, hay dos posibilidades: o proceder sobre principios bíblicos y teológicos que sirven de normas para guiarnos o proceder sobre la base del utilitarismo y la razón humana, tomando en cuenta las circunstancias y los efectos de las decisiones tomadas. La consideración de bases espirituales derivadas de la Biblia y los preceptos teológicos como factores que guían en las decisiones es la distinción principal entre los cristianos y los humanistas. Se reconoce que la mayoría de los médicos y los científicos biológicos serán humanistas y por eso el utilitarismo será primordial en sus decisiones.

Las tecnologías que disponemos en la actualidad nos asustan, porque nos imponen una responsabilidad inmensa. Con la identificación de los genes que causan enfermedades tales como la enfermedad Tay-Sach (idiocia familiar amaurótica), la drepanocetmía y el síndrome Downs, tenemos la posibilidad de determinar si las personas nacen con estas debilidades o si se abortan temprano en el embarazo. Podemos tomar medidas para prevenir la concepción en casos donde el riesgo es mayor y provocar un aborto si descubren que el feto es afectado. Pero la pregunta es: ¿Debemos tomar las medidas de prevenir la concepción o provocar abortos cuando hay evidencias convincentes de una enfermedad seria?

Desde la perspectiva cristiana afirmamos la santidad de la vida humana como principio fundamental, porque somos hechos a la imagen de Dios. A la vez, simpatizamos con los descubrimientos que ofrecen la posibilidad de discernir enfermedades durante la etapa prenatal, para tratarlos o considerar seriamente la sabiduría de terminar con el embarazo. Según el punto de vista cristiano la meta de la ciencia médica debe ser la de enriquecer la calidad de vida y aliviar el dolor, pero su responsabilidad no es determinar cuándo se debe terminar la vida.

Habrá humanistas que afirman la santidad de la vida pero por razones diferentes a las religiosas, las cuales se relacionan con la imagen de Dios que refleja cada ser humano. Ellos pueden ser personas dedicadas al enriquecimiento de la vida, pero que consideran que hay apreciaciones humanitarias que les impulsan a terminar con un embarazo en un caso específico o terminar con la vida de un anciano que no tiene posibilidad de gozar de salud.

I. BASES BIBLICAS Y TEOLOGICAS

Los cristianos no van a encontrar versículos bíblicos que les den mandamientos directos con referencia a la biomedicina. Los eruditos que más han estudiado en este campo hacen énfasis en la necesidad de obedecer una conciencia iluminada por la revelación bíblica, teológica y las circunstancias especiales del caso. Debido a los puntos de vista diferentes, examinaremos las enseñanzas desde la perspectiva de las tres categorías del protestantismo, el catolicismo y el judaísmo.

1. Puntos de vista protestantes

Paul Ramsey es un protestante que ha trabajado en este campo y ha escrito desde una perspectiva que hace hincapié en seguir la conciencia iluminada por el principio del amor por los seres humanos. Sus libros reflejan que ha luchado con las normas bíblicas con relación a la santidad de la vida y los múltiples temas que surgen de la biomedicina. Su libro, *Ethics at the Edge of Life* (La ética en los extremos de la vida), refleja su reverencia por la vida y la simpatía que tiene por las personas que tienen que tomar las decisiones que terminan o continúan la vida física.[1] Su libro, *The Patient As Person* (El paciente como persona), enfoca la necesidad de considerar los derechos y los deseos del paciente al considerar cualquier paso relacionado con la vida.[2] Ramsey hace hincapié en el principio de "fidelidad al pacto" entre los seres humanos. El elabora sobre este tema mencionando que abarca la justicia, la rectitud, la fidelidad, la lealtad, la santidad de vida, la gracia, el amor y la caridad que cada ser humano debe a los demás cuando entran en un pacto como peregrinos en la vida.[3] El médico tiene que estar consciente de estos elementos cuando comienza a tratar a un paciente.

Uno muy conocido en el campo de la bioética, que expresa el punto de vista que la situación es primordial en el proceso de tomar decisiones, es Joseph Fletcher. El ha sido profesor de ética en el Seminario Episcopal en Cambridge, Massachusett, Estados Unidos de América, y se ha destacado por promover la ética de la situación y la bioética. El rechaza el legalismo que caracteriza muchas interpretaciones de mandamientos y enseñanzas bíblicas. Aboga por la libertad para tomar cualquier decisión que se basa en el amor. Insiste en que una moralidad de códigos hace injusticia a la dinámica de las circunstancias específicas que nos trae la tecnología. Fletcher aboga por el aborto provocado, cuando la mujer lo desea, y la eutanasia activa.[4] Insiste en que el amor desinteresado a veces dicta que uno termine el tratamiento de un paciente que está irreversiblemente en coma y quien antes firmó un documento expresando su deseo de no tener tratamiento prolongado debido a una condición médica que no tenía cura. Pero muchos médicos no honrarán tales documentos por temor a las posibles demandas posteriores de parte de familiares. Los hospitales están obligados por ley a continuar el tratamiento para preservar la vida, y por eso temen las consecuencias de prácticas que se podrían interpretar en forma negativa. Los avances en los tratamientos no permiten el abandono de ningún caso como "sin esperanza", y obligan a los médicos a seguir tratando al moribundo en espera de encontrar una cura milagrosa.

---

[1] Paul Ramsey, *Ethics at the Edge of Life*. New Haven: Yale University Press, 1970.

[2] Paul Ramsey, *The Patient As Person*. Londres: Yale Univ. Press, 1970.

[3] *Ibíd.*, p. XIII.

[4] Joseph Fletcher, *Humanhood: Essays in Biomedical Ethics*. Buffalo, Nueva York: Prometheus Books, 1978; y Joseph Fletcher, *Etica del Control Genético*. Buenos Aires: La Aurora, 1978.

Los protestantes están divididos sobre el aborto provocado. Algunos simpatizan con la decisión de *Roe vs. Wade* en 1973, cuando la Corte Suprema de los Estados Unidos de América legalizó el aborto provocado, juzgando que la mujer tiene autonomía sobre su cuerpo. Desde esa fecha se han practicado 15 millones de abortos. Pero hay un número creciente de personas que se oponen al aborto provocado, porque insisten que el feto es vida humana y tiene derecho de nacer. Argumentan que la santidad de la vida exige que la mujer permita el desarrollo normal del feto hasta nacer, aun en casos de violación y fetos deformados. Los protestantes con una ética más utilitarista y situacionista insistirían en que hay casos donde el aborto provocado es más la expresión del amor desinteresado.

2. Punto de vista católico

El grupo religioso que más ha resistido los variados aspectos de la bioética es la Iglesia Católica Romana. Tradicionalmente, su principio de la Ley Natural como prioritaria en la esfera de la moral les lleva a resistir los métodos artificiales para prevenir y causar la concepción, tanto como para prolongar y terminar la vida. Hablando de la genética, el papa Pío XII en 1952 pronunció su *Acta Apostolice Sedis 44*, en la cual declaró: "El uso de la fuerza en una sola persona no se justifica, aun si millones de vidas se pueden salvar, porque también posiblemente creará secuelas inmorales, y la historia moral de la humanidad es de más importancia que la investigación científica." La encíclica *Humana Vitae* (1968) trató con temas en el campo de la bioética. La Iglesia Católica Romana repetidamente se ha opuesto a la interrupción de los biológicos ritmos naturales de la concepción y al aborto provocado. La intervención tecnológica se permite cuando puede facilitar el proceso natural. Sin duda hay lugar para una consideración del proceso natural en el tratamiento de los enfermos. Muchas veces los médicos deciden no prescribir medicamentos hasta no ver si el sistema de resistencia del cuerpo humano puede vencer las infecciones. Tiene que haber un balance sano en los extremos en este campo.

En la encíclica reciente *Veritatis Splendor* (Esplendor de la verdad) el papa Juan Pablo II vuelve a enfatizar la importancia de acatar la ley natural y no ceder a la presión del relativismo en los problemas contemporáneos de la biomedicina. Rechaza el principio de proporcionalismo (el mejor de los bienes y el menor de los males), el subjetivismo, el relativismo, el utilitarismo, el consecuencialismo y el individualismo que caracteriza nuestra época.[5]

---

[5] Richard P. McBrien, "Teaching the Truth", *Christian Century*, 20 de octubre de 1993, pp. 1004, 1005.

3. Punto de vista del judaísmo

El judaísmo enseña que el ser humano es creación de Dios. Dios le da la energía divina de que la existencia es la esencia, tiene la imagen divina que le informa y le orienta en el proceso de vivir, y tiene un propósito divinamente establecido antes de terminar su destino con la muerte. Por eso, considera que las decisiones biomédicas pueden estar dentro de este plan providencial para ayudar a los seres humanos a que realicen su destino. Acepta las manipulaciones y transformaciones en la medicina moderna como medios para ayudar a realizar en toda plenitud lo que Dios tiene para los seres humanos. La santidad del cuerpo se refleja en sus actitudes con relación a la violencia y el derramamiento de sangre, la mutilación del cuerpo humano y las normas relacionadas con el entierro.[6] Por eso, hay familiares que resisten la práctica de autopsias de sus seres queridos en los hospitales y el uso de órganos en transplantes.

4. Una síntesis

Seguramente hay algo de valor en cada uno de los puntos de vista que hemos presentado. La preeminencia del amor *agape* como principio guiador tiene su validez en cada momento. Una consideración de las circunstancias especiales va a amortiguar las decisiones frías que brotan de un autoritarismo legalista. Una paciencia para permitir que el proceso natural tome su curso puede solucionar muchos problemas que surgen de intentos milagrosos de alterar la ley natural con la tecnología. Y una reverencia hacia la vida como dádiva de Dios, que permite que la vida siga su curso normal según un plan providencial, dará lugar para la intervención médica.

Tenemos que confiar en la iluminación especial del Espíritu Santo, tomando en cuenta los principios de la santidad de la vida y la calidad de vida y todas sus implicaciones, y confiar en los consejos sabios de los médicos y científicos, en el proceso de tomar decisiones tan serias. Tenemos que actuar con osadía al tomar decisiones que tienen que ver con el comienzo de la vida y la prolongación de ella. Debemos informarnos hasta lo máximo antes de tomar la decisión, pedir la dirección de Dios en la oración, buscar consejos de líderes espirituales en nuestra comunidad, y después tomar la decisión que nos parezca mejor.

En los casos que siguen vamos a considerar estas normas para guiarnos en las decisiones.

---

6 Solomon B. Freehof, "Death and Burial in the Jewish Tradition," *Judaism and Ethics* (Nueva York: KTAV Publishing House, 1970), pp. 201 sig.

II. LA DISCUSION DEL COMIENZO DE LA VIDA

Los avances de la ciencia médica en los últimos años han creado problemas serios para los que se especializan con neonatos, o sea, con los que nacen prematuros. ¿Deben luchar por hacer sobrevivir a un bebé que pesa menos de un kilo, o a los que nacen severamente deformados? Por ejemplo, ocasionalmente nace un bebé con algunos de los órganos internos en el exterior del cuerpo. En algunos casos por medio de una serie de cirugías pueden corregir hasta cierto grado tales anomalías, pero casi siempre quedan problemas serios que impiden un funcionamiento normal. El dilema de los especialistas está en tomar la decisión de tratar a tales infantes o mantenerlos cómodos durante las pocas horas hasta que mueran. Relacionado con esto surge la pregunta: ¿Cuándo comienza la vida?

1. El momento de la fecundación

La opinión de muchas personas es que la vida humana comienza cuando el espermatozoide se une con el óvulo y comienza su trayectoria hacia el útero. Durante estas horas se están multiplicando las células. Pero es un hecho reconocido que muchos de los óvulos fecundados nunca se implantan en el útero; son expulsados en la menstruación mensual de la mujer. Una estimación dice que hasta el 25% de las concepciones nunca llegan al punto de poder sobrevivir fuera del útero.[7]

Otra opinión es que la vida comienza al implantarse en el útero el cigoto, u óvulo fecundado, y comienza el proceso de la gestación. Según el autor es más lógico considerar este momento como el comienzo de la vida.

2. La viabilidad del feto

En los centros neonatales de los hospitales se viven momentos muy dramáticos todos los días. Un feto de cinco meses que pesa menos de un kilo puede nacer y con cuidados intensivos y costos que pueden llegar a un millón de dólares durante varias semanas puede sobrevivir. Pero la verdad es que un porcentaje muy bajo de estos infantes puede salir vivos del hospital, y de los que salen, la mitad nunca disfrutarán de una vida normal.[8]

La ciencia médica está avanzando continuamente en su cuidado de los infantes prematuros, pero normalmente se considera que el feto que tiene menos de 23 semanas de gestación y que pesa menos que un kilo no puede sobrevivir.

---

[7] *Time*, 19 de abril de 1971, p. 27.

[8] David Van Biema, "Out in the Cold", *Time*, 4 de octubre de 1993, p. 36.

El momento crítico es cuando los especialistas de neonatos tienen que tomar la decisión de tratar de salvar a un prematuro o dejarlo morir. Los países tienen leyes que se relacionan con el cadáver del prematuro, cuándo hay que tener documentos de defunción y cuándo tienen que enterrar tal cadáver. Estas leyes pueden reflejar la influencia de la Iglesia Católica Romana o de otro grupo religioso. La mayoría de las mujeres que han tenido una serie de abortos espontáneos no consideran que han tenido igual número de niños.

3. Al nacer y respirar

Una tercera opinión relacionada con el comienzo de vida es cuando la criatura nace y comienza a respirar por sí sola. Algunos consideran que la respiración es identificada con el soplo del alma en el ser humano. Por esta razón algunos no ven nada malo en el aborto provocado aún hasta los últimos meses del embarazo, porque no consideran que el feto sea ser humano hasta no nacer y respirar.

La incertidumbre con relación al comienzo de la vida naturalmente se presta para mucha controversia sobre el tratamiento de los prematuros y el aborto provocado. Hay personas que insisten en que la vida comienza cuando acontece la fecundación y desde ese instante es ser humano. Según ellos, cualquier intento de interrumpir el proceso del desarrollo de ese cigoto es un intento en contra de una vida humana.

III. EL ABORTO PROVOCADO

El aborto provocado es un problema moral con muchas facetas. Consideramos que el aborto provocado es malo, porque viola el principio de la santidad de la vida. Se debate si el feto es vida humana, porque hay mucha diferencia en las opiniones con referencia a qué es la vida humana, cuándo llega a ser vida humana y cuándo llega a tener alma.

1. La historia del aborto provocado

Desde los tiempos antiguos se practicaba el aborto provocado y el infanticidio por razones variadas. En Exodo 21:22-25 se mencionan los detalles hipotéticos de un aborto que podría resultar de una riña y los castigos que debían practicar, basados en el principio de "ojo por ojo". Platón, tanto como Aristóteles, defendieron el aborto provocado si se practicaba antes de que la mujer sintiera la sensación de vida en la matriz.[9] Entre los grecorromanos el aborto y el infanticidio eran prácticas comunes.[10]

El cristianismo tuvo un impacto pronunciado sobre las prácticas de los romanos de abortar en forma provocada los fetos de los niños que no deseaban tener.[11] Uno de los primeros escritos por la iglesia primitiva, *Didache*, condenó el aborto. En el segundo siglo del cristianismo *Las Cartas a Bernabé* también condenaron el aborto. Clemente de Alejandría, Cipriano, Tertuliano, Jerónimo y Agustín todos condenaron el aborto provocado.

Durante la Edad Media el debate consistía en determinar cuándo el alma estaba fusionada con el cuerpo. Agustín dijo que en el niño era a los 40 días y para la mujer era a los 80 días.[12] El Gran Mufti de Jerusalén declaró que era el día 120.[13]

Los oficiales de la Iglesia Católica Romana establecieron la pena de la penitencia durante diez años para personas que se sometieron al aborto provocado, pero en 1588 el papa Sixtus V en la bula *Effraenatam* proclamó que el aborto provocado era asesinato y decretó la excomunión como castigo por tal delito.[14] Posteriormente Tomás Sánchez, moralista jesuita, dio permiso para el aborto cuando peligraba la vida de la madre. Dio cuatro bases para el aborto provocado: **(1)** Si la madre iba a morir como resultado del desarrollo del feto; **(2)** si los padres de una señorita la matarían al descubrir que estaba en estado de embarazo; **(3)** si una señorita comprometida resultaba embarazada por otro hombre; y **(4)** si una señora había sido violada y los padres del esposo estaban amenazando con matarla.[15]

Durante el siglo XIX la Iglesia Católica Romana justificaba el aborto provocado en caso de que la presencia del feto amenazara la vida de la madre; y cuando había conflicto entre los derechos de la madre y del feto, los de la madre debían prevalecer. En el siglo XX, los papas Pío XI y XII condenaron el aborto provocado en cualquier forma y decretaron que la mujer que abortaba debía sufrir la excomunión. En 1951, el papa Pío XII declaró que toda vida hu-

---

[9] Citado por John F. Dedek, *Human Life* (Nueva York: Sheed and Ward, 1972), p. 33.

[10] *Ibíd.*, p. 33.

[11] Russell Shaw, *Abortion on Trial* (Dayton, Ohio: Pflaum Press, 1968), p. 158.

[12] Joseph Fletcher, *Humanhood...*, p. 136.

[13] *Ibíd.*.

[14] Dedek, *op. cit.*, pp. 36, 37.

[15] *Ibíd.*, p. 39.

mana, aun en la matriz de la madre, recibía la vida directamente de
Dios, y por eso ninguna persona, ni autoridad humana, ni ciencia
médica podía quitar la vida de un ser humano inocente (*Acta
Apostotical Sedis 43*, 1951: 838, 839). Las declaraciones de los Papas
en los últimos años han estado de acuerdo con estas declaraciones.
Por eso, en la mayoría de los países donde la Iglesia Católica Romana tiene una influencia poderosa el aborto provocado es ilegal.[16]

2. Perspectiva contemporánea

Desde 1973 ha habido un cambio de actitud con relación a los
derechos de la mujer en las esferas seculares. Varias naciones han
legalizado el aborto provocado. En el caso de *Roe versus Wade*, la
Corte Suprema de los Estados Unidos de América, el 22 de enero
de 1973, declaró que era ilegal para cualquier estado no permitir el
aborto provocado durante el primer trimestre del embarazo si la
mujer lo deseaba. En esencia la decisión afirmaba que la mujer tenía derecho de determinar sobre su cuerpo, así legalizando el aborto provocado. Esta decisión representaba una victoria de parte de
las organizaciones que promovían los derechos civiles de las mujeres. Desde esa fecha unos 15 millones de fetos han sido abortados en los Estados Unidos. Seguramente otros miles han sido practicados en forma ilegal en los países donde el aborto es un delito.

Dicen que el 30% de todos los embarazos son abortados en los
Estados Unidos de América actualmente. En el Canadá es el 14%;
en Alemania Occidental es el 13%; en el Japón es el 27%; en la
Unión Soviética es el 68%. El 20% de las mujeres mayores de quince años en América se han sometido al aborto provocado.[17]

¿Quiénes son los que abortan? En algunos países es un medio
aceptable para controlar la natalidad. Si los casados descubren
que hay un embarazo que no desean, buscan un aborto. Pero la
mayoría de los abortos provocados son solicitadas por personas no
casadas que por varias razones no desean tener un hijo. En los
Estados Unidos de América el 81% de las que abortan son solteras
y el 62% son menores de 25 años de edad.

En los últimos años se ha acelerado la oposición organizada al
aborto provocado. Ha habido casos de asesinatos de médicos que
estaban entrando en las clínicas para practicar el aborto sobre las
clientes. Esto ha frenado la práctica, porque los médicos temen por
sus vidas. Los ciudadanos de los Estados Unidos de América están
divididos sobre la práctica. En 1992 la Corte Suprema volvió a
considerar la legalidad del aborto, y decidió que los estados tenían

---

[16] Citas de la historia de Alan G. Raughton, "Abortion: A Christian
Perspective", NOBTS, 1983.

[17] *Time*, 1 de mayo de 1989, pp. 22, 23.

que decidir la legalidad. Esto quiere decir que se va a estar deba-
tiendo este tema durante las décadas entrantes.

Una de las razones porque muchos se oponen al aborto tiene
relación con las investigaciones sobre el uso del tejido del feto en
tratar ciertas enfermedades, y el temor que algunos pueden promover el embarazo y posteriormente el aborto provocado para
proveer el tejido necesario para tratar estas condiciones. Por ejemplo, han descubierto que pueden transplantar el tejido de un feto
en el cerebro de pacientes con la enfermedad de Parkinson, y los
efectos positivos son sorprendentes. A lo menos 100 personas en
varias partes del mundo han recibido este implante. Estos pacientes pueden pararse y caminar, vestirse y hasta manejar un auto. El
presidente Bush en los Estados Unidos de América firmó una ley
prohibiendo tal transplante, pero el presidente Clinton abrogó tal
ley. Muchas personas se oponen a tal procedimiento, por temor
que algunas mujeres buscarían el embarazo para después someterse al aborto con el fin de permitir el uso del tejido del feto para
ayudar a pacientes con esta clase de enfermedad.

Hace algún tiempo, un matrimonio en California decidió concebir a otro niño porque su hija de 13 años padecía de una enfermedad que prometía cura con transplante de tejidos sanos que
eran compatibles. Decidieron tener otro niño con ese fin. Este caso
despierta preocupaciones del potencial en esta práctica, y el uso de
fetos simplemente para ayudar a enfermos.

Interferón, una proteína producida por células parasitadas por
un virus, que las hace resistentes a un amplio espectro de virus, y
utilizada en el tratamiento de pacientes con SIDA, y otras medici-
nas han sido desarrolladas con el tejido del feto.[18] Dicen que ciertas
marcas de champú y lociones utilizan tejidos de feto abortado.[19] El
potencial en este campo asusta.

3. Argumentos a favor del aborto provocado

(1) El feto no es vida humana. Un factor candente con relación
al aborto provocado se relaciona con la condición del feto, es decir,
cuándo llega a ser vida humana. Uno de los especialistas en la ética situacional es Joseph Fletcher, quien ha estado entre las personas que más favorecen el aborto provocado. El argumenta que el
feto es humano en sentido biológico, y está con vida, pero todavía
no es persona. El feto no es persona todavía, y por eso, no es asesinato abortarlo. Fletcher da tres opiniones de cuándo el feto llega
a ser persona: a. Desde el momento de la fecundación. b. Desde
cuando el alma entra en el cuerpo. Los teólogos de la iglesia primi-

---

[18] Ruiz Torres, *op. cit.*, p. 317.

[19] Notas de Miguel Manuel, 8 de mayo de 1987.

tiva discutieron sus diferencias de opinión con relación a la "animación" del feto con el alma y presentaron puntos de vista distintos. En 1869 el papado aceptó en forma oficial que el alma entra al cuerpo en el momento de la fecundación. **c.** La esencia de la persona es la razón y hasta no ejercer la capacidad racional, no es persona. Fletcher acepta esta tercera teoría, e insiste que el feto no es persona porque no tiene capacidad de ejercer curiosidad, afecto, autocontrol, memoria ni conciencia.[20]

Fletcher termina su argumento que el feto no es persona diciendo que hay cuatro posibles opiniones con relación al aborto provocado: **a.** Condenar todo aborto provocado, exceptuando el caso cuando la vida de la madre está amenazada. **b.** Favorecer el aborto provocado si el feto es deformado, cuando el embarazo amenaza la salud de la madre y para prevenir los resultados del incesto o la violación. **c.** Permitir el aborto por cualquier causa si se practica antes de que el feto pueda sobrevivir fuera del útero. **d.** Permitir el aborto en casos donde el embarazo no era deseado por cualquier razón.[21] Según Fletcher, el ultimo punto es el más aceptable, porque acaba con los embarazos forzados y hace del embarazo un asunto privado y personal.

Otros que argumentan que puesto que en ningún lugar en el Nuevo Testamento está condenado el aborto, quiere decir que Dios no consideró el aborto provocado como pecado en aquel entonces, porque el feto no se consideraba persona. Dos teólogos contemporáneos que promulgan este punto de vista son Roy Bowen Ward en su tratado: "Is the Fetus a Person — According to the Bible? (¿Es el feto persona, según la Biblia?) y Paul D. Simmons en su libro *Personhood, the Bible and the Abortion Debate* (La persona, la Biblia y el debate sobre el aborto). Ellos concluyen del hecho del silencio sobre el aborto en el Nuevo Testamento que Dios da libertad a la persona para tomar decisión sobre el asunto. Insisten en que cuando Pablo elabora la lista de pecados que el cristiano debe dejar (Col. 3:5), hubiera sido lógico incluir el aborto si eso fuera pecado. Ciertamente el aborto se conocía en aquel entonces. Posteriormente, en la *Didache, La Epístola de Bernabé* y *El Apocalipsis de Pedro*, escritos de cristianos en el primer siglo, hay condenaciones del aborto.[22]

(2) El aborto legalizado preserva vidas humanas. Las personas que no tienen razones ni bíblicas ni teológicas favorecen la legaliza-

---

[20] Joseph Fletcher, *Humanhood...*, pp. 134, 135.

[21] *Ibíd.*, p. 138.

[22] Michael J. Gorman, "Why Is the New Testament Silent about Abortion?, *Christianity Today*, 11 de enero de 1993, pp. 27-29.

ción del aborto provocado porque dicen que salva vidas humanas. Cuando el aborto es ilegal siempre hay abortos clandestinos que se practican bajo condiciones no higiénicas y en forma escondida de los oficiales de la ley. Esto pone en peligro la vida de la mujer y produce un criminal. Los centros médicos reciben semanalmente mujeres que están en crisis debido a los efectos del aborto ilegal. La hemorragia y la infección causan la muerte de multitudes de mujeres cada año.

La mayoría de las clientes que buscan el aborto bajo estas condiciones son las mujeres no casadas que quieren ocultar el hecho de estar en estado de embarazo. Pocas parejas acuden al aborto ilegal como medio de evitar tener un hijo no deseado. En los países donde el aborto es legalizado practican el aborto como medio de controlar la natalidad. En muchos de estos países como la India, la China, el Japón y Rusia el cristianismo no ha penetrado la sociedad, y no hay convicción religiosa en contra del aborto provocado.

(3) El aborto es un derecho humano. Este argumento ha sido promulgado por los grupos que promueven los derechos civiles de la mujer, e insisten en que lo que la mujer hace con su propio cuerpo es un asunto personal. Insisten en que ni las iglesias ni sus organizaciones, ni las autoridades civiles ni grupos organizados para proteger la vida de los débiles deben intervenir para bloquear lo que es un derecho civil de la mujer.

Esta posición se complica por el hecho de que gran porcentaje de los abortos que se solicitan vienen de mujeres que no pueden pagar el costo de tal procedimiento. Por eso, los ciudadanos de la nación tienen que pagar los costos. Ha habido legislación en los Estados Unidos de América para no pagar los costos del aborto excepto en casos cuando es necesario desde el punto de vista médico. El programa de salud propuesto por el presidente Clinton en los Estados Unidos incluye el aborto y algunos temen que este hecho vaya a despertar mucha oposición a su programa en general de parte de los que abogan por la vida de los infantes inocentes.[23]

(4) Circunstancias especiales justifican el aborto. Hay muchas personas que están en contra del aborto provocado como medio de controlar la natalidad, pero que permitirían el aborto por circunstancias especiales. Vamos a considerar estas circunstancias.

Joseph Fletcher da la ilustración de una médica de Rumania que practicó en forma secreta el aborto en tres mil mujeres judías mientras estaban en el campo de concentración. Lo hizo porque si el informe médico indicaba que estaban embarazadas, serían mandadas

---

[23] Michael Kramer, "Will Abortion Be Covered?", *Time*, 27 de septiembre de 1993, p. 40.

a los incineradores inmediatamente. Esta doctora salvó la vida de tres mil en vez de perder seis mil vidas. Posteriormente ella fue admitida como residente y después como ciudadana de los Estados Unidos de América como héroe de guerra.[24] Esta fue una circunstancia especial y excepcional, y no puede servir de base para justificar el aborto en general.

Hay casos en que la salud de la madre está comprometida por el embarazo. Por ejemplo, en casos de un embarazo en el conducto de Falopio, practican el aborto inmediatamente para salvar la vida de la mujer. En este caso pocas personas cuestionarían tal proceder. Hay otros casos cuando por razones de salud los médicos dicen que el tener otro embarazo sería fatal para la mujer. Se justifica el aborto provocado cuando dos o más médicos certifican que este es el caso.

¿Qué de los casos de un embarazo que resulta del incesto o la violación? Las circunstancias ejercen mucha influencia en determinar qué hacer bajo estas condiciones. Algunos dirían que la mujer debe dar a luz bajo estas condiciones y entregar la criatura para adopción. Siempre hay multitudes de parejas que no pueden tener hijos y estarían contentas con recibir un niño que es fruto de estas circunstancias. Otros dirían que en el caso de incesto se deben tener amniosíntesis para determinar si el feto tiene genes defectuosos. Cuando los exámenes confirman este hecho, entonces se debe abortar tal feto.

Otras condiciones que justifican el aborto, según algunos, es cuando el estudio genético del feto confirma que hay deformidad marcada. Han hecho mucho progreso en años recientes de modo que pueden determinar temprano en el embarazo si tal es el caso. Muchas parejas dicen que prefieren abortar un feto defectuoso que tener la carga de criar a un niño que padece un problema genético serio. Surgen casos emotivos relacionados con tales hechos, y siempre hay variedad de opinión sobre la práctica. Si la pareja tiene otros hijos y si tienen el tiempo y los recursos económicos necesarios para cuidar a un hijo especial, son algunos de los factores que hay que considerar. Los matrimonios que no han podido tener hijos pueden insistir en tener el hijo deformado de todos modos. Hay que dar cierta libertad para las parejas que quieren tener el hijo, pero a la vez hay que respetar las convicciones de las personas que optan por abortar el feto.

Hay casos donde la salud emocional es un factor. Muchos dirían que las personas con problemas psicológicos congénitos no deben tener prole. Algunos argumentan que la legislación social debe requerir la esterilización de parejas que se casan si tienen enfer-

---

[24] Joseph Fletcher, *Humanhood...*, p. 133.

medades psicológicas o físicas que son hereditarias y que se podrían transmitir a la prole. En hospitales mentales donde el embarazo ha resultado de la unión sexual de dos pacientes con enfermedades graves, dicen que el aborto es el camino más indicado.
Estos son temas controvertidos que despiertan emociones muy violentas. Algunos dicen que nadie, ni gobiernos ni individuos, tiene
derecho de determinar lo que hacen otros con sus capacidades pro-
creativas; que esto es asunto personal. Otros insisten que no es
justo que los ciudadanos tengan que asumir el pago de costos de
sostenimiento de enfermos mentales en instituciones de por vida.

Las personas que estarían a favor del aborto provocado por
razones muy extraordinarias, como las que hemos mencionado,
podrían estar en contra de tal práctica simplemente como medio de
evitar tener otro hijo en la familia, o para salir de un lío que ha
resultado de actividad sexual promiscua y premarital de parte de
jóvenes solteros. En términos generales estas personas se oponen
al aborto provocado por las razones por las cuales el 95% de las
personas buscan el aborto.

4. Argumentos en contra del aborto provocado

(1) **Afirmaciones positivas en cuanto a la vida.** Hay varias afirmaciones positivas que tienen relación con la santidad de vida. La
Biblia afirma que el feto es creación de Dios: "Porque tú formaste
mis entrañas; me entretejiste en el vientre de mi madre" (Sal.
139:13). El salmista tenía la perspectiva que la vida acontece como
resultado de la voluntad de Dios y que cada ser humano es resultado de la mano creadora de Dios. Dios determina que algunos fetos
se abortan en forma espontánea porque tienen anomalías que impiden una vida normal. Por eso, debemos respetar la providencia de
Dios en tales casos. A la vez debemos dejar funcionar las leyes naturales de la biología, de las cuales Dios es el origen, como norma
general en los demás casos.

(2) **Dios se encarga de los que no deben nacer.** Fletcher dice
que alrededor del 20 al 30 por ciento de los embriones y fetos
"mueren" como consecuencia de un aborto espontáneo (natural), y
que casi todos estos abortos son defectuosos genética o congénita-
mente. La mayoría de estos abortos no son percibidos como tales;
simplemente se los considera sólo como un flujo menstrual inu-
sualmente espeso.[25]

Solamente cuando hay la posibilidad de complicaciones serias
con la nueva criatura debemos buscar los medios científicos para
verificar tales dificultades. Cuando la ciencia médica nos confirma

---

[25] Joseph Fletcher, *La Etica del...*, p. 85.

que hay gran posibilidad de deformaciones graves, la pareja tiene derecho de considerar seriamente la posibilidad de un aborto provocado. Después del diálogo entre ellos mismos, con su pastor y con su médico, y después de orar a Dios, deben estar en libertad de tomar la decisión que más les convenga, sin tener que sufrir los problemas de conciencia ni las condenaciones de otros.

IV. EL DEBATE SOBRE UNA VIDA DE CALIDAD

Vamos a considerar varios aspectos de la bioética que tienen que ver con la calidad de vida. Principalmente se relacionan con el tratamiento del paciente de parte del médico.

1. El consentimiento informado

Consideramos que el paciente tiene derecho de saber qué tratamiento está recibiendo y qué resultados se esperan de tal tratamiento. Este problema ético ha surgido porque han descubierto que en el pasado no era la práctica informar siempre al paciente en cuanto a su condición. Por ejemplo, hace unos años en la cárcel en Tuskegee, Alabama, Estados Unidos de América, no trataron a un grupo de pacientes con sífilis terciaria, precisamente porque los médicos querían estudiar el progreso de la enfermedad y sus efectos sobre las víctimas. Cuando salió a luz tal proceder, se levantaron críticas severas hacia los médicos y los oficiales de la cárcel.[26]

Con frecuencia se escuchan debates relacionados con el derecho del paciente de saber la verdad con relación a su condición, de entender bien el tratamiento y sus efectos y de recibir toda la información necesaria para tomar una decisión adecuada. El consentimiento informado abarca tres áreas: **(1)** Si el paciente tiene conocimiento y entendimiento adecuado para tomar la decisión; **(2)** si la persona tiene capacidad mental y emocional para tomar la decisión; y **(3)** si hay ausencia de presión en el proceso de tomar la decisión. Por ejemplo, la decisión de someterse a una cirugía debe tomarse después que el médico haya explicado en forma clara la necesidad de tal cirugía, las posibilidades de sobrevivir tal procedimiento y los efectos finales de tal proceder para el paciente y sus familiares más cercanos. Si el paciente es un anciano, el médico debe buscar la oportunidad de explicar a los familiares cercanos lo que recomienda, para que después no haya malentendidos.

2. El decirle la verdad al paciente

Había épocas en los hospitales cuando el personal ni tenía permiso para informarle al paciente de su temperatura ni de la presión

---

[26] Henry Beecher, "Ethics and Clinical Research," *New England Journal of Medicine,* Vol. 274, 1966, pp. 1354-60.

arterial, pero la agitación en favor de los derechos humanos y el derecho a la privacidad han resultado en cambiar muchas de las prácticas en el campo de la medicina. Ahora el paciente tiene derecho de saber su condición y los efectos que puede tener en el futuro.

En el pasado algunos médicos procedían en base a la opinión de que el paciente se ponía en peores condiciones si se daba cuenta de la seriedad de su enfermedad. Otros dirían a los familiares que el paciente no tiene esperanzas de vivir por mucho tiempo, pero que no deben informarle a él por temor a una muerte repentina. Pero con una educación más amplia de parte de la población en general con relación a la salud, la mayoría de los médicos se inclinan más hacia una relación de mayor franqueza con el paciente.

¿Cuándo debe el médico decirle al paciente que no hay esperanza, que va a morir? La mayoría de los médicos dirían que nunca. Nadie sabe con certidumbre el curso que va a tomar una enfermedad que ha sido denominada incurable. La ciencia médica está dando pasos gigantescos en descubrir métodos de tratamiento que ofrecen posibilidad de curas de tales enfermedades. Cada paciente es diferente y su grado de motivación para vivir es un factor importante en la prolongación de la vida. Los estudios indican que las personas que pierden el deseo de vivir mueren más rápidamente que las personas que padecen de condiciones similares pero que tienen mucha motivación para continuar y cumplir con metas que tienen trazadas.

El médico nunca debe ser brusco en su manera de impartir malas noticias al paciente con relación a los informes de los análisis de laboratorio, de radiografía o de otras índoles. Siempre debe dar lugar para la intervención divina y para guardar esperanza, aunque tampoco debe proyectar demasiado optimismo cuando obviamente no hay mucha esperanza para el paciente. El dará las noticias en forma suave, asegurándole al paciente y su familia que hay mucho que la ciencia médica puede hacer todavía. En esta forma las noticias repentinas negativas no van a dejar al paciente sin esperanza alguna.

3. El uso de seres humanos en la experimentación

Cuando salieron las noticias relacionadas con los procesos de los criminales de la Segunda Guerra Mundial en Nuremberg, el mundo fue conmovido con las informaciones de que habían utilizado a los seres humanos para la experimentación para discernir los efectos de ciertas drogas y procedimientos sobre los pacientes. No fue simplemente el hecho de experimentar con seres humanos; también fue el elemento de encubrir la verdad de las personas.

Hace unos años el autor fue capellán en un hospital y le tocó visitar a una madre de unos 25 años de edad que tenía cáncer. Ya había pasado dos años de tratamiento, y ella había progresado hacia la remisión del cáncer y otra vez a la etapa de su ocurrencia de nuevo. Le dijo al capellán que acababa de dar su permiso al oncólogo para utilizar unas drogas experimentales, para ver si tenían efecto positivo. Ella dijo que ya sabía que era demasiado tarde para beneficiarse ella de la droga, pero ofrecía la posibilidad que en el futuro otros podrían sobrevivir la enfermedad. Tenía una actitud optimista y hasta filantrópica porque sentía que estaba contribuyendo al avance de la ciencia médica por medio de su aceptación de las drogas experimentales sobre el cáncer. Pocas semanas después murió.

La diferencia principal en las dos ilustraciones dadas tiene que ver con el consentimiento del paciente con el oncólogo. En la mayoría de los países hay comisiones que buscan proteger los derechos del paciente en estos casos. Se han levantado grandes controversias sobre la pregunta si deben utilizar a presos que se ofrecen en las cárceles para las investigaciones.

Debido a la controversia sobre el uso de seres humanos en experimentos, se establecieron cuatro pautas para la experimentación: **(1)** Debe haber una razón importante y moral para la investigación. Aquí entra en juego el principio de los medios y los fines. Los fines tienen que ser tan dignos que merecen el sufrimiento y los riesgos que llegan a los que participan en la experimentación. **(2)** Debe haber una seguridad razonable que los experimentos van a dar los resultados que se deseen del mismo. Esto exige que antes de someter a seres humanos el experimento debe haber sido practicado sobre animales con los resultados predecibles, y así justifican el experimento en seres humanos. **(3)** El uso de seres humanos en el experimento debe ser el último recurso y debe ser considerado necesario para dar la información adicional que se necesita. **(4)** El experimento tiene que ser justificado desde la perspectiva proporcional; es decir, los beneficios del estudio tienen que exceder en forma dramática el riesgo a que se somete el sujeto del experimento. **(5)** El sujeto tiene que dar su permiso en forma voluntaria y después ser informado del experimento, su curso, y sus efectos posibles sobre el sujeto. Childress añade otro criterio: **(6)** Si los resultados del experimento son distribuidos en forma general para que todos se beneficien de tal experimento.[27]

El consentimiento informado abarca seis pasos también: **(1)** Una explicación amplia de los procedimientos involucrados en el experimento. **(2)** Una explicación del dolor y el grado de riesgo que

---

[27] James F. Childress, *Priorities in Biomedical Ethics* (Filadelfia: Westminster Press, 1981, pp. 55-57.

hay en el experimento. (3) Una descripción de los beneficios que
pueden resultar. (4) Un informe de las posibles alternativas que
podrían beneficiar al sujeto del experimento. (5) Una oferta de
contestar cualquier pregunta relacionada con el procedimiento.
(6) Una explicación que la persona está en libertad de cancelar su
participación en el experimento en cualquier momento. A la vez se
presupone que el consentimiento es voluntario, después de haber
recibido la explicación anteriormente mencionada.[28]

Otro tema de controversia se relaciona con la compensación
potencial que se merecen los que sufren consecuencias dañinas de
los experimentos.

4. El uso de recursos limitados

Cada país sufre una abundancia de necesidades entre los ciudadanos y una escasez de recursos para ayudar a tales personas.
Hace años el problema tenía que ver con los costos de la diálisis
renal para los pacientes que necesitaban tal tratamiento. Había
más pacientes que máquinas y recursos para tratarlos. En Seattle,
Washington, Estados Unidos de América, en 1963 organizaron el
Comité Seattle, que tenía la responsabilidad de decidir quiénes
recibirían diálisis y, por consiguiente, quién moriría. Los componentes del comité eran personas de la comunidad médica, ciudadanos de la clase media y un clérigo. Establecieron los siguientes criterios para decidir sobre las personas que habían de recibir
diálisis: (1) La edad y salud relativa de los pacientes. (2) Sus contribuciones relativas, actuales y potenciales a la sociedad. (3) Sus
obligaciones a hijos y otros. (4) Su aporte potencial a la sociedad.
Cuando se reunieron, descubrieron que había una gran cantidad
de pacientes con variadas condiciones: presos condenados a cadena perpetua en la cárcel, científicos trabajando en la investigación
para descubrir cura para la leucemia, madres de hijos menores,
jóvenes con esperanzas grandes para el futuro, y ancianos relega-
dos a hogares de ancianos. ¿Quién se atreve a decidir entre estos?
¿Qué criterio pueden utilizar para valorar en forma jerárquica la
vida humana? El resultado fue que decidieron aportar el dinero
suficiente para suministrar la diálisis a toda persona que la necesitaba. El gobierno de los Estados Unidos de América suministra
el dinero para diálisis renal de todo paciente. El costo de tal
tratamiento en 1990 era de 7.300 millones de dólares para tratar a
200.000 pacientes. Anticipan que pronto habrá 300.000 que necesitan diálisis.[29]

Esta práctica despierta varias preguntas. Nadie puede oponerse

---

[28] *Ibíd.*, p. 59.

[29] Noticias de CNN, 4 de noviembre de 1993.

a un tratamiento que salva vidas, pero preguntamos: ¿Por qué hacemos esto para un grupo y no para otros? Pero ¿qué de los miles que mueren anualmente con SIDA, y el problema en parte es la falta de recursos para la investigación para descubrir una vacuna y/o una cura para la enfermedad? Se puede decir lo mismo con relación a las investigaciones que se necesitan para muchas otras enfermedades de niños y adultos.

Ninguna nación tendrá todos los fondos que necesita para la investigación y para comprar los equipos costosos que pueden brindar una máxima atención médica a los ciudadanos. Por eso, tienen que elaborar una manera para decidir en la forma más justa qué grupo va a recibir los beneficios de los recursos. Hace unos años una especialista para los recién nacidos dijo que los hospitales disfrutan de toda clase de equipo para los pacientes con problemas de corazón, pero faltaban muchos equipos en su sala para neonatos precisamente porque los padres jóvenes no tenían dinero mientras los ancianos con problemas de corazón sí lo tenían y lo donaban para los equipos necesarios para su cuidado médico.

V. EL TRANSPLANTE DE ORGANOS HUMANOS Y DE ANIMALES

1. Casos clínicos

Hasta hace pocos años el transplante de órganos no era una posibilidad, y por consiguiente no era un problema moral. En los últimos años, los avances científicos con medicamentos que pueden minimizar el problema del rechazo de tejido ajeno en el cuerpo humano han creado posibilidades que anteriormente no se concebían.

En 1967, el doctor Christian Barnard, de Ciudad del Cabo, en Sudáfrica, hizo el primer transplante de un corazón a un paciente que vivió algunos días después de la cirugía. Este acontecimiento levantó preguntas en la esfera de la religión y la ética, además del campo médico. Algunos elogiaron al doctor Barnard, diciendo que nos había llevado al umbral de un nuevo día para la humanidad, pero otros lo criticaron severamente, diciendo que estaba tratando de jugar el papel que le corresponde solamente a Dios. Algunos preguntaron: ¿Pero qué hacemos con los pasajes bíblicos que hablan del corazón como fuente de todo mal?: "Pero lo que sale de la boca viene del corazón, y eso contamina al hombre. Porque del corazón salen los malos pensamientos, los homicidios, los adulterios, las inmoralidades sexuales, los robos, los falsos testimonios y las blasfemias" (Mat. 15:18, 19). Ya la mayoría de las personas reconocen que la Biblia se refiere al corazón como sede del alma, la razón y las emociones en forma figurativa, pero todavía presentaba confusión para algunos, el reconocer que el corazón de un ateo ahora podría estar latiendo en el cuerpo de una persona que ha sido un cristiano consagrado. ¿Qué diferencia hay?

Desde aquella fecha la ciencia médica ha avanzado al punto de implantar un corazón mecánico en pacientes. En enero de 1985 algunos médicos en un hospital en Louisville, Kentucky, Estados Unidos de América, insertaron un corazón mecánico Jarvik-7 en el paciente William Schroeder.

Pocas semanas antes, los médicos en el Hospital Loma Linda, en California, implantaron el corazón de un mandril en un infante que llegó a conocerse como "Baby Fae", quien vivió algunos días después del transplante. Anteriormente habían experimentado con transplante de corazones e hígados de cerdos con un grado de éxito.[30] El hecho de que esta niña estaba viva después de quince días representó algo histórico para la medicina. Este hecho despertó mucha controversia en la población en general, entre los médicos y los líderes en la comunidad de la ética biomédica. El doctor Roy Walters, director del centro de bioética en la Universidad de Georgetown, se pronunció en favor del procedimiento. Otros vinculados con sociedades para la protección de animales se opusieron al sacrificio de animales para prolongar la vida de seres humanos.[31]

Desde esos primeros pasos hasta el día de hoy se ha hecho mucho progreso en el transplante de varios órganos, tales como el corazón, el hígado, los riñones, las córneas y el tejido. En la actualidad pocos cuestionan la moral de tales procedimientos, porque reconocen que la prolongación de una vida de calidad es una meta cristiana y humanitaria con la cual podemos estar de acuerdo. El problema principal hoy en día tiene que ver con la educación del público para estar dispuesto a permitir que sus órganos sean utilizados al morir para beneficiar a alguien que puede continuar su vida. Los transplantes tienen que practicarse dentro de poco tiempo después de la muerte, y por eso es importante que toda persona firme un documento legal que se llama el "testamento vivo", que permite al personal del hospital extirpar los órganos que pueden servir a otros en caso de una muerte repentina.

2. Principios éticos

Entre los principios éticos en juego en este proceso están:

(1) El principio de la prolongación de la vida como válida. Consideramos que es ético buscar la manera de prolongar la vida de las

---

[30] Joseph Fletcher, *Humanhood...*, p. 75.

[31] *Newsweek*, 12 de noviembre de 1984, pp. 40-43.

personas que tienen órganos defectuosos si con el trasplante de un órgano sano puede lograr ese fin.

(2) El principio de la más alta calidad de vida para cada ser humano. Consideramos que es válido hacer un trasplante si tal proceder puede brindarle a uno más salud y más capacidad de disfrutar de la vida.

(3) El principio de otorgar la vida a la persona que más capacidad tiene de disfrutarla, en vez de permitir la muerte de dos personas en vez de una.

(4) El principio de la mayordomía de la vida, aún después de la muerte. Si enseñamos que uno debe determinar que sus bienes sirvan a la humanidad después de su muerte por medio de un testamento en el cual se designan algunos de los bienes para una institución religiosa, cuánto más debemos determinar que con los órganos de nuestros cuerpos suceda lo mismo.

Este procedimiento ha despertado oposición de algunos religiosos. El judaísmo tiene reglamentos que prohiben o hacen difíciles las prácticas de autopsias y de la extirpación de los órganos vitales de un cadáver. Una ley del Talmud requiere que el cadáver sea enterrado el mismo día de la muerte. Ni el sacerdote ni los descendientes pueden estar dentro de cuatro metros de un cadáver o estar bajo el mismo techo de uno. Además, hay leyes que prohiben la mutilación del cuerpo humano, excepto en caso de ser necesario para salvar la vida de uno o para conocer el origen de una peste. Estas leyes han obstaculizado los trasplantes de órganos vitales. Sin embargo, los rabinos han aprobado el trasplante de órganos si es para salvar la vida, pero se expresaron en contra de guardar órganos en bancos.[32]

Tomás de Aquino promulgó el concepto que la totalidad de la persona o de una cosa vale más que las partes individuales, y su razonamiento se ha utilizado para defender la extirpación de los órganos enfermos para salvar la vida de uno.[33] Pero el papa Pío XII en 1956 rehusó permitir el trasplante de órganos de una persona viva a otra persona viva, ni tampoco justificó la mutilación excepto en casos para salvar la vida. La presión en años recientes ha llevado a los oficiales a hacer declaraciones reservadas con relación al proceso.

Los especialistas en el campo de la ética discutirán los aspectos deontológicos y circunstanciales de tales prácticas. Los que enfocan más la faceta que tiene que ver con nuestro deber de hacer todo lo posible para prolongar y enriquecer la vida aquí en el presente

---

[32] Joseph Fletcher, *Humanhood...*, p. 69.

[33] *Ibíd.*, p. 70.

hablarán del valor de una actitud filantrópica hacia la humanidad, y citarán los versículos para reforzar su punto de vista. La pregunta que hizo Caín con relación a su hermano Abel todavía tiene su pertinencia: "¿Soy yo acaso el guarda de mi hermano?" (Gén. 4:9). Otros dirán que siempre hay circunstancias que justifican el avanzar en campos nuevos, tales como el uso de órganos de animales para beneficiar a la humanidad. Otros dirán que es inmoral sacrificar animales para investigaciones científicas, aun cuando pueden beneficiar a los seres humanos. La consideración de la jerarquía en el sistema ético de la mayoría de nosotros diría que la vida humana es de mayor valor que la vida animal.[34]

El principio de utilitarismo en la ética busca el mayor bien para el mayor número de personas. En el campo del transplante de órganos la posibilidad de mayor calidad de vida justifica el uso de órganos de personas que han muerto para ayudar a las que potencialmente pueden disfrutar de una vida mejor.

La opinión del autor es que podemos estar a favor de los medios científicos para preservar la calidad de vida y así enriquecer la vida de los seres humanos de toda edad. Si es posible extirpar órganos de personas vivas, como un riñón, para permitir que otro también viva, esa decisión sería loable. También, seríamos buenos mayordomos de la vida si antes de la muerte dejamos la orden de permitir el uso de cualquier órgano del cuerpo que se pudiera para preservar la vida o enriquecerla para otros. No hay nada en la Biblia ni en la teología que prohíba tales actos de altruismo.

VI. LA EUTANASIA

1. Definiciones

Pocos temas son tan controvertidos como la eutanasia. La palabra significa la "buena muerte", y viene de la palabra griega *thanatos* 2288, o sea la muerte, y las letras *eu* 2095, que significa "bueno". La palabra lleva el significado que es algo placentero y deseoso. Es cierto que todos deseamos una "buena muerte", pero seguramente diferimos mucho en nuestro concepto de qué consiste tal muerte. La pregunta crítica en el campo de la ética es si es permitido acelerar la muerte para acortar y aliviar el sufrimiento de un ser humano.

Los casos dramáticos han despertado mayor interés en el tema. En 1976 una señorita cuyo nombre era Karen Quinlan estaba en una fiesta y los amigos le dieron LSD sin que ella se diera cuenta. Cayó inconsciente, y en el hospital le pusieron en un respirador ar-

---

[34] Norman L. Geisler, *Ethics: Alternatives and Issues* (Grand Rapids: Zondervan Publishing House, 1971), pp. 114-21.

tificial. A los pocos días practicaron un encefalograma y la pronunciaron clínicamente muerta. Los padres pidieron que se desconectara el respirador, pero los oficiales del hospital dijeron que,
según la ley, tenían que seguir con los medios para preservar la
vida. Resultó un proceso legal, y el caso demoró unos diez años.
Al fin, recibieron permiso para desconectar el respirador, pero para
sorpresa de todos, la señorita siguió respirando por su propia
cuenta, aunque permanecía inconsciente. Después de otros tres
años, durante los cuales fue alimentada por la fuerza, ella murió en
una clínica donde la mantenían cómoda, pero sin mayor atención
médica.

El caso anteriormente citado recibió mucha publicidad en escala
mundial, e ilustra algunas facetas de un problema que es muy
complicado.

Hay varias maneras de considerar la eutanasia. La división más
sencilla es activa y pasiva. La eutanasia activa envuelve el tomar
decisiones y hacer procedimientos para aligerar la muerte de una
persona. La eutanasia pasiva es no tomar decisiones ni hacer procedimientos, para que la muerte acontezca más rápidamente. Pero
algunos argumentarán que el no tomar una decisión también es
tomar la decisión cuando tiene que ver con tratamientos y procedimientos extraordinarios en el hospital.

Otra faceta del tema tiene que ver con el permiso del paciente, y
estos casos se consideran voluntarios, porque el paciente da su
apoyo al procedimiento. La eutanasia involuntaria involucra la decisión tomada sin pedir o conseguir el permiso del paciente. Todavía otra faceta abarca si el acto es directo de parte del paciente, la
familia y el personal médico o indirecto en el sentido que uno o
más de los partidos no tienen nada que ver con el proceso de morir. Estas posibilidades han llevado a los especialistas en la ética a
hablar de cinco posibles escenarios:

(1) Eutanasia activa, voluntaria y directa. Un ejemplo es el médico que suministra pastillas en números suficientes para permitir
al paciente tomar una dosis fatal. El paciente toma la decisión de
terminar su vida.

(2) Eutanasia pasiva, voluntaria y directa. En este caso el paciente, antes de estar inconsciente, deja instrucciones que, de quedar incapacitado para vivir una vida normal, quiere que le sea permitido morir con dignidad, sin medios milagrosos de la medicina
moderna que prolonga el proceso de morir.

(3) Eutanasia pasiva, voluntaria e indirecta. En este escenario
otras personas actúan, pero porque el paciente anticipadamente ha
firmado un documento legal que expresa su deseo de morir en vez
de mantenerlo con vida cuando es sólo un vegetal. Algunos médi

cos no aceptan este documento y en algunos lugares posiblemente no existe esta posibilidad.

(4) Eutanasia pasiva, involuntaria y directa. En este caso otra persona y no el paciente decide tomar o terminar la vida del que está sufriendo. Hay casos de esposos que han matado a su esposa porque ésta estaba enferma y no querían verla sufrir más. Es el caso en los hospitales cuando los médicos deciden no resucitar ni alimentar al recién nacido que nace con deformaciones marcadas que no ofrecen posibilidad de cura. En algunos casos abarca el matar al accidentado que está sufriendo en forma aguda y quien ruega a un amigo que termine su sufrimiento por medio de una bala.

(5) La eutanasia pasiva, involuntaria e indirecta. Esta se practica en los hospitales y los hogares todos los días. Es la práctica de hacer lo posible para que el paciente esté cómodo y libre de dolor, pero no hacer nada para resucitar a tal paciente si comienza a agonizar antes de morir. Los hospitales tienen códigos que instruyen al personal para no actuar en tratar de preservar la vida de tales pacientes.[35]

Actualmente hay muchas noticias sobre el doctor Jack Kevorkian del estado de Michigan en los Estados Unidos de América, que ha ayudado a 18 personas a morir en los últimos meses.[36] Su programa se llamaría activo, voluntario y directo, ya que el paciente pide el medio y la máquina que el doctor Kevorkian ha elaborado y se requiere el esfuerzo directo del sujeto. Kevorkian ha sido demandado por asesinato, y seguramente la batalla legal de sus acciones va a extenderse durante años.

2. Perspectivas bíblica y teológica

En una consideración de la eutanasia es fundamental el mandamiento: "No cometerás homicidio" (Exo. 20:13). La Biblia condena el asesinato y establece la pena de muerte para las personas que quitan la vida humana (Gén. 9:6), excepto en casos de matar accidentalmente (Núm. 35:9-15). Una norma que hemos guardado siempre es la santidad de la vida. Por esta razón, cualquier acto deliberado de terminar la vida de uno se considera malo. Sólo Dios tiene el derecho de terminar con la vida de uno, porque solamente él sabe cuando una vida ha cumplido su propósito.[37]

---

[35] Joseph Fletcher, *Humanhood...*, pp. 153, 54.

[36] Nancy Gibbs, "Prescription for Death", *Time*, 31 de mayo de 1993, pp. 35-44.

[37] Dietrich Bonhoeffer, *Ethics*. Nueva York: The Macmillan Co., 1955, citado por John F. Dedek, *Contemporary Medical Ethics* (Nueva York: Sheed and Ward, Inc., 1975), pp. 24, 27.

Este punto de vista se refleja en la Iglesia Católica Romana. En 1980, el papa Juan Pablo II declaró que la eutanasia era mala pero el paciente tenía el derecho de discontinuar el tratamiento cuando era extremamente doloroso y cuando no daba los resultados que se esperaban del tratamiento.[38] La declaración más reciente del Papa, *Veritatis Splendor*, afirma la posición tradicional con relación a la eutanasia.

Se discute sobre el punto de vista que el Nuevo Testamento nos enseña: Que hay propósito en el sufrimiento (Stg. 1:2-4; 1 Ped. 1:7). Sin duda la Biblia nos anima a soportar el sufrimiento, pero, ¿quién sabe si este desafío abarca el caso de un sufrimiento prolongado por los medicamentos modernos que postergan la muerte en forma indefinida?

Otra cualidad que afirma el cristianismo es la importancia de la misericordia. Cuando una persona está sufriendo en forma insoportable, muchos dirían que es un acto de misericordia aligerar su muerte. Un médico, abogando por la terminación del tratamiento de pacientes con enfermedades incurables, repitió la declaración de un paciente a su ser querido: "Si no me dejas morir, no te dejo vivir."

Concluimos que el dejar de tratar a un paciente incurable y que pide que lo dejen morir tranquilo no es asesinato. No hay virtud en mantenerlo vivo simplemente porque la ciencia médica tiene los medios para hacerlo. Pero a la vez no nos parece que es sabio recomendar ni permitir que una persona termine con la vida en una forma directa. Hay que dejar que el proceso que Dios ha designado tome su curso. Los médicos deben darle al paciente los medicamentos para aliviar el sufrimiento, pero no deben darle lo que va a prolongar la vida.

3. Criterios para considerar la terminación de un tratamiento

Con los avances científicos se nota que los médicos ahora tienen la capacidad de mantener con vida a una persona que anteriormente moriría dentro de poco tiempo. La cuestión viene siendo: ¿Deben los médicos hacer lo que tienen la capacidad de hacer? Algunos sienten la obligación de utilizar todos los medios disponibles, diciendo que el juramento hipocrático y la ley del país así lo exige.

Con tanta controversia en este campo, se han elaborado criterios para guiar a los pacientes, médicos y familiares para determinar el momento cuando se debe terminar el tratamiento. Son:

(1) La capacidad del paciente para tomar decisiones racionales.

---

[38] Margaret A. Stienfels, "Vatican Reaffirms Traditional Teaching on Care of the Dying," *The Hastings Center Report,* agosto de 1980, p. 2.

(2) La actitud de la persona que va a tomar la decisión.
(3) La edad de la persona.
(4) La naturaleza de la enfermedad.
(5) La actitud y los valores del médico que atiende al paciente.
(6) El ambiente clínico.[39]

El valor de estos criterios se refleja en el hecho que reconoce que el paciente tiene autonomía en las consideraciones que se dan para determinar si continúan o no el tratamiento. En la medida que los pacientes demandan el derecho de morir, piden que se termine el tratamiento para permitirles morir con dignidad, rechazan la deshumanización de una vida sin sentido y ruegan a los líderes religiosos que reconozcan esto como su derecho, más médicos están cediendo a los deseos de los pacientes.

En la gran mayoría de los casos el factor económico será determinativo, en que las limitaciones de la familia para pagar y las limitaciones de los recursos económicos de clínicas privadas y de gobierno para absorber cuentas médicas excesivas dictarán que no haya tratamientos milagrosos, costosos y extensivos para pacientes que tienen poca o ninguna esperanza de sobrevivir. Un médico en Barranquilla, Colombia, explicó a un grupo de estudiantes que cuando un paciente inicialmente entra en tratamiento, los familiares ordenan al médico hacer todo lo posible para el paciente, sin considerar los costos. Cuando se acaban los recursos inmediatos, empeñan la nevera, el televisor y otros artículos del hogar. Pero después de un tiempo comienzan a preguntarle al médico: "¿Qué tal, doctor, el paciente está mejorando?" Cuando la respuesta es negativa, los familiares después comienzan a mencionar en forma indirecta y suave que tal vez es mejor desconectar las máquinas para dejar morir al familiar. Con unos días más de espera, ya todos aceptan que el paciente va a morir. Así es un consenso el remover los medios artificiales que prolongan la vida.

Relacionado con los aspectos teológicos y médicos de la eutanasia está el aspecto legal. La mayoría de los países del mundo consideran que la eutanasia activa es asesinato, y los médicos, el personal del hospital y los familiares se encuentran en grandes problemas con la ley si practican la eutanasia activa. Este fue el caso de Karen Quinlan. Aunque la familia decidió desconectar la máquina, los oficiales del estado no lo permitieron. Resultó un proceso legal que demoró por años.

4. Resumen histórico de la eutanasia

El mundo grecorromano aprobó la eutanasia, y hay casos en los

---

[39] Mark Siegler, "Critical Illness: The Limits of Autonomy," *The Hastings Center Report*, octubre de 1977, pp. 12-15.

escritos de Cicerón y de Platón del uso de la cicuta para aligerar la muerte. Algunas de las religiones y culturas orientales, tales como el confucianismo, el hinduismo, el budismo, el islamismo y el sintoísmo, aceptan la eutanasia.[40] Generalmente los cristianos han estado en contra de la eutanasia activa, aunque algunos permiten y hasta abogan por la eutanasia pasiva. El problema es más agudo ahora que antes por los medios científicos de tratar a personas con enfermedades terminales, para prolongar la vida durante años. Seguramente estos avances han traído bendiciones, pero en algunos casos han extendido el proceso de morir hasta quitar la dignidad de la muerte.

5. ¿Cuándo ocurre la muerte?

Crítica en la discusión es la pregunta: "¿Cuándo ocurre la muerte?" Anteriormente, cuando la mayoría de las personas murieron en la casa, determinaron la muerte en forma sencilla, porque cuando la persona dejó de respirar, dentro de pocos momentos se paró el corazón y murió. Pero actualmente, con el entrenamiento de un número creciente de personas en la técnica de resucitar a personas que dejan de respirar y cuando uno está en el hospital donde hay respiradores y otros medios para mantener la respiración, la alimentación artificial y el latido del corazón, no es tan fácil definir el momento de la muerte.

Los médicos hablan de la muerte clínica, que se define como la condición cuando las funciones vitales de la persona paran, y tienen que utilizar respirador. Después de unas horas en el respirador, practican un encefalograma. Si no hay evidencias que el cerebro está funcionando, lo declaran muerto. Podrían mantener a la persona en el respirador indefinidamente, pero con el tiempo las demás funciones biológicas cesan. Las controversias vienen cuando por razones legales algunos familiares insisten en prolongar la vida por un tiempo. Hace unos meses en California una señora en estado de embarazo murió, pero el esposo insistió en mantenerla en las máquinas para sostener la vida con la esperanza de que pudiera nacer el bebé. Al fin después de varios días murió el feto, y desconectaron las máquinas.

A veces los médicos quieren mantener a la persona en un respirador por un tiempo mientras consiguen el permiso y extirpan los órganos que sirven para posibles transplantes. Esto acontece especialmente en casos de accidentes de personas jóvenes cuando hay lesión del cerebro, pero el corazón, los riñones, el hígado y las córneas pueden servir para transplantarse a personas vivas. Por regla general los familiares están traumatizados porque no pueden

---

[40] Joseph Fletcher, *Humanhood...*, p. 150.

aceptar la realidad de la muerte del ser querido, y consideran que los médicos van a "matar" a su ser querido para cosechar los órganos vitales para otras personas.

Aquí entran en juego las cuestiones éticas con relación al respeto por el cadáver del muerto, cuándo acontece la muerte y la ética de los transplantes. La mayoría de las personas hoy piensan que es un acto de benevolencia el donar los órganos que puedan servir para extender la vida y/o la calidad de vida de otras personas. Nadie podría permitir el terminar la vida de uno para donar los órganos a otro. Las personas necesitan tener la seguridad que ya la persona murió, que no hay esperanza de vida y que mantienen a la persona en el respirador solamente para aprovechar los órganos que pueden ser útiles.

Como consecuencia de los casos dramáticos que han despertado tanto interés por el aporte de los medios de comunicación, ahora los médicos son más renuentes en utilizar los medios milagrosos que prolongan la vida cuando no hay esperanza para el paciente. Cuando el paciente está inconsciente, consultan con los familiares, observan la condición del paciente por un tiempo y dejan orden de no resucitar a tal persona en caso del paro cardíaco o de la respiración. Así la persona se muere en poco tiempo. El médico es el que toma la decisión para no resucitar a uno que está en estado crítico.

6. Costos exagerados de atención médica

Uno de los factores que influyen en el debate sobre la eutanasia se relaciona con los costos exagerados para algunos procedimientos y las posibilidades limitadas de resultados positivos. Por ejemplo, la atención médica a los neonatos que pesan menos que un kilo puede ascender a un millón de dólares durante varios meses de hospitalización, y pocos de estos infantes salen del hospital con vida.[41] Se preguntan si ese dinero no sería mejor invertido en programas que tienen mayor posibilidad de beneficiar a mayor número de personas.

El reemplazo de las arterias del corazón (*bypass*) cuesta el doble para el paciente mayor de ochenta años de edad de lo que cuesta para un paciente más joven, debido a la necesidad de cuidado más prolongado mientras está en el hospital y la atención después de salir del hospital. Se cuestiona si es sabio gastar tanto en personas que tienen esta edad avanzada.[42]

El transplante de la médula del hueso en pacientes con cáncer

---

[41]*Time*, 4 de octubre de 1993, p. 36.

[42] *Ibíd.*

puede costar 100.000 dólares por año. Esto representa una cantidad fuerte del dinero disponible para la salud de una nación. Cuando es pagada por los individuos, depende de los recursos de la familia. Pero cuando hay programas patrocinados por el gobierno, quiere decir que todos los ciudadanos tienen que ayudar a pagar los costos. Tarde o temprano la gente pregunta si las personas ancianas, las que están en condiciones críticas con poca esperanza de sanidad y los neonatos deben recibir un porcentaje tan alto de los dineros disponibles para la salud de la población.

VII. EL USO DE LOS RECURSOS DISPONIBLES PARA LA MEDICINA

Un problema grande en el campo de la biomedicina tiene que ver con los aportes disponibles y la manera en que van a ser utilizados. Vamos a considerar algunas facetas del problema.

1. Tratamiento de los enfermos versus investigación

Hay una tensión constante entre la medicina curativa y la preventiva. Todos los países luchan con la decisión de invertir los recursos para tratar a los pacientes que padecen del SIDA o invertir los fondos en la investigación científica que puede ofrecer en el futuro una vacuna para prevenir o producir una cura para el SIDA. Cada nación tiene a sus especialistas en la medicina que abogan por fondos del gobierno para avanzar en buscar curas para las enfermedades según su especialización o interés especial, comenzando con la neonatología, la pediatría, la oncología, la fertilidad, las enfermedades genéticas, la cardiología y todas las demás especializaciones. El problema es que nunca hay dinero suficiente para cubrir todas las necesidades. Por eso, los que trabajan para elaborar la medicina están sujetos a la presión que viene de las personas que más influencia tienen sobre los que toman las decisiones. A veces no es la necesidad más grave lo que se suple, sino los intereses especiales de personas de influencia.

2. El debate de la medicina urbana o rural

En una época cuando el enfoque está en los centros urbanos es difícil encontrar a médicos y otros de la profesión para ir a las áreas rurales para ejercer su profesión. En algunos países buscan solucionar este problema con el requisito de un año de práctica rural, en el cual el médico recién graduado de la escuela de medicina es asignado a un centro de salud o a un hospital en un pueblo que carece de médicos. Esto suple las necesidades básicas de la población pero no soluciona los problemas graves ni de emergencia seria, porque el médico no tiene recursos y a veces ni experiencia para actuar a la par de las exigencias de la circunstancia.

Muchos países están animando a los estudiantes de medicina a prepararse para ejercer la medicina general en vez de buscar una especialización. En la actualidad aproximadamente el 90% de los graduados de las escuelas de medicina en los Estados Unidos de América quieren especializarse y practicar la medicina en un campo particularizado. El programa médico que está siendo debatido en el Congreso actualmente resultará en la concentración de la atención médica entre los que practican la medicina general y la provisión de la medicina primaria, y hará menos uso de los especialistas, excepto en casos donde la situación dicta la necesidad de un especialista. Si el proyecto actual es aprobado, para el año 2002 el 50% de los médicos estarán entrenados en el campo de cuidado primario y general, mientras ahora son sólo el 20% de los médicos.[43]

3. El cuidado por el médico o por los auxiliares y paramédicos

Estamos viendo que hay centros que pueden brindar primeros auxilios y atención médica básica para los resfríos y otras enfermedades leves a un costo muy inferior a lo que cuestan los centros de emergencia en los hospitales grandes. En los Estados Unidos de América uno puede vincularse con programas de atención médica que tienen colaboración de todos los empleados en compañías grandes y pagar 10 dólares por una consulta médica en un centro donde hay personal disponible, sin necesidad de tener cita. En los centros médicos o en la sala de emergencia donde hay un personal completo y equipos para toda emergencia la atención cuesta 80 dólares.

Estamos reconociendo que una inversión en las inmunizaciones y la educación en cuanto a la alimentación adecuada, el peligro de contraer el SIDA y los efectos dañinos del uso de drogas, licor y tabaco hacen disminuir los costos más altos de tratar las enfermedades que resultan de la ignorancia y el descuido en estas áreas.

4. La medicina preventiva y la curativa

Relacionado con el tema anterior es el enfoque sobre una medicina preventiva versus una curativa. Siempre escuchamos la declaración que es más sabio poner un aviso del peligro de la curva aguda en la carretera en vez de tener una ambulancia al pie del abismo. Si la población del mundo puede ser educada para entender en qué consiste la buena salud y cómo adquirirla y mantenerla, será una inversión bien hecha y menos costosa que la atención médica en casos de las enfermedades serias. Una alimentación

---

[43] George J. Church, "Please Help Us", *Time*, 8 de noviembre de 1993, p. 37.

adecuada para el desarrollo del cuerpo, el ejercicio físico para mantenernos en buenas condiciones físicas y emocionales, los buenos
hábitos que fomentan una salud máxima y previenen problemas
serios posteriormente, dará resultados positivos con el tiempo. Los
países que subvencionan programas de vacunar en contra de las
enfermedades contagiosas de los niños están aportando para una
población más sana en el futuro. La prevención de una enfermedad es menos costosa que las inversiones necesarias para tratarla.

Algunos países tienen programas de salud que abarcan a todos
los ciudadanos y hay un movimiento para garantizar esto a todo
ciudadano en el mundo. Hay muchas facetas de tales programas e
involucran a las compañías de seguros, los médicos, los hospitales,
los gobiernos y la población en general. Ciertamente es una necesidad y es un derecho. La ética entra en juego en los pasos que se
tomen para buscar las mejores maneras de lograr este fin.

VIII. LA MANIPULACION DE LOS GENES

1. El papel de los genes

La genética es una rama de la biología que tiene que ver con la
herencia. Se relaciona con los 46 cromosomas en cada ser humano
y los genes, tal vez contados en 300.000, que determinan las características de cada individuo. Desde el día de Gregorio Mendel,
(1822-84), monje y botánico de Austria que se dedicó al cultivo de
guisantes para observar las características heredadas de una generación a otra, se ha progresado en el estudio del proceso de la
reproducción en las plantas, los animales y los seres humanos.

2. La posibilidad de alterar los genes

Hace pocos años lograron identificar las moléculas del ADN
(ácido desoxirribonucleico) en el ser humano, y esto ha dado la posibilidad de identificar los códigos que determinan las características de uno. El ADN es una especie de código que controla el comportamiento de los genes y los cromosomas. Una vez identificados
los genes específicos que tienen que ver con las características físicas y las tendencias de tener ciertas enfermedades genéticas, se
puede avanzar al paso de alterar estos genes. Cada ser humano
lleva de cinco a diez genes que podrían afectar en forma negativa
la prole con enfermedades congénitas. Muchos de los fetos son
abortados en forma espontánea temprano en el embarazo porque
los cromosomas tienen anomalías. Sin embargo, de cada cien niños
que nacen, cinco tienen genes defectuosos:

> La terapia del gen, distinta de la del diseño genético, consiste en
> implantar células normales (genes y cromosomas sanos y en cantidad
> justa) en embriones en desarrollo o en sintetizar virus para que lleven

las enzimas que se necesitan, procedimiento que se denomina transducción. Así pueden tratar a fetos que tienen genes defectuosos que resultan en enfermedades tales como Tay-Sach, la anemia de células falciformes, enfermedad de la sangre que aparece principalmente en los negros, síndrome de Down y la fibrosis quística.[44]

Los pasos dados con los seres humanos se practican después de experimentos extensivos en los animales de laboratorio y en las plantas. Han tenido éxito en producir animales domésticos y legumbres con las características deseadas. Las posibilidades de lograr mayor producción de leche en las lecherías y legumbres que pueden durar más tiempo antes de pudrirse ofrecen esperanza para las personas que se dedican a las industrias que suministran comida para la humanidad.

3. Los peligros en la manipulación de los genes

Este descubrimiento fue reconocido como uno de los pasos de mayor significado en la historia humana. Muchos comenzaron a' hablar de los peligros de la ingeniería genética, y el senador Matthew Finaldo en los Estados Unidos de América declaró que las investigaciones con el ADN eran potencialmente más peligrosas que las bombas nucleares. Se levantó un debate que ha continuado y acelerado. Cuando las moléculas de ADN se recombinan con otras sustancias, se produce una nueva enzima capaz de reproducirse a sí misma con gran rapidez. El periódico *The New York Times* declaró: "Los biólogos que se proponen manipular las estructuras de los microorganismos crean una nueva forma de vida aberrante que podría escapar a todo control y esparcir alguna enfermedad incurable en la población".[45]

La eugenesia es la aplicación de las leyes de la herencia para mejorar la especie humana. Las prácticas en Alemania durante la Segunda Guerra Mundial para crear el "superhombre" son conocidas por muchos. Se limitaba a la selección de seres humanos con ciertas características para combinarlas en la procreación, sin uso de medios especiales. Los experimentos en Alemania en décadas pasadas han hecho sonar una alarma de los peligros potenciales de tales procedimientos. Durante años se ha debatido la legalidad y la sabiduría de evitar en forma forzada la reproducción de individuos que puedan originar una descendencia genéticamente defectuosa.

No debemos dejar que los posibles errores futuros bloqueen el progreso potencial en campos que son benéficos para la huma-

---

[44] Joseph Fletcher, *Etica del...*, p. 90.

[45] Victoria de Fuentes, "La Manipulación de los Genes", monografía, 1987.

nidad. Se ha hecho mucho progreso en conquistar algunas enfermedades congénitas y la ciencia médica está trabajando intensamente para ayudar en muchas otras áreas. Debemos confiar en la motivación sana de las personas que trabajan en estos campos y agradecerles por sus pasos progresivos que ayudan a enriquecer la vida para los demás.

En el proceso de decidir lo bueno o lo malo de la manipulación de los genes entran los elementos de los fines y los medios. No consideramos que fines dignos justifican medios incorrectos. Sin embargo, muchas decisiones en el campo de la biomedicina se toman con el argumento persuasivo que los fines potenciales que son benéficos para la humanidad justifican los pasos necesarios para realizar tales fines. ¿Quién podría oponerse al desarrollo de procesos que prometen acabar con algunas de las enfermedades genéticas que generan tanto sufrimiento de parte de los padres, las mismas víctimas y tantos costos para la sociedad?

IX. LA INSEMINACION ARTIFICIAL

Durante muchos años los científicos han estado trabajando en el campo de la fertilidad, para ayudar a las parejas que no han podido tener hijos. Han elaborado exámenes que pueden identificar la causa de la infertilidad. De allí han avanzado para tratar de corregir los problemas en casos donde hay tratamiento. Han descubierto que en algunos casos el problema no radica en el óvulo ni en el esperma, y han logrado la unión de los dos en forma artificial. Los científicos han logrado la fertilización *in vitro*, que consiste en la unión de espermatozoides con óvulos en platillos Petri y después trasladar los embriones que resultan al útero de la madre o de otra mujer que está dispuesta a ofrecer su útero para tal propósito. Se puede efectuar con el esperma del esposo o con un donante ajeno y anónimo.

En 1978 nació la primera mujer, Louise Brown, en Gran Bretaña, que fue la primera "bebé probeta". Desde esa fecha, se han efectuado varios otros intentos con resultados positivos. Hoy en día varias parejas tienen su hijo o hija como resultado de este procedimiento.

Cuando primero se hablaba de la inseminación artificial, la mayoría de las personas se pronunciaron en contra de tal práctica. Había la resistencia normal a algo tan nuevo y fuera de lo ordinario. Pero ahora, la práctica es más aceptada, y se reconoce que ayuda a algunas parejas para experimentar el gozo de ser padres y criar a sus hijos. Una estimación es que más que 10.000 niños nacen anualmente en los Estados Unidos de América como resultado de la inseminación artificial.[46] Algunos argumentan que si la inseminación se efectúa con el óvulo de la esposa y el esperma del esposo, entonces no hay problema. Otros insisten que no hay nada malo con el uso de elementos ajenos. En la adopción, práctica que casi todos aceptan, se trata de un ser humano que no tiene nada de los padres adoptivos. En la inseminación artificial con óvulo o esperma ajenos a lo menos resultará un hijo con una relación biológica de uno de los padres.

En vez de condenar a la ciencia médica por estos pasos, debemos agradecerle por su dedicación a solucionar problemas reales para muchas parejas. Varias personas han formado institutos para animar el diálogo entre los científicos, sociólogos y religiosos para buscar terreno común y establecer límites a sus experimentos.[47]

X. LA CLONIZACION

1. Definición

Hace años los científicos sorprendieron al mundo con las noticias que habían logrado reproducir plantas y animales iguales a los padres por medio de procesos asexuales. El proceso se llama clonización, y consiste en los siguientes pasos: **(1)** Se remueva una célula del tejido de un macho del animal que se piensa reproducir. **(2)** Se extrae un óvulo maduro de una hembra del animal que se quiere duplicar. **(3)** Se inactiva completamente el núcleo de la célula del óvulo por medio de rayos láser o rayos ultravioletas, que resulta en borrar todas las características hereditarias de la hembra. **(4)** Se transplanta la célula del macho en el óvulo de la hembra, lo cual le da un núcleo nuevo y características hereditarias nuevas. El óvulo ahora contiene el número correcto de genes. **(5)** La célula es colocada en una probeta y se fertiliza con esperma para arrancar el proceso de multiplicación. **(6)** La célula es transplantada en el útero de una hembra para el proceso de la gestación.[48]

Desde los comienzos se ha hecho mucho progreso en la clonización de plantas y animales, para producir especies con las características deseadas.

En octubre de 1993, dos científicos que trabajan en investigaciones en la Universidad George Washington, los doctores Jerry Hall y Robert Stillman, informaron a la Sociedad Americana de Fertilidad en su reunión en Montreal, Canadá, que habían logrado

---

[46] *Time*, 19 de abril de 1971, p. 28.

[47] *Time*, 19 de agosto de 1971, p. 42.

[48] Charles J. McFadden, *Challenge to Morality: Life Issues—Moral Answers* (Huntington, Indiana: Our Sunday Visitor, Inc., 1977), p. 70.

la multiplicación de 17 moléculas microscópicas en 48. Su meta en la investigación es ayudar a parejas que no han podido tener hijos a lograr ese sueño. Pero su experimento ha creado una tempestad inimaginable, y algunos hablan de los peligros de tales pasos. Entre las posibilidades están las de crear fábricas de embriones para producir seres humanos con ciertas características especiales en masa, como ya se hace con los animales domésticos y de tener bancos de seres humanos cuyos órganos se podrían utilizar para transplantes.[49]

La clonización humana en el caso de Hall y Stillman consistió en extraer un huevo del oviducto y realizar la fecundación in vitro. Luego se le quitó la zona pellucida del huevo (una substancia que promueve la división de células) y se insertó una zona pellucida artificial en el lugar del núcleo de la célula original. Entonces el huevo con el nuevo núcleo se implanta en el útero de la mujer que lo ovuló, o en una mujer substituta. En el futuro esperan desarrollar un útero artificial.[50] En el caso de los médicos en la Universidad George Washington los embriones dejaron de reproducirse después de seis días porque habían sido fecundados por más de un espermatozoide.

Los usos potenciales de la clonización son múltiples. Arturo Caplan, director del Centro para Bioética en la Universidad de Minnesota, Estados Unidos de América, sugiere que si una mujer sabe que va a quedar estéril dentro de poco debido al tratamiento de quimioterapia, por ejemplo, podría optar por la clonización de un embrión para el uso futuro. También se concibe utilizar la clonización para substituir en caso de que el feto tuviera la posibilidad de la hemofilia o de drepanocetmía. En vez de pasar el gen defectivo en el feto, se podría garantizar un hijo con buena salud. También, una pareja podría preservar una clona de sus hijos, y en caso de la muerte de uno, se podría substituir la clona.[51] Las personas ancianas podrían mandar a congelar las células clonizadas para el uso futuro. Ya están preservando los espermatozoides y los óvulos, y se han formado grandes controversias sobre quién es su dueño legal en casos de divorcio y de muerte del donante.

Las reacciones a la noticia de Hall y Stillman han sido variadas y violentas. En una encuesta inmediatamente después de salir la noticia, el 63% dijeron que creen que producir clonas estaba en

---

[49] Philip Elmer-DeWitt, "Cloning: Where Do We Draw the Line?", *Time*, 8 de noviembre de 1993, p. 65.

[50] Joseph Fletcher, *Etica del...*, p. 109.

[51] Philip Elmer-DeWitt, "Cloning: Where Do We Draw the Line?", *Time*, 8 de noviembre de 1993, p. 67.

contra de la voluntad de Dios. De Francia, el doctor Jean-Francois
Mattei del Hospital Timobne dijo que era "aberrante, mostrando
una falta de sentido de realidad y respeto por las personas." En
Alemania, los oficiales dijeron que tal procedimiento es ilegal, y la
condena es cinco años de encarcelamiento. En Gran Bretaña, la clonización humana requiere una licencia que el gobierno rehusa conceder. En el Japón, la clonización humana está prohibida. Como
consecuencia del furor que crearon, Stillman y Hall anunciaron que
estaban suspendiendo los experimentos. Después del acontecimiento en octubre de 1993 hubo una protesta poderosa de parte de
los ciudadanos en general, quienes se expresaron en contra de la
clonización humana.

Este resumen histórico presentado aquí puede ser un preaviso
de lo que viene en el futuro inmediato. Todo lo nuevo recibe algún
tipo de oposición. El doctor Robert Dickinson, hablando de la inseminación artificial, dijo que las reacciones progresaron así: "Primero, horror, luego, rechazo; después, curiosidad, seguida de un
mejor estudio del método y, por fin, aceptación".[52] Dentro de pocos
años podremos estar viviendo las experiencias que actualmente parecen algo de una novela de ciencia ficción.

2. Las ventajas de la clonización

Los que están a favor de la clonización mencionan varios resultados positivos que puede tener. Primero, en esta forma se puede
perpetuar a genios científicos como Einstein. O se podría utilizar el
proceso para producir una clase de soldados o sirvientes para hacer las tareas comunes entre la humanidad. Segundo, se podría
mejorar la raza humana porque se podría producir clonas de personas con genes más perfectos. Tercero, se podrían prevenir las
enfermedades genéticas por medio de la manipulación de los genes
de personas con genes sanos. Cuarto, sería posible tener un alma-
cén de repuestos para reemplazar un órgano defectivo de la persona, disminuyendo la posibilidad del rechazo del órgano, ya que
sería clona. Quinto, se podría proveer un duplicado exacto de otro
ser humano. Sexto, de esta manera se podría determinar el sexo de
los hijos futuros.[53] Al escritor le parece que estas razones no tienen
peso suficiente para justificar tal proceder.

3. Las desventajas de la clonización

No todos los científicos están tan entusiasmados sobre la posibilidad de la clonización. Los temores del control genético son mu-

---

[52] Citado en Fletcher, *La Etica del...*, p. 22.

[53] Lane P. Lester, *Cloning: Miracle or Menace?* (Wheaton: Tyndale House
Publishers, 1980), pp. 46-56.

chos. Algunos declaran que es una bomba programada para estallar en un tiempo futuro desconocido. Hablando de la eugenía, Theodosius Dobzhansky, un gran genetista, dijo:

> Es deprimente pensar que estamos ayudando a los enfermos, deformados y débiles para reproducirse, asegurando así que sus descendientes van a ser más enfermos, deformados y débiles en el futuro. Aquí radica el dilema: si permitimos que los débiles y los deformes vivan y se propaguen, nos enfrentamos con la posibilidad de la decadencia genética. Si, por el contrario, dejamos que mueran o sufran pudiendo salvarlos o ayudarlos, nos enfrentamos, sin duda, con una decadencia moral.[54]

Una objeción válida a la clonización es que se aparta del proceso establecido por Dios para la reproducción. Ramsey insiste en que el plan ordenado por Dios no se debe violar.[55] McFadden dice que la mayoría de los científicos están horrorizados y aterrorizados con los resultados que podrían venir de tal procedimiento. Sería el reducir la procreación humana al nivel de la producción de uvas sin semillas y pavos con pechos gigantescos.[56]

Otra objeción abarca la posibilidad de crear embriones humanos y posteriormente tener que destruirlos por equivocaciones en el proceso o por resultados no anticipados. Otros temen la creación de seres humanos parecidos a monstruos. La imaginación nos puede llevar en muchas direcciones de los peligros de tal procedimiento.

Los científicos nos han presentado descubrimientos y técnicas que nos asombran, porque no existen las normas morales que nos guían en su uso. Los científicos delegan a los especialistas en el campo de la ética, la comunidad médica y la población en general la responsabilidad de establecer límites y las condiciones en que se pueden utilizar lo que ellos han producido.

Los que tradicionalmente buscan un mandamiento de la Biblia tienen dificultades, porque tales versículos no se encuentran. La Biblia afirma el proceso biológico y sexual de la procreación, pero no dice nada de los procesos no sexuales o asexuales. La Iglesia Católica Romana ha hecho declaraciones que se oponen a la inseminación artificial y la clonización (*Veritatis Splendor*). Los grupos protestantes difieren mucho en su punto de vista. Un oficial de la Comisión de la Vida Cristiana de la Convención Bautista del Sur

---

[54] Theodore Dobzhansky, "Man and Natural Selection", *American Scientist*, 49, 1961, pp. 258-99.

[55] Paul Ramsey, *Fabricated Man: The Ethics of Genetic Control* (New Haven, Conn.: Yale University Press, 1970), p. 39.

[56] McFadden, *op. cit.*, p. 73.

expresó su oposición al procedimiento que promete producir la vida humana por medio de la clonización.[57]

La realidad es que tiene que haber una política de autocontrol con relación a los usos potenciales de los descubrimientos en el campo de la biología. En algunas partes los gobiernos tomarán cartas en el asunto, como han hecho en el caso de la clonización. Pero al fin y al cabo cada científico tiene que utilizar sus conocimientos tanto como sus valores morales y espirituales como parámetros para guiarles en sus investigaciones.

---

[57] Baptist Press News Digest, 29 de octubre de 1993.

14

PROBLEMAS DE CONTROVERSIA

I. LA EXPLOSION DEMOGRAFICA

1. El problema explicado

Aunque algunas personas cuestionan si existe una crisis de población excesiva, las estadísticas nos conmueven. Los estadistas y los historiadores nos dicen que en el tiempo de Cristo había unos 250 millones de habitantes en el mundo. Para el año 1650 el número había crecido a 470 millones. Doscientos años después el número se había duplicado para alcanzar mil millones. Pero durante el siguiente siglo la población se triplicó, para alcanzar a 3 mil millones en 1950, y nos dijeron que en los próximos cincuenta años la población alcanzaría de 6 a 7 mil millones. En la actualidad (1993) hay 5 mil millones. En vísperas del año 2000 los especialistas nos dicen que los pronósticos han sido correctos. Ahora están pronosticando que para el año 2050 podrían haber 30 mil millones de habitantes.[1] En tiempos antiguos teníamos que multiplicarnos para sobrevivir; actualmente no podemos sobrevivir si seguimos multiplicándonos.

¿A qué se debe el aumento geométrico en los últimos 100 años? Hay muchas razones. Las mejorías en el cuidado pre y posnatal contribuyen en forma dramática. Antes las mujeres tendían a morir en el acto del parto o después de tres o cuatro partos, por falta de atención médica. La cifra para la expectativa de vida de las mujeres era de 35 años. A la vez la mitad de los bebés que nacían morían durante la infancia o la niñez, víctimas de las enfermedades de la niñez que actualmente están por desaparecer. Las plagas, las guerras y el hambre anteriormente servían para controlar la explosión demográfica. Dicen que los españoles introdujeron la viruela en el hemisferio occidental unos quince años después del primer viaje de Colón, y esta enfermedad mató a 3.5 millones en

---

[1] "Population Explosion: Is Man Really Doomed?" *Time*, 13 de septiembre de 1971, pp. 40, 41.

México en poco tiempo. Algunos estimados dicen que de 12 millones de indígenas en el Nuevo Mundo, unos 6 millones murieron.[2] Con el descubrimiento de la vacuna para prevenir la virue-la, ya no hay muertes por esa causa. Hoy estamos viendo las numerosas muertes que son el resultado del hambre en Somalia. Da mucha tristeza mirar las fotos de niños y adultos que no son más que esqueletos.

El problema de la explosión demográfica es más agudo precisamente en los países del mundo que tienen menos recursos para alimentar y brindar la atención médica que se necesita. Los demógrafos hablan de un cinturón de hambre que está concentrado en las áreas áridas cerca del ecuador en Africa y Asia.

2. Consecuencias de la explosión demográfica

(1) Pobreza. En la medida que aumenta la población en los países en desarrollo se aumenta la pobreza. Las cifras de los ingresos anuales de los países como China e India tienen que estar muy bajas precisamente porque hay tantos habitantes que no están en la edad de trabajar. La gente que lucha para conseguir comida no se interesa en tomar medidas para prevenir la concepción, debido a la falta de motivación, educación y medios disponibles. Se han hecho estudios que indican que las personas con menos proteínas en las dietas tienden a ser más fértiles, y es por eso que el hambre acompaña la explosión demográfica.

Los avances en la educación, los aumentos en ingresos en cada familia, el aumento en el número de mujeres que trabajan fuera del hogar y las comodidades físicas tienden a hacer que las familias disminuyan en número. Actualmente en los Estados Unidos de América la mayoría dicen que dos hijos por familia es el número ideal. Hace veinticinco años se consideraba que el número ideal era cuatro o más hijos. En México se hizo una encuesta, y descubrieron allí que el 80% de los líderes políticos, religiosos y profesionales favorecían cinco o más hijos.[3] El sociólogo Dudley Kirk de la Universidad de Stanford dijo: "Cuando las personas alcanzan un nivel más alto de civilización, se dan cuenta que no tienen que tener ocho hijos para que sobrevivan tres. Por eso, tendrán menos hijos y aspiraciones más altas para ellos. Esto es un fenómeno universal."[4]

(2) Falta de salud. En muchos de los países de Africa, Asia y

---

[2] "Smallpox", *Encyclopedia Americana*, Volume 25 (Nueva York: Americana Corporation, 1956), p. 106.

[3] *Time*, 13 de septiembre de 1971, p. 41.

[4] *Ibíd*.

América Latina la explosión demográfica es el doble del promedio mundial. Los avances en atención médica y la tasa de mortandad infantil resultan en aumentos de población, aunque más familias están utilizando medios de evitar la concepción. Todavía hay resistencia en muchas partes para adoptar medios de evitar la concepción, debido a la falta de educación y atención médica o por razones culturales y religiosas.

Uno de los resultados de la desnutrición es la deficiencia mental. Se ha comprobado que el niño necesita alimentación adecuada para el desarrollo normal de las capacidades intelectuales. El hambre no afecta solamente el cuerpo físico, sino también la capacidad mental no se desarrolla. Esto predestina a algunas familias a problemas serios, y afecta en forma dramática las condiciones en las naciones donde el hambre es problema de gran escala.

(3) **Alimentación deficiente.** Una persona necesita de dos a tres mil calorías por día para sobrevivir, dependiendo de cuánto su cuerpo gasta en mantener su temperatura normal, su grado de ejercicio en el trabajo, el recreo y otras actividades. Estas calorías se pueden lograr en granos como trigo o en alimentos de lujo como carne. En los países en desarrollo las personas necesitan un mínimo de una libra de granos por día en forma de pan o cereales para sobrevivir. En los países más desarrollados las personas consumen carne. Por cada libra de carne de res se requiere que el animal haya consumido veinte libras de granos. Esto quiere decir que las personas que consumen gran cantidad de carne en sus dietas están consumiendo un porcentaje desproporcionado de los alimentos disponibles en el mundo. La obesidad es uno de los problemas más serios de estos ciudadanos, y ellos gastan millones anualmente en programas para ayudarles a disminuir el peso. La nutricionista Jean Mayer, de la Universidad Harvard, dijo que los alimentos que consumían los 210 millones en los Estados Unidos de América alimentarían a los 1.500 millones de chinos con la dieta actual de la mayoría de los chinos.[5]

3. Posibles soluciones

(1) **El cultivo de nuevas tierras.** Dicen que actualmente cultivamos la mitad del terreno en el mundo que se presta para cultivos. Entre las regiones del mundo donde hay terrenos que podrían ser cultivados están: **a.** Las regiones adyacentes al Río Amazonas en el Brasil; **b.** los llanos de Colombia, Venezuela, Ecuador y Brasil, que también podrían producir ganado con el desarrollo de pastos que crecen donde hay un alto grado de ácido en el suelo; **c.** un sector

---

[5] *Time,* 11 de noviembre de 1974, p. 29.

grande de 1.700 millones de hectáreas en el centro del Africa donde actualmente la mosca tsetsé debilita; y **d**. áreas de Malaya, Tailandia e Indonesia que tiene gran fertilidad.

Hay otros sectores del mundo donde no existe terreno por cultivar. India y China son ejemplos, y estas dos naciones han introducido programas para limitar el aumento de la población. En China ahora hay una multa que tienen que pagar las parejas que tienen más de dos hijos. En la India están en vigencia programas de aborto para disminuir el número de mujeres que nacen (ver cap. 1, pág. 24).

(2) Aumento de producción de alimentos. Otra posibilidad para solucionar el problema de hambre es el uso de medios para aumentar la productividad y la elaboración de otras variedades de frutas y legumbres que se pueden comer. En los últimos años la utilización de los estudios derivados de la genética ha producido plantas que tienen capacidad de aumentar el peso de las legumbres y las frutas y de preservar su condición máxima de consumo sin pudrirse. Esto puede ayudar en varias maneras, porque no se perderán las cosechas por demoras en el transporte a los centros urbanos y porque la producción será mayor.

También hay vacas que por medio de la genética ahora pueden producir mayor volumen de leche. Hay tratamientos que utilizan para lograr esta meta, pero algunos se oponen a tales prácticas, diciendo que tienen un efecto negativo sobre la calidad de la leche que se produce.

(3) El uso de más agua y abono. Uno de los limitantes más poderosos para mayor producción es la falta de agua. En varios países la construcción de represas ha beneficiado las áreas porque se puede cultivar más terreno. Sin embargo, estas represas son muy costosas y requieren préstamos de fuentes monetarias poderosas. En Israel se ha hecho mucho progreso por medio de la irrigación, para hacer que el desierto florezca. En el Perú se han desarrollado proyectos que llevan el agua por kilómetros para suministrar el agua necesaria para lograr mayor producción de la tierra. Son necesarios más proyectos de esta índole.

A la vez se puede investigar para descubrir cuáles cereales crecen con la menor cantidad de agua. Por ejemplo, saben que el trigo requiere menos agua que el arroz; por eso, pueden cultivar las plantas que menos agua requieren. Requiere mucho más agua el producir un kilo de carne de res de lo que se requiere para producir un kilo de pan.

También, hay abonos que pueden aumentar la cosecha por toneladas. El uso de abonos requiere más agua, de modo que tienen que buscar el programa que se puede implementar en cada lugar.

Hay oposición en algunas partes al uso de abonos químicos, insecticidas y pesticidas porque dicen que pueden tener efectos dañinos sobre la salud de los que consumen los productos que resultan. Se está tratando de comprobar estas teorías.

Mientras van avanzando en la nutrición, hay que ir educando a las personas para estar más abiertas a nuevos productos. Por ejemplo, han elaborado un substituto de la carne, llamado carve, con igual valor alimenticio, pero muchas personas rehúsan comprarlo, diciendo que es artificial. La soja es un producto mucho más barato que otros, pero hay que persuadir a las personas de su valor alimenticio. De unas 80.000 especies de plantas, solamente unas 50 se cultivan en gran escala para el consumo humano.[6] Han descubierto que hay muchas más plantas en la tierra y en los océanos que podrían proveer la nutrición que las multitudes van a necesitar.

(4) La migración. Se ha sugerido que el problema no es el número de personas que van a habitar la tierra; más bien es la concentración en ciertos centros urbanos y sectores geográficos que no pueden atenderlos. Por ejemplo, en la India hay una densidad de casi mil millones para sus 1.8 millones de km. cuadrados de tierra. Australia tiene el doble de tierra, pero apenas 1/40 de la población de la India.[7] Canadá, Brasil, Argentina y Rusia tienen sectores grandes que están despoblados. En los Estados Unidos de América hay 58 personas por milla cuadrada. Pero el 70% de los ciudadanos están concentrados en el 2% de la tierra.[8] Muchos sectores están perdiendo población debido a la migración a los centros urbanos.

Muchos argumentan que el problema no es la población excesiva; más bien es la falta de planificación para que la población pueda crecer en paz y prosperidad. Hemos malgastado los recursos del mundo y hemos peleado sobre el uso de los que hay. La cuestión fundamental es si podemos descubrir la manera de vivir en paz y compartir los bienes que el mundo puede producir.

(5) El altruismo en estilos de vida. Para alimentar a la población mundial las naciones ricas van a tener que aceptar una responsabilidad y sacrificar algunas cosas para beneficiar a los países en desarrollo. Por ejemplo, las personas acomodadas en los países más desarrollados del mundo gastan gran cantidad de dinero en mantener jardines verdes. El dinero que gastan en el abono y la

---

[6] *Time*, 11 de noviembre de 1974, p. 32.

[7] *Time*, 13 de septiembre de 1971, p. 40.

[8] *Ibíd.*

irrigación de sus jardines, campos de golf y cementerios podría alimentar a 65 millones de habitantes anualmente.[9] La cuestión es si se justifica el pedir un sacrificio de parte de los más cómodos económicamente en el mundo para alimentar a los que padecen necesidades básicas en otras partes.

Queda válida la pregunta: ¿Soy yo guarda de mi hermano? (Gén. 4:9). Contestamos que sí, pero cada persona traza la línea de hasta dónde va con el sacrificio para ayudar al prójimo. Seguramente el cristianismo nos enseña que debemos estar dispuestos a compartir las cosas que tenemos con otros que no tienen, pero a la vez reconocemos que el cristianismo exige que cada persona haga un esfuerzo para ayudarse a sí misma. La tesis del libro *Rich Christians in an Age of Hunger* (Cristianos ricos en una edad de hambre), por Ronald J. Sider es que los cristianos debemos estar dispuestos para ayudar a solucionar los problemas de hambre entre los pobres del mundo.[10] Sider presenta el escenario hipotético de una nación pobre con millones de personas que están muriendo de hambre, que pudiera usar el chantaje con una bomba nuclear para forzar a las naciones ricas a compartir sus alimentos y otros bienes con ellos.[11] Esta posibilidad ha aumentado en los últimos tiempos, ya que se ha comprobado que muchos individuos tienen material nuclear en su posesión.

(6) El uso de medios anticonceptivos adecuados. Muchas naciones han tenido programas de educación y centros de planificación familiar patrocinados por el gobierno para ayudar a los matrimonios a tomar las medidas necesarias para evitar tener más hijos de los que pueden sostener. En la actualidad, la ciencia médica ha hecho progreso en el desarrollo de medios anticonceptivos relativamente seguros y fáciles de adquirir y utilizar. Hay implantes en el brazo de la mujer que pueden prevenir la concepción durante años, pero que se pueden remover cuando la pareja decide tener otro hijo. Otro método es el uso de una pastilla el día después de tener relaciones sexuales para prevenir la concepción. También hay inyecciones para hombres que pueden causar la esterilidad por tiempo específico.

Organizaciones como Planificación Familiar tienen disponibles las pastillas anticonceptivas con precios más cómodos para las personas que carecen de fondos adecuados para comprar en la farma-

---

[9] *Time*, 11 de noviembre de 1974, p. 33.

[10] Ronald J. Sider, *Rich Christians in an Age of Hunger*. Downers Grove, Illinois: InterVarsity Press, 1977.

[11] *Ibíd.*, p. 15.

cia. Las parejas actualmente tienen la posibilidad de limitar el número de hijos; hace falta la educación y la voluntad para hacerlo.

II. LA ECOLOGIA

1. La responsabilidad ecológica

Dios creó los cielos y la tierra y todo lo que hay en ellos. Nos encomendó a los seres humanos la responsabilidad de señorear y ser mayordomos de toda esta creación. Durante siglos hemos utilizado el aire, las aguas y la tierra junto con todos sus recursos sin mucha consideración de la posibilidad que los recursos naturales que nos brindan podrían acabarse algún día. En las últimas décadas nos hemos dado cuenta que hemos contaminado el aire y las aguas y hemos sacado los recursos naturales de la tierra en tal forma que ahora encaramos la posibilidad de una hecatombe que se aproxima a pasos agigantados y amenaza la sobrevivencia de la vida vegetal, animal y humana.

La ecología es una división de la biología que estudia la relación entre los organismos y su medio ambiente. Los científicos han descubierto que hay un balance delicado entre las plantas, el aire y el agua, y hay una dependencia mutua. En los últimos años ha habido un despertamiento en cuanto a la responsabilidad del ser humano para cuidar de la naturaleza. Se reconoce que los recursos que sostienen la vida en el planeta tierra se están acabando y hay que tomar las medidas necesarias para salvar el planeta.

Se han formado organizaciones y promovido movimientos, tales como el "Día de la Tierra", en abril de 1990, cuando espontáneamente en todas partes del mundo se unieron grupos para actuar en casos específicos para llamar la atención al peligro que nos amenaza. Algunos sembraron árboles, otros formaron cadenas humanas alrededor de los ríos con aguas contaminadas y fábricas que producen bolsas de plástico; otros desfilaron para llamar la atención a la contaminación del aire por los automóviles y las fábricas. En el Brasil, se han juntado multitudes para protestar por la destrucción de las selvas amazónicas con sus especies de plantas y animales que están al borde de la aniquilación.

Hace unos años el escape de elementos radioactivos de la planta nuclear en Chernobyl, Rusia, y sus efectos sobre la población cercana conmovió el mundo entero. Algo parecido pasó hace unos años en Bhopal, India, con una fábrica de Union Carbide. Más recientemente la tragedia del derrame de petróleo crudo en Alaska creó problemas que costaron a Exxon millones de dólares. En los últimos años hemos descubierto que la contaminación ambiental en los países que eran anteriormente la Unión Soviética es aterradora. Esto ilustra el hecho de que la contaminación del ambiente no conoce límites geográficos ni ideológicos. Las ciudades tienen tanta polución en el aire que el respirar en ellas es equivalente a fumar dos paquetes de cigarrillos diariamente.[12]

En 1992 se celebró en Río de Janeiro una reunión de personas de todas partes del mundo que estaban preocupadas por la preservación de nuestros recursos naturales. Pero había un grupo evangélico de Brasil que se opuso a la reunión por su identificación con los conceptos del grupo *New Age* (Nueva Era), quienes promueven la idea de un "Cristo cósmico" y rechazan el precepto de la revelación especial y final en Jesucristo.[13]

Reconocemos que hay controversia sobre la seriedad del problema y sobre la participación en organizaciones seculares que pueden enfocar aspectos especiales. Pero estamos despertando a la posibilidad de nuestra participación en y culpabilidad de los problemas de los huracanes, el ozono y los cambios radicales en la temperatura y las condiciones atmosféricas que crean tragedias.

2. Historia de la ecología

El movimiento para preservar el planeta principió en las décadas de 1960 y 1970 cuando se publicó el libro *Silent Spring* (Arroyo silencioso) por Rachel Carson, que enfocó las consecuencias de los experimentos nucleares y la contaminación ambiental que ha traído los avances tecnológicos.

En 1967 un historiador, Lynn White, escribió un artículo titulado "Las raíces históricas de nuestra crisis ecológica", en el cual acusó a las iglesias cristianas de ser la religión más antropocéntrica que el mundo haya conocido, por su énfasis en la responsabilidad de tener dominio sobre la creación, por su falta de reverencia hacia la naturaleza, y el énfasis en el destino final en el cielo y no en la tierra. Este artículo logró despertar a la comunidad cristiana a su responsabilidad en los problemas. Francis Schaeffer escribió su obra, *Pollution and the Death of Man* (La contaminación ambiental y la muerte del hombre) en 1970, en el cual llamó a los cristianos para asumir responsabilidad para solucionar los problemas de la contaminación ambiental. En 1977 se organizó un grupo de eruditos en Calvin College que produjo el libro *Earthkeeping: Christian Stewardship of Natural Resources* (Guardando la tierra: la mayordomía cristiana de los recursos naturales), el cual ha servido de

---

[12] Marguerite Johnson, "Battle to Save the Planet", *Time*, 23 de abril de 1990, p. 32.

[13] Loren Wilkinson, "How Christian Is the Green Agenda?", *Christianity Today*, 11 de enero de 1993, p. 16.

texto para los grupos cristianos que quieren involucrarse en programas de ayuda. Se ha descubierto que el acto cristiano de alimentar a los hambrientos es sólo una faceta del problema; también tenemos que dedicarnos a una consideración de todo lo relacionado con los obstáculos para la producción de suficientes alimentos para los habitantes de la tierra.

3. Esferas de acción

(1) **La tierra.** Los seres humanos estamos en peligro de envenenar la tierra sin dejar ningún refugio posible para una reserva de vida y salud. Por la explosión demográfica hemos elaborado fertilizantes químicos, insecticidas y pesticidas con el fin de aumentar la producción. El resultado es el envenenamiento del suelo, del agua y del aire, de tal manera que hemos creado otros problemas de igual seriedad.

Hemos sido muy malos mayordomos del suelo del planeta. Cada año se pierden centenares de hectáreas de tierra que anteriormente cultivábamos. La erosión y la quema de las plantas en varios sectores del mundo están destruyendo el suelo que anteriormente utilizábamos para cultivos. En la costa atlántica entre Barranquilla y Santa Marta, Colombia, había un sector grande de plantas y fauna que creaban un panorama hermoso. Pero después decidieron construir una carretera entre las dos ciudades. No abrieron túneles suficientes para permitir el paso del agua de un lado al otro de la carretera. El resultado fue que dentro de diez años todas las plantas murieron y desapareció la fauna. Al pasar por allí ahora da tristeza ver las consecuencias del "progreso". Hay fuerte oposición a un proyecto de construir una carretera que conectará el interior del Brasil con Lima, Perú, para permitir la exportación de madera al Japón.[14] En Egipto, donde la construcción de represas ha interrumpido las inundaciones que acontecían anualmente, han devastado sectores anteriormente fértiles para el cultivo de las plantas que alimentaban a los ciudadanos.

La urbanización ha tragado terrenos aledaños a las ciudades grandes del mundo donde anteriormente se cultivaban plantas que alimentaban a los ciudadanos. Ahora hay estacionamientos de concreto y asfalto enormes para los autos y centros comerciales que han tomado el lugar de la vegetación que anteriormente suplía el oxígeno para los seres humanos.

La deforestación de vastas regiones en el mundo resultará en el rompimiento de los lazos de los ecosistemas, y amenaza nuestra existencia en el planeta. Están tratando de frenar tales prácticas,

---

[14] Michael S. Serrill, "A Dubious Plan for the Amazon", *Time*, 17 de abril de 1989, p. 37.

pero traen oposición intensa de parte de los trabajadores que ven amenazado su medio de ganarse la vida. La situación es una cadena de reacciones que afectan a miles. Por ejemplo, si no se frena el corte de árboles en el noroeste de los Estados Unidos de América, los desperdicios de las acerías van a envenenar las aguas de los ríos en esa región, lo que resultará en la muerte de los peces que van allí anualmente para poner sus huevos. Esto destruirá la industria pesquera en la costa. Si frenan el corte de árboles, van a quedar sin trabajo miles de personas que se ganan la vida en esta industria, y se amenaza a las ciudades que tienen sus bases económicas en la producción de maderas.[15] El vicepresidente de los Estados Unidos de América, Al Gore, en 1992, publicó su libro, *Earth in the Balance: Ecology and the Human Spirit* (La tierra en el balance: la ecología y el espíritu humano), que enfoca los problemas ecológicos.

(2) **El agua.** El agua es el recurso más esencial y menos respetado por los seres humanos. Los océanos están contaminados con las aguas negras y los desperdicios de las ciudades. Los ríos ya no sirven para los peces, porque han recibido los desperdicios químicos de las fábricas. Dicen que los hielos de Groenlandia y la Antártida ya están contaminados.

Necesitamos el agua en suficiente cantidad en todo tiempo y lugar, pero ésta debe ser potable y libre de toda contaminación. Actualmente el uso de los ríos como cloacas y el auge de la industria que arroja sus desperdicios en los ríos han dado resultados desagradables para la humanidad. Tragedias como la del *Exxon Valdez,* que arrojó 40 millones de litros de petróleo en las aguas en Prince William Sound, Alaska, en marzo de 1989, han creado un grito de protesta por sus efectos sobre los 2.500 km. cuadrados de agua y los daños para 1.300 km. de costas.[16]

Los miles de barcos comerciales y deportivos que surcan las aguas del mundo, arrojando basura y aguas cloacales, presentan problemas, pero el mayor problema está en las aguas superficiales, pues la mayor contaminación está en las aguas negras, los desechos industriales y el drenaje agrícola.[17]

---

[15] Ted Gup, "It's Nature, Stupid", *Time,* 12 de julio de 1993, p. 38.

[16] Michael D. Lemonick, "The Two Alaskas", *Time,* 17 de abril de 1989, p. 30.

[17] Elizabeth de Guevara, "Problemas en la Ecología", monografía no publicada, Seminario Teológico Bautista Internacional de Cali, Colombia, 1988.

El DDT, dieldrin y el mercurio ya han causado graves estragos y amenazan la industria pesquera que es una fuente de proteínas de la cual depende la mitad del mundo. La muerte reciente de 100 pescadores japoneses fue la alarma al mundo sobre los peligros del mercurio, lo cual se elimina del cuerpo con mucha dificultad generalmente cuando ya ha afectado el cerebro, el sistema nervioso, pérdida de la memoria, daños en la vista y oídos.[18]

(3) El aire. En las ciudades grandes del mundo los contaminantes atmosféricos amenazan la salud de los habitantes. El transporte y la industria contribuyen a esta contaminación. Los vehículos de transporte emiten gases venenosos para los seres humanos, las aves y los animales. La bronquitis crónica, el asma, la tuberculosis, el cáncer de los pulmones y las enfermedades cardíacas se deben en parte a la contaminación del aire.

Mucho se ha escrito en los últimos años sobre el ozono, que es una capa delicada que separa los rayos ultravioleta del sol de la vida en la tierra. Se han conectado las cataratas de los ojos, el cáncer de la piel y la debilidad del sistema de inmunización a estos rayos del sol. En 1985 los científicos descubrieron un hueco en el ozono en la Antártida, causado por el uso de clorofluorcarbonos que se utilizan para hacer neveras, aires acondicionados y varios productos en latas con vaporizadores. Los gobiernos del mundo se unieron para exigir que las compañías dejen de usar los químicos para el año 2000. Varias industrias han desarrollado substitutos, pero las investigaciones indican que la capa de ozono sigue disminuyendo en forma rápida. Los efectos del uso de estos químicos se sentirán durante décadas del siglo XXI.[19] En la actualidad hay pactos entre las naciones del mundo para colaborar en legislar controles sobre las industrias que producen emisiones que pueden afectar la ozona.

4. La responsabilidad cristiana

Wilkerson insiste en que una apreciación adecuada de nuestra responsabilidad en la ecología traerá una revisión de nuestra teología en varios campos. **(1)** Hay que reconsiderar la teología de la creación. Hemos dado demasiado énfasis al principio de la creación y si se efectuó en seis días literales, y no hemos dado atención suficiente al hecho que la creación es un proceso que continúa. El Salmo 104:30 dice que Dios "renueva la superficie de la tierra" y Colosenses 1:17 dice que "en él todas las cosas subsisten". **(2)** Hay

---

[18] *Ibíd.*

[19] Eugene Linden "Who Lost the Ozone?", *Time*, 10 de mayo de 1993, pp. 56-58.

que repensar nuestro concepto de la maldición que está sobre la creación como consecuencia del pecado. Muchos consideran que el conflicto entre los habitantes y el sudor necesario para hacer que la tierra reproduzca se deben al castigo de Dios por el pecado. Los problemas actuales se deben a nuestro mal uso de los recursos y no a un malfuncionamiento que es culpa del Creador (Ose. 4:3). (3) Hay que considerar de nuevo nuestra escatología. Muchos creen que la tierra va a ser destruida al fin, y que no hay valor en tratar de preservarla. Ellos insisten en que las amenazas que nos rodean son señales del fin de los tiempos, y más vale un llamado al arrepentimiento en vez de un llamado a tomar pasos para preservar el planeta. (4) Reconocer nuestra responsabilidad en participar en la re-creación que continúa. Romanos 8:19 dice que "la creación aguarda con ardiente anhelo la manifestación de los hijos de Dios". Esto nos llama para completar la creación, lo que indica que todavía el proceso de la creación no se ha terminado. (5) Hay necesidad de hacer más énfasis en el Cristo que es Creador y Sustentador, y no limitarnos a un énfasis en el Cristo Redentor.[20]

No debemos permitir una pugna entre los que se interesan en el medio ambiente desde una perspectiva puramente secular y los cristianos que se oponen a trabajar agresivamente para preservar el planeta. Más bien debemos buscar áreas en que podemos colaborar en despertar la conciencia de todos a los pasos que podemos dar para enriquecer nuestra vida y la de nuestros hijos en los años venideros.

5. La preservación de los recursos naturales

Hay mucho que se puede hacer para devolver la fertilidad a la tierra y para purificar el aire y el agua, pero los minerales que se utilizan para la energía no se pueden reponer. Por eso, hay que tomar las medidas para preservar los que hay y buscar substitutos. Se requiere más legislación para limitar la cantidad de minerales que se sacan y su utilización. En 1973 vimos las consecuencias de la escasez de petróleo, cuando los precios subieron en forma astronómica de un día al otro. Esto presionó a las fábricas de automóviles para producir autos que consumen menos gasolina, y legislaron en cuanto a los límites de velocidad para ahorrar la gasolina en esta forma. Se promueven campañas en todas partes del mundo para conservar la energía. Estamos más conscientes de los peligros ahora que en tiempos pasados, pero todavía nos falta más colaboración.

---

[20] Wilkinson, *op. cit.*, pp. 19, 20.

6. Ser una voz profética

Los cristianos hacemos énfasis en la mayordomía de la vida, pero muchos consideran que este principio abarca el uso de nuestros talentos y los bienes materiales. Necesitamos reconocer que nuestro deber es ser buenos mayordomos de los recursos naturales y también cuidar el medio en que vivimos. El cristiano debe condenar los actos de destrucción de los recursos naturales que Dios le ha dado. Tenemos que despertar nuestra conciencia a las formas en que contaminamos el medio y la manera en que desperdiciamos los bienes que se podrían utilizar en forma más sabia. Debemos apoyar los programas que hacen énfasis en la preservación de la tierra y la purificación del aire y las aguas. Debemos reconocer que la sobrevivencia de la vida humana y vegetal es de mayor importancia que la ganancia económica. Debemos participar en programas que presionen a las compañías a comprometerse a no contaminar el aire y las aguas. Los oficiales deben imponer multas sobre las fábricas que violan las normas establecidas para mantener limpio el ambiente.

El cristiano puede hacer mucho si toma la responsabilidad de colaborar en la limpieza del ambiente en la comunidad donde vive. Puede ser agente de cambio por medio de su propia actuación en conservar los recursos naturales a nuestra disposición. También podemos dar el ejemplo en vivir un estilo de vida que afirma la importancia de compartir con otros en otras partes del mundo. Podemos conservar los recursos naturales por medio de una utilización sabia de la gasolina y la energía para calentarnos en el invierno. Podemos participar en programas que enfatizan la conservación, tales como programas para el sembrado de árboles, el reciclaje de plásticos, papeles y metales, y la participación en el cultivo de hortalizas en los jardines o los patios de las casas. Todos estos programas traerán beneficio personal y comunitario.

III. PREJUICIO RACIAL

Una de las esferas donde hay más dificultad para poner en práctica las enseñanzas de Cristo es la esfera de las relaciones raciales. Cuando un periodista de televisión le preguntó a Billy Graham cuál en su opinión era el mayor problema en el mundo, él respondió sin vacilación que era el problema de las relaciones raciales.

A pesar del progreso que se ha hecho en la legislación para garantizar derechos iguales a todos, sin distinción de razas, todavía hay vestigios del racismo en los Estados Unidos de América, en Sudáfrica, en el Cercano Oriente, en los países de Somalia, Bosnia-Herzegovina, Indonesia y en varios otros en todos los continentes del mundo. Constantemente estamos viendo noticias de violencias que se cometen como consecuencia del resentimiento entre personas de razas distintas.

1. Perspectiva bíblica

Muchos que tienen prejuicios usan la Biblia para defender su posición. Hablan de la señal que Dios puso sobre Caín para castigarlo (Gén. 4:11-16), relacionando así esta señal con los rasgos físicos que caracterizan a las distintas razas. Pero la señal que Dios puso en Caín fue para protegerlo y no para castigarlo. En Génesis 9:24-27 hay una maldición sobre Canaán, hijo de Cam; y según muchos, el cumplimiento de esta profecía ha sido la esclavitud de los afroamericanos en los últimos siglos. Tampoco es esta la interpretación correcta de este pasaje, porque la maldición fue pronunciada por Noé y no por Dios, y también los descendientes de Canaán eran blancos y no de color negro (Gén. 10:15-19).

Había mucho prejuicio entre las personas en el día de Jesús. Había divisiones, tales como los judíos y los gentiles, los samaritanos y personas de otras naciones. Cuando Jesús dijo que fue primero a las ovejas perdidas de Israel (Mat. 10:5, 6), se refiere más bien a una estrategia espiritual, porque los judíos tenían la Ley como preparación para recibir al Mesías. Jesús comisionó a los discípulos posteriormente para ir a todas partes (Mat. 28:18-20). El relato del Buen Samaritano (Luc. 10:25-37) inmortalizó a uno que no permitió que las diferencias raciales impidieran la oportunidad de servir a otro con necesidades. Pedro tenía sus prejuicios, pero Dios los disolvió por medio de su experiencia espiritual de la evangelización de los gentiles (Hech. 10). En Efesios 2:14 Pablo llama a la unidad, diciendo: "El es nuestra paz, que de ambos pueblos hizo uno, derribando la pared intermedia de separación."

2. El racismo

El racismo es la creencia que una raza está condenada a la inferioridad por su naturaleza y que otra raza está destinada a la superioridad.[21] En el mundo antiguo había prejuicio, pero no se basaba en diferencias raciales. Los griegos tenían esclavos, pero no fueron de una sola raza o color. Las diferencias eran culturales.[22]

Arnold Toynbee dice que el racismo es un fenómeno de los últimos cinco siglos, que apareció con los descubrimientos de nuevas

---

[21] Ruth Benedict, *Race, Science and Politics* (Nueva York: Viking, 1940), p. 153.

[22] Edmundo Soper, *Racism: A World Issue* (Nueva York: Abingdon-Cokesbury, 1947), p. 32.

tierras.[23] Con las nuevas rutas y el comercio con otras naciones había necesidad de más obreros. Del Africa se consiguió personal para hacer el trabajo necesario primero en Europa y después en el Nuevo Mundo. Hay libros que relatan los tratos crueles de los amos hacia los esclavos durante esos siglos, y nos apena leer de los sufrimientos de seres humanos por la crueldad de sus amos.

En América Latina los españoles explotaban a los indígenas y les trajeron enfermedades contagiosas que causaron la muerte de millones. En las encomiendas, los indios no fueron esclavos en el sentido que se compraban y se vendían, pero lo eran en la realidad porque quedaban constantemente endeudados a los dueños de las haciendas. Trabajaban todo el año para pagar las deudas que habían acumulado durante el año anterior. El sacerdote Bartolomé de las Casas se conoce como uno que hizo muchos esfuerzos por aliviar el sufrimiento de los indígenas y promulgó un trato más humano hacia ellos. Algunos dicen que fomentó la importación de los africanos porque éstos eran más fuertes para trabajar y más resistentes a las enfermedades y al calor del sol que los indígenas.[24]

Es interesante que la actitud de los españoles fue mejor hacia los indios en el sur del continente que la de los colonos de Norteamérica. Los ingleses resistían a los indios, y había una enemistad entre muchas de las tribus y los colonos durante los primeros años de su permanencia en Norteamérica. Con el tiempo los indígenas fueron forzados a ciertas regiones y el ejército actuó constantemente para proteger a los pioneros que llegaron para cultivar la tierra. Los españoles impusieron su religión sobre los indígenas, y por eso la gran mayoría profesa la fe católica. En cambio, pocos blancos se preocupaban por el alma de los indígenas en las colonias europeas en el Norte, y la gran mayoría mantenía su fe en la religión nativa.

El movimiento de emancipación de los esclavos tomó lugar en el siglo XIX, pero todavía hay vestigios de prejuicio hacia personas de otras razas en las Américas. Hay distinción de clases que frecuentemente se basa en las diferencias étnicas. La segregación existía en los Estados Unidos de América hasta 1954, cuando la Corte Suprema la declaró ilegal. Desde esta fecha, ha llegado la integración en las escuelas públicas, los medios de transporte y la vivienda, aunque a veces con resistencia.

---

[23] Arnold Toynbee, *A Study of History* (Nueva York: Oxford University Press, 1948), p. 233.

[24] Stanley Rycroft, *Religión y Fe en la América Latina* (México: Casa Unida de Publicaciones, 1961), pp. 91-100.

3. Soluciones al prejuicio

La educación es la mejor solución para el racismo. Hay ignorancia en cuanto a lo que dice la Biblia, porque algunos tratan de utilizarla para defender sus prejuicios. Un francés, el Conde Govineau, escribió su libro en francés titulado *La desigualdad de la raza humana*, donde dice que el color de la piel determina las diferencias mentales y espirituales, y la mezcla de la sangre produce degeneración y la desintegración de las culturas. Hoy día los antropólogos han probado que estas ideas son completamente erróneas.

En América Latina los prejuicios se basan en las diferencias sociales, económicas y culturales.[25] En los países donde hay población grande de grupos indígenas, hay una diferencia grande entre los latinos y estos indígenas. Cada país tiene sus componentes de raza indígena, mestiza y descendientes de los europeos.

La propagación del evangelio y su implementación en la vida personal ayudará para acabar con el prejuicio. Los cristianos podemos hacer mucho para romper las barreras que se basan en las diferencias raciales, culturales y nacionales. Es impresionante asistir a las convenciones donde hay asistentes de varias naciones. Aunque existen diferencias grandes que se pueden percibir, todos nos unimos en Cristo porque tenemos al mismo Salvador y Señor.

Cada cristiano tiene el deber de seguir las enseñanzas de Cristo y Pablo y aceptar a todo ser humano como igual a uno mismo, a pesar de las diferencias de raza, color, cultura y posición social. Cuando podemos llegar a este nivel de consagración al Señor, vamos a ver más progreso en el esparcimiento del evangelio. Pablo dijo en su sermón en Atenas: "De uno solo ha hecho toda raza de los hombres, para que habiten sobre toda la faz de la tierra" (Hech. 17:26). Nuestra meta es experimentar esta hermandad en Cristo y avanzar con el mensaje del evangelio para crear esta unidad en el mundo.

CONCLUSION

La explosión demográfica, la ecología y el prejuicio racial representan tres desafíos grandes para la humanidad. Nuestra capacidad para solucionar estos problemas determinará la calidad de vida que tendremos en el futuro. Reconocemos que hay una mentalidad global que va creciendo en la actualidad. Ya no podemos vivir en aislamiento, ni en forma individual ni nacional. Lo que pasa en

---

[25] Frank Tennenbaum, "Toward an Appreciation of Latin America", *The U. S. and Latin America* (Nueva York: Columbia Univ. Press, 1959), p. 22.

las calles de Somalia es noticia en las salas de cada hogar en toda
otra parte del mundo dentro de pocos minutos. La contaminación
en un país afecta la salud de la población de los países vecinos. El
hambre que existe en Africa nos afecta, aunque vivimos en el otro
lado del globo. Tenemos que reconocer que somos guardas de los
hermanos en el sentido global. Una aceptación de este hecho es el
primer paso hacia la solución.

BIBLIOGRAFIA

Libros en español

Andress, L. W. *¿De Dónde Vine Mamá?* Buenos Aires: Consejo Metodista de Educación Cristiana, 1954.

Angus, Joseph y Green, Samuel, *Los Libros de la Biblia* (Nuevo Testamento). Traducción por Carlos A. García. El Paso: Casa Bautista de Publicaciones, sin fecha.

Archilla, Cabrera A. *Normas Cristianas del Hogar Integral.* Nueva York: Comité de Cooperación en la América Latina, sin fecha.

Baker, Robert A. *Compendio de la Historia Cristiana.* El Paso: Casa Bautista de Publicaciones, 1974.

Barbieri, Sante Uberto. *La Acción Social de la Iglesia.* Buenos Aires: La Aurora, sin fecha.

_____. *Las Enseñanzas de Jesús.* Buenos Aires: Librería La Aurora, 1943.

_____. *Ni Señores Ni Esclavos.* Buenos Aires: Librería La Aurora, 1946.

Barclay, W. C. *El Cristianismo y Los Problemas Mundiales.* Santiago: El Sembrador, 1938.

Bennett, John. C. *El Cristianismo y el Mundo Actual.* Buenos Aires: Librería La Aurora, 1928.

Bright, Juan. *La Historia de Israel.* Bilbao: Desclee Brouwer, 1970.

Buber, Max. *El Buen Samaritano Internacional.* México: Casa Unida de Publicaciones, 1947.

Bushnell, Horace. *El Papa y el Poder Civil.* Nueva York: American Tract Society, sin fecha.

Calvino, Juan. *Institución de la Religión Cristiana,* Libro III, Capítulo 7. Buenos Aires: Nueva Creación, 1988.

Canclini, Santiago. *La Paradójica Victoria de la Cruz.* Buenos Aires: Junta Bautista de Publicaciones, 1949.

_____. *Triunfo de la Pureza.* Buenos Aires: Junta Bautista de Publicaciones, 1946.

_____. *Usted, Joven Amigo.* Buenos Aires: Junta Bautista de Publicaciones, 1951.

Cate, Robert L. *Introducción al Estudio del Antiguo Testamento.* El Paso: Casa Bautista de Publicaciones, 1990.

Conner, W. T. *Doctrina Cristiana.* El Paso: Casa Bautista de Publicaciones, 1962.

Chávez, Moisés. *Diccionario del Hebreo Bíblico.* El Paso: Casa Bautista de Publicaciones, 1992.

Deiros, Pablo. *Cantares: Comentario Bíblico Mundo Hispano.* Tomo 9. El Paso: Casa Bautista de Publicaciones, 1994.

Durelli, A. J. *Conciencia Cristiana y Guerra.* México: Casa Unida de Publicaciones, 1941.

Fe y Mensaje Bautista. El Paso: Casa Bautista de Publicaciones, 1975.

Fletcher, Joseph. *La Etica del Control Genético.* Buenos Aires: Asociación Editorial La Aurora, 1974.

_____. *La Etica de la Situación.* Buenos Aires: La Aurora, sin fecha.

Francisco, Clyde T. *Introducción al Antiguo Testamento.* El Paso: Casa Bautista de Publicaciones, 1964.

_____. *Un Varón Llamado Job*. El Paso: Casa Bautista de Publicaciones, 1970.

Fuente, Tomás de la. *Claves de Interpretación Bíblica*. El Paso: Casa Bautista de Publicaciones, 1985.

Gillis, Carrol Owens. *Historia y Literatura de la Biblia*. Cinco Tomos. El Paso: Casa Bautista de Publicaciones, 1956.

Glaze, Andrés Jackson. *Exodo: Comentario Bíblico Mundo Hispano*. Tomo 2. El Paso: Casa Bautista de Publicaciones, 1993.

Gray, A. H. *Descorriendo el Velo*. México: Casa Unida de Publicaciones, 1950.

Gringoire, R. *La Verdad y Los Errores del Marxismo*. México: Casa Unida de Publicaciones, sin fecha.

Guzmán, Germán, Fals Borda, Orlando y Luna, Eduardo U. *La Violencia en Colombia*. Tomo I. Bogotá: Ediciones Tercer Mundo, 1962.

Haviland, M. S. *El Desarrollo Mental y Moral del Niño*. Santiago: Librería El Sembrador, 1938.

Howard, J. P. *Libertad Religiosa en la América Latina*. Buenos Aires: Librería La Aurora, 1945.

_____. *Rivales del Cristianismo*. Buenos Aires: Librería La Aurora, sin fecha.

_____. *Yo Sé Quién Soy*. Buenos Aires: Librería La Aurora, 1948.

Irwin, C. H. *Juan Calvino*. Madrid: Sociedad de Publicaciones Religiosas, sin fecha.

Jones, E. S. *¿Es Realidad el Reino de Dios?* México: Casa Unida de Publicaciones, 1950.

Kelly, Page. *Exodo: Llamados a una Misión Redentora*. El Paso: Casa Bautista de Publicaciones, 1977.

Knudson, Alberto C. *Etica Cristiana*. México: Casa Unida de Publicaciones, sin fecha.

Latourette, K. S. *Desafío a los Protestantes*. Buenos Aires: Librería La Aurora, 1957.

Lawes, S. A. *La Santidad del Sexo*. México: Impresora Mexicana, sin fecha.

Lehmann, L. H. *Detrás de los Dictadores*. México: Casa Unida de Publicaciones, 1945.

_____. *La Política del Vaticano en la Segunda Guerra Mundial*. México: Casa Unida de Publicaciones, sin fecha.

Lehmann, Paul. *La Etica del Contexto Cristiano*. Montevideo: Editorial Alfa, 1968.

MacArthur, John. *Los Carismáticos: Una Perspectiva Doctrinal*. El Paso: Casa Bautista de Publicaciones, 1994.

Mackay, Juan A. *Mas Yo Os Digo*. México: Casa Unida de Publicaciones, 1964.

Maer, W. Q. *La Ley, El Sábado, El Domingo*. Temuco, Chile: Librería El Lucero, sin fecha.

Maston, T. B. *Bueno o Malo*. El Paso: Casa Bautista de Publicaciones, 1957.

_____. *Cómo Vivir en el Mundo de Hoy*. El Paso: Casa Bautista de Publicaciones, 1987.

McClanahan, John H. *I Pedro: Mensaje de Estímulo*. El Paso: Casa Bautista de Publicaciones, 1982.

Miguez-Bonino, José. *Ama y Haz lo que Quieras.* Buenos Aires: Methopress, 1972.

Miller, J. A. *¿Vale la Pena Vivir?* Santiago: Librería El Sembrador, sin fecha.

Nohl, Herman. *Introducción a la Etica.* México: Fondo de Cultura Económica, 1958.

Pereira Alves, A. *Regeneración Social.* México: Casa Unida de Publicaciones, 1952.

Phillips, J. A. *Análisis del Romanismo.* El Paso: Casa Bautista de Publicaciones, 1956.

————. *El Romanismo y el Gobierno Civil.* El Paso: Casa Bautista de Publicaciones, 1922.

Popenoe, P. *Preparación para el Matrimonio.* Buenos Aires: Librería La Aurora, sin fecha.

Rand, W. W. *El Diccionario de la Santa Biblia.* San José, Costa Rica: Editorial Caribe, sin fecha.

Rauschenbusch, Walter. *Los Principios Sociales de Jesús.* México: Casa Unida de Publicaciones, 1918.

Reed, D. *Los Principios Sociales de Jesús.* Santiago: Librería El Sembrador, 1922.

Richardson, Alan y Schweitzer, W. (editores). *La Autoridad de la Biblia en el Día Actual.* Buenos Aires: Facultad Evangélica de Teología, 1953.

Ruiz Torres, R. *Diccionario de Términos Médicos.* Madrid: Editorial Alhambra, 1989.

Rycroft, Stanley. *Religión y Fe en América Latina.* México: Casa Unida de Publicaciones, 1961.

Schuurman, Lamberto. *Etica Política.* Buenos Aires: Methopress, 1974.

Scott, E. F. *El Carácter de la Iglesia Primitiva.* Buenos Aires: Librería La Aurora, 1943.

Sepúlveda, J. N. *El Sábado Bíblico.* Santiago: Librería El Sembrador, sin fecha.

Shaull, Ricardo. *Cristianismo y Revolución Social.* Buenos Aires: Librería La Aurora, 1956.

Sheldon, C. M. *En Sus Pasos.* Buenos Aires: Librería La Aurora, 1951.

Stockwell, B. F. *Nuestro Mundo y la Cruz.* Buenos Aires: Librería La Aurora, 1937.

Stockwell, V. L. *Cultivo de la Vida Devocional en el Hogar.* New York: Comité de Cooperación en la América Latina (folleto).

Swor, Chester, *Sinceramente Vuestro.* El Paso: Casa Bautista de Publicaciones, 1957.

Tolstoi, León, *et. al. Donde Hay Amor Allí Está Dios.* México: Casa Unida de Publicaciones, 1957.

Trueblood, Elton. *Bases para la Reconstrucción.* Buenos Aires: Editorial La Aurora, 146.

Truett, J. W. *Los Bautistas y la Libertad Religiosa.* Buenos Aires: Junta Bautista de Publicaciones, 1920.

Urcola, Pedro N. *Pláticas Intimas con los Adolescentes.* Buenos Aires: Orientación Integral Humana, 1947.

Uribe, G. M. *La Libertad Religiosa en Colombia.* Bogotá: Gabriel Muñoz Uribe, sin fecha.

Ureta, Floreal. *Eclesiastés: Comentario Bíblico Mundo Hispano.* Tomo 9. El Paso: Casa Bautista de Publicaciones, 1994.

_____. *Introducción a la Teología Contemporánea.* El Paso: Casa Bautista de Publicaciones, 1993.

Varetto, J. C. *Separación de la Iglesia y el Estado.* Buenos Aires: Junta Bautista de Publicaciones, sin fecha.

Weatherford, W. D. *Factores Principales de la Vida Cristiana.* Nashville: Abingdon Cokesbury, sin fecha.

Weatherhead, L. D. *El Dominio del Sexo Mediante la Sicología y la Religión.* Buenos Aires: Casa Unida de Publicaciones, 1953.

_____. *La Voluntad de Dios.* México: Casa Unida de Publicaciones, 1954.

Whale, J. S. *La Clave del Problema del Mal.* México: Casa Unida de Publicaciones, 1945.

Williams, E. *Vida de Hogar en la Biblia.* Buenos Aires: Junta Bautista de Publicaciones, 1942.

Wood, H. G. *Cristianismo y Comunismo.* México: Casa Unida de Publicaciones, 1935.

Wood, J. A. *El Amor Perfecto.* Kansas City: Casa Nazarena de Publicaciones, 1952.

Yates, Kyle. *Los Profetas del Antiguo Testamento.* El Paso: Casa Bautista de Publicaciones, 1954.

Yoder, C. F. *El Sábado sobre el Tapete.* Buenos Aires: Librería La Aurora, sin fecha.

Yoder, Juan. *La Política de Jesús.* Cordoba, Argentina: Ediciones Certeza, sin fecha.

Libros en inglés

Alexander, Archibald. *The Ethics of Paul.* Glasgow: James Maclehose & Sons, 1910.

Alexander, Robert J. *Today's Latin America.* New York: Doubleday & Co., 1962.

Barnette, Henlee. *Exploring Medical Ethics.* Macon, Georgia: Mercer University Press, 1982.

_____. *Introducing Christian Ethics.* Nashville: Broadman Press, 1961.

Bennett, John C. *The Christian as Citizen.* London: The Lutterworth Press, 1956.

_____. *et al. Christian Values and Economic Life.* New York: Harper and Bros., 1954.

Bonhoeffer, Dietrich. *Ethics.* New York: The Macmillan Co., 1955.

Bonthius, Robert H. *Christian Paths to Self-Acceptance.* New York: King's Crown Press, 1948.

Bright, John. *The Kingdom of God.* New York: Abingdon Press, 1953.

Bruce, W. S. *The Ethics of the Old Testament.* Edinburgh: T. & T. Clark, 1907.

Brunner, Emil. *The Divine Imperative.* Philadelphia: Westminster Press, 1947.

Bultmann, Rudolph. *Jesus and the Word.* New York: Macmillan, 1982.

Cairns, David. *The Image of God.* London: S. C. M. Press, 1953.

Calvin, John. *Institutes of the Christian Religion.* Translated by John Allen. Philadelphia: Presbyterian Board of Christian Education, 1928.

Childress, James F. *Priorities in Biomedical Ethics*. Philadelphia: Westminster Press, 1981.

Clark, Gerald. *The Coming Explosion in Latin America*. New York: David McKay Co., 1963.

Cunningham, Richard B. *The Christian Faith and Its Contemporary Rivals*. Nashville: Broadman Press, 1988.

Davidson, A. B. *The Theology of the Old Testament*. Edinburgh: T. & T. Clark, 1904.

Dedek, John F. *Human Life*. New York: Sheed and Ward, 1972.

Dentan, Robert C. *Preface to Old Testament Theology*. New Haven: Yale University Press, 1950.

Dodd, C. H. *The Parables of the Kingdom*. New York: Scribners' Publishers, 1961.

Driver, S. R. *An Introduction to the Literature of the Old Testament*. New York: Charles Scribners' Sons, 1892.

Elliott, Elizabeth. *The Savage My Kinsman*. Ann Arbor, Michigan: Servant Books, 1961.

Enslin, Morton Scott. *The Ethics of Paul*. New York: The Abingdon Press, 1957.

Fletcher, Joseph. *Humanhood: Essays In Biomedical Ethics*. Buffalo, New York: Prometheus Books, 1979.

_____. *Situation Ethics*. Philadelphia: Westminster Press, 1966.

Fritsch, Albert T. *Environmental Ethics*. Garden City, N. Y.: Anchor Books, 1980.

Fromm, Erich. *The Anatomy of Human Destructiveness*. Greenwish, Conn.: Fawcett Crest Publications, 1973.

_____. *Man for Himself*. New York: Holt, Rinehart and Winston, 1947.

Gardiner, Gerald. *Capital Punishment As a Deterrent and the Alternative*. London: Victor Gollancy Ltd., 1956.

Geisler, Norman. *Ethics: Alternatives and Issues*. Grand Rapids: Zondervan Publishing House, 1971.

_____. *Options in Contemporary Christian Ethics*. Grand Rapids: Baker Book House, 1981.

Gesenius' Hebrew and Chaldee Lexicon. Translated to English by Samuel P. Tregelles. Grand Rapids: William B. Eerdman's Pub. Co., 1950.

Harkness, Georgia. *Christian Ethics*. New York: Abingdon Press, 1957.

Hebbethwaite, Brian. *Christian Ethics in the Modern Age*. Philadelphia: Westminster Press, 1982.

Henry, Carl F. H. *Christian Personal Ethics*. Grand Rapids: William Eerdmans, 1957.

Henson, Herbert H. *Christian Morality*. Oxford: The Clarendon Press, 1936.

Honeycutt, Roy. *These Ten Words*. Nashville: Broadman Press, 1966.

International Standard Bible Encyclopedia. Five volumes. Grand Rapids: Wm. B. Eerdmans, 1957.

Interpreter's Dictionary of the Bible. Four volumes. New York: Abingdon Press, 1962.

Kant, Immanuel. *Critique of Practical Reason and Other Works on the Theory of Ethics*. Translated by Thomas Abbott. New York: Longmans, Green, and Co., 1909.

Koestler, Arthur. *Reflections on Hanging.* New York: The Macmillan Co., 1957.

Lecky, W. E. H. *History of European Morals.* Dos tomos. New York: D. Appleton and Co., 1880.

Lester, Lane P. *Cloning: Miracle or Menace?* Wheaton: Tyndale House Publishers, 1980.

Lorenz, Konrad. *On Aggression.* New York: Bantom Books, 1966.

McFadden, Charles J. *Challenge to Morality: Life Issues—Moral Answers.* Huntington, Indiana: Our Sunday Visitor, 1977.

Marshall, L. H. *The Challenge of New Testament Ethics.* London: Macmillan and Co., 1950.

Martin, William. *Saint Paul's Ethical Teaching.* London: Arthur L. Humphreys, 1917.

Moltman Jürgen. *God In Creation.* San Francisco: Harper & Row, 1990.

Mooneyham, W. Stanley. *What Do You Say to a Hungry World?* Waco: Word Books, 1975.

Naisbitt, John and Aburdene, Patricia. *Reinventing the Corporation.* New York: Warner Books, 1985.

Niebuhr, Reinhold. *Moral Man and Immoral Society.* New York: Charles Scribner's Sons, 1932.

_____. *The Nature and Destiny of Man.* New York: Charles Scribner's Sons, 1941.

_____. *Why the Christian Church Is Not Pacifist.* London: S. C. M. Press, 1940.

Nygren, Anders. *Agape and Eros.* Translated by Philip S. Watson. Philadelphia: Westminster Press, 1953.

Oates, Wayne E. *What Psychology Says about Religion.* New York: The Association Press, 1958.

Orr, James (ed.). *The International Standard Bible Encyclopedia.* Five Volumes. Grand Rapids: Wm. B. Eerdmans' Publ. Co., 1957.

Osborn, Andrew. *Christian Ethics.* Oxford: University Press, 1940.

Ramsay, Paul. *Basic Christian Ethics.* New York: Charles Scribners' Sons, 1950.

_____. *Ethics at the Edges of Life.* New Haven: Yale University Press, 1980.

_____. *Fabricated Man.* New Haven: Yale University Press, 1970.

_____. *The Patient As Person.* New Haven: Yale University Press, 1970.

Robertson, E. H. *Man's Estimate o f Man.* Richmond, Virginia: John Knox Press, 1958.

Robinson, H. W. *The Christian Doctrine of Man.* Edinburgh: T. & T. Clark, 1952.

_____. (ed.). *Record and Revelation.* Oxford: Clarendon Press, 1938.

Sarte, Jean-Paul. *Existentialism and Humanism.* London: Methuen and Co., 1946.

Scott, E. F. *The Ethical Teaching of Jesus.* New York: The Macmillan Co., 1957.

Scott, R. B. Y. *The Relevance of the Prophets.* New York: The Macmillan Co., 1959.

Shaw, Russell, *Abortion on Trial.* Dayton, Ohio: Pflaum Press, 1968.

Sider, Ronald. *Rich Christians in an Age of Hunger.* Downer's Grove, Illinois: InterVarsity Press, 1977.

_____. (ed.). *Living More Simply.* Downer's Grove, Illinois: InterVarsity Press, 1980.

Smedes, Lewis. *Choices.* San Francisco: Harper & Row, 1986.

_____. *Mere Morality.* Grand Rapids: Wm. B. Eerdman's, 1983.

Smith, Harmon L. *Ethics and the New Medicine.* Nashville: Abingdon Press, 1970.

Sigmund, Paul E., Jr. (ed.). *The Ideologies of the Developing.* New York: Frederick Praeger, 1963.

Smith, J. M. P. *The Moral Life of the Hebrews.* Chicago: The University of Chicago Press, 1923.

Soper, Edmund. *Racism: A World Issue.* New York: Abingdon-Cokesbury, 1947.

Sorokin, P. A. *Society, Culture and Personality.* New York: Harper and Bros., 1947.

Stewart, James S. *A Man in Christ.* New York: Harper and Bros., no date.

Swomley, John M., Jr. *Liberation Ethics.* New York: The Macmillan Company, 1972.

Toynbee, Arnold. *A Study of History.* New York: Oxford University Press, 1946.

Troeltsch, Ernst. *The Social Teaching of the Christian Churches.* New York: The Macmillan Co., 1931.

Trueblood, D. Elton. *Philosophy of Religion.* Grand Rapids: Baker Book House, 1982.

Vauss, Kenneth. *Biomedical Ethics.* New York: Harper & Row, 1974.

Wennberg, Robert N. *Terminal Choices.* Grand Rapids: Eerdman's Publishing Co., 1989.

White, R. E. O. *Christian Ethics.* Atlanta: John Knox Press, 1981.

Yates, Kyle M. *Studies in Psalms.* Nashville: Broadman Press, 1953.

Artículos

AD 200, Global Monitor, No. 33, July, 1993.

Baptist Press, Nashville, Tennessee, July 16, 1993.

Baptist Press, Nashville, Tennessee, October 29, 1993.

Beecher, Henry. "Ethics and Clinical Research," *New England Journal of Medicine,* Vol. 274, 1966, pp. 1354-60.

Church, George J. "Please Help Us," *Time,* November 8, 1993, p. 37.

Connor, Tod. "Is the Earth Alive?" *Christianity Today,* January 11, 1993, pp. 22-25

Crockett, Bennie R., Jr. "First Century Banking", *Biblical Illustrator,* Winter, 1992, pp. 68-70.

Croll, Marty. "Wire Service Changes Story about Russian Law Action," *Baptist Press,* Nashville, Tennessee, September 2, 1993.

Dobzhansky, Theodore. "Man and Natural Selection", *American Scientist,* 49, 1961, pp. 258-99.

Elmer-DeWitt, Philip. "Cloning: Where Do We Draw the Line?" *Time,* November 8, 1993, pp. 65-67.

Freehof, Solomon B. "Death and Burial in the Jewish Tradition", *Judaism and Ethics*, New York: KTAV Publishing House, 1970.

Fuentes, Victoria de. "La Manipulación de los Genes", Monografía no publicada, Cali, Colombia, Seminario Teológico Bautista, 1987.

Gadd, Cyril John. "Babylonian Law", *Encyclopedia Britannica*, Tomo II, 1957.

Gibbs, Nancy. "How Should We Teach Our Children about Sex?", *Time*, May 24, 1993, pp. 60-66.

Gorman, Michael J. "Why Is the New Testament Silent about Abortion?, *Christianity Today*, January 11, 1993, pp. 27-29.

"Government", *The World Book Encyclopedia*, Vol. 8, Chicago: World Book Co., 1991.

Guevara, Elizabeth de. "Problemas en la Ecología", Monografía no publicada, Cali, Colombia, Seminario Teológico Bautista, 1988.

Gup, Ted. "It's Nature, Stupid", *Time*, July 12, 1993, p. 38.

Hall, Christopher. "Stubborn Hope", *Christianity Today*, January 11, 1993, p. 32.

Hatch, Nathan and Hamilton, Michael. "Can Evangelicals Survive their Success?" *Christianity Today*, October 5, 1992, pp. 20-31.

Johnson, Marguerite. "Battle to Save the Planet", *Time*, April 23, 1990, p. 32.

Jones, Stanton L. "The Loving Opposition", *Christianity Today*, July 19, 1993, p. 21.

Kappler, Frank. "Existentialism", *Life* , November 6, 1964, pp. 62-66.

Kohan, John. "Sorry State of Siege", *Time*, October 11, 1993, pp. 47, 48.

Kramer, Michael. "Will Abortion Be Covered?" *Time*, September 27, 1993, p. 40.

Lemonick, Michael D. "The Two Alaskas", *Time*, April 17, 1989, p. 30.

Linden, Eugene. "Who Lost the Ozone?", *Time*, May 10, 1993, pp. 56-58.

Manuel, Miguel. "El Aborto", Monografía no publicada, Cali, Colombia, Seminario Teológico Bautista, 1988.

McBrien, Richard P. "Teaching the Truth", *Christian Century*, October 20, 1993, p. 1004.

Newsweek, November 12, 1984, pp. 40-43.

Ostling, Richard N. "Till Annulment Do Us Part", *Time*, August 16, 1993, p. 43.

Raughton, Alan G. "Abortion: A Christian Perspective", Monografía no publicada, New Orleans Baptist Theological Seminary, 1983.

Serrill, Michael S. "A Dubious Plan for the Amazon", *Time*, April 17, 1989, p. 37.

Siegler, Mark. "Critical Illness: The Limits of Autonomy", *The Hastings Center Report*, October, 1977, pp. 12-15.

Stienfels, Margaret A. "Vatican Reaffirms Traditional Teaching on Care of the Dying", *The Hastings Center Report*, August, 1980, p. 2.

"A Swift Route to Suicide", *Time*, November 15, 1993, p. 89.

Tapia, Andrés. "Abstinance: The Radical Choice for Sex Education", *Christianity Today*, February 8, 1993, pp. 25-29.

Time, August 19, 1971, p. 42.

Time, September 13, 1971, p. 42.

Time, November 11, 1974, p. 29.

Time, May 1, 1989, p. 24.

Time, January 1, 1990, p. 7.

Time, April 19, 1991.

Time, October 4, 1993.

Van Biema, David. "For the Love of Kids", *Time*, November 1, 1993, p. 51.

White, Lynn. "The Historic Roots of Our Ecologic Crisis", *Christianity Today*, January 11, 1993, p. 16.

Wilkinson, Loren. "Are Ten Billion People a Blessing?" *Time*, January 11, 1993, p. 19.

INDICE DE CITAS BIBLICAS

INDICE DE ASUNTOS

INDICE DE PERSONAS

OTROS LIBROS QUE LE INTERESARAN

Núm. 46184 - MOISES, UN HOMBRE DE DEDICACION TOTAL
- Ch. R. Swindoll. Lecciones alentadoras de las fuerzas tanto como de las debilidades del líder más grande que jamás haya tenido el pueblo de Dios. 400 pp.

Núm. 46186 - PABLO, UN HOMBRE DE GRACIA Y FIRMEZA
- Ch. R. Swindoll. Pablo era un hombre despiadado y sin misericordia, perseguidor de los cristianos. Dios lo transformó completamente en un hombre humilde, servidor del Señor. 388 pp.

Núm. 46185 - ELIAS, UN HOMBRE DE HEROISMO Y HUMILDAD
- Ch. R. Swindol. Un retrato sincero de un hombre común, a quien Dios transformó en su portavoz personal para confrontar la idolatría y la iniquidad del mundo antiguo. 208 pp.

Núm. 46185 - JESUS, LA VIDA MAS GRANDE DE TODAS
- Ch. R. Swindoll. Jesús, Hijo de Dios, Salvador de la humanidad. El autor explora su vida y mensaje de una manera que apela a los corazones así como las mentes de los lectores. 336 pp.

Núm. 46187 - JOB, UN HOMBRE DE RESISTENCIA HEROICA
- Ch. R. Swindoll. Sus circunstancias desastrosas lo sobrecogieron y su cuerpo lleno de llagas lo atormentaba. Descubra las características que lo hacen un héroe digno de imitar. 400 pp.

Núm. 46181 - DAVID, UN HOMBRE DE PASION Y DESTINO
- Ch. R. Swindoll. ¿Qué significa ser alguien "conforme al corazón de Dios"? David, un pastor, soldado, rey y salmista del Antiguo Testamento, ofrece la respuesta con el perfil de su vida, una existencia con importantes altibajos pero vivida para la gloria de Dios. 320 pp.

Núm. 46311 - CREA EN MILAGROS, PERO CONFIE EN JESUS
- A. Rogers. El autor demuestra que cada milagro tiene como propósito dirigir nuestra vista hacia la verdadera respuesta a nuestros problemas: el Señor Jesucristo. 192 pp.

Núm. 46293 - **LOS HABITOS DE JESUS**
- **J. Dennis.** Aquí se presentan 31 disciplinas que le dieron forma a la vida de Jesús y cómo hemos de integrarlas a nuestra propia vida, incluyendo la oración, la adoración, edificar relaciones, gratitud, entre otras. 240 pp.

Núm. 46170 - **DEBO PERDONAR, PERO...**
- **C. Lynch.** Este libro señala el camino para resolver los conflictos, sanar las relaciones y promover el crecimiento personal. 256 pp.

Núm. 46042 - **LA VIDA SOBRENATURAL EN CRISTO**
- **B. Bright.** Cinco pasos esenciales para gozar de los beneficios celestiales en este mundo. En lenguaje sencillo e inspirador. 320 pp.

Núm. 04037 - **4.000 PREGUNTAS Y RESPUESTAS SOBRE LA BIBLIA**
- **A. Dana Adams.** Un libro de referencia, clásico, que ha sido el auxiliar de muchos para la predicación, la enseñanza y el estudio bíblico por más de 75 años. Contiene preguntas y respuestas concernientes a prácticamente cada libro de la Biblia. 208 pp.

Núm. 46157 - **EL PADRE QUE YO QUIERO SER. 10 cualidades del corazón que facultan a nuestros hijos a tomar decisiones correctas** - **J. McDowell.** El autor descubrió en la Biblia cómo ser un buen padre a través del ejemplo del Padre por excelencia, Dios, y comparte diez de sus cualidades. Por medio de percepciones captadas en la Biblia y de ilustraciones claras de la vida diaria, ofrece una manera revolucionaria de cumplir su papel como padre. 176 pp.

Núm. 46146 - **EL HOMBRE GUÍA**
- **S. Farrar.** Le dice al hombre de la casa cómo guiar a su familia a través de los peligros y emboscadas de la vida moderna. 256 pp.

Núm. 46152 - **101 PROMESAS DIGNAS DE CUMPLIR**
- **N. Eskelin.** 101 breves e inspiradoras meditaciones para hombres, tocando cinco áreas en su vida: familia y amistades, colegas, sí mismo, su mundo y Dios. 224 pp.

Núm. 05046 - **DEFENSA DE LA FE**
- **P. Hoff y D. Miranda.** Responde a muchas preguntas de aquellos que examinan la fe cristiana y la Biblia a la luz de la ciencia y la tecnología de nuestro tiempo. 256 pp.

Núm. 11012 - **REGLAS PARLAMENTARIAS**
- H. F. Kerfoot. Cómo conducir una asamblea o sesión administrativa. Muy práctico y útil para dirigentes de iglesias y organizaciones cristianas. 96 pp.

Núm. 09140 - **TEOLOGIA SISTEMATICA, Tomo 1**
- J. L. Garrett, hijo. Bíblica, histórica, evangélica. Trata las doctrinas de la Biblia, Dios, la Creación, la humanidad y Jesucristo. 640 pp.

Núm. 09141 - **TEOLOGIA SISTEMATICA, Tomo 2**
- J. L. Garrett, hijo. Trata las doctrinas de Jesucristo, la salvación, cómo llegar a ser cristiano, la iglesia y las últimas cosas. 832 pp.

Núm. 11041 - **PEDAGOGIA FRUCTIFERA.**
Edición actualizada y ampliada - F. B. Edge. Principios pedagógicos para una enseñanza eficaz de la Biblia. 272 pp.

Núm. 11026 - **METODOLOGIA PEDAGOGICA**
- F. B. Edge. Ayudas prácticas para la reunión semanal de maestros y otras sesiones de planificación. 160 pp.

Núm. 03667 - **DICCIONARIO BIBLICO ARQUEOLOGICO**
- Ch. F. Pfeiffer, Editor. Para el estudiante bíblico serio, contiene un glosario completo de arqueología bíblica, ilustraciones de pasajes bíblicos, nombres propios, temas, costumbres y modos de vivir de la antigüedad. 768 pp.

Núm. 03668 - **DICCIONARIO BIBLICO MUNDO HISPANO**
- J. D. Douglas y M. C. Tenney. Tres libros en uno: el diccionario mismo, un índice temático y una síntesis de la Biblia y de la historia bíblica, con más de 350 ilustraciones, mapas y diagramas. Una herramienta de trabajo para los predicadores, pastores, maestros y estudiantes de la Biblia. 800 pp.

Núm. 03066 - **SEMINARIO PORTÁTIL**
- David Horton, Editor General. Es una introducción a las diferentes materias que se cursan habitualmente en un seminario residencial. Ideal para aquellos que sienten el llamado a un ministerio bivocacional. Tapa dura. 686 pp.

Núm. 03066 - **GUÍA A TU FAMILIA COMO LO HARÍA JESÚS**
- Ken Blanchard, Phil Hodges y Tricia Goyer. Revela doce principios para la crianza de los hijosbasados en la vida y las enseñanzas del Salvador. 200 pp.

Núm. 42130 - **MANTENGA SU IGLESIA VIVA**
- **Jorge H. López.** Le ayudará a hacer un diagnóstico de la condición de su iglesia y le sugiere estrategias bíblicas para mantenerla viva. 160 pp.

Núm. 44050 - **¡VIVE Y DISFRUTA TU BIBLIA!**
- **Josh y Sean McDowell.** Profundizan en el plan original de Dios para las Escrituras. Dios se revela a sí mismo para que puedas experimentarlo a él. 244 pp.

Núm. 40071 -**MEDITACIONES EN FAMILIA**
Once autores comparten sus conocimientos y experiencia en este libro que sin duda será de gran inspiración. La meta es fundamentar una familia sólida en los valores bíblicos. 384 pp.

L.TyC.
611 Westridge rd spring tx
77380